ECONOMÍA INTERNACIONAL Y ORGANISMOS ECONÓMICOS INTERNACIONALES

ANTONIA CALVO HORNERO
Catedrática de Economía Aplicada (UNED)
Cátedra Jean Monnet

ECONOMÍA INTERNACIONAL Y ORGANISMOS ECONÓMICOS INTERNACIONALES

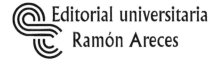

Reservados todos los derechos.
Ni la totalidad ni parte de este libro puede reproducirse o transmitirse por ningún procedimiento electrónico o mecánico, incluyendo fotocopia, grabación magnética, o cualquier almacenamiento de información y sistema de recuperación, sin permiso escrito de Editorial Centro de Estudios Ramón Areces, S. A. Diríjase a CEDRO (Centro Español de Derechos Reprográficos, www.cedro.org) si necesita fotocopiar o escanear algún fragmento de esta obra.

© EDITORIAL CENTRO DE ESTUDIOS RAMÓN ARECES, S. A.
Tomás Bretón, 21. 28045 Madrid
Teléfono: 915.398.659
Fax: 914.681.952
Correo: cerasa@cerasa.es
Web: www.cerasa.es

ISBN-13: 978-84-8004-954-2
Depósito legal: M. 44.237-2010

Compuesto e impreso en Fernández Ciudad, S. L.
Coto de Doñana, 10. 28320 Pinto (Madrid)

Impreso en España / *Printed in Spain*

Índice general

Abreviaturas XIX

Prefacio XXV

Organización del libro XXVII

Nivel de conocimientos y análisis XXXIII

Capítulo 1. INTRODUCCIÓN 1

PRIMERA PARTE
TEORÍA DEL COMERCIO INTERNACIONAL

Capítulo 2. LA TEORÍA CLÁSICA DEL COMERCIO INTERNACIONAL 15

Capítulo 3. DEMANDA Y OFERTA. LAS GANANCIAS DEL COMERCIO 27

Capítulo 4. LA DIFERENCIA EN LA DOTACIÓN DE FACTORES. EL TEOREMA DE HECKSCHER-OHLIN 43

Capítulo 5. LA APLICACIÓN DEL TEOREMA HECKSCHER-OHLIN Y OTRAS TEORÍAS DEL COMERCIO INTERNACIONAL. LA PARADOJA DE LEONTIEF 57

SEGUNDA PARTE
MACROECONOMÍA DE UNA ECONOMÍA ABIERTA

Capítulo 6. LAS CUENTAS INTERNACIONALES Y LOS FUNDAMENTOS DE LA BALANZA DE PAGOS	69
Capítulo 7. EL EQUILIBRIO DE LA BALANZA DE PAGOS Y EL TIPO DE CAMBIO	101
Capítulo 8. INVERSIONES INTERNACIONALES	111
Capítulo 9. MERCADOS FINANCIEROS INTERNACIONALES	133
Capítulo 10. CRISIS ECONÓMICAS Y FINANCIERAS. PROPUESTAS DE REFORMA DE LA ARQUITECTURA FINANCIERA INTERNACIONAL	151
Capítulo 11. COMERCIO Y COOPERACIÓN INTERNACIONAL. LA GLOBALIZACIÓN DE LA ECONOMÍA	175

TERCERA PARTE
ECONOMÍA INTERNACIONAL Y DESARROLLO ECONÓMICO

Capítulo 12. DESARROLLO ECONÓMICO	207
Capítulo 13. COMERCIO Y DESARROLLO. LA INESTABILIDAD DE LOS INGRESOS POR EXPORTACIÓN	225
Capítulo 14. COMERCIO Y MEDIO AMBIENTE	237
Capítulo 15. ECONOMÍA, TURISMO Y DESARROLLO	253

CUARTA PARTE
ORGANISMOS ECONÓMICOS INTERNACIONALES

Capítulo 16. ORGANIZACIÓN ECONÓMICA INTERNACIONAL	277
Capítulo 17. ORGANISMOS INTERNACIONALES DE COMERCIO Y DESARROLLO: OMC. UNCTAD. OCDE. OPEP. OMT	291
Capítulo 18. EL SISTEMA MONETARIO INTERNACIONAL	319
Capítulo 19. SISTEMAS MONETARIOS Y ACUERDOS DE CAMBIO	341

QUINTA PARTE
ORGANIZACIÓN MONETARIA Y FINANCIERA

Capítulo 20. EL GRUPO DEL BANCO MUNDIAL	367
Capítulo 21. EL FONDO MONETARIO INTERNACIONAL	385
Capítulo 22. BANCOS REGIONALES DE DESARROLLO	403

Capítulo 23. INSTITUCIONES FINANCIERAS MULTILATERALES 419

Términos financieros básicos 431

Índice de Cuadros 435

Índice de Recuadros... 437

Índice de Figuras 439

Índice

Abreviaturas XIX

Prefacio XXV

Organización del libro XXVII

Nivel de conocimientos y análisis XXXIII

Capítulo 1. INTRODUCCIÓN 1
1. Economía internacional y organización económica internacional 1
2. Economía internacional y organización económica internacional: la preocupación por lo económico 3
3. El objetivo de la economía internacional 7
4. El objetivo de la organización económica internacional y de los organismos Económicos Internacionales 8
Resumen 10
Temas de reflexión 11
Ejercicios de autocomprobación 11
Soluciones a los ejercicios de autocomprobación 11
Bibliografía 11

PRIMERA PARTE
TEORÍA DEL COMERCIO INTERNACIONAL

Capítulo 2. LA TEORÍA CLÁSICA DEL COMERCIO INTERNACIONAL 15

1. Introducción. La Economía internacional 15
2. Mercantilismo y comercio internacional 17
3. Los supuestos básicos de la teoría pura del comercio internacional 20
4. Adam Smith y la ventaja absoluta 21
5. David Ricardo y la Teoría de la Ventaja Comparativa 22
Resumen 24
Temas de reflexión 24
Ejercicios de autocomprobación 24
Soluciones a los ejercicios de autocomprobación 25
Bibliografía 25

Capítulo 3. DEMANDA Y OFERTA. LAS GANANCIAS DEL COMERCIO 27

1. Las ganancias del comercio 27
2. La curva de posibilidades de producción con costes fijos 28
3. La curva de posibilidades de producción con costes variables 32
4. Demanda y curvas de indiferencia 34
5. Curvas de indiferencia social y comercio internacional. Las ganancias del comercio 35
6. Las curvas de oferta 36
Resumen 40
Temas de reflexión 40
Ejercicios de autocomprobación 41
Soluciones a los ejercicios de autocomprobación 41
Bibliografía 41

Capítulo 4. LA DIFERENCIA EN LA DOTACIÓN DE FACTORES. EL TEOREMA DE HECKSCHER-OHLIN 43

1. El teorema de Heckscher-Ohlin 43
2. Abundancia de un factor definido por el precio de los factores 45
3. Abundancia de un factor definido en término de las cantidades físicas 47
4. La aplicación del teorema de Heckscher-Ohlin y las ganancias del comercio .. 51
Resumen 54
Temas de reflexión 55
Ejercicios de autocomprobación 55
Soluciones a los ejercicios de autocomprobación 56
Bibliografía 56

Capítulo 5. LA APLICACIÓN DEL TEOREMA HECKSCHER-OHLIN Y OTRAS TEORÍAS DEL COMERCIO INTERNACIONAL. LA PARADOJA DE LEONTIEF 57

1. La paradoja de Leontief 57
2. Progreso técnico y comercio internacional 60
3. El comercio intraindustrial 61
4. Economías de escala y economías externas 62
5. Competencia monopolística y comercio internacional 63

Resumen..	64
Temas de reflexión..	64
Ejercicios de autocomprobación	64
Soluciones a los ejercicios de autocomprobación	65
Bibliografía	65

SEGUNDA PARTE

MACROECONOMÍA DE UNA ECONOMÍA ABIERTA

Capítulo 6. LAS CUENTAS INTERNACIONALES Y LOS FUNDAMENTOS DE LA BALANZA DE PAGOS 69

1. El dinero y sus formas en el sistema monetario internacional....................... 69
2. El mercado de divisas y el tipo de cambio 72
3. Equilibrio de los tipos de cambio de las divisas. Determinación de los tipos de cambio con un sistema de tipos de cambio flexibles 75
4. Las cuentas internacionales y la Balanza de Pagos...................................... 79
5. Conceptos básicos de la Balanza de Pagos 81
6. Las balanzas intermedias 89
7. La posición monetaria exterior 96
8. Las transferencias de capital y el ajuste... 97
Resumen... 98
Temas de reflexión.. 98
Ejercicios de autocomprobación 99
Soluciones a los ejercicios de autocomprobación 99
Bibliografía 99

Capítulo 7. EL EQUILIBRIO DE LA BALANZA DE PAGOS Y EL TIPO DE CAMBIO 101

1. Equilibrio y desequilibrio de la Balanza de Pagos 101
2. El ajuste de la Balanza de Pagos y el tipo de cambio 104
3. La Condición Marshall-Lerner.. 107
Resumen... 109
Temas de reflexión.. 109
Ejercicios de autocomprobación 110
Soluciones a los ejercicios de autocomprobación 110
Bibliografía 110

Capítulo 8. INVERSIONES INTERNACIONALES 111

1. Inversiones internacionales y mercados financieros internacionales 111
2. Determinantes de la inversión extranjera 112
3. Teorías que asumen mercados perfectos 112
4. Teorías basadas en mercados imperfectos.. 114
5. Otras teorías de la Inversión Directa Exterior 118
6. Otras variables 122
7. Factores determinantes de la inversión exterior hacia los países en desarrollo 125
8. Efectos de las entradas de capital 127
Resumen... 130

ÍNDICE **XIII**

Temas de reflexión	130
Ejercicios de autocomprobación	130
Soluciones a los ejercicios de autocomprobación	131
Bibliografía	131

Capítulo 9. MERCADOS FINANCIEROS INTERNACIONALES ... 133

1. Mercados financieros internacionales	133
2. Principales tipos de mercados	136
3. Características de los mercados financieros internacionales	144
4. Factores que han contribuido a los cambios en los mercados financieros	146
Resumen	147
Temas de reflexión	148
Ejercicios de autocomprobación	148
Soluciones a los ejercicios de autocomprobación	149
Bibliografía	149

Capítulo 10. CRISIS ECONÓMICAS Y FINANCIERAS. PROPUESTAS DE REFORMA DE LA ARQUITECTURA FINANCIERA INTERNACIONAL ... 151

1. Crisis y Sistema Financiero Internacional	151
2. Tipos de crisis	152
3. Características de las crisis	153
4. Vulnerabilidad de las economías y crisis: países en desarrollo y economías emergentes	155
5. La crisis de las hipotecas *subprime* y los países industriales	157
6. Las instituciones financieras y de desarrollo internacionales	159
7. Las propuestas de reforma de la arquitectura financiera internacional	161
8. La crisis financiera, el G-20 y la gobernanza global: La reforma de la arquitectura económica y financiera internacional	167
Resumen	172
Temas de reflexión	172
Ejercicios de autocomprobación	173
Soluciones a los ejercicios de autocomprobación	173
Bibliografía	173

Capítulo 11. COMERCIO Y COOPERACIÓN INTERNACIONAL. LA GLOBALIZACION DE LA ECONOMÍA ... 175

1. La cooperación internacional y el dilema del prisionero	175
2. La cooperación internacional y el comercio	176
3. Internacionalización y globalización de la economía	177
4. La evolución del comercio internacional	182
5. Los obstáculos al comercio. Principales instrumentos de protección	189
6. Liderazgo y política comercial internacional	201
Resumen	202
Temas de reflexión	203
Ejercicios de autocomprobación	203
Soluciones a los ejercicios de autocomprobación	204
Bibliografía	204

TERCERA PARTE
ECONOMÍA INTERNACIONAL Y DESARROLLO ECONÓMICO

Capítulo 12. DESARROLLO ECONÓMICO 207

1. Cooperación al desarrollo y evolución del contexto económico internacional   207
2. Crecimiento económico y avance tecnológico   209
3. Desarrollo económico sostenido en un contexto económico diferente   211
4. El sistema multilateral de comercio y los países en desarrollo   212
5. Comercio y desarrollo. El problema de la pobreza   214
6. Financiación internacional y ayuda oficial al desarrollo   216
7. Flujos de capital y financiación del desarrollo   217
8. Deuda externa y desarrollo   219
Resumen   223
Temas de reflexión   223
Ejercicios de autocomprobación 223
Soluciones a los ejercicios de autocomprobación 224
Bibliografía   224

Capítulo 13. COMERCIO Y DESARROLLO. LA INESTABILIDAD DE LOS
INGRESOS POR EXPORTACIÓN   225

1. Los productos básicos y la inestabilidad de los ingresos por exportación   225
2. Causas y efectos de la inestabilidad de los ingresos por exportación   226
3. La estabilización de los ingresos por exportación   228
4. El servicio de financiación compensatorio del FMI   229
5. El Banco Mundial y la inestabilidad de los ingresos por exportación   230
6. El Fondo Común para los Productos Básicos y los acuerdos internacionales de productos básicos   232
Resumen   233
Temas de reflexión   234
Ejercicios de autocomprobación 234
Soluciones a los ejercicios de autocomprobación 235
Bibliografía   235

Capítulo 14. COMERCIO Y MEDIO AMBIENTE 237

1. La preocupación por el medio ambiente   237
2. El debate internacional sobre el medio ambiente   239
3. La preocupación del medio ambiente en la UE   240
4. El debate comercio-medio ambiente   241
5. El dilema común global. Los acuerdos multilaterales sobre el medio ambiente   246
6. Normas comerciales vs. Acuerdos medioambientales   247
7. La dimensión económica internacional del cambio climático   248
Resumen   249
Temas de reflexión   250
Ejercicios de autocomprobación 250
Soluciones a los ejercicios de autocomprobación 251
Bibliografía   251

Capítulo 15. ECONOMÍA, TURISMO Y DESARROLLO 253

1. Fundamento económico del turismo internacional. Turismo y desarrollo   253

2. Factores que influyen en el desarrollo del turismo internacional	258
3. Contribución del turismo al desarrollo	259
4. Los proveedores de los servicios turísticos	260
5. Turismo y crecimiento económico. Los servicios relacionados con el turismo	263
6. La Inversión Directa Exterior (IDE) y el sector turístico	265
7. Turismo Sostenible y cambio climático	268
Resumen	272
Temas de reflexión	272
Ejercicios de autocomprobación	272
Soluciones a los ejercicios de autocomprobación	273
Bibliografía	273

CUARTA PARTE
ORGANISMOS ECONÓMICOS INTERNACIONALES

Capítulo 16. ORGANIZACIÓN ECONÓMICA INTERNACIONAL	277
1. Introducción: Las transformaciones políticas y sus efectos en las relaciones económicas internacionales	277
2. Antecedentes de los organismos económicos internacionales y de la organización económica internacional	280
3. La moderna organización económica internacional y el auge de los organismos económicos internacionales	281
4. Principales elementos de los organismos económicos internacionales	284
5. Tipos de organismos económicos internacionales	284
Resumen	287
Temas de reflexión	288
Ejercicios de autocomprobación	288
Soluciones a los ejercicios de autocomprobación	289
Bibliografía	289
Capítulo 17. ORGANISMOS INTERNACIONALES DE COMERCIO Y DESARROLLO: OMC. UNCTAD. OCDE. OPEP. OMT	291
1. Orígenes del GATT. La Carta de la Habana	291
2. Los fundamentos del GATT	293
3. La Organización Mundial de Comercio (OMC)	294
4. La OMC y el futuro de las relaciones comerciales multilaterales en la globalización	296
5. La UNCTAD. Origen y fundamentos	299
6. El Programa de las Naciones Unidas para el Desarrollo (PNUD)	303
7. La Organización para la Cooperación y el Desarrollo Económico (OCDE)	305
8. Organización de Países Exportadores de Petróleo (OPEP)	313
9. La Organización Mundial del Turismo (OMT)	314
Resumen	315
Temas de reflexión	316
Ejercicios de autocomprobación	316
Soluciones a los ejercicios de autocomprobación	317
Bibliografía	317

Capítulo 18. EL SISTEMA MONETARIO INTERNACIONAL 319

1. El patrón oro y las áreas monetarias 319
2. La cooperación monetaria internacional y la organización del sistema monetario 321
3. Los planes monetarios de la postguerra 324
4. Los fundamentos del Sistema Monetario Internacional de Bretton Woods 325
5. Propuestas teóricas de reforma del Sistema Monetario Internacional de Bretton Woods 327
6. El transfondo de la crisis monetaria internacional. Mecanismos para reforzar el sistema 330
7. Alteraciones monetarias y crisis del Sistema Monetario Internacional 331
Resumen 339
Temas de reflexión 339
Ejercicios de autocomprobación 339
Soluciones a los ejercicios de autocomprobación 340
Bibliografía 340

Capítulo 19. SISTEMAS MONETARIOS Y ACUERDOS DE CAMBIO 341

1. Características del actual Sistema Monetario Internacional: un «no sistema».. 341
2. Los acuerdos de cambio 342
3. Modalidades cambiarias 343
4. Regímenes cambiarios a plazo 350
5. Tipos de cambio múltiples 351
6. Zonas monetarias óptimas 352
7. Zonas objetivo 354
8. La experiencia monetaria europea 355
9. Acuerdos Monetarios y Cambiarios del Área del Euro 358
Resumen 361
Temas de reflexión 362
Ejercicios de autocomprobación 362
Soluciones a los ejercicios de autocomprobación 363
Bibliografía 363

QUINTA PARTE

ORGANIZACIÓN MONETARIA Y FINANCIERA

Capítulo 20. EL GRUPO DEL BANCO MUNDIAL 367

1. Orígenes del Banco Mundial 367
2. La evolución del Banco Mundial 369
3. Principales fases en la evolución del Banco Mundial 370
4. El Banco Internacional de Reconstrucción y Desarrollo (BIRD): estructura y operaciones 375
5. La Asociación Internacional de Fomento (AIF) 377
6. La Corporación Financiera Internacional (CFI) 378
7. La Organización Multilateral de Garantía de Inversiones (OMGI) 380
8. El Centro Internacional para el Arreglo de los Desacuerdos sobre Inversiones (CIADI) 381
Resumen 381

Temas de reflexión	382
Ejercicios de autocomprobación	382
Soluciones a los ejercicios de autocomprobación	382
Bibliografía	383

Capítulo 21. EL FONDO MONETARIO INTERNACIONAL 385

1. El Fondo Monetario Internacional: origen y fundamentos	385
2. Los Derechos Especiales de Giro (DEG)	387
3. El oro del FMI	387
4. La Junta de Gobernadores	389
5. Las cuotas	389
6. Servicios y políticas del Fondo	391
7. Las funciones del Fondo Monetario Internacional	396
Resumen	400
Temas de reflexión	401
Ejercicios de autocomprobación	401
Soluciones a los ejercicios de autocomprobación	402
Bibliografía	402

Capítulo 22. BANCOS REGIONALES DE DESARROLLO 403

1. Bancos Regionales de Desarrollo (BsRsD)	403
2. El Banco Interamericano de Desarrollo (BID)	405
3. El Banco Africano de Desarrollo (BAfD)	410
4. El Banco Asiático de Desarrollo (BAsD	413
Resumen	416
Temas de reflexión	416
Ejercicios de autocomprobación	417
Soluciones a los ejercicios de autocomprobación	417
Bibliografía	417

Capítulo 23. INSTITUCIONES FINANCIERAS MULTILATERALES 419

1. Las Instituciones Financieras Multilaterales	419
2. El Banco Europeo de Reconstrucción y Desarrollo (BERD)	420
3. El Banco Europeo de Inversiones (BEI)	423
4. El Banco Nórdico de Inversiones (BNI)	425
5. El Banco de Desarrollo del Consejo de Europa (BDCE)	425
6. El Fondo Internacional para el Desarrollo Agrícola (FIDA)	426
Resumen	427
Temas de reflexión	428
Ejercicios de autocomprobación	428
Soluciones a los ejercicios de autocomprobación	428
Bibliografía	429

Términos financieros básicos	431
Índice de Cuadros	435
Índice de Recuadros	437
Índice de Figuras	439

Abreviaturas

A
— ACP: África, Caribe y Pacífico.
— AELC: Asociación Europea de Libre Comercio.
— AID: Asociación Internacional de Desarrollo.
— AIF: Asociación Internacional de Fomento.
— AGPL: Acuerdo General de Préstamo.
— ALALC: Asociación Latinoamericana de Libre Comercio.
— ALADI: Asociación Latinoamericana de Integración.
— AME: Acuerdo Monetario Europeo.
— AMF: Acuerdo Multifibras.
— ANZERTA: Acuerdo Comercial de Acercamiento Económico entre Australia y Nueva Zelanda.
— AOD: Ayuda Oficial al Desarrollo.
— APEC: Cooperación Económica de Asia y Pacífico.
— ARE: Acuerdos de Restricción a la Exportación.
— ASA: Acuerdos del Servicio Ampliado.
— ASEAN: Asociación de Naciones del Sudeste Asiático.

B
— BACIE: Banco de América Central para la Integración Económica.
— BAfD: Banco Africano de Desarrollo.
— BAsD: Banco Asiático de Desarrollo.
— BEI: Banco Europeo de Inversiones.
— BERD: Banco Europeo de Reconstrucción y Desarrollo.
— BCE: Banco Central Europeo.
— BDAE: Banco de Desarrollo del África del Este.
— BDAO: Banco de Desarrollo de África Occidental.

- BDI: Banco de Desarrollo Islámico.
- BDC: Banco de Desarrollo del Caribe.
- BDCE: Banco de Desarrollo del Consejo de Europa.
- BNI: Banco Nórdico de Inversiones.
- BID: Banco Interamericano de Desarrollo.
- BIP: Banco Internacional de Pagos.
- BIRD: Banco Internacional de Reconstrucción y Desarrollo (ver BM).
- BIRF: Banco Internacional de Reconstrucción y Fomento (ver BM).
- BM: Banco Mundial.
- BP: Balanza de Pagos.
- BsRsDs: Bancos Regionales de Desarrollo.

C

- CAF: Corporación Andina de Fomento.
- CARICOM: Comunidad del Caribe.
- CCG: Consejo para la Cooperación del Golfo.
- CDAM: Comunidad para el Desarrollo de África Meridional.
- CE: Comunidad Europea.
- CEA: Comisión Económica de las Naciones Unidas para África.
- CEAE: Comunidad Económica del África del Este.
- CEAO: Comunidad Económica del África Occidental.
- CECA: Comunidad Europea del Carbón y del Acero.
- CEDEAO: Comunidad Económica de los Estados de África Occidental.
- CEF: Consejo de Estabilidad Financiera.
- CEPALO: Comisión Económica de las Naciones Unidas para Asia y Lejano Oriente.
- CEPGL: Comunidad Económica de los Países de los Grandes Lagos.
- CESAP: Comisión Económica y Social para Asia y Pacífico.
- CFCs: Cloro-Fluor-Carbonados.
- CFI: Corporación Financiera Internacional.
- CIADI: Centro Internacional de Arreglo de Diferencias Relativas a las Inversiones.
- CII: Corporación Interamericana de Inversiones.
- CMFI: Comité Monetario y Financiero Internacional.
- CITES: Comercio Internacional de Especies Amenazadas de Fauna y Flora Silvestres.
- CMFI: Comité Monetario y Financiero Internacional.
- CNC: Comité de Negociaciones Comerciales.
- CNUMAD: Conferencia de las Naciones Unidas sobre Medio Ambiente y Desarrollo.
- COI: Comisión del Océano Índico.
- COMECON: Consejo de Ayuda Económica Mutua.
- CST: Cuentas Satélite del Turismo.
- CTE: Comité de Comercio y Medio Ambiente.

D

- DEG: Derecho Especial de Giro.

E

— EAEC: Asamblea Económica de Asia Oriental.
— EEE: Espacio Económico Europeo.
— EFTA: ver AELC.
— ESAF: Facilidad de Ajuste Estructural

F

— FAfD: Fondo Africano de Desarrollo.
— FAsD: Fondo Asiático de Desarrollo.
— FAO: Organización de las Naciones Unidas para la Agricultura y la Alimentación.
— FCRP: Facilidad de Crecimiento y Reducción de la Pobreza.
— FDN: Fondo de Desarrollo Nórdico.
— FEAT: Fondo Especial de Asistencia Técnica.
— FED: Fondo Europeo de Desarrollo.
— FEJ: Fondo Especial de Japón.
— FEN: Fondo Especial de Nigeria.
— FENUDE: Fondo Especial de las Naciones Unidas.
— FFI: Financiamiento Intermedio.
— FFPS: Fondo Fiduciario del Progreso Social.
— FIDA: Fondo Internacional para el Desarrollo Agrícola.
— FMI: Fondo Monetario Internacional.
— FOE: Fondo para Operaciones Especiales.
— FOMIN: Fondo Multilateral de Inversiones.
— FSAP: Financial Sector Assesment Program Pro.
— FSSA: Financial Sector Stability Analysis Pro.

G

— GATT: Acuerdo General de Aranceles Aduaneros y Comercio.
— GATS: Acuerdo General sobre Comercio de Servicios.
— GEI: Gases de efecto invernadero.
— GNM: Grupo de Negociaciones sobre Mercancías.
— GNS: Grupo de Negociaciones sobre Servicios.
— G-7: Grupo de los Siete países más industrializados del mundo.

H

— HIPC: Iniciativa para los Países Pobres Muy Endeudados.

I

— IAVW: Vigilancia de los Volcanes en las Aerovías Internacionales.
— IAIS: Asociación Internacional de Supervisores de Seguros.
— IATA: Asociación de Transporte Aéreo Internacional.
— IsFsMs: Instituciones Financieras Multilaterales.
— IFIs: Instituciones Financieras Internacionales.
— I+D: Investigación y Desarrollo.

L

— LCC: Líneas de Crédito Contingente.

M

— MCCA: Mercado Común Centroamericano.
— MERCOSUR: Mercado Común del Cono Sur.

N

— NAFTA: Tratado de Libre Comercio de América del Norte.
— NAP: Nuevo Acuerdo de Préstamo.
— NCM: Negociaciones Comerciales Multilaterales.
— NMF: Cláusula de Nación Más Favorecida.

O

— OACI: Organización de Aviación Civil Internacional.
— OCDE: Organización para la Cooperación y el Desarrollo Económico.
— OEA: Organización de Estados Americanos.
— OECE: Organización Europea de Cooperación Económica.
— ODM: Objetivos de Desarrollo del Milenio.
— ODS: Sustancias que Reducen el Ozono.
— OIC: Organización Internacional de Comercio.
— OIT: Organización Internacional de Trabajo.
— OMC: Organización Mundial de Comercio.
— OMGI: Organismo Multilateral de Garantía de Inversiones.
— OMM: Organización Metereológica Mundial.
— OMPI: Organización Mundial de la Propiedad Intelectual.
— ONG: Organizaciones no Gubernamentales.
— ONU: Organización de las Naciones Unidas.
— ONUDI: Organización de las Naciones Unidas para el Desarrollo Industrial.
— OPAEP: Organización de Países Árabes Exportadores de Petróleo.
— OPEP: Organización de Países Productores de Petróleo.
— OSD: Órgano de Solución de Diferencias.
— OST: Órgano de Supervisión de los Textiles.
— OUA: Organización de la Unidad Africana.

P

— PAC: Política Agrícola Común.
— PIB: Producto Interior Bruto.
— PII: Posición de Inversión Internacional.
— PMA: Países Menos Adelantados.
— PINs: Public Information Notices.
— PNB: Producto Nacional Bruto.

— PNUD: Programa de la Naciones Unidas para el Desarrollo.
— PRGF: Mecanismo para el Crecimiento y la Reducción de la Pobreza.

R

— RI: Relación de Intercambio.

S

— SAE: Servicio de Ajuste Estructural.
— SCLP: Servicio para el Crecimiento y la Lucha contra la Pobreza.
— SCN: Sistema de Cuentas Nacionales.
— SEBC: Sistema Europeo de Bancos Centrales.
— SELA: Sistema Económico Latinoamericano.
— SFCC: Servicio de Financiación Compensatorio y para Contingencias.
— SIFIs: Instituciones Financieras Importantes Sistémicas.
— SME: Sistema Monetario Europeo.
— SMI: Sistema Monetario Internacional.
— SRAE: Servicio Reforzado de Ajuste Estructural.
— SRI: Sistemas de Reserva Informatizados.
— SSE: Servicio para Shocks Exógenos.
— STS: Servicio para la Transformación Sistémica.

T

— TERN: Red de Respuestas ante Emergencias Turísticas.
— TPRM: Mecanismo de Evaluación de la Política Comercial.
— TRIPs: Aspectos relativos al Comercio de los Derechos de Propiedad Intelectual.

U

— UAAM: Unión Aduanera del África Meridional.
— UDEAC: Unión Aduanera y Económica del África Central.
— UE: Unión Europea.
— UEM: Unión Económica y Monetaria.
— UEP: Unión Europea de Pagos.
— UNCTAD: Conferencia de las Naciones Unidas sobre Comercio y Desarrollo.
— UNRRA: Administracio de Socorros y Reconstrucción de las Naciones Unidas.
— URM: Unión del Río Mano.

Z

— ZCP: Zona Comercial Preferencial para los Estados del África Oriental y Meridional.

Prefacio

Este libro es el resultado de la experiencia adquirida durante estos años dedicada a la economía internacional y a los organismos económicos internacionales. La selección de los temas se ha llevado a cabo a la luz de la relevancia de los acontecimientos económicos internacionales y del condicionamiento que, desde el punto de vista práctico han ido concediendo los alumnos a los diversos temas a lo largo de estos años. Se han tratado de obviar planteamientos teóricos muy sofisticados, que en algunos campos de la economía internacional y del comercio internacional tienen gran tradición, concediendo en nuestro caso una mayor importancia a los instrumentos de análisis que contribuyen a un mejor conocimiento de la realidad económica internacional que nos rodea. Una realidad que por su propia naturaleza es cambiante, pero que tratamos de sintetizarla en los capítulos de este libro.

La principal virtud que tiene este libro, en mi modesta opinión, es presentar en un solo volumen los fundamentos principales de la economía internacional en sus diferentes ámbitos, asociándolos con la organización institucional, económica, monetaria y financiera, y dando con ello una visión global de los complejos problemas de la economía internacional y sus interrelaciones. No se pretende obviamente dar respuesta a todos los problemas que plantea la economía internacional, sino más bien proporcionar los argumentos y el contenido teórico para ayudarnos a comprenderlo y a estar en condiciones de dar respuestas desde un punto de vista crítico. Para darle un mayor sentido didáctico y para que el lector se introduzca con mayor facilidad en los temas, se han incluido ejercicios para la autocomprobación del estudio y su comprensión.

Organización del libro

El libro está organizado en cuatro partes fundamentales. En la Primera Parte se presenta la Teoría del Comercio Internacional. Tras el capítulo 1 de Introducción, donde se expone el fundamento y los objetivos de la Economía Internacional y de la Organización de la Economía Internacional, en el capítulo 2 se analiza el Mercantilismo y la teoría de los que fueron sus arquitectos fundamentales, Adam Smith y David Ricardo. Las ganancias del comercio, las curvas de oferta y la demanda, además de las curvas de indiferencia social y el comercio internacional son objeto de estudio del capítulo 3. La explicación de las diferencias en la dotación de factores y el coste comparativo entre los países nos introduce en el Teorema de Heckscher-Ohlin en el capítulo 4.

La teoría de la ventaja comparativa incluye un sólo factor. Las diferencias de productividad del trabajo eran las razones del comercio. La inclusión de la relación de intercambio explica de alguna manera, por qué tiene lugar el comercio y los productos que entran a formar parte del mismo. Sin embargo, no nos aclara nada sobre las diferencias del coste comparativo entre los países. Las predicciones del modelo Heckscher-Ohlin fueron utilizadas por Leontief utilizando una tabla input-output para Estados Unidos con datos de 1947. Pretendía contrastar la teoría de Heckscher-Ohlin. La aplicación del Teorema de Heckscher-Ohlin y las ganancias del comercio, y la contrastación que llevo a cabo en 1951 Leontief y que dio origen a la denominada Paradoja de Leontief, con otras teorías del comercio internacional, componen el capítulo 5 cerrándose con este capítulo la Primera Parte.

En la Segunda Parte se afronta el estudio de la macroeconomía de una economía abierta. En el capítulo 6, se abordan las cuentas nacionales y los fundamentos de la Balanza de Pagos. Partiendo de que el concepto de Balanza de Pagos, hoy día es muy complejo, dada la diversificación y multiplicidad de las operaciones que forman parte de la economía, y las relaciones económicas y financieras, se distingue lo que son cuentas nacionales y cuentas internacionales. En el capítulo 7 se analiza el equilibrio de la Balanza de Pagos.

En el capítulo 8 se estudian las inversiones internacionales y los determinantes de la inversión exterior, con las distintas aportaciones y teorías explicativas. Partiendo de la existencia de estudios, que analizan las razones por las que los inversores extranjeros se desplazan con sus inversiones de una plaza a otra, en este capítulo se trata de explicar algunas de las razones de la inversión directa extranjera, dada la complejidad de los mercados financieros internacionales, el elevado volumen de recursos que se movilizan, la sofistificación de los nuevos productos financieros y la rapidez con la que se movilizan dichos recursos. Para facilitar su estudio, se han agrupado por teorías las motivaciones que llevan a la inversión extranjera.

En el capítulo 9, se afronta el análisis de los mercados financieros internacionales, y lo que desde principios de la década de los años ochenta se había venido obviando, y es la atracción que ejercen las rentabilidades ofrecidas por los activos de elevado riesgo. Este capítulo nos introduce en el capítulo 10, en el estudio de las crisis financieras internacionales y en las propuestas de reforma de la arquitectura financiera internacional, entendiendo que es un tema aún no cerrado, dado que con la crisis financiera iniciada en agosto de 2007, aún no se han completado las propuestas de reforma. La globalización de la actividad económica y la integración de los mercados de capitales y los mercados interbancarios facilitan el contagio de las crisis, produciéndose como en la crisis financiera iniciada en 2007, una crisis global, que partiendo de una crisis bancaria local, se ha convertido en una crisis internacional globalizada.

Cerrando esta Segunda Parte, se pasa en el capítulo 11 al estudio del comercio, la cooperación internacional, la globalización y sus consecuencias en un mundo económico interrelacionado, incluyéndose también en este capítulo, los obstáculos que impiden el comercio, como las restricciones arancelarias y otros obstáculos, teniendo en cuenta, que a lo largo del tiempo y a medida que se han ido eliminando las restricciones arancelarias, han aparecido otro tipo de obstáculos de carácter no arancelario, también denominados distorsiones comerciales, porque no sólo impiden el comercio, sino que incluyen medidas que impulsan el comercio propio, en detrimento de las importaciones de otros países, que compiten en el mercado interior con la producción nacional.

La globalización ha irrumpido con fuerza en la economía internacional y en los negocios internacionales. Y aunque el concepto de globalización no es nuevo, sí es un concepto diferente, porque incluye elementos diferenciadores que dan origen a un nuevo concepto de globalización. En el ámbito económico, lo más destacado de la globalización actual son sus implicaciones sobre la estabilidad financiera mundial, que desde que se impuso este fenómeno, a mediados de la década de los años ochenta, la estabilidad financiera ha dejado de ser una cuestión doméstica, por estar sujeta al efecto contagio, cuando aparecen problemas o desequilibrios en un país o en una plaza financiera. Otro de los elementos diferenciadores, que dan origen al nuevo concepto de globalización es su implicación sobre la soberanía nacional, en la medida en que las actividades, que se mueven vía internet fundamentalmente, ya no están sujetas como antes a la ley nacional. Todos estos temas son objeto de estudio en este capítulo.

Este análisis, nos da pie para entrar en la Tercera Parte del libro dedicado al comercio y desarrollo.

El capítulo 12 se ocupa del desarrollo económico y el problema de la pobreza, entendiendo la pobreza en su sentido económico, como la situación donde persisten bajos ingresos y consumo, falta de desarrollo humano, inseguridad alimentaria, escasez de empleo remunerado y servicios sociales adecuados. El comercio internacional puede facilitar u obstaculizar el proceso de desarrollo e incluso modificar esta relación. Pero hay que hacer hincapié, que la mejor forma de vincular el comercio internacional con la reducción de la pobreza, es a través de políticas de desarrollo nacional con carácter pragmático, abiertas e integradoras. Comprendiendo que, por abiertas se tienen a las políticas basadas en la atención a las oportunidades de comercio, tecnológicas y de inversión globales que faciliten a los países en desarrollo su participación en las transacciones internacionales. En el capítulo 13 se presenta uno de los problemas que más han preocupado a los países en desarrollo, desde hace más de cincuenta años y es la relación entre comercio y desarrollo y la inestabilidad de los ingresos por exportación, sus causas y sus efectos para los países exportadores de productos básicos.

En el capítulo 14 se afronta uno de los retos más serios que tienen los ciudadanos, los países y el sistema económico internacional, como es la cuestión medioambiental. La Cumbre de la Tierra de 1992, incorporó al debate el concepto de desarrollo sostenible, tomándolo del informe de 1987 de la Comisión Mundial para el Medio Ambiente y el Desarrollo, más conocido como Informe Brundtland. En este capítulo, se aborda el problema medioambiental desde un punto de vista global y su relación con el desarrollo económico, y en consecuencia, con el concepto de desarrollo sostenible, como aquel que favorece la satisfacción de las necesidades presentes, sin poner en peligro las capacidades de las generaciones futuras.

En el capítulo 15, el turismo internacional cierra esta Tercera Parte del libro. La industria del turismo ha estado creciendo en los últimos años a un ritmo más rápido que el PIB mundial. Casi la mitad de las exportaciones de servicios de los países en desarrollo esta relacionado con esta industria, constituyendo el mayor de los sectores de exportación de servicios y uno de los de crecimiento más acelerado. Para los países en desarrollo menos adelantados, la importancia del turismo para su desarrollo económico ha adquirido estos últimos años una importancia crucial.

La Cuarta Parte está orientada al funcionamiento y estructura de los organismos económicos internacionales, iniciándose esta Parte, en el capítulo 16, con una exposición de la influencia de las transformaciones políticas y las relaciones económicas internacionales, los antecedentes y principales elementos de la Organización Económica Internacional y de los Organismos Económicos Internacionales. En el capítulo 16 se repasan los organismos más importantes, distinguiendo los organismos y foros económicos internacionales de comercio y desarrollo.

Así, en el capítulo 17, partiendo de los orígenes del Acuerdo General de Aranceles Aduaneros y Comercio (GATT) y la Carta de la Habana, que recogía bajo sus 106 artículos toda la filosofía de libre intercambio que se había ido gestando en los años anteriores, se pasan a considerar los fundamentos del GATT, y los tres pilares básicos en los que ha estado apoyado el Acuerdo General desde sus orígenes y después en la Organización Mundial de Comercio. A través de estos principios se ha preservado la no discriminación del comercio internacional y la aplicación generalizada de la cláusula de nación más favorecida. El multilateralismo y el sistema internacional de comercio han proporcionado importantes beneficios a los países, incluidos consensos logrados para proteger el medio ambiente y la apertura de los mercados. El estudio de este capítulo se completa con la Organización Mundial de Comercio (OMC).

Los orígenes y fundamentos de la UNCTAD, como órgano permanente de las Naciones Unidas (ONU), cuyo mandato le permite tratar en su seno cualquier problema de índole económica que afecte a los países en vías de desarrollo, forma parte de este capítulo dedicado a los organismos económicos internacionales de comercio y desarrollo. La UNCTAD como entidad intergubernamental permanente, actúa como un foro económico de los problemas de desarrollo centrándose fundamentalmente en las relaciones Norte-Sur y permite la negociación en su seno, de los principales problemas que afectan a los países en desarrollo, fundamentalmente, la inestabilidad de los ingresos por exportación de estos países y los acuerdos sobre productos básicos.

Siguiendo la importancia de los organismos económicos internacionales se destaca, la Organización para la Cooperación y el Desarrollo Económico (OCDE), como un foro internacional de debate de problemas económicos comunes y de cooperación de los países industrializados, permitiendo a los gobiernos de estos países, estudiar y elaborar las mejoras políticas posibles, tanto en el ámbito económico como en el social.

En el capítulo 18 se estudian los fundamentos del Sistema Monetario Internacional (SMI), analizándose a partir del patrón oro y su evolución posterior y abordando de forma especial, la experiencia del período de entreguerras, tras adquirir el dólar una relevante importancia como moneda internacional y cuya influencia y uso en la economía internacional y en las transacciones económicas y financieras, se afianzó al convertirse en la moneda de reserva del Sistema Monetario Internacional establecido en Bretton Woods en 1944, como un sistema de tipos de cambio fijos pero ajustables. En el capítulo 18 se repasan los sistemas monetarios y cambiarios más destacados en la economía internacional.

En la actualidad, el sistema monetario internacional, es un «no sistema» caracterizado por una mayor flexibilidad cambiaria, desaparición del papel del oro en su función monetaria y fuerte movilidad de capitales. El colapso de Bretton Woods desplazó a la tradicional referencia cambiaria para la política monetaria y fiscal, y en los años ochenta y noventa, se articularon estrategias, basadas en objetivos monetarios, de inflación o una *policy-mix,* para afrontar la inestabilidad económica y financiera. El tipo de cambio ha dejado de depender de las autoridades monetarias y prácticamente es el mercado el que lo determina. Se puede decir, de alguna manera, que el sistema monetario actual ha girado desde un sistema controlado por los gobiernos, a través de sus bancos centrales, a un sistema dirigido por los mercados.

La Quinta Parte aborda el análisis de la Organización Monetaria y Financiera. Los principales organismos económicos internacionales de carácter financiero: Banco Mundial (BM), Fondo Monetario Internacional (FMI) y los Bancos Regionales de Desarrollo (BsRsD), se estudian en los capítulos 20, 21 y 22 respectivamente. Cada uno de estos organismos económicos internacionales se han ido adaptando a las condiciones cambiantes de la economía internacional. El Banco Mundial ha ido variando su estructura, actividades y su enfoque general del desarrollo, transformándose en un grupo de filiales, cada una con su estructura, objetivos y funcionamiento diferenciados. El Fondo Monetario Internacional ha ido incorporando, otras actividades tras la desaparición del sistema de Bretton Woods. Los Bancos Regionales de Desarrollo han ido asumiendo los retos de sus respectivas regiones para mejorar su eficacia. Otros organismos financieros internacionales (BERD, BEI, BNI, BDCE, y FIDA), cierran la Cuarta Parte y el libro.

Nivel de conocimientos y análisis

El libro presenta los aspectos básicos de la economía internacional y de la organización económica internacional, destacando los elementos esenciales de cada uno de estos ámbitos, sin caer, ni en la complejidad a la que se presta el análisis de la economía internacional, ni en la superficialidad de un análisis que no proporcione los elementos fundamentales del conocimiento y funcionamiento de la económica internacional y de la organización económica internacional, que lo conforman. Para el estudio de la economía internacional (especialmente de los capítulos 2, 3, 4 y 5), se requieren conocimientos de teoría económica y macroeconomía. Asimismo, se deben tener conocimientos de las cuentas nacionales, renta nacional y producto nacional bruto y las identidades, cuyo estudio normalmente se ha abordado en cursos previos del Grado o de la Licenciatura y se considera que no es necesario repetirlo. La comprensión del resto de los temas, tanto de economía internacional, como de organización económica internacional, son fácilmente abordables, para cualquier tipo de nivel y conocimientos que se tengan, dado el grado de explicación y de la facilidad consiguiente de comprensión y asimilación del análisis. Y para facilitar esa comprensión, se han incluido al final de cada capítulo, una ayuda didáctica, con un resumen, términos claves, temas de reflexión y ejercicios resueltos de autocomprobación del estudio.

1
Introducción

1. Economía internacional y organización económica internacional.—2. Economía internacional y la Organización Económica internacional: la preocupación por lo económico.—3. El objetivo de la economía internacional.—4. El objetivo de la organización económica internacional y de los organismos económicos internacionales.

TÉRMINOS CLAVE

- **Comportamiento racional**
- **Equilibrio general**
- **Equilibrio parcial**
- **Equilibrio social**
- **Ética**
- **Filosofía cristiana**
- **Fisiócratas**
- **Institucionalismo**
- **Justo-natural**
- *Laissez-faire*
- **Lógica situacional**
- **Marxismo**
- **Orden natural**
- **Precio justo**
- **Productividad marginal**

1. Economía internacional y organización económica internacional

Si se tuviese que identificar un solo concepto que justificase el estudio de la economía internacional y de la organización económica internacional, ese concepto sería el de la soberanía de los Estados. Los economistas clásicos identificaron a la nación como el sujeto de análisis para el comercio internacional y las relaciones económicas. El comercio y la organización económica internacional han jugado siempre un papel muy importante en la economía y han sido objeto de estudio bajo distintos aspectos, a lo largo del tiempo. Es por eso, que a nivel internacional se puede decir, que existen tres grandes sujetos u operadores económicos: Los Estados, los organismos económicos internacionales y las empresas multinacionales o empresas transnacionales. Los organismos económicos internacionales forman parte de los interlocutores internacionales y un ejemplo claro de ello lo vemos con la Unión Europea, el Banco Central Europeo, el Fondo Monetario Internacional, el Banco Mundial o la Organización Mundial de Comercio.

La economía internacional y la organización económica internacional están íntimamente relacionadas con lo que se entiende como sistema económico internacional. El sistema económico internacional se ha constituido progresivamente y ha definido su dimensión cuando los Estados han acordado el establecimiento de organismos económicos internacionales para facilitar las relaciones económicas y el respeto a los acuerdos internacionales. Por ello, el concepto de sistema económico internacional se identificaría con el del «medio internacional», donde se incluyen, además de elementos económicos, otros elementos como: a) el medio físico, b) la demografía, c) la ideología, d) la política, e) la técnica, f) lo social. La combinación de esos elementos nos proporciona la noción de un sistema económico determinado, teniendo en cuenta que las características de un sistema económico internacional son: 1. La generalidad, 2. La heterogeneidad y, 3. La ausencia de reglas precisas *per se*.

La necesidad de establecer organismos internacionales para la cooperación y el desarrollo surge al final de la Segunda Guerra Mundial. La ordenación económica surgida después de la guerra, hizo posible que los problemas internacionales fuesen tratados sistemáticamente en organismos creados específicamente para ello. Desde un primer momento se pretendieron abordar determinados problemas considerados más acuciantes para la consecución de la organización y la estabilidad económica mundial. Entre estos temas destacaron: 1) los pagos internacionales, 2) el comercio mundial, 3) los problemas de los productos básicos, y 4) la financiación del desarrollo. Para actuar sobre los pagos se creó el Fondo Monetario Internacional en 1944, con tres funciones básicas: una función de asistencia financiera, otra reguladora de las relaciones monetarias y una tercera consultiva. Sobre el comercio internacional, se pretendió actuar a través del establecimiento de una Organización Internacional de Comercio, que no llegó a crearse y en su lugar se estableció en 1947, de forma provisional el Acuerdo General de Aranceles Aduaneros y Comercio (GATT). Las acusadas fluctuaciones de los precios de los productos básicos en el mercado internacional y el deterioro de la relación de intercambio de los países exportadores de materias primas, fue el origen de la celebración de la conferencia de las Naciones Unidas sobre Comercio y Desarrollo (UNCTAD), creada en diciembre de 1964, y que en adelante se ocuparía de temas de comercio y desarrollo del Tercer Mundo.

La reconstrucción de las economías y la financiación del desarrollo fue la actividad encomendada al Banco Mundial. La conveniencia de establecer instituciones de promoción del desarrollo de carácter regional, con similar estructura a la del Banco Mundial, dio paso en los años sesenta, al establecimiento de instituciones regionales y subregionales, cuyo objeto no fue sólo promover el desarrollo, sino también complementar la acción del Banco Mundial. Los países en desarrollo necesitaban recursos financieros para su modesta infraestructura física e industrial y para hacer frente a las crecientes necesidades sociales y del sector rural.

Para hacer frente a estas necesidades, precisaban proyectos más completos y asistencia técnica. En la década de los años ochenta, las instituciones multilaterales de financiación del desarrollo ampliaron sus objetivos, asumiendo un papel cada vez más creciente en el apoyo a los problemas de Balanza de Pagos (préstamos de ajuste estructural y sectorial), y agilizando la transferencia de recursos. En la década de los noventa han surgido nuevos problemas y han variado también las prioridades. El apoyo al sector privado, la preocupación por el medio ambiente, la reducción de la pobreza, la mejora de la situación de la mujer y la reducción de los desequilibrios fiscales, son algunas de las áreas prioritarias que se plantean para el futuro.

En el siglo XXI, nos enfrentamos a nuevos retos, algunos de los cuales son retos antiguos no resueltos todavía, como el problema de la pobreza, la sanidad, la educación, la desigualdad de oportunidades o la defensa de los derechos de los individuos en muchas regiones del mundo. El concepto de desarrollo ha evolucionado, acercándonos a un pragmatismo más ligado a la reflexión sobre las condiciones existentes, que a debates teóricos sobre la financiación del Estado o el papel que debe desempeñar el mercado en el desarrollo de los países más atrasados. Para el Banco Mundial, que lleva varias décadas trabajando en pro del desarrollo, es preciso establecer políticas de desarrollo combinadas, fundamentadas en una estructura institucional, que apoyen e impulsen el proceso de desarrollo, para que perdure en el tiempo y no se agoten con el primer impulso. Es la idea que inspiró el concepto de *desarrollo sostenible,* incorporado actualmente en el marco integral de desarrollo de la ONU y del Banco Mundial (BM) y de la mayoría de los organismos internacionales de cooperación para el desarrollo.

2. Economía internacional y organización económica internacional: la preocupación por lo económico

A medida que observamos la realidad económica internacional que nos rodea e intentamos mejorarla, la compartimentamos, atendiendo a los diferentes aspectos que la componen. Así, mientras la economía internacional se preocupa sobre todo, de explicar por qué sucede lo que sucede y avanzar soluciones adecuadas a las condicionamientos que las acompañan, incluidos principios relacionados con la macroeconomía y la microeconomía, la organización de la economía internacional, expone de manera didáctica, el conjunto de organismos económicos internacionales, con estructuras y reglas de juego conocidas y acordadas por sus miembros, para lograr determinados objetivos.

La investigación económica trata de lo que hacemos y de lo que nos rodea. La economía es una ciencia social, en cuanto trata de los comportamientos humanos, de la creación humana y del medio social donde se desenvuelve. Esto hace que esté relacionada con la Historia, aunque en muchas ocasiones se ignora este aspecto. La relación de intercambio no es una aportación de los economistas, ya se inventó en el Neolítico en la medida en que las transacciones formaban parte de las relaciones sociales, el poder, la expansión de los pueblos o de la influencia de la tribu o de la familia.

Los cambios experimentados por la sociedad humana han acarreado otros cambios sociales y de organización, en definitiva, se han ido delimitando en cada período de tiempo los sistemas económicos y sociales de funcionamiento, acorde con la expansión de las ciudades, la influencia del Estado, de la Iglesia o de las organizaciones (religiosas, políticas, militares, etc.). La preocupación por la justicia, la equidad o el equilibrio no es patrimonio de los economistas. Ni siquiera el descubrimiento de lo económico lo es. Aristóteles, por ejemplo, habla de los precios en sus lecciones sobre justicia. Para él, la desigualdad de los pueblos está basada en las diferencias en el *status* social. El equilibrio social sería impulsado con el establecimiento de un precio justo (Gordon, 1975). La filosofía cristiana participaba de la humildad y del reparto de los bienes. La usura estaba prohibida.

El concepto de lo que se consideraba «natural» o «justo» no es unánime. Dependía de los sistemas sociales. Para el hombre medieval, el precio de las mercancías era el que se consideraba justo. Como en la ley romana. Lo que para los romanos era la *communis aestimatio* o estimación común en la plaza del mercado. Los teólogos del siglo XV y XVI seguirán aceptando el concepto romano de precio justo, aunque el descubrimiento de nuevas tierras y sobre todo el descubrimiento de América y la llegada de metales preciosos a España y su difusión por Europa, con la incidencia que tuvo sobre el nivel de precios, va a introducir nuevas formulaciones. La supervisión moral acabará aceptando los nuevos fenómenos, como la inflación de precios, el tipo de cambio, o el poder de compra, adaptándolo a la ética tradicional. El concepto de lo «justo» se identificaba con lo «natural», y si el precio era justo, ¿por qué no iba a serlo el tipo de cambio que al fin y al cabo es un precio relativo? Para ellos, la sociedad estaba enmarcada en un orden natural y eso era lo justo. Había que hacer coincidir el orden social deseable con el orden inamovible existente (eso es lo que intentaba Adam Smith).

Los fisiócratas pretendieron dar una explicación del funcionamiento del sistema económico, a través de la idea de la circulación económica (uno de los fundamentos de la macroeconomía) en favor de los intereses económicos y culturales de Francia. Para Adam Smith el sistema económico era un sistema natural de perfecta libertad y justicia en régimen de total y libre competencia (A. Smith 1776). David Ricardo utilizaría la premisa del sistema económico ideal y presentaría sus conclusiones como leyes irrefutables. Si para Ricardo no se podía hacer nada para interferir la ley natural, para John Stuart Mill (1848) la distribución de la renta, por ejemplo, era susceptible de cambios estructurales.

Pero el orden natural que se proclamaba no se correspondía con el entorno existente. El sistema económico adolecía de mal funcionamiento que conllevaba miseria y pobreza entre gran parte de la población. Carlos Marx lo pondría en evidencia criticando a la economía política. El sistema genera pobreza y miseria y los trabajadores son explotados, manteniendo con su fuerza de trabajo al sistema en funcionamiento. La acumulación de capital y el margen de beneficios sirven de estímulo a los capitalistas, para proseguir en su acumulación, en lugar de distribuir los recursos para satisfacer las necesidades sociales. Para Marx, el mundo es un proceso del cual se puede extraer un modelo de funcionamiento. Marx creía haber encontrado las leyes que rigen el desarrollo de la sociedad.

La sociedad está gobernada por el progreso técnico y la lucha de clases, según Marx. Las relaciones económicas dependen del poder relativo. La acumulación es interrumpida temporalmente por las depresiones o crisis, que están en la misma naturaleza del sistema y del avance del empobrecimiento y de la miseria. Sin embargo, la comparación entre la realidad y el ideal teórico, es decir, la crítica de la economía política, había sido iniciada de forma tan radical por Marx que había calado en el pensamiento incluso de los menos afectados por la ideología revolucionaria. Los economistas empezaron a preocuparse por lo que los representantes de la escuela austriaca llamaban la patología del sistema.

La preocupación por lo económico se fue relegando al ámbito de los especialistas universitarios y después de la revolución de los años setenta (en el siglo XIX) que llevó al desarrollo de la teoría neoclásica, la atención se centró fundamentalmente en el proceso de toma de decisiones, de lo que podría ser el precio justo. Para ello partieron del individualismo metodológico y de lo que Popper llamaba lógica situacional (*situational logic*) o los postulados combinados de los sucesos sociales, que deben ser explicados por el comportamiento racional de los individuos participantes sujetos a restricciones, según la limitación.

El comportamiento racional, el nivel de precios, el valor de los bienes y de los servicios comenzaron a ser objeto de análisis pormenorizado, reducido a los ambientes académicos universitarios. Hasta Schumpeter, se puede decir, que el análisis del equilibrio mantuvo centrada la atención del análisis económico. Schumpeter dedicó una mayor atención a los cambios estructurales en el sistema económico. De hecho su trabajo es un ejemplo de cómo en economía los elementos histórico-culturales tienen una gran relevancia. Para Schumpeter, las depresiones eran el precio del progreso. Este ensamblaje entre lo sociológico y lo económico fue desarrollado por el Institucionalismo, uno de cuyos más destacados representantes es John Kenneth Galbraith.

La intervención del Estado en el sistema económico, alterando la eficiencia del sistema a través de los impuestos y de los gastos públicos, no tenía por qué ser perjudicial. Para Walras un sistema eficiente no tenía por qué ser justo, aunque podría ser ambas cosas a la vez, si el gobierno promueve la realización de un sistema ideal de mercados que promocionase una más equitativa distribución de la renta. Según Walras, la búsqueda de una mayor justicia era el objeto de la economía social. Naturalmente, esta idea de justicia diferiría sustancialmente de la que mantuvieron los hombres medievales o A. Smith, en la medida en que para ellos, el orden natural de la sociedad era justo, mientras que la crítica a la que estuvo sometida la economía política en el siglo XIX y los movimientos sociales de la segunda parte de ese siglo habían conducido la idea de la «justicia» hacia el concepto de una mejor distribución de la renta, o de una distribución más equitativa de la propiedad. En definitiva, el sistema económico ideal no tenía por qué ser ya, justo.

John Bates Clark (1899), revivió la idea clásica de justicia a través de una formulación de la teoría de la productividad marginal, que para muchos economistas no era más que la ampliación de la teoría marginal existente, según la cual la libertad garantiza la eficiencia, aunque no necesariamente tiene que garantizar a la vez la justicia. La idea de Walras de que los fallos del mercado (el no cumplimiento de su función ideal) justifica la intervención del Estado para mejorar el sistema, llevó a un campo de investigación donde se incluían los efectos externos en el análisis, en la medida en que podía afectar a la racionalidad del sistema. En general, hasta entonces, los economistas no habían prestado mucha atención a los efectos externos o perjuicios sociales del sistema productivo, tales como la degradación medioambiental, la contaminación del agua o del aire. En 1912, A. C. Pigou llamó la atención sobre las ventajas o inconvenientes de un sistema productivo, que no incluía en el proceso de toma de decisiones del mercado algunos efectos que proporcionaban costes sociales adicionales.

La consideración de un sistema económico justo se consideraba no exenta de un juicio de valor. El ideal de una investigación libre de juicio de valor, tal como lo defendió Max Weber (1904) para las ciencias sociales, está referido a toda investigación que no depende en sus resultados de lo político o lo ético. Walras consideraba que los ideales sociales no se pueden probar científicamente. En consecuencia, la economía social de Walras caía fuera del campo de ciencia económica. Incluso la economía del bienestar se podía poner en entredicho, en la medida en que implicaba un ideal del sistema de mercado perfecto. El trabajo científico se debe aislar del resto de las actividades sociales. Según Walras y sus seguidores, los economistas que desean ser objetivos, deberían tener una personalidad dividida: la encargada de observar el mundo y la que intenta cambiarlo.

Pero los economistas no son sólo seres pensantes y estrictamente objetivos tienen opiniones y sentimientos y tienen ideas sobre cómo debe estar organizado el mundo que les rodea, cómo se debe llegar a un sistema más justo, más equitativo, más liberal, donde el bienestar sea general, sea susceptible de ser logrado, aplicando determinados medios. Esto es lo que puso de manifiesto Alfred Marshall, con su teoría del equilibrio parcial. Para Marshall, la ciencia no era una descripción real del mundo, sólo una vía de conocimiento. Bajo esta óptica, lo económico era para Marshall un instrumento que podría utilizarse para descubrir lo concreto.

Para ello los economistas elaboran mecanismos analíticos y desarrollan unas determinadas teorías para resolver ciertos problemas. El mundo era demasiado complejo, según Marshall, como para tratar de dar una explicación común comprensiva y el campo económico mantenía una fuerte dependencia de factores que los economistas no pueden observar suficientemente, incluso no pueden explicarlos con una teoría concluyente. Marshall utilizaría el equilibrio parcial para explicar la interdependencia en lugar del equilibrio general empleado por Walras.

Uno de los discípulos más señalados de A. Marshall, John Maynard Keynes, participaba de esa idea. Incluso para Keynes lo económico era una forma de interpretar y de elegir los modelos más relevantes que nos hacen comprender el comportamiento del mundo contemporáneo. Lo económico no permite conocer el mundo, sólo es un medio para interpretarlo. Los economistas se sirven de instrumentos analíticos para su investigación teórica. La idea marshalliana de la complejidad del mundo y de la conveniencia de ordenarlo y organizarlo va a ser recogida por Keynes, al tratar de dar respuestas al mundo contemporáneo a través de soluciones concretas. La teoría keynesiana no será más que una solución aplicada a los problemas que amenazaban con alterar el orden económico mundial, hasta entonces representado por el *laissez-faire*.

No obstante, hay que reconocer que la influencia de la ideología del *laissez-faire* había disminuido considerablemente desde la segunda mitad del siglo XIX. La libertad natural proclamada por Adam Smith había recaído sensiblemente por el incremento del poder de los sindicatos, por la legislación laboral, por el movimiento obrero y por la intervención del Estado en la vida pública. Las críticas de Marx al sistema habían hecho su efecto y el *laissez-faire* se había imbuido de ideas sociales y distributivas que invalidaban sus supuestos originales. Por tanto, no es extraño que Keynes pudiese hablar del fin del *laissez-faire* (1926). Para Keynes el sistema económico carece de elementos autocorrectores y por sí mismo no puede resolver las depresiones o las crisis. El Estado debe intervenir como elemento corrector del sistema y procurar mantener el nivel de empleo.

Volviendo a la influencia marshalliana sobre Keynes, uno de los ejemplos más definitorios de esa influencia para tratar de ordenar económica y socialmente el mundo que nos rodea, está en la participación de Keynes en la Conferencia de Bretton Woods, que dio lugar al nacimiento de dos de las organizaciones económicas internacionales más representativas de nuestra época: el Fondo Monetario Internacional y el Banco Mundial. Esto serviría de modelo para ulteriores organizaciones internacionales, y sobre todo se configuraría como una forma de organizar el mundo mediante el establecimiento de una organización económica internacional, estructurada a través de la cooperación, el diálogo y el acuerdo.

3. El objetivo de la economía internacional

El estudio de la economía internacional descansa en los conocimientos básicos y convencionales de la economía y en el resultado de los procesos históricos de aparición de los países y de los mecanismos de cooperación para mantener la paz o aminorar las desigualdades entre ellos. Su objetivo principal es analizar las relaciones económicas entre los distintos países y todo lo que ello implica en el campo no solamente económico y comercial, sino también financiero. En contraposición al estudio de las interrelaciones económicas internas de un país, desde el punto de vista microeconómico y macroeconómico, la economía internacional supone la apertura al exterior y la existencia de fronteras, que además del componente físico que delimita geográficamente a los países, tienen un componente económico de gran envergadura, de carácter técnico y fiscal, que reporta importantes ingresos a las arcas públicas de los Estados y puede suponer un rígido control a las transacciones exteriores. Sus instrumentos de análisis son ampliamente utilizados en otras ramas de la teoría económica, admitiendo el análisis matemático, la representación gráfica, basándose en el análisis de la demanda y oferta con la aproximación de las elasticidades y las curvas de indiferencia.

En el libro se consideran los dos enfoques tradicionales del estudio de la teoría del comercio internacional, por un lado la teoría pura del comercio internacional y por otro la teoría monetaria de la Balanza de Pagos. Para algunos autores esta separación contribuye de alguna manera a oscurecer el enfoque del sistema clásico. La teoría pura del comercio internacional atiende fundamentalmente al intercambio de bienes en el comercio internacional y a las fuerzas que mueven al intercambio entre los países, excluyéndose el dinero, los movimientos internacionales de capital y los cambios en la renta. También se intenta contestar, al objetivo del comercio, las ganancias del comercio y las consecuencias para los países que intervienen en el comercio internacional.

Para los economistas clásicos el único factor de producción era el trabajo y se comerciaba porque existían diferencias en la productividad de ese factor. Precisamente, esas cuestiones forman el núcleo de la teoría de la ventaja comparativa, una teoría que fue avanzada por Adam Smith, elaborada por David Ricardo y desarrollada por John Stuart Mill y otros autores. Los economistas clásicos estuvieron preocupados por los temas prácticos y la teoría lo que hizo fue contribuir a su comprensión. J. Viner lo ilustra en una frase: La teoría clásica del comercio internacional se formuló en principio con la intención de proporcionar una orientación sobre cuestiones de política nacional y aunque incluía un considerable análisis descriptivo del proceso económico, casi siempre estaba referido a temas de interés público.

4. El objetivo de la organización económica internacional y de los organismos económicos internacionales

Para los organismos económicos internacionales, también han existido al menos dos formas de afrontar su estudio, destacando unas veces los aspectos jurídicos y otras poniéndolas énfasis en los aspectos político-económicos. La primera forma se encardina mejor dentro del Derecho Internacional destacando los aspectos jurídicos de los organismos e instituciones, mientras que en el segundo enfoque, se analizan los organismos desde un aspecto más económico, sin descartar los elementos políticos, que son en la mayoría de las ocasiones, factores decisivos para la aparición de los organismos internacionales. Esto significa que en la medida en que observamos la realidad económica internacional que nos rodea e intentamos mejorarla compartimentamos la realidad económica internacional atendiendo a los diferentes aspectos de la economía internacional. Esto se traduce en la creación de organismos económicos internacionales, con estructuras y reglas de juego conocidas y acordadas por sus miembros, para lograr determinados objetivos.

Tanto las organizaciones económicas internacionales como las instituciones (consideradas éstas las reglas de juego de una sociedad) proporcionan una estructura para el funcionamiento de las relaciones económicas y humanas. Las organizaciones económicas internacionales u organismos económicos internacionales son agrupaciones de Estados, de empresas o simplemente de individuos, que actúan como interlocutores, ligados por un propósito común, para lograr los objetivos que se han propuesto, de carácter económico, monetario o financiero. Pero además de una estructura para el funcionamiento de las relaciones económicas y humanas, las instituciones y los organismos económicos internacionales, también proporcionan certidumbre a estas relaciones. De ahí la importancia que tiene para las economías y para la sociedad en su conjunto, la existencia de este tipo de instituciones y organismos económicos, que garanticen el buen funcionamiento de los mecanismos previstos en defensa de los derechos de los países, de las empresas y de los ciudadanos.

En definitiva, de lo que se trata es de resolver los problemas internacionales y organizarse para hacerles frente. Se establecen así, instituciones, acuerdos, organismos o cualquier tipo de relación económica internacional, con carácter permanente, institucionalizado y heterogéneo. La estrecha relación que a mi entender existe entre sistema económico internacional y organización económica internacional, hace que las preguntas tradicionales en el campo de la metodología de ¿por qué se producen los hechos?, se traduzca en el ámbito de la organización económica internacional en ¿por qué se crea un organismo? o ¿por qué se llega a un acuerdo económico internacional determinado? Esto nos permite ligar conceptos como ética, ideología o justicia, con la obligación científica de lograr un método objetivo en el ámbito de la Organización Económica Internacional y de los organismos económicos internacionales. También se debe incluir en este ámbito, el campo de investigación que se ha desarrollado de forma paralela al análisis económico (basado en la utilización de instrumentos estadísticos y econométricos), que tratan de explicar o describir lo económico. Es lo que se denomina hoy Economía Aplicada y que ha adquirido una gran relevancia de la mano de instituciones y organismos económicos nacionales e internacionales.

En este sentido, el concepto de Organización Económica Internacional que agrupa al conjunto de organismos e instituciones internacionales estaría íntimamente ligado con la evolución de la economía internacional, la cooperación entre los países y la necesidad de una mayor solidaridad, teniendo en cuenta que:

1. El hombre no es sólo un ser pensante, un individuo científicamente objetivo, tiene sus sentimientos sobre el mundo que le rodea y tiene sus preferencias sobre el orden económico, que puede ser susceptible de ser mejorado.
2. El hombre puede organizar la economía mundial atendiendo a la idea de un orden económico más justo, estableciendo un marco institucional que garantice su buen funcionamiento. Atendiendo a este significado, y si queremos definir el marco que acoge a los organismos económicos internacionales, este sería la Organización Económica Internacional y nosotros la definiríamos como *el conjunto de acuerdos, instituciones y organismos, de carácter general, que conforman las relaciones económicas internacionales.*

RESUMEN

El comercio y la organización económica internacional han jugado siempre un papel central en el funcionamiento de la economía. A nivel internacional se puede decir, que existen tres grandes sujetos u operadores económicos: Los Estados, los organismos económicos internacionales y las empresas multinacionales o empresas transnacionales. Los organismos económicos internacionales forman parte de los interlocutores internacionales. La economía internacional y la organización económica internacional están íntimamente relacionadas con lo que se entiende como sistema económico internacional. El sistema económico internacional se ha constituido progresivamente y ha definido su dimensión cuando los Estados han acordado el establecimiento de organismos económicos internacionales para facilitar las relaciones económicas y el respeto a los acuerdos internacionales. La necesidad de establecer organismos internacionales para la cooperación y el desarrollo surge al final de la Segunda Guerra Mundial. La ordenación económica surgida después de la guerra, hizo posible que los problemas internacionales fuesen tratados sistemáticamente en organismos creados específicamente para ello. Desde un primer momento se pretendieron abordar determinados problemas considerados más acuciantes para la consecución de la organización y la estabilidad económica mundial. Entre estos temas destacaron: 1) los pagos internacionales, 2) el comercio mundial, 3) los problemas de los productos básicos, y 4) la financiación del desarrollo. Para actuar sobre los pagos se creó el Fondo Monetario Internacional en 1944, con tres funciones básicas: una función de asistencia financiera, otra reguladora de las relaciones monetarias y una tercera consultiva. Sobre el comercio internacional, se pretendió actuar a través del establecimiento de una Organización Internacional de Comercio, que no llegó a crearse y en su lugar se estableció en 1947, de forma provisional el Acuerdo General de Aranceles Aduaneros y Comercio (GATT). Las acusadas fluctuaciones de los precios de los productos básicos en el mercado internacional y el deterioro de la relación de intercambio de los países exportadores de materias primas, fue el origen de la celebración de la conferencia de las Naciones Unidas sobre Comercio y Desarrollo (UNCTAD), creada en diciembre de 1964, y que en adelante se ocuparía de temas de comercio y desarrollo del Tercer Mundo.

TEMAS DE REFLEXIÓN

1. ¿Qué actividad tiene encomendada el Banco Mundial?
2. ¿A qué retos, desde el punto de vista económico nos enfrentamos en el siglo XXI?
3. Desarrolle brevemente el concepto de lo económico según diferentes economistas a lo largo de la historia.
4. ¿Cuál es el objetivo de la economía internacional?
5. ¿Por qué son necesarios los organismos económicos internacionales?

EJERCICIOS DE AUTOCOMPROBACIÓN

1. **A nivel internacional, ¿cuáles son los tres grandes sujetos económicos?**
   a) Los Estados.
   b) Los bancos regionales de desarrollo.
   c) Los organismos económicos internacionales.
   d) la respuesta a y c.
2. **Los problemas más importantes con los que se enfrentaron después de la Segunda Guerra Mundial, fueron:**
   a) El desarrollo.
   b) La escasez de petróleo.
   c) El medio ambiente.
   d) Ninguna es correcta.
3. **¿Hasta cuándo se puede decir que el análisis del equilibrio centró el interés y la atención de los economistas académicos?**
   a) Hasta Marx.
   b) Hasta Schumpeter.
   c) Hasta D. Ricardo.
   d) Ninguna respuesta es correcta.
4. **¿A qué atiende esencialmete la teoría pura del comercio internacional?**
   a) Al análisis de la renta de los individuos.
   b) Al análisis de los mercados de capitales.
   c) Al análisis de los intercambios y del tipo de cambio.
   d) Ninguna respuesta es correcta.

SOLUCIONES A LOS EJERCICIOS DE AUTOCOMPROBACIÓN

1. d)
2. d)
3. b)
4. d)

BIBLIOGRAFÍA

CALVO, A. *Organización Económica Internacional.* Ed. Universitaria Ramón Areces, Madrid.

Primera parte
Teoría del comercio internacional

Capítulo 2. La teoría clásica del comercio internacional.

Capítulo 3. Demanda y oferta. Las ganancias del comercio.

Capítulo 4. La diferencia en la dotación de factores. El teorema de Heckscher-Ohlin.

Capítulo 5. La aplicación del teorema de Heckscher-Ohlin y otras teorías del comercio internacional. La paradoja de Leontief.

2
La teoría clásica del comercio internacional

1. Introducción. La Economía internacional.—2. Mercantilismo y comercio internacional.—3. Los supuestos básicos de la teoría pura del comercio internacional.—4. Adam Smith y la ventaja absoluta.—5. David Ricardo y la Teoría de la Ventaja Comparativa.

TÉRMINOS CLAVE

- **Comercio internacional**
- **Costes absolutos**
- **Costes comparativos**
- **Diferencias en la productividad**
- **Factor de producción**
- **Libertad de comercio**

- **Mercantilismo**
- **País eficiente**
- **Teoría del valor trabajo**
- **Teoría pura del comercio internacional**
- **Ventaja absoluta**
- **Ventaja comparativa**

---

1. Introducción. La Economía internacional

Cuando compramos queso francés, chocolate suizo, zapatos italianos, un frigorífico alemán o un automóvil sueco, estamos adquiriendo un bien producido en el extranjero y exportado a nuestro país. En términos de economía internacional estaríamos realizando importaciones, es decir, adquiriendo productos que han sido generados, fabricados o producidos en otros países, con materias primas procedentes del país de procedencia de las importaciones, de otro país distinto o incluso con materias primas que nuestro país ha exportado previamente. Con la compra de productos extranjeros estamos también generando empleo en los países de origen del producto, posibilitando que con nuestra demanda, los trabajadores en esos países continúen en sus puestos de trabajo y no engrosen las filas del paro. En contraposición, los productos similares fabricados en nuestro país podrían ver desplazada su demanda ante la oferta extranjera y la mano de obra que hasta entonces se dedicaba a esa producción podría verse afectada y si el descenso de producción es apreciable y tiene visos de permanencia, terminará por afectar al nivel de empleo en esa industria o a la industria en sí. Con ello lo que quiero resaltar es que las interrelaciones económicas que se producen como resultado de la economía internacional son sumamente complejas y alcanzan a prácticamente todos los niveles de la actividad económica, afectando no sólo a los estados contables en que se reflejan los resultados de las relaciones del país con el exterior, como en la Balanza de Pagos y las Cuentas Nacionales, sino también a la Política Económica y Monetaria, a la Política Social y a la Política Presupuestaria, entre otras políticas.

De la misma manera, resulta afectada la economía de un país, si en lugar de moverse los bienes entre países son las personas residentes las que lo hacen. En ambos casos, cuando viajamos o se importan o exportan bienes y otros servicios, no sólo se afecta al nivel de demanda y de oferta real de la economía, también se afecta a la demanda y oferta de nuestra moneda y de las monedas extranjeras en que deben hacerse los pagos. Cuando adquirimos moneda extranjera a cambio de nuestra moneda, estamos también afectados por la tradicional y consabida ley de la oferta y la demanda, en este caso apoyada por la actuación de los respectivos Bancos Centrales o institutos monetarios de los países.

Los países desarrollados o países ricos con una elevada renta por habitante, alta tecnología, fuertes empresas multinacionales y una estructura industrial arraigada (y en la mayoría de los casos fuertemente competitiva) tienen una gran influencia en la economía internacional. Si dos grandes potencias económicas mundiales como Estados Unidos y Japón se amenazan con una guerra comercial, repercute no sólo en las relaciones económicas de ambos países, sino también en las relaciones económicas internacionales y en los mercados financieros y de cambios, que estarán descontando los posibles efectos del enfrentamiento comercial, sobre el cambio de los flujos comerciales y el ritmo de los movimientos de capital que se derivarán del enfrentamiento. Los países emergentes, como India, China o Brasil, son países con fuerte potencial de crecimiento, que han irrumpido en la escena internacional compitiendo en costes y precios en los mercados internacionales con los países más desarrollados.

Los países en desarrollo, la gran mayoría exportadores de materias primas, que desde hace más de una década, han emprendido un proceso de transformación profunda en el funcionamiento de sus economías, (algunos de ellos son países con economías emergentes) están obteniendo importantes reducciones de los desequilibrios, no sin profundos sacrificios para sus poblaciones, con la esperanza de reducir la diferencia tan acusada que les separa de los países desarrollados. Es el precio que se les ha impuesto para poder seguir recibiendo financiación internacional: austeridad y reformas macroeconómicas y financieras.

Quedan los países más pobres cuyo elevado nivel de endeudamiento y pobreza y con frecuencia también de inestabilidad política, no les permite acceder a la financiación internacional por las vías normales de los mercados de capitales y necesitan la ayuda exterior de los países desarrollados y de las instituciones internacionales, en condiciones concesionales, (condiciones más favorables que las que prevalecen en los mercados internacionales), para poder hacer frente a las necesidades más elementales de su población y paliar la miseria y sus secuelas, como las enfermedades.

Por último podemos identificar otro grupo de países en la economía internacional, con ciertas características comunes que los diferencian de los comentados hasta ahora. Son los países con economías en transición o países que han abandonado el sistema de planificación central y han aceptado las reglas del mercado. Son los países que hasta 1990 estuvieron organizados alrededor del COMECON y de la influencia de la URSS y que con el resquebrajamiento del sistema de socialismo real, van orientando su funcionamiento económico en los principios de la economía de libre mercado y algunos de estos países, una vez que han cumplido los criterios establecidos por la Unión Europea en la cumbre de Copenhague (1993), se han incorporado como Estados miembros de la Unión Europea.

Cuando las relaciones comerciales están regidas por reglas múltiples y homogéneas entre los países, se dice que estamos bajo un régimen multilateral de comercio. Es el sistema auspiciado por el Acuerdo General de Aranceles Aduaneros y Comercio (GATT) desde su establecimiento y ahora por la Organización Mundial de Comercio. Si existen acuerdos comerciales entre dos países, se habla de relaciones bilaterales, que se convierten en relaciones multilaterales si participan más de dos países. Si estas relaciones son de carácter preferencial, es decir, no extensibles para todos, estaríamos ya en el campo de la integración económica y el regionalismo, que bajo sus diversas formas pueden llegar a constituirse en acuerdos discriminatorios para el comercio internacional, en la medida en que las concesiones comerciales preferenciales, que sólo se conceden a los países miembros, alteren las relaciones comerciales internacionales produciendo un desplazamiento de las importaciones más competitivas de países terceros o países fuera del área de integración.

2. Mercantilismo y comercio internacional

Las ideas mercantilistas sirvieron a los economistas a partir de Adam Smith para desarrollar la teoría clásica del comercio internacional, apoyados en la condena e incluso en el desprecio de dichas prácticas. Bastaba con señalar como *mercantilismo*, a todo autor cuya obra se quería desautorizar. La fiebre librecambista también ha tenido sus detractores y la corriente teórica siempre ha estado oscilando desde un extremo a otro, desde mayores dosis de intervención, a mayores dosis de libertad comercial, pero como señalaba Schumpeter, tanto los antimercantilistas como los posmercantilistas se han interesado sobre todo por la *práctica mercantilista*.

El período mercantilista comprende aproximadamente desde mediados del siglo XVI a mediados del XVIII. La sociedad era preponderantemente agraria y la industria apenas sobrepasaba el nivel artesano o gremial. El desarrollo de las manufacturas estaba basado en una estructura cuasi monopolística. La organización y la cooperación eran precisas para facilitar la explotación, regularla y defenderla ante posibles intromisiones de otros comerciantes. El comercio estaba asociado con la explotación de las colonias y la piratería. No es extraño que el principal argumento de los autores de la época estuviese apoyado en la necesidad del monopolio de exportación y en la cooperación para mantener su funcionamiento.

El desarrollo de este argumento estaba basado en la consideración de los recursos económicos como medios limitados, cuya apropiación facilitaba el progreso y la riqueza de los países. En la medida en que los recursos estaban dados, sólo se podían adquirir si otro país se desprendía de ellos o por apropiación directa mediante las guerras o los conflictos bélicos. Para ello era esencial mantener un ejército potente que fortaleciese el poder de la nación, salvaguardase la burocracia y facilitase la llegada de materias primas y metales preciosos de las colonias.

Los metales preciosos, oro y plata fundamentalmente, eran sinónimos de riqueza para los mercantilistas. Eran bienes duraderos, fácilmente atesorables y además se podían utilizar como medio de pago para mantener la burocracia, adquirir armas y suministros, y pertrechar a los ejércitos en constantes preparativos para campañas militares, en la tierra y en el mar. Si las naciones poseían colonias y minas de oro y plata, su explotación proporcionaba riqueza, pero si no lo poseían, el mejor medio para conseguirlo era el comercio o la piratería. En cualquier caso el objetivo primordial era la acumulación de metales preciosos. Eso explica los principios básicos en los que se apoyaba el mercantilismo. Estos principios eran los siguientes:

1. Fuerte nacionalismo.
2. Rígido control de cambios y prohibición del tráfico libre de metales preciosos.
3. Monopolio comercial y reglamentación directa del comercio.
4. Balanza comercial favorable (exportaciones superiores a las importaciones).

Por su influencia para el posterior desarrollo de la teoría clásica del comercio internacional destacamos el principio de la balanza comercial favorable. Una nación sólo puede obtener beneficio mediante el comercio si logra que el valor de las exportaciones supere el valor de las importaciones. De ahí se deduce que para los mercantilistas, no sólo se debe exportar la mayor cantidad posible de bienes y mercancías, sino preferiblemente las que tengan mayor valor en términos de metales preciosos. Por eso se rechazaba la exportación de materias primas y se prefería exportar productos manufacturados y elaborados, que incorporaban mayor valor y por tanto mayores contrapartidas en metales preciosos. A su vez, las importaciones deberían reducirse al máximo y si no había más remedio importar materias primas, que valían menos. La importación de productos de lujo debería prohibirse o al menos restringirse.

A pesar de que los mercantilistas centraron su atención fundamentalmente en el comercio de mercancías, también atendieron a otros conceptos de la Balanza de Pagos, como fletes y seguros y otros gastos que podían afectar al valor de las exportaciones, en la medida en que si las exportaciones se llevaban a cabo en los barcos nacionales, no se tenía que realizar ningún desembolso a otras naciones, en concepto de gastos de seguro y fletes para el transporte marítimo.

Entre los teóricos más destacados de la escuela mercantilista, se encuentra Thomas Munn (1571-1641). En realidad fue hacia sus escritos sobre el comercio, hacia los que dirigió Adam Smith sus ataques contra el mercantilismo. Algunas de las reflexiones de Munn sintetizan el pensamiento mercantilista: «... los medios más comunes para aumentar nuestra riqueza y tesoro son por *el comercio exterior*, por lo cual siempre debemos observar esta regla: vender más en valor cada año a los extranjeros, de lo que consumimos de ellos... porque la parte de nuestro patrimonio (exportaciones) que no nos sea devuelta en mercancías (a través de importaciones), regresará necesariamente bajo la forma de dinero»... «El valor de nuestras exportaciones puede subir mucho igualmente cuando las llevemos a cabo nosotros mismos en nuestros propios barcos, porque entonces ganamos no solamente el precio de nuestros efectos por lo que valen aquí, sino también la ganancia del comerciante, los gastos de seguros y del flete de transporte marítimo».

A finales del siglo XVIII el mercantilismo fue dejando paso a principios más liberales, que en el ámbito de comercio exterior se plasmó en una postura librecambista de mayor apertura en las relaciones entre países. El postulado básico eran los beneficios derivados del librecambio. En consecuencia el intervencionismo del Estado en la industria y el comercio fue dejándose imbuir por una filosofía más individualista que abogaba por una mayor libertad. La industrialización y mecanización en Inglaterra estaban facilitando este cambio, mientras que en Europa el proceso se encontraba más rezagado debido a la incidencia de los conflictos bélicos, especialmente en Francia. La industria británica en este período presentaba una posición predominante e indiscutible y el entramado teórico sobre el comercio internacional y las ventajas que se derivaban para el comercio entre los países partieron de los británicos, que apoyados en su potencial económico y marítimo van a plantear los pilares fundamentales de los beneficios del comercio internacional.

3. Los supuestos básicos de la teoría pura del comercio internacional

A medida que van cayendo en desuso las ideas mercantilistas se empieza a desarrollar todo un entramado teórico de la teoría del comercio internacional, que partiendo de Adam Smith va a ser sumamente fructífero para el análisis económico. La cuestión central de la teoría del comercio internacional, desde sus orígenes, es responder a la pregunta ¿por qué se comercia?

La teoría pura del comercio internacional atiende al problema básico del intercambio de bienes en el comercio internacional, a las fuerzas que mueven al intercambio entre los países, excluyéndose:

— El dinero.
— Los movimientos internacionales de capital.
— Los cambios en la renta.

Otras cuestiones fundamentales a las que se pretende contestar con la teoría pura del comercio internacional son las siguientes: ¿qué bienes se comercian?, ¿por qué los países ganan con el comercio y qué países son los ganadores y cuáles los perdedores?

Para los economistas clásicos el único factor de producción era el trabajo y las diferencias en la productividad del trabajo, la razón para el comercio. Las tres preguntas: qué bienes son objeto de comercio, por qué ganan los países y quiénes son los que ganan y sus respuestas, forman el núcleo de la teoría de la ventaja comparativa, una teoría que fue avanzada por Adam Smith, elaborada por David Ricardo y desarrollada por John Stuart Mill y otros autores.

A. Smith y D. Ricardo fueron los arquitectos de las ventajas del comercio. Para ambos los países podían ganar con el comercio. Dicho comercio era el reflejo de las transacciones que se llevaban a cabo dentro de los países, en un marco de competencia perfecta donde acorde con la filosofía individualista del librecambio, la obtención del beneficio individual era el principal objetivo. En la medida en que la teoría del comercio internacional fue formulada en principio para dar respuestas a cuestiones relacionadas con la política comercial, los clásicos plantearon el problema, según Viner, para mostrar la superioridad del libre comercio sobre el proteccionismo y las ganancias que se derivaban para los países. Para determinar el valor de los bienes objeto de comercio, se adoptó la teoría del valor trabajo, es decir, los bienes se intercambiaban según el valor del input-trabajo utilizado en su producción. Así, si con la misma cantidad de trabajo se podían fabricar cinco pares de zapatos o producir un litro de vino, en el mercado siempre se cambiarán cinco pares de zapatos por un litro de vino. La influencia del coste de la mano de obra (factor trabajo) sobre la oferta y la demanda determinará el intercambio de los bienes.

Esta restricción teórica del valor de los bienes a través de la teoría del valor trabajo no es real, ya que no todo el trabajo tiene las mismas características, grado de dificultad o adiestramiento. Sin embargo, a pesar de su simplicidad, la teoría del valor trabajo ha sido un instrumento útil para explicar la teoría de los costes comparativos.

4. Adam Smith y la ventaja absoluta

Para Adam Smith, el comercio no era más que la aplicación del principio de la división del trabajo, a un ámbito más amplio. El vinatero elabora sus caldos y no hace el pan, cambia el vino por pan y lo mismo hace el panadero. Es decir, el intercambio beneficia al vinatero y al panadero. La división del trabajo favorece la especialización, según las aptitudes, llevando a un incremento de la producción y a un mayor volumen de intercambio. Para Adam Smith estaba muy claro que un país ganaba con el comercio. Al igual que los individuos, los países pueden especializarse en la producción de un bien, el bien en el que son más eficientes. Esta especialización es un determinante para el comercio; cada país podrá producir y comerciar el bien en cuya producción tenga una ventaja en términos de coste. En un ejemplo sencillo, cuadro 2.1, vemos cómo dos países, país I y país II, producen los mismos bienes, *a, b*. Cada unidad del bien *a* y del bien *b* se producen en ambos países al mismo coste de trabajo (horas trabajadas).

Cuadro 2.1.

VENTAJA ABSOLUTA

País	Mercancía	
	a	b
I	2	4
II	4	2

Sin comercio, el país I es más eficiente (productivo) en la producción de bien *a* que el país II. El país I puede producir el bien *a* a la mitad del coste de producir el bien *b*. El país II, sin comercio es más eficiente en la producción del bien *b* que del *a*. Si los dos países intercambiasen los dos bienes y cada uno se especializase en el bien en el que es más eficiente (más productivo), el bien *a* en el país I y el bien *b* en el país II, ambos países saldrían beneficiados. Si los dos países intercambiasen los dos bienes a una relación de 1×1, una unidad del bien *a* se intercambiaría por una unidad del bien *b*. Cada país se ahorraría dos unidades de trabajo, el país I exportaría el bien *a* a cambio de importar el bien *b* del país II.

Este sencillo ejemplo no es más que una ilustración de las ventajas que se pueden derivar para el comercio si los gobiernos no interfieren con reglamentaciones u obstáculos arancelarios a la libertad de comercio. Para A. Smith este argumento sería suficiente para proceder al comercio sin trabas, pero la realidad es más complicada y puede ocurrir que un país tenga ventaja absoluta en la producción de los dos bienes y otro país no tenga ninguna ventaja. En ese caso, este segundo país no podría entrar en el comercio. David Ricardo profundizó más en esta explicación a través de la teoría de la ventaja comparativa.

5. David Ricardo y la Teoría de la Ventaja Comparativa

En 1817 David Ricardo publicó los *Principios de Economía Política y Tributación,* donde expuso el principio de la ventaja comparativa. Ricardo aceptaba los argumentos de la ventaja absoluta de A. Smith, como una formulación obvia, ya que si un país tiene ventaja absoluta sobre otro país en la producción de un bien y el otro país la tiene en la producción del otro bien, ambos países ganarán con el comercio. Pero si el país I es más productivo que el país II en todas las producciones, el país II no puede ganar con el comercio. Sin embargo, para Ricardo aunque un país sea más eficiente en todas las líneas de producción que otro país, ambos ganarán abriéndose al comercio, siempre que sus desventajas no sean iguales.

Supuestos básicos de la Teoría de la Ventaja Comparativa

— 2 países.
— 2 bienes.
— 1 sólo factor de producción: trabajo.
— Movilidad perfecta de la mano de obra dentro de cada país e inmovilidad entre países.
— Costes constantes de producción.
— Ausencia de costes de transportes.
— Ausencia de cambios tecnológicos.
— Libre comercio.

El ejemplo clásico utilizado por Ricardo fue el de Inglaterra y Portugal. Ambos países producían los mismos bienes, vino y paño. En el ejemplo de Ricardo, Portugal tenía ventaja absoluta sobre Inglaterra en la producción de vino y paño (cuadro 2.2). Portugal tiene ventaja absoluta en la producción de vino porque utiliza 80 horas de trabajo para producir 1 unidad de vino, mientras que Inglaterra tarda 120 horas para producir lo mismo.

Cuadro 2.2.
Coste de producción en horas de trabajo.

	1 unidad de vino	1 unidad de paño
Portugal	80	90
Inglaterra	120	100

En la producción de paño, Portugal también tiene ventaja absoluta, porque para producir 1 unidad de paño emplea 90 horas, mientras que Inglaterra para producir la misma cantidad gasta 100 horas de trabajo. Si Portugal emplea 80 horas de trabajo en la producción de 1 unidad de vino y 90 horas en producir 1 unidad de paño, producir paño le será más caro que producir vino. Una unidad de vino costará 80/90 = 0,89 unidades de paño. Portugal tiene mayor ventaja en la producción de vino que en la de paño. Inglaterra emplea 120 horas de trabajo para producir 1 unidad de vino y 100 horas para producir 1 unidad de paño. Cuesta más horas de trabajo producir en Inglaterra 1 unidad de vino que 1 de paño. Una unidad de vino costará 120/100 = 1,2 unidades de paño.

En ausencia de comercio los precios de ambos bienes, o lo que es lo mismo, 1 unidad de cada bien medido en términos del otro bien vendrá determinado por sus costes de producción. Esa situación en régimen de autarquía será la siguiente:

En Portugal: 1 unidad de vino se intercambia por 0,889 unidades de paño.
1 unidad de paño se intercambia por 1,125 unidades de vino.

En Inglaterra: 1 unidad de vino se intercambia por 1,2 unidades de paño.
1 unidad de paño se intercambia por 0,83 unidades de vino.

Con la apertura al comercio, si Inglaterra pudiese importar vino a un precio menor que 1,2 unidades de paño ganaría con el comercio. Portugal podría ganar con el comercio si pudiese obtener más de 0,889 unidades de paño por 1 unidad de vino. Si el precio internacional de 1 unidad de vino estuviese entre 1,2 y 0,889 unidades de paño, ambos países ganarían con el comercio.

El comercio ofrece a cada país la posibilidad de especializarse en la línea de producción que tenga mayor ventaja comparativa. Tanto Portugal como Inglaterra pueden redistribuir sus factores de producción hacia los productos en los que tengan mayor ventaja comparativa para su exportación e importarán el resto. Si consideramos que los recursos están dados, el comercio posibilita que los países puedan consumir una mayor cantidad de producto que en régimen de autarquía.

RESUMEN

Las interrelaciones económicas que se producen como resultado de la economía internacional son sumamente complejas y alcanzan prácticamente a todos los niveles de la actividad económica. En este capítulo se inicia la teoría pura del comercio internacional en la versión de los economistas clásicos, comenzando por el mercantilismo que comprende aproximadamente desde mediados del siglo XVI a mediados del XVIII. Con una sociedad preponderantemente agraria y con una industria que apenas sobrepasaba el nivel artesano, el desarrollo de las manufacturas estaba basado en una estructura cuasi de monopolio. El comercio estaba asociado con la explotación de las colonias y el riesgo de la piratería. El principal argumento de los autores mercantilistas de la época estuvo apoyado en la necesidad del monopolio de exportación y en la cooperación para mantener su funcionamiento.

A medida que van cayendo en desuso las ideas mercantilistas se empieza a desarrollar todo un entramado teórico de la teoría del comercio internacional, que partiendo de Adam Smith va a ser sumamente fructífero para el análisis económico. La cuestión central de la teoría del comercio internacional, desde sus orígenes, es responder a la pregunta ¿por qué se comercia? Para los economistas clásicos el único factor de producción era el trabajo y las diferencias en la productividad del trabajo, la razón para el comercio. Las tres preguntas: qué bienes son objeto de comercio, por qué ganan los países y quiénes son los que ganan y sus respuestas, forman el núcleo de la teoría de la ventaja comparativa, una teoría que fue avanzada por Adam Smith, elaborada por David Ricardo y desarrollada por John Stuart Mill y otros autores.

TEMAS DE REFLEXIÓN

1. ¿Qué se excluye en la teoría pura del comercio internacional?
2. ¿Cuál era el factor de producción que se consideraba en el análisis de los economistas clásicos?
3. Para Adam Smith, el comercio no era más que la aplicación del principio de la división del trabajo. Verdadero o Falso.
4. ¿Por qué David Ricardo argumentaba que aunque un país sea más eficiente en todas las líneas de producción que otro país, ambos ganarán abriéndose al comercio, siempre que sus desventajas no sean iguales?
5. D. Ricardo aceptaba los argumentos de la ventaja absoluta de A. Smith, como una formulación obvia. Verdadero o Falso.

EJERCICIOS DE AUTOCOMPROBACIÓN

1. **¿Cuáles eran los elementos sinónimos de riqueza para los mercantilistas?**
   a) Los metales preciosos, oro, plata y cobre fundamentalmente.
   b) Oro y plata fundamentalmente.
   c) Sólo el oro.
   d) Ninguna respuesta es correcta.
2. **Para los economistas clásicos el único factor de producción era:**
   a) La tierra.
   b) El trabajo.
   c) El capital.
   d) Todas las respuestas son correctas.
3. **¿Tanto para A. Smith como para D. Ricardo:**
   a) La obtención del beneficio individual era el principal objetivo.
   b) El mercado funcionaba bajo los principios de la competencia imperfecta.

c) El proteccionismo beneficiaba a los países en el comercio.
d) Todas las respuestas son falsas.

4. **Entre los supuestos básicos de la Teoría de la Ventaja Comparativa la movilidad perfecta de la mano de obra:**
   a) Se producía solo dentro de cada país.
   b) Se producía también entre países.
   c) Se producía dentro de cada país por sectores productivos.
   d) Entre los supuestos básicos de la Teoría de la Ventaja Comparativa no se incluye la movilidad perfecta de la mano de obra.

5. **Para A. Smith, aunque un país sea más eficiente en todas las líneas de producción que otro país, ambos ganarán abriéndose al comercio, siempre que sus desventajas:**
   a) No sean iguales.
   b) Sean iguales.
   c) Sean similares.
   d) Ninguna respuesta es correcta.

SOLUCIONES A LOS EJERCICIOS DE AUTOCOMPROBACIÓN

1. b)
2. b)
3. a)
4. a)
5. d)

BIBLIOGRAFÍA

AMERICAN ECONOMIC ASSOCIATION (1950). *Readings in the Theory of International Trade.* Homewood, III.: R. D. Irwing, Inc.

BHAGWATI, J. (1964). The Pure Theory of International Trade. *Economic Journal*, 74: I-78

CAVES, R. (1960). Trade and Economic Structure. Cambridge, Mass.: Harvard University Press.

CAVES, Richard E. y Ronald W. Jones, (1973). World Trade and Payments. An introduction. Ed. Little, Brown.

CHACHOLIADES, Miltiades (1973). The Pure Theory of International Trade. Ed. Macmillan

HABERLER, G. (1936). *The Theory of International Trade.* London: W. Hodge & Co.

SÖDERSTEN, Bo (1970). International Economics. Ed. Macmillan.

SCAMELL, W. M. (1974). International Trade and Payments. Ed. Macmillan

VINER, Jacob. (1937). *Studies in the Theory of International Trade.* New York: Harper & Bros.

3
Demanda y oferta. Las ganancias del comercio

1. Las ganancias del comercio. 2. La curva de posibilidades de producción con costes fijos. 3. La curva de posibilidades de producción con costes variables. 4. Demanda y curvas de indiferencia. 5. Curvas de indiferencia social y comercio internacional. Las ganancias del comercio. 6. Las curvas de oferta.

TÉRMINOS CLAVE

- **Coste de oportunidad**
- **Costes fijos**
- **Costes variables**
- **Curvas de demanda recíproca**
- **Curvas de Indiferencia**
- **Curvas de oferta**

- **Curva de Posibilidades de Producción**
- **Curvas de transformación**
- **Dotación de factores**
- **Ganancias del comercio**
- **Relación de Intercambio**
- **Teoría del valor trabajo**

1. Las ganancias del comercio

En la Teoría de la Ventaja Comparativa nos preguntábamos qué bienes se intercambian y qué ganancias se derivaban del comercio. Hemos expuesto la Teoría de la Ventaja Comparativa en términos analíticos y ahora podemos desarrollar geométricamente los fundamentos de las razones del comercio.

Para ello vamos a ver primero las curvas de posibilidades de producción con costes fijos, para ampliar después la explicación incluyendo los costes variables.

2. La curva de posibilidades de producción con costes fijos

Seguimos manteniendo el supuesto de un país que produce sólo dos bienes. La cantidad que se produce de cada bien dependerá de: 1) la dotación de los factores, y 2) el conocimiento tecnológico. En términos del modelo ricardiano el factor de producción considerado será el trabajo y, por tanto, la dotación de los factores dependerá de la mano de obra que se dedicará a la producción.

Ricardo consideró que cualquier variación de la producción no alteraba los costes. Lo podemos representar gráficamente, siguiendo el modelo ricardiano, utilizando las curvas de posibilidades de producción o curvas de transformación que nos indican las combinaciones de producción de ambos bienes que se pueden obtener en cada país, dados los supuestos de partida: 2 países, 2 mercancías, pleno empleo de los recursos y nivel dado de la tecnología.

Si el país I decide producir exclusivamente trigo, puede obtener hasta 100 unidades (kgs) y si lo que quiere es producir exclusivamente paño, también podrá producir hasta 100 unidades (metros) (figura 3.1.a).

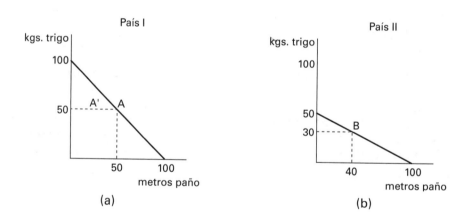

Figura 3.1. Curva de posibilidades de producción del país I y del país II con costes fijos.

Pero si cada uno de los países quiere producir ambos bienes, tendrán que renunciar a producir determinadas unidades de trigo para producir el bien alternativo, el paño y viceversa. Esto es lo que se conoce en economía como coste de oportunidad o beneficio u oportunidad que se pierde en la producción de un bien por su uso alternativo. En el ejemplo que estamos utilizando, el coste de oportunidad del país I será 1:1 y el coste de oportunidad del país II estará en una relación de 2:1. Es decir, el país II también puede dedicar todos sus recursos a producir trigo, pero en su caso sólo podrá producir hasta 50 unidades, mientras que si decide producir sólo paño podrá producir hasta 100 unidades (figura 3.1.b).

En autarquía cada país consume lo que produce, entendiendo las condiciones de demanda en su sentido más amplio, como la combinación de bienes que desea consumir un país. En ese caso el consumo óptimo estará en algún punto de la curva de posibilidades de producción del país, porque si el país se situase en un punto v.g. A' a la izquierda de su curva de posibilidades de producción, el país sólo podría producir una combinación de bienes representada por 50 unidades de trigo y 16 unidades de paño, lo que representaría un consumo menor que si se colocase en su curva de transformación. Por tanto A' no sería un punto eficiente porque desplazándonos hacia el punto A (figura 3.1.a) situado en su curva de posibilidades de producción, el país puede producir igual cantidad de trigo y más cantidad de paño. Asimismo por tanto que un consumo más elevado de un bien es preferible a menor consumo de ese bien, lo que implica que cualquier punto situado en la curva de posibilidades de producción es preferible a cualquier otro punto situado a la izquierda de la misma.

Figura 3.2.
Situación de autarquía del país I y del país II.

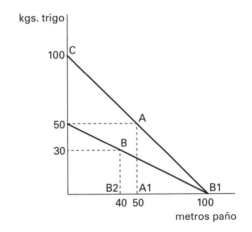

En la figura 3.2 representamos la situación de autarquía del país I y del país II. Consideramos que el país I se sitúa en el punto A para su producción y consumo y el país II en el punto B, cada uno en su curva de posibilidades de producción. Hemos indicado que detrás de la curva de posibilidades de producción está el concepto de coste de oportunidad y por tanto una referencia a los precios relativos. Así, para producir una unidad más de paño el país I tiene que renunciar a producir una unidad de trigo. Es decir, una unidad de trigo se intercambia por una unidad de paño (1:1). Otra forma de establecer el efecto sería decir que la pendiente de la curva de posibilidades de producción es una línea recta, con lo que los precios relativos son iguales en todos sus puntos.

Por su parte, el país II, intercambia dos unidades de paño por una unidad de trigo. La relación de intercambio será 1:2, que es a lo que queríamos llegar, y es que los precios relativos en autarquía son diferentes en ambos países, que era la condición requerida en la teoría de la ventaja comparativa para que la apertura al comercio beneficie a ambos países.

Los países I y II pueden iniciar el comercio esperando obtener beneficio. Con la apertura al comercio suponemos que ambos países exportarán los bienes en los que tienen ventaja comparativa e importarán aquéllos donde tienen desventaja. El precio internacional vendrá determinado por el país con mayor volumen de comercio, en nuestro ejemplo el país I.

Para determinar el precio internacional introduciremos un nuevo concepto: la Relación de Intercambio. La Relación de Intercambio de un país se define como la relación Px/Pm, donde Px es el precio del bien de exportación y Pm es el precio del bien de importación. Es una relación de precios que se puede aplicar en cualquier otro contexto económico.

Al país I no le afecta el comercio porque su curva de transformación sigue siendo la misma. El país II sin embargo, gana con el comercio, al tener ventaja comparativa en la producción de paño e intercambiar paño por trigo importado. Pero el comercio afecta también a los precios relativos y teniendo en cuenta que los precios eran distintos en régimen de autarquía, el nuevo precio o relación de intercambio estará determinado por las condiciones de oferta y demanda de ambos países.

Antes del comercio el país I producía y consumía trigo y paño en el punto A, pero con la apertura del comercio se puede especializar en el bien en el que tiene ventaja comparativa, (en la producción de trigo) y producir en el punto B (figura 3.3.a), intercambiando BN unidades de trigo por NM unidades de paño a un precio internacional BC, lo que le permitirá al país I colocarse en una curva de posibilidades de producción adaptada a la nueva situación de apertura al comercio, en la curva de posibilidades de producción superior BC que determina las relaciones comerciales. El país I podrá consumir más cantidad del bien importado en el punto M, mejorando su situación respecto a la posición de autarquía.

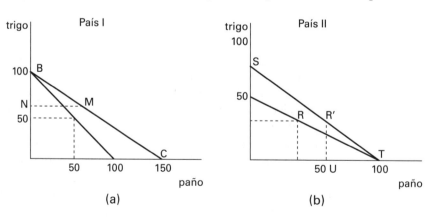

Figura 3.3. Apertura del comercio del país I y del país II.

El país II antes del comercio producía y consumía en el punto R (figura 3.3.b). Después del comercio se especializará en la producción de paño, produciendo en el punto T. El precio internacional vendrá medido por la relación ST, exportando UT unidades de paño e importando R'U unidades de trigo (la relación de precios ST del país II debe ser paralela a la relación de precios CB del país I).

El país II gana claramente con el comercio porque puede consumir más de ambos bienes al situarse en una curva de transformación superior. El país I también gana con el comercio porque se ha especializado en la producción de trigo, que le era relativamente más barato de producir respecto al país II. La relación de intercambio internacional le será más favorable al país I porque el país II que en autarquía estaba dispuesto a ceder dos unidades de paño para obtener una unidad de trigo, ahora puede ofrecer con la apertura al comercio hasta dos unidades de paño por cada unidad de trigo que el país I le ofrezca. Por tanto el precio internacional estará en un punto intermedio de una unidad de trigo por aproximadamente 1 1/2 unidades de paño, lo que también favorece al país I porque puede obtener una relación de intercambio más favorable que en autarquía.

Esta es una situación similar a la mostrada por Ricardo y Torrens, en la que el país I tiene ventaja absoluta en la producción de ambos bienes respecto al país II, pero tiene desventaja comparativa respecto a este país en la producción de alguno de los bienes.

Con esta representación geométrica de las ganancias del comercio y de la aplicación de la teoría ricardiana de la ventaja comparativa hemos visto que si los costes de oportunidad son constantes, la apertura al comercio llevará a la especialización. El significado económico de los costes de oportunidad constantes (curva de posibilidades de producción en línea recta) es que todos los factores de producción son igualmente eficientes en todas las líneas de producción.

En resumen, hemos visto que la teoría ricardiana supone que: 1) los factores se pueden mover libremente dentro del país, pero carecen de movilidad internacional, 2) se asume la teoría del valor trabajo en su formación original, 3) sólo hay dos países y dos productos, y 4) los costes unitarios son constantes. Esta argumentación ha recibido muchas críticas, debido a que la constatación empírica nos muestra que muchas industrias tienen costes crecientes, lo que supone que producir una unidad más de un bien llevará a un incremento del coste. Incluso si suponemos que el factor de producción es sólo el trabajo, podemos esperar que no todos los trabajadores sean igualmente eficientes en la producción de los bienes, unos serán más eficientes en producir trigo y otros en producir paño. Los estudios posteriores a Ricardo han mostrado que algunas de las condiciones ricardianas, mencionadas más arriba, no eran necesarias, e incluso algunos de los supuestos considerados se podrían generalizar sin que por ello se viese afectada la formulación de la teoría ricardiana.

La teoría del valor trabajo fue muy analizada por autores posteriores a Ricardo, como Marshall y Bastable, aunque fue Haberler con su concepto de coste de oportunidad quien dotó a la teoría de la ventaja comparativa de un mayor significado, al eliminar el supuesto de la teoría de valor trabajo y sustituirlo por el del coste de oportunidad.

3. La curva de posibilidades de producción con costes variables

Sustituyendo la teoría del valor trabajo por el concepto del coste de oportunidad, Haberler demostró que el coste se incrementa cuando se disminuye la producción de un bien para producir más de otro bien. Si suponemos que hay un solo factor de producción, el trabajo, y dos bienes, el trigo y el paño, y el país tiene ventaja comparativa en la producción de trigo y se especializa comparativamente en este producto, podemos representarlo gráficamente en el figura 3.4.

Si el país se especializa totalmente en la producción de trigo, puede producir hasta 100 unidades. Por cada 10 unidades que deje de producir de trigo para producir paño, se dejarán de producir sucesivamente unidades extras decrecientes de paño, según una curva de posibilidades de producción cóncava (figura 3.4). El coste de oportunidad del paño en términos del trigo es creciente, a medida que disminuyamos la producción de trigo e incrementemos la producción de paño.

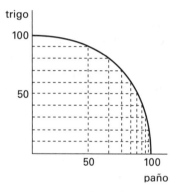

Figura 3.4. Curva de posibilidades de producción cóncava.

Los precios relativos del trigo y del paño vienen representados en la figura 3.5 por la línea P_0P_0. A ese precio los fabricantes producen en el punto A, MA unidades de paño y AN unidades de trigo. Lo que significa que en ese punto el coste de oportunidad de la producción se iguala a los precios relativos y se maximiza el beneficio. Cualquier variación del precio provoca una resignación de recursos hacia el bien cuyo precio haya aumentado y el punto óptimo de equilibrio estará en cualquier otro punto de tangencia de la curva de posibilidades de producción y la línea de precios.

Con la apertura al comercio cada país se especializará hasta que se igualen los costes de oportunidad de ambos países. En realidad la teoría ricardiana no dice en qué condiciones tiene lugar el comercio, es decir, qué es lo que determina las relaciones de intercambio. Siguiendo con nuestra demostración, supongamos que los precios internacionales o de relación de intercambio en el mercado internacional están dados por la línea de precios P_1P_1 (figura 3.6) mientras que la relación de precios en autarquía se mantiene en P_0P_0.

Figura 3.5.
Curva de posibilidades de producción cóncava y variación de precios.

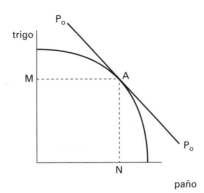

La figura 3.6 nos muestra que, con la línea de precios internacional P_1P_1, el paño es más caro en el extranjero que en nuestro país. En ese caso los fabricantes nacionales desviarán parte de los factores de producción a la fabricación de paño y dejarán la producción de trigo. Se desplazarán desde el punto de equilibrio A (punto de equilibrio en autarquía) hasta B, donde la línea de precios internacional es tangente a la curva de posibilidades de producción.

El país acabará consumiendo trigo y paño en algún punto a lo largo de P_1P_1, en C o D optando por consumir más cantidad de trigo o de paño que el que representa el punto A en régimen de autarquía. En ese caso el país optará por producir en B y consumir en C o D o en otro punto de la línea P_1P_1. Si decide consumir en C, el comercio se establecería importando CE de trigo y exportando EB de paño, según determina el triángulo comercial CEB. El punto C es preferible al punto A de equilibrio en autarquía porque representa más cantidad de trigo y de paño.

Pero ¿cómo sabemos que el país va a consumir en C y no en D? Para ello deberíamos conocer las condiciones de la demanda, que serán las determinantes para fijar el nuevo punto óptimo de consumo nacional con la apertura al comercio. En realidad la teoría ricardiana ignora la relación de intercambio, es decir, es una teoría sesgada por el lado de la oferta. Las condiciones de demanda fueron introducidas en el análisis por Marshall y Edgeworth. Para ver la demanda vamos a repasar la noción de curvas de indiferencia.

Figura 3.6.
Las ganancias del comercio con costes de oportunidad variables.

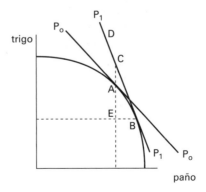

4. Demanda y curvas de indiferencia

Las curvas de indiferencia muestran todas las posibilidades de consumo que proporcionan el mismo nivel de utilidad. Todos los puntos situados en las curvas de indiferencia de mayor nivel son preferibles a los de menor nivel (a la izquierda), aunque en algún punto determinado tenga menor cantidad de algún bien concreto. Estamos analizando la situación de dos países que se abren al comercio y por tanto no podemos considerar la demanda individualizada que representa una curva de indiferencia. Hay que considerar la demanda de la comunidad.

Figura 3.7. Curvas de indiferencia.

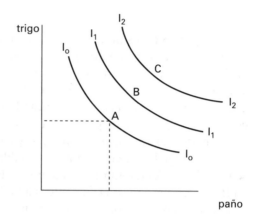

Leontief introdujo el uso de las curvas de indiferencia en el análisis del comercio internacional en 1933. Las propiedades de las curvas de indiferencia social son similares a las de las curvas de indiferencia individuales: 1) son cóncavas hacia el origen, 2) las más alejadas del origen representan mayor bienestar, y 3) están situadas de forma ordinal, en el sentido de que no se puede calcular la cantidad de bienestar que representa cada una de las curvas de indiferencia respecto a las demás. A su vez admitimos que las curvas de indiferencia social se apoyan en juicios de valor, y por tanto son muy restrictivas, pero son el principal instrumento para representar las preferencias de un colectivo.

Lo que hay que tener en cuenta cuando se utilizan las curvas de indiferencia social y poder compararlas con las curvas de indiferencia individuales, es que la distribución de la renta permanece constante. Sólo con este supuesto podemos utilizarlas y compararlas. Si la distribución de la renta se modificase, por razones internas al país o porque el comercio contribuyese a esa modificación, habría que establecer un nuevo grupo de curvas de indiferencia social. Esto significa que a una determinada distribución de la renta le corresponde un grupo determinado de curvas de indiferencia social.

5. Curvas de indiferencia social y comercio internacional. Las ganancias del comercio

Para establecer las ganancias del comercio podemos utilizar la oferta y la demanda de factores. Las preferencias de los consumidores estarán representadas por las curvas de indiferencia social y el coste de oportunidad en la producción estará representado por la curva de transformación (figura 3.8).

Figura 3.8.
Autarquía.

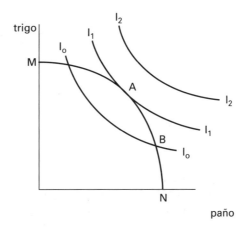

En régimen de autarquía I_0, I_1, I_2 son las curvas de indiferencia social, las que resumen la información sobre los gustos de millones de consumidores. La curva de posibilidades de producción viene representada por MN. En el punto A, donde la curva de indiferencia social $I_1 I_1$ es tangente a la curva de transformación, la renta nacional se maximiza, porque los costes de oportunidad de la producción se igualan a la tasa marginal de sustitución del consumo. El punto A es el punto de equilibrio, el punto óptimo. Si esa sociedad elige producir en otro punto de la curva de posibilidades de producción, v.g. en el punto B, los consumidores se verían desplazados hacia una curva de indiferencia social $I_0 I_0$ (situada a la izquierda de $I_1 I_1$), lo que representaría un nivel más bajo de utilidad, y por tanto menos preferible. Al igual que sucede con un individuo, la sociedad está en equilibrio respecto al consumo, cuando la relación de precios interior se iguale a la relación marginal de sustitución. Por el lado de la producción, el equilibrio estará cuando la relación de precios se iguale a la relación marginal de transformación.

Con la apertura al comercio, el país puede llevar a cabo los intercambios a un precio diferente al que rige en su mercado interior (figura 3.9). Las curvas de indiferencia social pueden combinarse con la curva de transformación y dado el precio de los productos en el mercado internacional, alcanzar un punto de equilibrio que se encuentre en la curva de indiferencia social más alejada y por tanto que represente mayor utilidad a los millones de consumidores. Podemos establecer el significado de las ganancias del comercio, combinando oferta y demanda de factores.

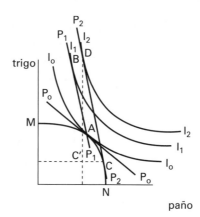

Figura 3.9. Apertura al comercio.

Si la línea de precios internacional es la señalada por P_2P_2, el país, cuya línea de precios en autarquía era P_0P_0, puede reasignar sus factores de producción y moverse hacia el punto C, donde P_2P_2 es tangente a la curva de posibilidades de producción MN. Esto significa que la relación marginal de sustitución en la producción es igual a la relación de intercambio internacional. El país se irá trasladando con los nuevos precios desde la curva de indiferencia IoIo a la curva I_2I_2, hacia el punto D en que la línea de precios P_2P_2 es tangente en C a la curva de posibilidades de producción. El país podrá exportar C'C de paño e importar C'D de trigo. El punto D es la posición óptima para el consumo de esa sociedad. En ese punto la relación marginal de sustitución del consumo se iguala a la relación de intercambio.

6. Las curvas de oferta

Ya hemos indicado que Ricardo ignoró las relaciones de intercambio y hemos visto que, cuando los países comercian, la relación de intercambio internacional viene establecida por la interacción de la oferta y la demanda. Otra forma de establecer esta interacción es mediante las curvas de oferta utilizadas en principio por Edgeworth y Marshall, conocidas también como curvas de demanda recíproca.

Hay que señalar que no se puede establecer la forma de una curva de oferta a *priori*. Hay que estudiar las condiciones de la oferta y la demanda del país y a partir de esos datos, inferir su curva de oferta dadas las variaciones de la relación de intercambio, por razones exógenas. Detrás de la curva de oferta están elementos tanto de la oferta como de la demanda, e indica lo que un país está dispuesto a exportar o importar a un determinado precio relativo de los bienes (figura 3.10).

Figura 3.10.
Curva de posibilidades de producción cóncava, curvas de indiferencia y línea de precios.

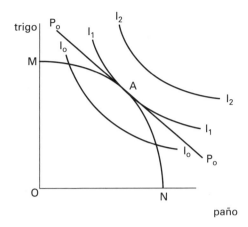

En la figura 3.10 tenemos la curva de posibilidades de producción de un país y un conjunto de curvas de indiferencia social que caracterizan la demanda de ese país. En régimen de autarquía el equilibrio estará en el punto A donde la curva de indiferencia $I_1 I_1$ es tangente a la curva de posibilidades de producción MN. El máximo nivel de satisfacción que el país puede obtener en régimen de autarquía viene representado por la curva de indiferencia social $I_1 I_1$. La relación de precios en autarquía está dada por la línea $P_0 P_0$, tangente a la curva de posibilidades de producción y a la curva de indiferencia en el punto A.

Podemos también representar el mismo precio relativo con una línea de pendiente positiva $0P_0$ (figura 3.11).

Figura 3.11.
Precio relativo con pendiente positiva.

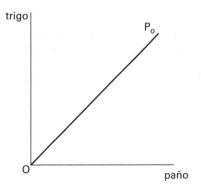

Si la figura 3.9 representa las condiciones de producción y demanda en el país I, su exportación e importación dependerá de la relación de intercambio que se establezca. Supongamos que el país I tiene ventaja comparativa en la producción de trigo y que con la apertura al comercio la nueva relación de intercambio viene dada por la línea $P_1 P_1$ (figura 3.12).

Figura 3.12.
Condiciones de producción y demanda y relación de intercambio.

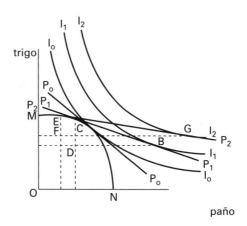

El país I producirá en el punto C y consumirá en el punto B. Exportará DC de trigo (de lo que tiene ventaja comparativa) e importará DB de paño. En esta situación de apertura al comercio, el país I puede desplazarse hacia una curva de indiferencia superior I_1I_1 que reporta un nivel más elevado de satisfacción I_0I_0 (autarquía).

Si la relación de intercambio internacional fuese más favorable para el país I (que tiene ventaja comparativa en la producción de trigo), supondría que la línea de precios sería como la representada por P_2P_2. En ese caso el país podría situarse en una curva de indiferencia superior, la I_2I_2 superior a I_1I_1, intercambiando EF de trigo por FG de paño.

Podemos ver ahora en la figura 3.13 cómo varía el comercio (exportaciones/importaciones) al variar la relación de intercambio. Podemos observar cómo en el eje de abscisas se representan las exportaciones netas de trigo y en el eje de ordenadas las importaciones netas de paño.

Figura 3.13.
Variación del comercio al variar la relación de intercambio.

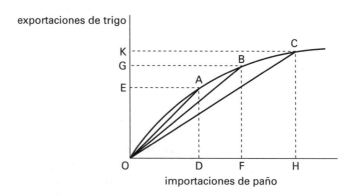

Los precios relativos diferentes de intercambio OA, OB, OC, son similares a P_0P_0, P_1P_1, P_2P_2 de la figura 3.12. El triángulo OAD se corresponde con el triángulo DBC de la figura 3.12 y muestra que, si la relación de intercambio es

OA, e importará OD de paño y se exportará OE de trigo. Si varía la relación de intercambio a OB, se intercambiará OF de paño por OG de trigo. Así sucesivamente podríamos trazar una serie de puntos que una vez unidos nos mostrarían el cambio en el volumen de comercio al variar la relación de intercambio. Obtendríamos así una curva como la OS de la figura 3.14, que sería la curva de oferta del país I (con ventaja comparativa en la producción de trigo).

De forma análoga se puede construir una curva de oferta para el país II (con ventaja comparativa en la producción de paño), como la representada en la figura 3.14 por OT. El punto de intersección de las curvas de oferta de los dos países es el punto L, que es el único punto de equilibrio. La relación de intercambio de equilibrio está dada por la línea OL. A esa relación de intercambio OL, se exportará OK de trigo del país I se importará OH de paño del país II, que será equivalente a la importación-exportación del país II. En consecuencia el país II exportará OH de paño e importará OK de trigo.

Figura 3.14. Curvas de oferta.

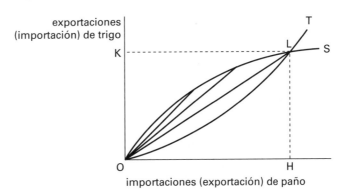

La curva de oferta por tanto, es el resultado de analizar las condiciones de oferta y demanda de un país. Desde un punto de vista pedagógico la curva de oferta es un concepto de equilibrio general, donde las condiciones de producción y consumo determinan la forma de las curvas de oferta que a su vez determinan la relación de intercambio. La forma de las curvas de oferta está determinada por las condiciones de oferta y demanda en los dos países y los límites vendrán determinados por la relación de intercambio en autarquía en ambos países (las curvas de oferta parten del origen). La mejora de la relación de precios (relación de intercambio) lleva a que un país desee ofrecer más exportaciones del bien cuya relación de intercambio es más favorable, a cambio de importaciones. Pero esto no es indefinido, puede ocurrir que después de llevar a cabo determinado volumen de comercio, uno de los dos países no desee más importaciones a cambio de exportaciones, incluso aunque la relación de intercambio le sea más favorable. Ese sería el caso de la curva de oferta del país I, en la figura 3.15. Es decir, una curva de oferta rígida para el país I.

Figura 3.15.
Curva de oferta rígida.

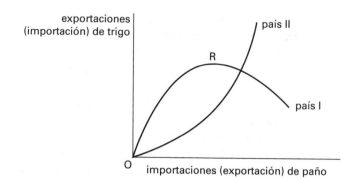

El país I tiene una curva de oferta rígida a partir de ese punto. Eso quiere decir que a partir del punto R el país I no estará dispuesto a incrementar sus exportaciones de trigo, aunque la relación de intercambio mejore. Lo cual nos lleva a concluir que para establecer la forma de la curva de oferta de un país, hay que analizar las condiciones de la oferta y la demanda.

RESUMEN

En la Teoría de la Ventaja Comparativa nos preguntábamos qué bienes se intercambian y qué ganancias se derivaban del comercio. En la Teoría de la Ventaja Comparativa lo hemos visto en términos analíticos y en este capítulo se han desarrollado geométricamente los fundamentos de las razones del comercio, analizando primero las curvas de posibilidades de producción con costes fijos y después se han incluido los costes variables, las curvas de indiferencia social y las curvas de oferta.

TEMAS DE REFLEXIÓN

1. ¿Qué nos preguntábamos en la Teoría de la Ventaja Comparativa?
2. En el modelo ricardiano, ¿qué nos indican las curvas de posibilidades de producción o curvas de transformación?
3. ¿Qué concepto se introduce para determinar el precio internacional?
4. ¿Qué demostró Haberler al sustituir la teoría del valor trabajo por el concepto del coste de oportunidad?
5. ¿Qué demuestran las curvas de indiferencia?

EJERCICIOS DE AUTOCOMPROBACIÓN

1. **Señale cuál de estas afirmaciones es incorrecta:**
   a) Las curvas de indiferencia social representan las preferencias de los consumidores.
   b) El coste de oportunidad en la producción está representado por la curva de transformación.
   c) La curva de indiferencia social es tangente a la curva de transformación en el punto en que los costes de oportunidad de la producción se igualan a la tasa marginal de sustitución del consumo.
   d) La renta nacional se maximiza cuando la curva de indiferencia corta los costes de producción.

2. **En la Teoría de la Ventaja Comparativa, la curva de posibilidades de producción con costes fijos se representa gráficamente mediante una línea:**
   a) Recta que corta a ambos ejes.
   b) Cóncava respecto al origen de coordenadas.
   c) Recta que sale del origen de coordenadas.
   d) Convexa respecto al origen de coordenadas.

3. **Suponiendo una curva de posibilidades de producción en una economía en autarquía, el consumo óptimo:**
   a) Se situará en algún punto de la curva de posibilidades de producción.
   b) A la derecha de la curva.
   c) A la izquierda de la curva.
   d) Dependerá de su patrón de consumo.

4. **La curva de oferta de un país depende de:**
   a) Las condiciones de oferta del país.
   b) Las condiciones de demanda del país.
   c) Las curvas de indiferencia social.
   d) Las respuestas a y b son correctas.

5. **El coste de oportunidad proporciona un mayor significado a:**
   a) La teoría de la ventaja comparativa.
   b) La teoría de la ventaja absoluta.
   c) Al mercantilismo.
   d) Ninguna respuesta es correcta.

SOLUCIONES A LOS EJERCICIOS DE AUTOCOMPROBACIÓN

1. d)
2. a)
3. a)
4. d)
5. a)

BIBLIOGRAFÍA

AMERICAN ECONOMIC ASSOCIATION (1950). *Readings in the Theory of International Trade.* Homewood, III.: R. D. Irwing, Inc.

BALDWIN, R. E. «The New Welfare Economics and Gains in International Trade», *Quartely Journal of Economics*, LXVI, 1952, pp. 91-110. (Hay reediciones posteriores.)

BHAGWATI, J. (1964). The Pure Theory of International Trade. *Economic Journal*, 74: I-78

BHAGWATI TRADE, J. «Tariffs and Growth», London, Weindenfeld and Nicolson, 1969.

CAVES, R. (1960). Trade and Economic Structure. Cambridge, Mass.: Harvard University Press.

CAVES, Richard E. y Ronald W. Jones (1973). World Trade and Payments. An introduction. Ed. Little, Brown.

CHACHOLIADES, Miltiades (1973). The Pure Theory of International Trade. Ed. Macmillan

—, «Economía Internacional», Ed. McGraw-Hill, Bogotá, 1995.

CHIPMAN, J. S. «A Survey of the Theory of International Trade: Part 3», *The Modern Theory Econometric,* XXXIV, 1967, pp. 685-760.

HABERLER, G. «The Theory of International Trade», London, Willian Hodge, 1936.

HELPMAN, E. «The Structure of Foreign Trade», NBR Working Paper Series no. 6752, October (Massachusett: NBER), 1998.

HESKSCHER, E. «The Effects of Foreing Trade on the Distribution of Income», *Ekonomisk Tidskrift,* XXI, 1919, pp. 497-512. (Reeditado.)

HICKS, J. R. «The Theory of Wages», London, Macmillan, 1932, pp. 131.

LEONTIEF, W. W. «The Use of Indifference Curves in the Analysis of Foreing Trade», *Quartely Journal of Economics,* XLVII, 1933, pp. 493-503. (Reeditado posteriormente.)

SAMUELSON, P. A. «The Gains from International Trade», *Canadian Journal of Economic and Political Science,* V, 1949, pp. 195-205. (Reeditado.)

—, «The Gains from International Trade One Again», *Economic Journal,* LXXII, 1962, pp. 820-829. (Reeditado.)

SCAMELL, W. M. (1974). International Trade and Payments. Ed. Macmillan

SÖDERSTEN, Bo (1970). International Economics. Ed. Macmillan.

# 4
La diferencia en la dotación de factores. El teorema de Heckscher-Ohlin

1. El Teorema de Heckscher-Ohlin.—2. Abundancia de un factor definido por el precio de los factores.—3. Abundancia de un factor definido en término de las cantidades físicas.—4. La aplicación de la teoría de Heckscher-Ohlin y las ganancias del comercio.

TÉRMINOS CLAVE

- **Autarquía**
- **Caja de Edgeworth-Bowley**
- **Coste de producción**
- **Factor abundante**
- **Factor escaso**
- **Factor de producción**
- **Función de producción**

- **Precio de los factores**
- **Teorema de Heckscher-Ohlin**
- **Teorema de la Igualación del Precio de los factores**
- **Teorema de Stolper-Samuelson**
- **Triángulos comerciales**

1. El teorema de Heckscher-Ohlin

La Teoría de la Ventaja Comparativa supone un modelo que incluye un sólo factor. Las diferencias de productividad del trabajo eran las razones del comercio. La inclusión de la relación de intercambio explica de alguna manera por qué tiene lugar el comercio y los productos que entran a formar parte del mismo. Sin embargo, no nos aclara nada sobre las diferencias del coste comparativo entre los países. El teorema de Heckscher-Ohlin da una respuesta a esta cuestión.

La teoría de Heckscher-Ohlin tuvo su origen en un artículo publicado en 1919 por el sueco Eli Heckscher y desarrollado posteriormente por un alumno suyo, Bertil Ohlin en su libro *Interregional and International Trade* (1933) (Ohlin recibió el premio Nobel de Economía en 1977). Posteriormente otros economistas completaron el análisis, como Johnson, Jones, Lancaster, Stolper y particularmente Samuelson. Según el teorema de H-O el comercio tiene lugar porque los países tienen diferente dotación de factores. Hay países que tienen abundancia del factor trabajo y otros abundancia de capital. Los países tienden a especializarse en los bienes en cuyos factores son intensivos y según el Teorema de Heckscher-Ohlin, los países con abundancia de capital exportarán bienes intensivos en capital y los países que tienen abundancia de mano de obra exportarán bienes intensivos en trabajo. Es decir, la diferencia en las dotaciones iniciales de los factores de producción, generan un incremento en las diferencias de los costes comparativos y a su vez un aumento del comercio.

Los supuestos básicos del teorema de Heckscher-Ohlin son los siguientes:

— Competencia perfecta en el mercado de bienes y en los factores, lo que permite suponer que los factores se asignan de forma óptima, evitándonos a su vez entrar en la complejidad de los mercados.
— Modelo de 2 * 2 * 2: 2 países, 2 mercancías, 2 factores.
— No existen obstáculos al comercio ni costes de transporte.
— Todas las funciones de producción son homogéneas y de primer grado.
— En las funciones de producción las dos mercancías muestran diferentes intensidades de factores, indicando la utilización de diferentes técnicas de producción en ambos países.
— Los patrones de consumo son similares en ambos países.

Definir la abundancia de un factor o la oferta del factor de producción es complejo, y por ello vamos a recurrir a las dos definiciones posibles, y es definiéndolo:

1. En términos del precio de los factores.
2. En términos de las cantidades físicas de los factores.

Según la primera definición la oferta del factor estará medida en términos de la rentabilidad del capital y del salario de la mano de obra. La segunda definición está expresada en términos de la fuerza global de trabajo del país y del volumen de capital. Si utilizamos la primera definición veremos que se puede demostrar el teorema de Heckscher-Ohlin (así lo hizo Ohlin), pero no necesariamente si utilizamos la segunda definición. La abundancia de un factor definida en términos de las cantidades físicas sólo tiene en cuenta el lado de la oferta de los factores. Si se define en términos del precio relativo de los factores, se contempla la abundancia de un factor por el lado de la oferta y de la demanda.

2. Abundancia de un factor definido por el precio de los factores

La propuesta de Heckscher-Ohlin expresada en términos de los precios de los factores (trabajo y capital) significa que el país I es abundante en capital respecto al país II si el capital es relativamente más barato en el país I que en el país II, y el trabajo es relativamente más barato en el país II que en el país I. Esta definición fue utilizada por Ohlin y discutida por Jones.

El país I sería abundante en capital y el país II sería abundante en trabajo según la primera definición si:

P1K < P2K
P1L > P2L
P1K = Precio del capital en el país I.
P1L = Precio del trabajo en el país I.
P2K = Precio del capital en el país II.
P2L = Precio del trabajo en el país II.

El Teorema de Heckscher-Ohlin nos dice que el país abundante en capital exportará bienes intensivos en capital y el país abundante en mano de obra exportará bienes intensivos en el factor trabajo. Para expresarlo en términos gráficos, vamos a utilizar funciones de producción de tipo neoclásico, es decir, consideramos que los factores son sustituibles entre sí.

Una función de producción establece una relación entre inputs de los factores y outputs de los bienes o productos. Si consideramos sólo dos factores de producción, capital y trabajo, para obtener una unidad de un determinado bien podemos combinar los dos factores utilizando las isocuantas.

Si tenemos:

— Dos isocuantas *aa, bb* que caracterizan las funciones de producción y son las mismas en el país I y en el país II.
— El país I es abundante en capital y el país II en trabajo.
— Dos bienes A y B. El bien A es intensivo en capital y el bien B es intensivo en trabajo.
— P_oP_o = Precios relativos de los factores en el país I (el capital es más barato).
— Suponemos que las isocuantas representan una unidad del bien más abundante.

Con estos supuestos producir una unidad del bien más barato podría llevarse a cabo con Oa1 de capital Oa'1 de trabajo. Como el capital y el trabajo pueden intercambiarse en una relación que recoge la línea de precios de los factores P_oP_o,

Oa1 de capital vale el equivalente a a'1 N de trabajo y Oa'1 de trabajo vale a1 M de capital. La línea de precios P_0P_0 es también una línea de costes, por tanto MN podemos decir que representa el coste de producir una unidad de v.g. el bien A en términos de capital sólo o de trabajo sólo. Esto supondría que producir una unidad del bien A costaría OM medido en términos de capital u ON medido en términos del factor trabajo.

Figura 4.1.
País I. Abundancia de un factor en términos del precio de los factores.

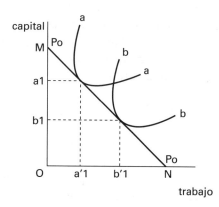

De la misma manera, el coste de producir una unidad del bien B en el país I es lo mismo que producir una unidad del bien A, OM expresado en términos de capital y ON medido en términos de trabajo. Del país II sabemos que el trabajo es el factor relativamente más abundante y más barato, y que el capital es el factor más caro respecto al país I. En términos gráficos significa que la pendiente de la línea del precio de los factores en el país II será menos inclinada que la pendiente de P_0P_0 del país I. La línea de precios de los factores del país II podría ser P1P1, tangente a la isocuanta aa en D (figura 4.2).

Figura 4.2.
País II. Abundancia de un factor definido en términos del precio de los factores comparando los costes de producción.

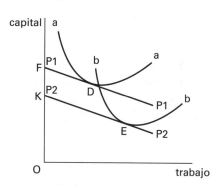

P2P2 es la línea de precios de los factores, paralela a P1P1, tangente a la isocuanta bb en el punto E. Por tanto el coste de producir una unidad del bien A en el país II es OF medido en capital y OK medido también en capital para una unidad del bien B. Por tanto en el país II es más caro en términos de capital producir una cantidad dada del bien A que la misma cantidad del bien B.

Si comparamos lo costes de producción de ambos países veremos que es más barato relativamente producir el bien A en el país I y relativamente más barato producir el bien B en el país II. En consecuencia el país I exportará el bien A y el país II el bien B según determina el Teorema de Heckscher-Ohlin. El país abundante en capital exportará el bien intensivo en capital, mientras que el país abundante en trabajo exportará el bien intensivo en el factor trabajo.

Si definimos la abundancia de un factor en términos de los precios de los factores, hemos visto que no hay mucha dificultad para establecer el Teorema de Heckscher-Ohlin, incluso su inversa; si un país exporta un bien intensivo en un factor determinado de producción, ese factor es el relativamente más barato (figura 4.3).

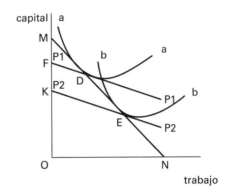

Figura 4.3. Abundancia de un factor definido en términos del precio de los factores incluido el coste de los factores.

Sin embargo, definir el Teorema de Heckscher-Ohlin en términos del precio de los factores, es más complejo porque tenemos que tener en cuenta no sólo elementos de la oferta, también hay que incluir elementos de la demanda. Utilizando ese sistema, Jones demostró que las condiciones de demanda podrían alterar las conclusiones del teorema de Heckscher-Ohlin, debido a que el factor más abundante en sentido físico, podría originar una renta relativamente más elevada (en términos de precios), permitiendo de esta manera la interpretación de la abundancia de un factor, como veremos a continuación. La definición del teorema de Heckscher-Ohlin en términos de las cantidades físicas, se considera la más generalmente aceptada, por ser la más cercana a la realidad.

3. Abundancia de un factor definido en término de las cantidades físicas

La abundancia de un factor en términos de las cantidades físicas fue utilizado por Samuelson y significa que $K_1/L_1 > K_2/L_2$, lo que supone que:

- El país I es rico en capital.
- El país II es rico en trabajo.
- K_1 = Cantidad de capital en el país I.
- L_1 = Cantidad de trabajo en el país I.
- K_2 = Cantidad de capital en el país II.
- L_2 = Cantidad de trabajo en el país II.

Según el Teorema de Heckscher-Ohlin y siguiendo esta definición, ambos países deberían producir el bien en cuyo factor son intensivos, el que tienen con mayor abundancia. Para representarlo gráficamente suponemos que:

- A es el bien intensivo en capital.
- B es el bien intensivo en trabajo.
- MN = Curva de posibilidades de producción del país I.
- M'N' = Curva de posibilidades de producción del país II.
- OS muestra que ambos países están produciendo a lo largo de su trayectoria la misma proporción de bienes.

Figura 4.4. Abundancia de un factor definido en términos físicos.

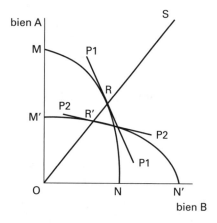

El país I podría producir en el punto R sobre su curva de posibilidades de producción y el país II en el punto R' sobre su curva de posibilidades de producción (figura 4.4). La inclinación de la curva de posibilidades de producción del país I indica que el bien A es relativamente más barato en el país I que en el país II si ambos países producen en los mismos puntos. Si trazásemos una línea de precios como P1P1 y P2P2, veremos que la pendiente de P1P1 es mayor que la de P2P2, lo que nos está indicando que el coste de oportunidad del bien A es más bajo (más favorable) en el país I que en el país II y viceversa para el bien B. Esto nos llevaría a afirmar que el país I es rico en capital y debería especializarse en la producción de bienes intensivos en este factor, mientras que el país II intensivo en trabajo debería producir bienes intensivos en el factor trabajo. ¿Podemos seguir avanzando en el razonamiento y decir que el país I debería exportar bienes intensivos en capital y el país II bienes intensivos en trabajo? No lo podemos afirmar taxativamente, porque los factores por el lado de la demanda pueden contrarrestar los efectos por el lado de la oferta (figura 4.5).

Figura 4.5.
Abundancia de los factores en términos físicos incluyendo la demanda.

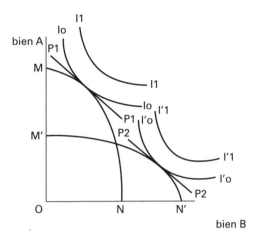

En la figura 4.5 tenemos en cuenta las condiciones de demanda, mientras que las curvas de posibilidades de producción son las mismas que las del gráfico 4.4 (lo que representa que el bien A es el bien intensivo en capital y el bien B intensivo en trabajo). Las curvas de demanda en los dos países están representadas por las curvas de indiferencia IoIo, I1I1 para el país I, e I'oI'o, I'1I'1 para el país II.

La demanda en el país I está sesgada hacia los bienes intensivos en capital, mientras que la demanda en el país II, está sesgada hacia los bienes intensivos en trabajo. En autarquía el bien A es relativamente más caro en el país I que en el país II (la línea de precios P2P2 en el país II en autarquía está más inclinada que la línea de precios P1P1 del país I). En este caso, con la apertura al comercio el país I exportará el bien B y el país II el bien A. Es decir, el país abundante en capital exportará el bien intensivo en trabajo y el país abundante en mano de obra exportará el bien intensivo en capital que no nos servirá para explicar el teorema de Heckscher-Ohlin.

En resumen, la abundancia de un factor puede ser definida de dos maneras. El teorema de Heckscher-Ohlin explicaría la ventaja comparativa, haciendo referencia a la diferencia en la oferta y en los precios relativos de los factores como la razón de los países para abrirse al comercio. En este sentido, al teorema de Heckscher-Ohlin se le denomina también teoría de la dotación de los factores, porque hace referencia a la oferta relativa a los factores o a la abundancia de los factores como causa determinante del comercio internacional. Cada país se especializa en la producción y exporta el bien en el que es intensivo su factor relativamente más abundante y más barato e importa el bien donde su factor es relativamente más caro y más escaso.

El Teorema de H-O considera que la diferencia en la oferta y en los precios relativos de los factores es la razón de la diferencia en los precios relativos de los bienes, antes de iniciarse el comercio. La diferencia en la dotación de factores y la diferencia relativa en los precios de los bienes, se transforma en el motivo de comercio y de especialización en las relaciones comerciales internacionales.

Si ahora queremos aplicar el teorema de H-O y consideramos que:

— La estructura de comercio es idéntica en el país I y en el país II.
— Las preferencias de los consumidores en ambos países son idénticas y homotéticas (suponen elasticidades unitarias respecto a la renta).
— Las curvas de posibilidades de producción representan las fronteras de producción de ambos países, donde el país I es el más abundante en trabajo (*aa*) y el país II en capital (*bb*).
— Ambos países utilizan la misma tecnología.
— Dos bienes *x, y*.

La curva de indiferencia IoIo es tangente a la curva de posibilidades de producción del país I en el punto A y al país II en el punto A', representando la igualdad de las preferencias de los consumidores en ambos países. La curva de indiferencia IoIo, es la que reporta la mayor utilidad para ambos países, en régimen de autarquía y los puntos de tangencia A y A' son los puntos de equilibrio del consumo y la producción en autarquía. El precio relativo de equilibrio de los bienes en ambos países en régimen de autarquía será PaPa para el país I y PbPb para el país II (figura 4.6).

Figura 4.6. Precio de equilibrio de los bienes en régimen de autarquía.

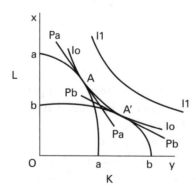

La curva de posibilidades de producción del país II está más a lo largo del eje de ordenadas, porque el bien *y* es intensivo en capital, por tanto el país II será abundante en el factor capital, mientras que la curva de posibilidades de producción del país I está indicando que el factor abundante en este país es el trabajo y por tanto el bien *x* será intensivo en el factor abundante.

PaPa es mayor que PbPb (PaPa>PbPb) indicando que el país I tiene ventaja comparativa en el bien *x* y el país II en el bien *y*. Con la apertura al comercio el país I se especializará en la producción del bien *x* y el país II en la producción del bien *y*, continuando la especialización de ambos países hasta que la recta de precios internacional sea tangente a la curva de posibilidades de producción de ambos países, en el punto B' para el país II y en el punto B para el país I.

El país I exportará el bien X e importará Y y consumirá en el punto C, donde la curva de indiferencia con apertura al comercio I2I2 es tangente a la línea de precios internacional PcPc; de forma equivalente y a la inversa en el país II, consumiendo en el punto C y especializándose hasta que la curva de posibilidades de producción *bb* es tangente a la línea de precios internacional PcPc.

Con la apertura al comercio, se forman dos triángulos comerciales para ambos países: BC'C para el país I y CC''B' para el país II (figura 4.7). Como las exportaciones del país I, del bien *x*, son equivalentes a las importaciones de ese bien por el país II: BC' = CC''. A su vez las exportaciones del bien *y* del país II son equivalentes a las importaciones de ese bien por el país I: C''B' = CC'. Ambos países ganan con el comercio porque los consumidores se sitúan en una curva de indiferencia social superior a la que tenían en autarquía, I2I2. Si las condiciones de oferta y demanda en los mercados de bienes y factores permanecen inalteradas, la especialización en la producción y el comercio no variará.

Figura 4.7. Triángulos comerciales.

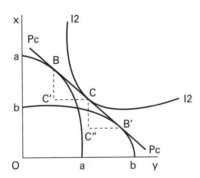

Otros autores han introducido nuevas técnicas de análisis. Así, el diagrama de Caja permite demostrar que en supuestos de inmovilidad de los factores de producción entre países y de movilidad de los bienes, que es un supuesto que se acerca bastante a la realidad, el comercio de bienes puede sustituir a la movilidad de los factores. Entraríamos pues, en otras explicaciones alternativas que amplían y enriquecen el teorema de Heckscher-Ohlin, como son las siguientes.

4. La aplicación de la teoría de Heckscher-Ohlin y las ganancias del comercio

Incluyendo determinados supuestos en la teoría de Heckscher-Ohlin se han podido probar los efectos del comercio y la aparición de ganadores y perdedores en el comercio internacional. Así, la caja de Edgeworth-Bowley se ha utilizado para analizar el factor y la producción, una vez que Stolper y Samuelson demostraron su utilidad. Las curvas de oferta, las relaciones de intercambio y las curvas de posibilidades de producción se han combinado (v.g. por Meade) para mostrar la ventaja comparativa y el comercio. Aplicaciones matemáticas, como las de Kemp y Pearce, han contribuido a enriquecer el análisis. Nosotros repasaremos aquí las tres principales aplicaciones del teorema de Heckscher-Ohlin (para un análisis más pormenorizado consultar la bibliografía aconsejada al final del tema), que son los siguientes:

— El teorema de Stolper-Samuelson.
— El patrón de especialización factorial.
— El teorema de la igualación del precio de los factores.

El teorema de Stolper-Samuelson

El teorema de Stolper-Samuelson utiliza un modelo básico de comercio 2 * 2 * 2 (2 países, 2 bienes, 2 factores) y demuestra que con la apertura al comercio y el incremento del precio relativo del bien objeto de comercio, se derivarán ganancias netas para el factor de producción utilizado intensivamente en la industria de ese bien, y pérdidas netas de renta del factor de producción utilizado intensivamente en la industria competidora de importación. El comercio divide a un país entre ganadores y perdedores netos siempre que se admitan determinados supuestos.

Supuestos

— Dos países.
— Dos bienes: • Ninguno es input en la producción del otro.
 • Un bien es intensivo en un factor y el otro bien es intensivo en el otro factor (con y sin comercio).
— Dos factores: • Dotación dada.
 • Plena utilización.
 • Movilidad plena entre sectores del mismo país, inmovilidad entre países.
— Libre competencia.
— Elevación del precio relativo de un bien con la apertura al comercio.

Con estos supuestos la apertura al comercio internacional implica el incremento de la remuneración del factor que se emplea intensivamente en la producción del bien cuyo precio aumenta y disminuye la remuneración del factor que se utiliza intensivamente en la producción del bien cuyo precio disminuye. Este resultado es independiente de los bienes que decidan consumir ambos factores de producción. En realidad lo que ocurre con el comercio, según el teorema de Stolper-Samuelson, es que uno de los factores va a poder adquirir más de cualquier bien, mientras que el otro factor disminuirá su capacidad de compra de ambos bienes.

El patrón de especialización factorial

Si el teorema de Stolper-Samuelson lo ampliamos a cualquier número de factores, cualquier número de bienes y cualquier número de países, obtenemos un patrón de comercio más amplio, que nos dice que cuanto más especializado esté un factor en la producción de los bienes que se exportan, mayores ganancias se pueden obtener del comercio, y al contrario, cuanto más especializado esté un factor en la producción de los bienes que se importan menos ganancias obtendrá del comercio.

El teorema de la igualación del precio de los factores

El teorema fue apuntado primero por Heckscher y Ohlin y más tarde analizado por Samuelson, Pearce y Mackenzie, entre otros autores. Pero fue Samuelson quien demostró el teorema de la igualación del precio de los factores, sólo verificable si se cumple el teorema de H-O. Esta es la razón por la que se conoce a este teorema como teorema Heckscher-Ohlin-Samuelson.

Hasta ahora hemos venido considerando la teoría de la ventaja comparativa como un modelo con dos factores de producción, y hemos supuesto que no existen impedimentos al comercio internacional y, por tanto, una vez que se inicia el comercio se igualarán los precios de los bienes entre los dos países. Otro de los supuestos utilizados ha sido la inmovilidad de los factores de producción entre países y la completa movilidad dentro de cada país. Pero si el comercio afecta a los precios de los bienes, podemos esperar que también afecte al precio de los factores.

Con el teorema de la igualación del precio de los factores lo que se pretende demostrar es que el libre comercio no sólo iguala el precio de los bienes, sino también iguala el precio de los factores de producción. Es decir, que en un modelo donde los factores de producción no se pueden desplazar entre los países, pero los bienes sí se pueden desplazar, el comercio de bienes puede ser un sustituto de la falta de movilidad del factor.

Así, en una situación de autarquía en el país I el capital es más barato y en el país II es más barato el trabajo. Sabemos por el Teorema de Heckscher-Ohlin que el país donde el capital es relativamente barato, al iniciarse el comercio exportará bienes intensivos en capital y que el país donde el trabajo es relativamente más barato exportará bienes intensivos en el factor trabajo.

Con la apertura al comercio el país I exportará bienes intensivos en capital y el país II bienes intensivos en trabajo. Si el país I quiere aumentar la producción del bien intensivo en capital tendrá que desplazar sus factores de producción hacia esas industrias. Por tanto el precio del capital se incrementará con su demanda y el precio relativo del bien que antes del comercio era más barato en el país I se incrementará. De igual manera con el comercio, en el país II, se incrementará la producción del bien intensivo en el factor más barato, el trabajo. La mayor demanda de trabajo llevará a un incremento de su precio y el resultado será que, con la apertura al comercio internacional, en ambos países ha habido una tendencia a la igualación del precio de los factores desde el precio inicial de los factores más abundantes (más baratos).

El teorema de la igualación del precio de los factores es una explicación teórica y nos dice que con el comercio internacional el precio de los factores tiende a igualarse también, al igual que el precio de las mercancías. Pero una versión de 2 * 2 * 2 como es la que se utiliza en el teorema de la igualación del precio de los factores, no es muy apropiada para una realidad compleja y organizada alrededor de muchos bienes y muchos factores. Esto ha motivado un sin fin de polémicas doctrinales, cuyo interés hasta ahora no sobrepasa el plano analítico.

RESUMEN

La inclusión de la relación de intercambio explica de alguna manera por qué tiene lugar el comercio y los productos que entran a formar parte del mismo. Sin embargo, no nos aclara nada sobre las diferencias del coste comparativo entre los países. El Teorema de Heckscher-Ohlin nos dice que el país abundante en capital exportará bienes intensivos en capital y el país abundante en mano de obra exportará bienes intensivos en el factor trabajo. La abundancia de un factor puede ser definida de dos maneras. El teorema de Heckscher-Ohlin explicaría la ventaja comparativa, haciendo referencia a la diferencia en la oferta y en los precios relativos de los factores como la razón de los países para abrirse al comercio. En este sentido, al teorema de Heckscher-Ohlin se le denomina también teoría de la dotación de los factores, porque hace referencia a la oferta relativa a los factores o a la abundancia de los factores como causa determinante del comercio internacional.

Las tres principales aplicaciones del teorema de Heckscher-Ohlin (para un análisis más pormenorizado consultar la bibliografía aconsejada al final del tema), son los siguientes: el teorema de Stolper-Samuelson, el patrón de especialización factorial y el teorema de la igualación del precio de los factores.

TEMAS DE REFLEXIÓN

1. ¿Cuáles son los supuestos básicos del Teorema de H-O?
2. ¿Por qué se dice que es más complejo definir el Teorema de H-O en términos del precio de los factores?
3. ¿Qué demuestra el Teorema de Stolper Samuelson?
4. El teorema de igualación de los precios solo es verificable si se cumple el Teorema H-O. Verdadero o falso. Justifique la respuesta.
5. El patrón de especialización factorial no es una aplicación del Teorema H-O. Verdadero o falso. Justifique la respuesta.

EJERCICIOS DE AUTOCOMPROBACIÓN

1. **De acuerdo con el Teorema de Stolper-Samuelson:**
   a) Con la apertura al comercio y el incremento del precio relativo del bien que se comercia, se derivan ganancias netas para el factor de producción utilizado intensivamente en la industria de ese bien.
   b) Con la apertura al comercio se derivan pérdidas netas para el factor de producción utilizado intensivamente en la industria de ese bien.
   c) En un mismo país todos pueden ser ganadores netos.
   d) Todas las respuestas son correctas.

2. **Los supuestos básicos del teorema de Heckscher-Ohlin son** (señale la respuesta incorrecta):
   a) Competencia perfecta en los mercados de bienes y de factores.
   b) 2 países, 2 mercancías, 2 factores.
   c) No existen obstáculos al comercio salvo costes de transportes.
   d) Todas las respuestas son correctas.

3. **Según el Teorema de Heckscher-Ohlin, con la apertura al comercio, la abundancia de un factor definido por el precio de los factores, determina que:**
   a) El país abundante en capital exportará bienes intensivos en trabajo.
   b) El país abundante en capital exporta bienes intensivos en trabajo y en capital.
   c) El país abundante en capital exportará bienes intensivos en capital.
   d) Todas las respuestas son verdaderas.

4. **Señale cual de estas afirmaciones pretenden demostrar la validez del teorema de Heckscher-Ohlin:**
   a) Las condiciones de la demanda pueden contrarrestar determinada predisposición de los países por el lado de la oferta.
   b) La productividad de la mano de obra es diferente entre países.
   c) Posibilidad de existencia de reversión de los factores.
   d) Todas las respuestas son correctas.

5. **Es una aplicación del teorema de Heckscher-Ohlin:**
   a) El teorema de igualación de los factores.
   b) El patrón de especialización factorial.
   c) El teorema de Stolper-Samuelson.
   d) Todas las respuestas son correctas.

SOLUCIONES A LOS EJERCICIOS DE AUTOCOMPROBACIÓN

1. a)
2. c)
3. c)
4. d)
5. d)

BIBLIOGRAFÍA

CHIPMAN, J. S. «A Survey of the Theory of International Trade: Part 3», *The Modern Theory Econometric,* XXXIV, 1967, pp. 685-760.

HABERLER, G. «The Theory of International Trade», London, Willian Hodge, 1936.

HECKSCHER, E. «The Effects of Foreing Trade on the Distribution of Income», *Ekonomisk Tidskrift,* XXI, 1919, pp. 497-512. (Reeditado)

HELPMAN, E. «The Structure of Foreign Trade», NBR Working Paper Series no. 6752, October (Massachusett: NBER), 1998.

HICKS, J. R. «The Theory of Wages», London, Macmillan, 1932, pp. 131.

JONES, Ronald W. y J. Peter Neary (1984). *The Positive Theory of International Trade,* in Ronald W. Jones y Peter B. Kenen, eds. *Handbook of International Economics,* vol. 1. Amsterdam: North-Holland.

REICH, Robert (1991). *The World of Nations.* New York: Basic Books.

SAMUELSON, P. A. «The Gains from International Trade», *Canadian Journal of Economic and Political Science,* V, 1949, pp. 195-205. (Reeditado)

—, «The Gains from International Trade One Again», *Economic Journal,* LXXII, 1962, pp. 820-829. (Reeditado)

SCAMELL, W. M. (1974). International Trade and Payments. Ed. Macmillan

SÖDERSTEN, Bo (1970). International Economics. Ed. Macmillan.

5
La aplicación del teorema Heckscher-Ohlin y otras teorías del comercio internacional. La paradoja de Leontief

1. La paradoja de Leontief.—2. Progreso técnico y comercio internacional.—3. El comercio intraindustrial.—4. Economías de escala y economías externas.—5. Competencia monopolística y comercio internacional.

TÉRMINOS CLAVE

- **Brecha tecnológica**
- **Ciclo del producto**
- **Comercio intraindustrial**
- **Competencia monopolística**
- **Diferente dotación de factores**

- **Economías de Escala**
- **Elasticidad de sustitución**
- **Especialización factorial**
- **Oligopolio**
- **Revisión de los factores**

---

1. La paradoja de Leontief

Wassily Leontief contrastó en 1951 las predicciones del modelo Heckscher-Ohlin utilizando una tabla input-output para Estados Unidos con datos de 1947. Leontief pretendía, utilizando el modelo Heckscher-Ohlin demostrar que siendo la economía americana la que poseía más capital (en términos físicos), exportaba bienes intensivos en este factor e importaba bienes intensivos en trabajo. Con ello pretendía contrastar la teoría de Heckscher-Ohlin de que los países exportan los productos en los que utilizan intensamente el factor en los que son relativamente abundantes e importan los productos en los que estos factores se utilizan con menor intensidad.

Leontief supone que en Estados Unidos disminuye la producción de bienes de exportación y de bienes de importación en una misma cantidad: Un millón de dólares. Para ver los efectos que sobre el uso de los factores va a tener el cambio en el modelo de producción, Leontief utiliza sólo dos factores: capital y trabajo. Según la hipótesis de Leontief si disminuye la producción de bienes de exportación se reduce relativamente la necesidad de capital, demandándoles más factor trabajo para las industrias que compiten con las importaciones. Sus resultados fueron sorprendentes, demostraban precisamente lo contrario de la predicción de Heckscher-Ohlin. Las industrias de exportación americanas utilizaban relativamente más trabajo que las industrias de producción de los bienes sustitutivos de importación. En consecuencia Estados Unidos exportaba bienes intensivos en el factor trabajo e importaba bienes intensivos en el factor capital.

Los resultados obtenidos por Leontief fueron muy criticados. Algunas de estas críticas hacen referencia a la validez de los datos empleados (G. A. Loeb, 1954), otros a la forma como utilizó el capital en el modelo (N. S. Buchanan, 1955) o a la elección de la fecha de referencia para el análisis, 1947 (B. C. Swerling, 1954) muy cercana a la Segunda Guerra Mundial. En noviembre de 1956 Leontief publicó un artículo donde trataba de dar respuesta a algunas de las críticas, pero si bien logró disminuir la paradoja, no la eliminó. Entre las explicaciones alternativas a la paradoja (para reconciliarla con el Teorema de Heckscher-Ohlin) destacan las siguientes:

1. Las condiciones de la demanda pueden contrarrestar determinada predisposición de los países por el lado de la oferta. Así, si un país es rico en un factor, v.g. el capital, y las preferencias de los consumidores se inclinan por los bienes intensivos en capital, el incremento de los precios de este tipo de bienes puede favorecer las importaciones de bienes intensivos en capital y a la vez impulsar las exportaciones de bienes intensivos en trabajo. En 1957 H. S. Houthakker mostró que las funciones de demanda eran muy similares entre los países.
2. La productividad de la mano de obra es diferente entre países. Leontief no había tenido en cuenta este supuesto en su estudio de 1951 e intentó dar una explicación alternativa argumentando que la productividad de la mano de obra americana era (tres veces) superior a la del extranjero. I. B. Kravis (1956) demostró que los salarios en las industrias de exportación americanas eran superiores a los de las industrias competidoras de los bienes de importación. En consecuencia, los salarios más elevados pagados en la industria de exportación de Estados Unidos eran el reflejo de una mayor productividad relativa a las de las industrias competidoras de los

bienes de importación. En 1996 Keesing demostró que la capacitación de la mano de obra americana era superior a la del resto de los países incluidos en su estudio. Kenen (1965) y Baldwin (1971) consiguieron eliminar la paradoja de Leontief, Kenen calculando de nuevo la relación capital/trabajo en las exportaciones americanas y en los productos competitivos de las importaciones para el año 1947 y Baldwin actualizando el análisis de Leontief. Se consiguió descartar la paradoja aunque no para los países en desarrollo y para Canadá.

3. Posible existencia de reversión de los factores. La reversión de los factores supone que para un cierto grupo de precios de los factores, un bien es intensivo en trabajo mientras que para otro grupo de precio de los factores, el mismo bien es intensivo en capital. Es decir, un bien es intensivo en un determinado factor de producción, por ejemplo el capital en el país I, que dispone de altos salarios, mientras que el mismo bien es intensivo en trabajo en el país II, que dispone de salarios reducidos. Leontief sólo tuvo en cuenta un país, Estados Unidos. Debería haber comparado las intensidades de los factores con los países competidores. En presencia de reversión de los factores es posible que se cumpla que el país rico en capital exporte bienes intensivos en trabajo. La cuestión fundamental era saber si la reversión de los factores había que considerarla un suceso anormal o patológico como Samuelson lo denominó en 1949, o bien considerarlo como un suceso normal.

B. S. Minhas llevó a cabo un estudio empírico en 1962 sobre la posibilidad de reversión de los factores. Juntamente con otros economistas (Arrow, Chenery, Minhas y Solow) derivó una nueva forma de función de producción. La función que obtuvieron (a través de una evidencia empírica que ajustó los datos) se denomina función de producción de elasticidad de sustitución constante u «homogypalágica», que se puede adaptar a muchos sectores industriales. Aplicada a diferentes países, demostró que la reversión de los factores era bastante normal porque la elasticidad de sustitución es diferente entre países.

Recuadro 5.1.
La elasticidad de sustitución y la Paradoja de Leontief.

La elasticidad de sustitución pondera la facilidad con la que se puede sustituir en la producción un factor por otro factor a medida que va variando el precio relativo de uno de los factores. Con esta explicación se reforzaba la posibilidad de que la existencia de la reversión de los factores sirviera de explicación a la paradoja de Leontief. Su existencia minimizaba la relevancia práctica tanto del teorema de la igualación del precio de los factores, como del teorema de Heckscher-Ohlin.

El propio Leontief se preocupó de analizar los resultados de Minhas, concluyendo que la posibilidad de reversión de los factores era bastante más reducida que lo proclamado por Minhas. Esto nos podría llevar a pensar que la controversia sobre el Teorema de Heckscher-Ohlin está cerrada. Sin embargo, la influencia de la reversión de los factores en el comercio internacional es una cuestión todavía abierta y los debates sobre la paradoja de Leontief no han llegado a establecer conclusiones convincentes ni a rechazar el teorema de Heckscher-Ohlin. Incluso algunos economistas animados por el interés en comprobar la validez del teorema de H-O, lo han intentado utilizando datos de un elevado número de países (Harry P. Bowen, Edward E. Learner y Leo Sveikauskas), mostrando que en ocasiones el comercio no funciona tal como predice el teorema de H-O.

2. Progreso técnico y comercio internacional

Ni los economistas clásicos ni los neoclásicos mostraron gran interés por el estudio de los efectos que el progreso técnico tenía sobre el comercio internacional. Sin embargo los cambios tecnológicos y su incorporación a la fabricación y elaboración de los productos son con frecuencia una causa determinante del comercio internacional.

J. R. Hicks clasificó originalmente el progreso técnico (1932) de tres formas diferentes:

1. Progreso técnico neutral. El progreso técnico que incrementa la productividad de los factores de producción en la misma proporción.
2. Progreso técnico ahorrador de mano de obra. El progreso técnico que incrementa la productividad del capital más que la productividad de la mano de obra, en consecuencia se sustituye capital por mano de obra.
3. Progreso técnico ahorrador de capital. El progreso técnico que incrementa la productividad de la mano de obra más que la productividad del capital. En consecuencia se sustituye mano de obra por capital en la producción.

La importancia del progreso tecnológico y su influencia en el comercio internacional hoy día es un hecho. Un ejemplo de la importancia de la tecnología en el comercio es Japón. Este país ha venido desplazando, desde los años setenta a Estados Unidos en el comercio internacional de productos con alta tecnología incorporada. De alguna manera, esta actuación estaría justificando el Teorema de Heckscher-Ohlin, a través de la pérdida de ventaja comparativa en exportaciones intensivas en tecnología que habría experimentado Estados Unidos frente a Japón, a partir de esa época. En 1983 Bowe demostró que las exportaciones americanas intensivas en I + D, estaban siendo desplazadas, fundamentalmente, por las exportaciones japonesas. Algunos autores (Peter Heller, 1976) achacan esta evolución a una política gubernamental expresa del gobierno japonés.

En modelos explicativos de la inversión directa exterior, como el de Posner (1961) de *brecha tecnológica,* o el de Vernon (1966) del *ciclo del producto,* se hace hincapié en los procesos de producción que incorporan tecnologías innovadoras o I + D, que más tarde en 1967 Grubber, Mehta y Vernon lograron encontrar una fuerte correlación entre proceso de I + D y exportaciones.

3. El comercio intraindustrial

El desarrollo del comercio internacional entre países industrializados ha evolucionado con mayor rapidez en estos últimos años de lo que cabría esperar de las conclusiones teóricas, como las que se deducen del modelo de Heckscher-Ohlin. Así, si admitiésemos como dice el teorema de Heckscher-Ohlin, que la dotación relativa de factores es cada vez más similar, no tendría sentido el comercio. Pero la realidad nos muestra que el comercio no sólo se ha incrementado entre los países industrializados, sino que se ha profundizado advirtiéndose una mayor intensidad en las transacciones comerciales de bienes de categorías industriales similares o comercio intraindustrial.

La expresión comercio intraindustrial, se utiliza desde los años setenta, para describir el comercio que se lleva a cabo dentro de una misma industria, con productos similares, frente a lo que supone el comercio interindustrial de productos totalmente distintos. Ejemplos de comercio intraindustrial es el que se lleva a cabo por diferencias del producto en razón de la marca, modelo o tipología técnica, de la misma industria, v.g. automóviles Volvo, Renault, Audi, etc., frente a lo que supone el comercio interindustrial que hemos venido empleando hasta ahora en nuestros ejemplos, trigo, paño y cualquier otro producto completamente diferente.

El comercio intraindustrial, es por tanto, el resultado del juego de la competencia en las economías con estructuras productivas similares, donde es posible, el aprovechamiento de las economías de escala en la producción. Los consumidores salen beneficiados porque pueden elegir entre una amplia gama de productos cuyas economías de escala hacen posibles diferentes calidades y precios. Las áreas de integración como la Unión Europea o el NAFTA son idóneas para el desarrollo del comercio intraindustrial, porque la eliminación de los aranceles entre los países miembros, facilita el libre intercambio de productos nacionales, por otros similares con características diferenciadas de las del resto de los países del área.

Para medir el nivel de comercio intraindustrial se utiliza el *índice de comercio intraindustrial:*

$$T = 1 - \frac{|X - M|}{X + M}$$

Donde: T = índice del comercio intraindustrial.
X = valor de las exportaciones.
M = valor de las importaciones.

El valor de las exportaciones y de las importaciones viene referido a una industria o grupo de bienes. Las líneas verticales del numerador indican valor absoluto.

El valor de T oscila entre 0 y 1. El valor de T = 0 cuando no existe comercio intraindustrial, es decir, el país sólo exporta o importa la mercancía que sea. Si existe comercio intraindustrial el valor de T puede adquirir el nivel de 1 como máximo y se produce cuando las exportaciones y las importaciones del bien considerado son iguales.

Recuadro 5.2.
El índice T y los países industriales.

> Los estudios llevados a cabo para ver el nivel de comercio intraindustrial entre países industrializados (Grubel y Lloyd, 1967) han mostrado que alrededor del 50% de la actividad industrial de los países analizados consistía en comercio intraindustrial. Sin embargo, hay que señalar que la utilización del índice T debe ser definida con precisión, para evitar errores de interpretación, dado que según se defina el grupo de bienes o la industria que queremos estudiar, el valor de T puede ser muy divergente. Es por tanto muy importante que la definición de T sea lo más amplia posible, para que incluya el mayor número de industrias o grupos de productos e intercambios y sea representativa de los productos diferenciados que exporta o importa el país.

4. Economías de escala y economías externas

La aplicación de alta tecnología o de innovaciones tecnológicas en la producción puede proporcionar mejoras sustanciales en los sectores que las aplican sin que los precios relativos tengan que incrementarse. La razón es la existencia de economías de escala. Se definen así las economías de escala como la proporción en la que se reducen los costes al incrementarse los factores de producción. También se dice que existen economías de escala cuando se produce una reducción de costes tras el incremento equilibrado de los inputs. Esta es una situación que se la conoce también como de rendimientos crecientes de escala y está referida a los procesos productivos en los que la producción se incrementa en mayor proporción que los inputs. Esto se da en los sectores fundamentalmente intensivos en capital o en I + D y en general en industrias de grandes proporciones.

Sin embargo, nosotros debemos diferenciar lo que son economías de escala de lo que son economías externas. Las economías de escala o de rendimientos crecientes a escala vienen referidas a la reducción de los costes medios, a medida que se incrementa la productividad de la empresa. Las economías de escala son de carácter interno a la empresa. Las economías externas son las ganancias de productividad y reducción de los costes que consigue una empresa (individual) como resultado de la expansión de otras empresas de la misma industria. Es decir, con las economías externas, cuanto más se incremente la producción en toda la industria, mayor será la productividad y se podrán reducir los costes individuales de las empresas (por razones externas a la propia empresa).

5. Competencia monopolística y comercio internacional

Con frecuencia las empresas intensivas en capital y tecnología suelen tener economías de escala internas a la propia empresa, en la medida en que el incremento de la producción de la empresa aumente su productividad y disminuya el coste medio. Industrias como la siderurgia, automóviles o aparatos informáticos tienen esta característica. La competencia entre este tipo de empresas suele ser muy fuerte y su supervivencia depende del tamaño del mercado y de la posibilidad de mantener un nivel eficiente de producción. Esto hace que las industrias que tienen economías internas de escala suelen presentar estructuras de competencia imperfecta, generalmente bajo la forma de competencia monopolística.

La competencia monopolística es una combinación entre monopolio y libre competencia, donde la empresa tiene algún control sobre el precio o la producción; normalmente controla el precio del producto limitando la producción y maximizando los beneficios. La competencia monopolística se contrapone al monopolio donde existe un sólo productor (o un sólo consumidor) o al oligopolio, donde hay pocos productores (oligopolio de oferta) o pocos consumidores (oligopolio de demanda). El elemento de competencia en el ámbito monopolístico se produce por las empresas que libremente compiten en la producción de determinada gama de productos homogéneos pero diferenciados, lo que hace que los consumidores puedan optar por un producto u otro, que les preste el mismo servicio (v.g. lavadoras, automóviles, ordenadores) pero que determinadas características les hacen inclinarse por un producto determinado o marca.

Este tipo de competencia impide a los fabricantes mantener un nivel máximo de beneficios, al menos durante un prolongado período de tiempo. La presencia de economías internas de escala permite que con la apertura al comercio las ganancias se distribuyan entre los países que comercian, beneficiando a los consumidores, (siempre que no haya acuerdo de reparto del mercado) y permitiendo que la ventaja comparativa de los países se vaya adaptando a las necesidades del comercio.

RESUMEN

La Teoría de la Ventaja Comparativa es un modelo con un sólo factor y las diferencias de productividad del trabajo eran las razones del comercio y a pesar de la inclusión de la relación de intercambio que nos explica de alguna manera por qué tiene lugar el comercio y los productos que lo forman, no nos aclara nada sobre las diferencias del coste comparativo entre los países. El teorema de Heckscher-Ohlin da una respuesta a esta cuestión. La teoría tuvo su origen en un artículo publicado en 1919 por el sueco Heckscher y desarrollado posteriormente por un alumno suyo, Bertil Ohlin en su libro *Interregional and International Trade* (1933). Posteriormente otros economistas completaron el análisis. Según el teorema de H-O el comercio tiene lugar porque los países tienen diferente dotación de factores. Los países tienden a especializarse en los bienes en cuyos factores son intensivos y según el Teorema de Heckscher-Ohlin, los países con abundancia de capital exportarán bienes intensivos en capital y los países que tienen abundancia de mano de obra exportarán bienes intensivos en trabajo.

TEMAS DE REFLEXIÓN

1. ¿Qué intentó demostrar Leontief y cuáles fueron los resultados de su contrastación?
2. ¿Qué supone la reversión de los factores?
3. ¿Cómo clasifica Hicks el progreso técnico?
4. ¿Qué relaciona el índice de comercio intraindustrial?
5. ¿Qué son las economías externas?

EJERCICIOS DE AUTOCOMPROBACIÓN

1. **Son economías externas las que resultan de:**
   a) La reducción de los costes medios, a medida que se incrementa la productividad de la empresa.
   b) Las ganancias de productividad y reducción de los costes que consigue una empresa.
   c) Las relaciones comerciales internacionales.
   d) Ninguna respuesta es correcta.
2. **La Paradoja de Leontief** (señale la respuesta incorrecta):
   a) Pretendía demostrar que siendo la economía americana la que poseía más capital exportaba bienes intensivos en este factor.
   b) Pretendía contrastar la teoría de Heckscher-Ohlin.
   c) Demostró que Estados Unidos exportaba bienes intensivos en el factor trabajo.
   d) Pretendía demostrar que Estados Unidos exportaba bienes intensivos en el factor trabajo.
3. **Los resultados obtenidos por Leontief al analizar la tabla input-output de Estados Unidos con datos de 1947:**
   a) Reafirmaba los resultados obtenidos por Heckscher-Ohlin en su Teorema según la abundancia de un factor definida por el precio de los factores.
   b) Demostraban las predicciones del modelo de Heckscher-Ohlin en todos los casos.
   c) Apoyaban las conclusiones del Teorema de Heckscher-Ohlin según la abundancia de un factor definido en término de las cantidades físicas.
   d) Todas las respuestas son falsas.
4. **El progreso técnico y su influencia en el comercio internacional se tiene en cuenta:**
   a) En la teoría de la ventaja absoluta
   b) En la teoría de la ventaja competitiva
   c) En el modelo de Heckscher-Ohlin

d) No se tiene en cuenta en los economistas clásicos y neoclásicos.
5. **El comercio intraindustrial es:**
   a) El resultado de la competencia en economías con estructuras productivas similares.
   b) El resultado de la competencia en economías con estructuras productivas diferentes.
   c) Las respuestas b más la incorporación de la tecnología.
   d) Ninguna respuesta es correcta.

SOLUCIONES A LOS EJERCICIOS DE AUTOCOMPROBACIÓN

1. b)
2. d)
3. d)
4. b)
5. a)

BIBLIOGRAFÍA

BALDWIN, R. E. «The New Welfare Economics and Gains in International Trade», *Quartely Journal of Economics,* LXVI, 1952, pp. 91-110. (Hay reediciones posteriores)

BHAGWATI TRADE, J. «Tariffs and Growth», London, Weindenfeld and Nicolson, 1969.

BOWEN, H. P., LEARNER, E. E. y SVEIKAUSKAS (1987). «Multicountry, Multifactor Test of the Factor Abundance Theory», *American Economic Rewiew,* 77 (December, 1987), pp. 791-809.

CHACHOLIADES, M. «Economía Internacional», Ed. McGraw-Hill, Bogotá, 1995.

CHIPMAN, J. S. «A Survey of the Theory of International Trade: Part 3», *The Modern Theory Econometric,* XXXIV, 1967, pp. 685-760.

GRUBEL, H. G. y LLOYD, P. S. «Intra-Industry Trade: The Theory and Meamrement of Internacional Trade in Differentiate Products», Macmillan. London y Habted, New York, 1975.

HABERLER, G. «The Theory of International Trade», London, Willian Hodge, 1936.

HECKSCHER, E. «The Effects of Foreing Trade on the Distribution of Income», *Ekonomisk Tidskrift,* XXI, 1919, pp. 497-512. (Reeditado)

HELPMAN, E. «The Structure of Foreign Trade», NBR Working Paper Series no. 6752, October (Massachusett: NBER), 1998.

HICKS, J. R. «The Theory of Wages», London, Macmillan, 1932, pp. 131.

LEONTIEF, W. W. «The Use of Indifference Curves in the Analysis of Foreing Trade», *Quartely Journal of Economics,* XLVII, 1933, pp. 493-503. (Reeditado posteriormente)

MEADE, J. E. «A Geometry of International Trade», London, Allen and Unwin, 1952.

MUNN, T. «La riqueza de Inglaterra por el comercio exterior», México, 1954, FCE.

OHLIN, B. «Interregional and International Trade», Oxford, UP, 1933. (Reeditado)

SAMUELSON, P. A. «The Gains from International Trade», *Canadian Journal of Economic and Political Science,* V, 1949, pp. 195-205. (Reeditado)

— «The Gains from International Trade One Again», *Economic Journal,* LXXII, 1962, pp. 820-829. (Reeditado)

— «The International Trade and the Equalisation of Factor Prices», *Economic Journal,* LVIII, 1948, pp. 163-184.

— «The International Factor-Price Equalisation One Again», *Economic Journal,* LIX, 1949, pp. 181-197.

TREFLER, D. «The Case of the Missing Trade and other Hov Mysteries», in *American Economic Review,* vol. 85, pp. 1029-46, 1995.

Segunda parte
Macroeconomía de una economía abierta

Capítulo 6. Las cuentas internacionales y los fundamentos de la Balanza de Pagos.

Capítulo 7. El equilibrio de la Balanza de Pagos y el tipo de cambio.

Capítulo 8. Inversiones internacionales.

Capítulo 9. Mercados financieros internacionales.

Capítulo 10. Crisis económicas y financieras. Propuestas de reforma de la arquitectura financiera internacional.

Capítulo 11. Comercio y cooperación internacional. La globalización de la economía.

6
Las cuentas internacionales y los fundamentos de la Balanza de Pagos

1. El dinero y sus formas en el sistema monetario internacional.—2. El mercado de divisas y el tipo de cambio.—3. Equilibrio de los tipos de cambio de las divisas. Determinación de los tipos de cambio con un sistema de tipos de cambio flexibles.—4. Las cuentas internacionales y la Balanza de Pagos.—5. Conceptos básicos de la Balanza de Pagos.—6. Las balanzas intermedias.—7. La posición monetaria exterior.—8. Las transferencias de capital y el ajuste.

TÉRMINOS CLAVE

- **Anotaciones virtuales**
- **Balanza de pagos**
- **Balanzas intermedias**
- **Cuentas internacionales de la economía**
- **Mercados al contado**
- **Mercados a plazo**
- **Mercados de cambio**
- **Sistema de doble entrada**
- **Superávit o déficit de la balanza de pagos**
- **Tipo de cambio**

1. El dinero y sus formas en el sistema monetario internacional

Antes de abordar el análisis de las cuentas internacionales y de la Balanza de Pagos, vamos a repasar algunos de los elementos indispensables para su estudio, como es la importancia del dinero y de las divisas en las transacciones económicas y financieras y en la vida cotidiana. El dinero juega un papel central en el funcionamiento de la economía: es una unidad de cuenta, constituye un medio de pago y es un activo financiero que puede ser acumulado en el tiempo, conservando el valor, jugando el tipo de interés un papel crucial en este caso. Estas son las tres características esenciales del dinero. La economía moderna no se puede explicar sin su existencia. Si como dice la teoría keynesiana, el dinero se puede utilizar para especular, no sería un «velo» que cubre la economía como decían los neoclásicos, sino que se puede mantener y atesorar, en lugar de otros activos.

Recuadro 6.1.
El trueque como medio de pago.

> La economía de trueque que ha jugado su papel en la historia ha tenido que enfrentarse al problema natural de la aceptación del bien que se ofrecía como unidad de intercambio. El trueque por su propia naturaleza, no facilita la fluidez del comercio y las transacciones económicas. Por tanto, no sorprende, que a lo largo del tiempo, se hayan buscado bienes que hayan facilitado el intercambio y su uso o por el valor intrínseco susceptible de ser aceptado en el futuro si se atesoraba (puntas de flecha, hachas, etc.). Cuando un bien adquiría el carácter de medio de cambio aceptado como unidad de pago, como han sido los metales preciosos, el oro, la plata, o el cobre y otros metales de menor valor, éstos han podido constituirse como medios de pago, generalmente aceptados en una economía y capaces de mantener en el tiempo su valor.

Los metales preciosos han jugado un papel central, como moneda de intercambio en el desarrollo de las relaciones económicas internacionales, pero su dificultad para el transporte, especialmente en momentos de confrontación bélica o incluso, en un contexto de crecimiento del comercio internacional y de las transacciones, ha hecho que se hayan dejado de lado como moneda colectiva, buscando medios concretos de pago, expresados en unidades de cuenta abstractas, que facilitasen la fluidez de la economía y las transacciones económicas.

Encontrar un sistema monetario o patrón monetario internacional, que reúna los elementos esenciales que debe tener un sistema monetario de amplia aceptabilidad ha sido y de alguna manera sigue siéndolo, el núcleo de los debates mantenidos durante décadas. Un sistema monetario internacional tiene unas características similares a las de un sistema monetario nacional o doméstico, aunque no se puedan identificar. Las características son: 1. un tipo de dinero para ser utilizado dentro del sistema y que pueda ser mantenido como reserva para contingencias, 2. acuerdos institucionales para los mercados de dinero, sistemas bancarios o mercados de divisas, y 3. un órgano institucional de control del funcionamiento del sistema monetario.

Históricamente, el dinero internacional ha sido de tres tipos: 1. el oro y (en menor medida) la plata, 2. las monedas de algunos países relevantes en la economía y el comercio internacional, y 3. los pasivos de instituciones y organismos internacionales. El dinero internacional es de amplia aceptabilidad. Constituye liquidez internacional y se utiliza entre las autoridades monetarias para hacer frente a los pagos internacionales. Su demanda vendrá determinada por el equilibrio o desequilibrio de la Balanza de Pagos resultado de las relaciones económicas internacionales entre los países.

El oro se utilizó como dinero internacional con el patrón oro hasta 1914 y después siguió siendo utilizado, bajo las distintas formas que adquirió el patrón oro, hasta 1934. La libra esterlina, fue la moneda internacional predominante antes de la Primera Guerra Mundial. En el período de entreguerras el dólar adquirió importancia como moneda internacional cuya influencia y uso en la economía internacional, se afianzó después de la Segunda Guerra Mundial, al convertirse en la moneda de reserva del Sistema Monetario Internacional establecido en Bretton Woods en 1944 (juntamente con la libra esterlina que se mantuvo como moneda de reserva con el dólar hasta 1967).

Recuadro 6.2.
El oro y el Sistema Monetario Internacional de Bretton Woods.

> El oro siguió siendo utilizado junto con las monedas de reserva internacional (dólar y libra) como base del Sistema Monetario Internacional de Bretton Woods, de tipos de cambio fijos pero ajustables. El sistema de Bretton Woods se orientó en esa dirección incorporando el oro como eje del sistema y como respaldo de la emisión de dólares (y de libras hasta 1967) del Sistema Monetario Internacional y el compromiso de la Reserva Federal de cambiar los dólares por oro. Los desequilibrios de la economía americana en la década de los años sesenta, los problemas de pagos de Estados Unidos y su incapacidad para mantener los compromisos con el Sistema Monetario Internacional llevó a su abandono. Así pues, si consideramos la moneda como medio de pago, los problemas que tiene la economía que emite esa moneda, influyen de forma sustancial a la hora de aceptarla como un activo financiero, capaz de ser atesorado en el tiempo y de recuperar una deuda. Estaríamos pues, ante el problema de la confianza que se deriva del país que emite la moneda y de su peso económico y político.

Después de la Segunda Guerra Mundial surgió otro tipo de dinero internacional emitido por organismos internacionales y disponible para países miembros. La primera propuesta de dinero internacional la hizo Keynes en la conferencia de Bretton Woods con el Bancor que no llegó a establecerse. En abril de 1968 se creó el Derecho Especial de Giro por el Fondo Monetario Internacional (DEG) para complementar la liquidez internacional. Los Derechos Especiales de Giro son activos de reserva internacional creados por el FMI y asignados a los países miembros para suplementar las reservas oficiales existentes. La Comunidad Europea estableció la Unidad Monetaria Europea (ECU) en 1979, al crearse el Sistema Monetario Europeo, con las mismas características que el DEG. No era una moneda física, sino una moneda tipo cesta de cantidades fijas de monedas. En 1999, se creó el Euro como moneda única, para los países del Eurosistema en la Unión Europea.

El dinero debe entenderse en su más amplio sentido, incluyendo no sólo los billetes y las monedas metálicas, sino también todos los medios de pago, emitidos por las instituciones financieras (tarjetas de crédito, etc.) en una economía determinada. Así podemos diferenciar entre moneda nacional y moneda extranjera, internacional o divisa. La moneda nacional es la que sirve de moneda de curso legal, emitida por la autoridad monetaria de esa nación. Esta definición sirve también para un área monetaria común, v.g. el euro. El resto de las monedas, se consideran divisas extranjeras, incluidas las cuentas denominadas en metales preciosos y los Derechos Especiales de Giro (DEG) del Fondo Monetario Internacional.

El oro monetario es el oro que las autoridades monetarias u otros bajo el control de éstas, lo mantienen como activo de reserva. Activos de reserva, son aquellos activos externos, que están a disposición y están controlados por la autoridad monetaria, para: 1. financiar las necesidades de Balanza de Pagos, 2. para intervenir en los mercados de cambios, 3. para influir en el tipo de cambio de la moneda, y 4. para otras finalidades, como servir de fundamento en el endeudamiento externo o para dar confianza en la economía y en la moneda del país.

Hoy día, el avance de la tecnología y de la informática aplicada a los negocios y a las transacciones ha hecho que pierda importancia el uso de la moneda física en la economía y en las transacciones económicas. Pero la referencia política, económica y monetaria del país emisor, todavía se mantiene. Para destacar la importancia y la utilidad que tiene la moneda, Tobin lo compara con el uso de una lengua común, utilizada como medio de comunicación de una comunidad.

2. El mercado de divisas y el tipo de cambio

El tipo de cambio es el precio que tiene una moneda extranjera o divisa internacional en el mercado de divisas o mercado de cambios, que es donde se compran y venden las monedas extranjeras: dólares, euros, yenes japoneses, dólares canadienses, etc. El precio que prevalece en el mercado de divisas es, por tanto, el tipo de cambio que tiene una moneda, resultado del equilibrio entre la oferta y la demanda. En el mercado de divisas tienen lugar un elevado número de transacciones, que implican diferentes unidades de monedas extranjeras, que se utilizan para pagar la compra de bienes y servicios, o para las transacciones financieras internacionales. Sus principales participantes son bancos comerciales, instituciones financieras e intermediarios, que realizan compras y ventas de divisas de muchas entidades y bancos y los Bancos Centrales, que pueden intervenir en los mercados de cambio al contado y no pueden especular o realizar operaciones, con el objetivo de obtener beneficio, aunque pueden influir en el precio de su divisa. Los Bancos Centrales no intervienen en los mercados a plazo. El mercado de divisas, actua como una cámara *clearing*, compensando las deudas en ambos sentidos, de forma que, los importadores pagaran sus compras con los saldos en divisas obtenidos por los exportadores y por las entradas de capital.

En los mercados al contado o mercados *spot,* cotizan las divisas que intervienen en las transacciones económicas y financieras internacionales. Las divisas, se designan con un código ISO de tres letras, donde las dos primeras, indican el país de la divisa, y la ultima, la unidad monetaria: EUR (euro), USD (dólar), JPY (yen). Las principales divisas, se cotizan en la mayoría de las plazas financieras, y en general, cotizan contra el dólar. Hay una cotización compradora y vendedora. La cotización compradora es a la que el banco compra la divisa y la cotización vendedora es a la que el banco vende la divisa. En general, la cotización de una moneda, se hace indicando el numero de unidades monetarias nacionales, contra unidad monetaria extranjera (excepto para la Reino Unido, Australia y Nueva Zelanda y la Eurozona). Así, USD/EUR: 0,950-0,952, significará que el banco compra el dólar a 0,950 euros, que se denomina cotización compradora y lo vende a 0,952 o cotización vendedora.

En los mercados de cambio a plazo o mercado *forward*, al igual que en los mercados al contado, las principales divisas, en general, se cotizan respecto al dólar. En los mercados a plazo, los tipos de cambio de las divisas no son objeto de una cotización oficial, sino que se cotizan en términos de «premio» o «descuento». La globalización de la economía y la utilización de internet han permitido que los pagos se realicen con anotaciones «virtuales», sin necesidad de transferir físicamente un documento de crédito o de débito.

Ante un tipo de cambio fijo, el precio de la moneda vendrá determinado por su precio oficial. Una devaluación de la moneda en presencia de tipos de cambio fijo, consistiría en un aumento de unidades de moneda nacional que hay que entregar, por unidad de moneda extranjera, que quedaría revaluada frente a la moneda que ha devaluado. Una reevaluación, sería lo contrario, una disminución de unidades de moneda nacional, por unidad de moneda extranjera. Esta última quedaría devaluada frente a la primera. Tanto la devaluación como la reevaluación sólo se pueden producir con tipos de cambio fijos, porque es la autoridad monetaria la que decide la alteración del precio de su divisa.

Con tipos de cambio flexibles es el mercado y el efecto de la oferta y la demanda, los que determinan el precio de la divisa. Con tipo de cambio flexible, lo que se produce es una apreciación o depreciación de la moneda. Así, la apreciación de una moneda, sería identificable con tipo de cambio fijo con una revaluación, y la depreciación de una moneda, con una devaluación. El tipo de cambio, también se puede definir, como el precio por unidad de moneda extranjera, respecto a la moneda nacional, aunque ésta definición es menos habitual.

Recuadro 6.3.
El arbitraje.

> En los mercados de cambio se produce el arbitraje, cuando existe diferencia de cotización de una divisa, en dos o más centros monetarios. La finalidad del arbitraje es obtener un beneficio, por la diferencia de cotización, comprando la divisa en el centro donde el precio sea más bajo y vendiéndola, en el centro donde el precio sea más alto. El efecto del arbitraje produce una igualación de los tipos de cambio de las monedas. Para darnos información sobre el valor de la moneda, se utiliza el tipo de cambio real, que es el tipo de cambio nominal teniendo en cuenta el nivel de precios.

Esto nos lleva al concepto tradicional de Relación de Intercambio (RI), que es la cantidad de unidades de un bien, que se intercambian por unidad de un bien del país con el que se realiza la transacción comercial. Un paso más en la determinación del tipo de cambio, teniendo en cuenta el nivel de precios, nos lleva a la Teoría de la Paridad del Poder Adquisitivo (PPA), que plantea, que el tipo de cambio entre dos divisas, es la relación de los niveles de precios generales, entre dos países.

La demanda de divisas es una demanda derivada. Derivada del deseo de poder de compra sobre unos bienes. De ahí se deduce, que si el tipo de cambio es tal, que con una determinada cantidad de moneda nacional con la que puedo adquirir moneda extranjera, puedo comprar más cantidad de bienes en el país extranjero que en mi propio país, entonces el tipo de cambio al que adquiero la moneda extranjera será muy reducido. En ese caso, se desencadenará un movimiento para comprar divisa extranjera a cambio de la moneda nacional y adquirir los bienes del país cuya moneda está infravalorada. Este proceso desencadenado llevará a un incremento en el tipo de cambio de la divisa. En caso contrario, el proceso llevará a una depreciación de la divisa extranjera.

El tipo de cambio de equilibrio se encontrará en el punto en el que no exista incentivo para que los ciudadanos nacionales cambien moneda nacional para adquirir divisas y comprar bienes en el otro país, dado que con la moneda nacional, obtendrían la misma cantidad de bienes que con la divisa extranjera. Por ejemplo, si el precio de 1 tonelada de maíz en USA es de 2 $ y en Japón es de 1 Y, en ese caso, el tipo de cambio entre el $ y el Y será de 2, es decir, Tc = 2$/1Y = 2.

Esto equivaldría a incorporar la ley del precio único, por la que el mismo bien debe tener el mismo precio en los dos países, cuando se expresa en términos de la misma divisa, de forma que, el poder adquisitivo de ambas divisas estén en paridad. De esta manera, si el precio de la tonelada de maíz en términos de dólares en USA fuese 1$ y en Japón fuese de 2$, se produciría un movimiento de compra de maíz en Estados Unidos por las empresas, que tratarían de obtener un beneficio por la venta de ese maíz en Japón. Esta sería una operación típica de arbitraje, cuyo resultado sería un ajuste del precio del maíz en ambos países, hasta su aproximación o igualación.

En la Teoría de la Paridad del Poder Adquisitivo se considera, que no existen costes de transporte, ni ningún obstáculo arancelario y no arancelario o cualquier otro tipo de obstáculo, que impida las transacciones comerciales internacionales. En la realidad, estos supuestos no se producen y por tanto, la validez de la teoría PPA es relativa. Una visión más realista de esta teoría, considera la proporcionalidad de los tipos de cambio y su fluctuación en la relación de los niveles de precios. Eso significaría que, la variación en los tipos de cambio debe ser proporcional a la variación en la relación de los niveles de precios entre ambos países.

Recuadro 6.4. La Teoría de la PPA.

> La Teoría de la Paridad del Poder Adquisitivo está basada en el supuesto, de que el equilibrio del tipo de cambio entre dos monedas es el que les da la igualdad en el poder de compra. Esta teoría no es nueva. La formuló por primera vez Gustav Cassel en 1920, durante la controversia que se originó sobre las paridades que debían establecerse con el nuevo patrón oro de la postguerra. En base a los escritos de D. Ricardo y Wheatley, Cassel aportó una fórmula para calcular el tipo de cambio, en base a las relaciones entre precios relativos.

Esto podría llevar al cumplimiento a largo plazo de la Teoría PPA, ya que a corto plazo, el ajuste sería más problemático, dado que si no varía el coste de transporte, ni los obstáculos a los intercambios se modifican, las variaciones en los tipos de cambio, deberían ser aproximadamente proporcionales a la fluctuación de la relación de los niveles de precios de ambos países. Así, si los precios del maíz en USA se triplican respecto a los de Japón, el tipo de cambio del dólar respecto al yen, debería triplicarse. Pero esta teoría tampoco se cumple siempre, porque es preciso introducir otras variables explicativas de la variación del tipo de cambio a corto plazo, respecto al nivel de equilibrio a largo plazo.

3. Equilibrio de los tipos de cambio de las divisas. Determinación de los tipos de cambio con un sistema de tipos de cambio flexibles

Bajo un sistema de tipos de cambio flexibles, como el actual, el precio de una divisa, ya sea el euro, el dólar o cualquier otra divisa, se determina como el precio de cualquier bien o de cualquier mercancía, a través del juego de la oferta y de la demanda.

Gráficamente, sería en la intersección de las curvas de oferta y demanda de cada divisa, que se puede representar en un gráfico (figura 6.1), donde se intercambian euros y dólares. Existirán tantos tipos de cambio de la moneda nacional, como divisas extranjeras admitidas a cotización.

En el ejemplo de la figura 6.1 suponemos que sólo se negocia una divisa, el dólar, contra la moneda nacional, el euro. Suponemos también, que nos desenvolvemos en un mercado perfecto y transparente y el tipo de cambio vendrá determinado por el número de unidades monetarias nacionales (euros) que hay que entregar para adquirir una unidad monetaria extranjera (dólares).

Figura 6.1. Equilibrio de los tipos de cambio de las divisas.

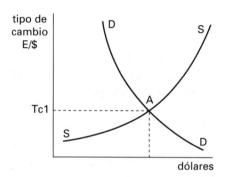

Como vemos en la figura 6.1 la curva de demanda es descendente y detrás de la curva de demanda está la demanda de divisas de los importadores de bienes y servicios y para turismo, viajes y negocios o para cualquier tipo de transacciones. Lo que se traduce en que, si se abaratan los dólares se incrementaran las importaciones y por tanto la demanda de divisa, y viceversa. A un precio excesivamente elevado del dólar, se reducirá la demanda de dólares, pudiendo llegar a cero la demanda si el precio de la divisa se hace prohibitivo (figura 6.2).

Figura 6.2. Demanda elástica de importaciones y oferta de divisas rígida.

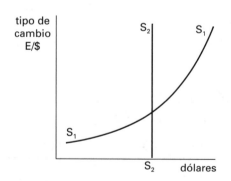

De la misma manera, puede existir un precio excesivamente elevado de la moneda nacional (euros) para los extranjeros. Eso significará que, a medida que el tipo de cambio E/$ se eleva, la moneda nacional se irá abaratando o depreciando, lo que significará que habrá que entregar más moneda nacional por unidad de moneda extranjera. El tipo de cambio de equilibrio será estable (en la figura

Tc1), siempre que no se produzca un desplazamiento del tipo de cambio de equilibrio y se desencadene un movimiento, para restablecerlo.

En definitiva, lo dicho hasta ahora nos lleva a considerar que la oferta y demanda de divisas está directamente relacionada con la actividad económica. Si el valor de la moneda de un país aumenta, las importaciones serán relativamente más baratas y las exportaciones relativamente más caras, se producirá un incremento de las importaciones de bienes y servicios, más interés de los ciudadanos nacionales para hacer turismo interior o para visitar otros países, etc.

Si la curva de demanda de divisas dependiese de las importaciones, también dependería del tipo de importaciones de bienes y servicios que realiza el país. Si un país importa materias primas y bienes de primera necesidad, la elasticidad de la demanda para importaciones será reducida y la cantidad de importaciones será insensible (rígida) a los cambios en los precios. Pero si el país importa bienes de lujo o bienes fácilmente sustituibles, la elasticidad de la demanda para las importaciones será elevada.

Por otra parte, si la industria del país es muy competitiva, la elasticidad de la demanda para importaciones será elevada, dado que si los precios de las importaciones aumentan, el país que tiene un tejido industrial muy competitivo respecto a bienes similares de importación, los producirá, podrá incrementar su cuota de mercado y se reducirán las importaciones. Lo contrario ocurrirá si los precios de las importaciones se reducen (figura 6.3). Esto explica la importancia que tiene para la política económica nacional: 1. la elasticidad de la demanda para importaciones, y en consecuencia, 2. desarrollar un sector productivo competitivo.

Figura 6.3. Curva de demanda de divisas.

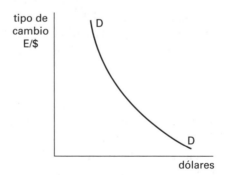

Si en un gráfico colocamos las curvas de oferta y demanda de divisas (figura 6.4), veremos cómo se determina el tipo de cambio de equilibrio. La curva de demanda DD muestra la cantidad de euros que Estados Unidos demanda, según el tipo de cambio existente, para sus relaciones económicas, comerciales y financieras con el exterior. La curva de oferta SS muestra la cantidad de dólares ofrecidos, al variar el tipo de cambio. Las curvas de oferta y demanda se cruzan en el punto A. El tipo de cambio de equilibrio será Tc_1 y Oq_1 de divisas que se ofrecen y demandan. A ese tipo de cambio Tc_1, el mercado de cambios está en equilibrio y también la Balanza de Pagos.

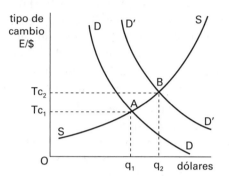

Figura 6.4.
Oferta y demanda de divisas y tipo de cambio de equilibrio.

Supongamos que la curva de demanda de divisas por España se desplaza a la derecha, a D'D', porque se ha producido por ejemplo, un incremento del PIB español y se demandan más productos del exterior o se ha producido una variación en los gustos de los consumidores españoles para productos americanos y no tienen en cuenta el precio de las importaciones de esos productos, es decir, ignoran el tipo de cambio. El resultado es que se produce un nuevo punto de equilibrio B, con un tipo de cambio distinto, Tc_2 y una nueva cantidad de divisas ofrecidas y demandadas Oq_2. En un sistema de tipos de cambio flexibles, al variar las condiciones de la demanda de divisas, siempre es posible encontrar un nuevo tipo de cambio de equilibrio.

Si el precio del dólar se elevase en el mercado de cambios, a los españoles les resultarían más baratas las importaciones, invertir en el mercado americano o hacer turismo en Estados Unidos o en países ligados al dólar. Esto se producirá siempre que la elasticidad de la demanda sea mayor que la unidad.

Si la curva de demanda se desplaza a D'D' porque se ha producido una depreciación del euro y una apreciación del dólar, con tipo de cambio flexible, la depreciación de una moneda significa que su valor relativo es menor y el país cuya moneda se deprecia tendrá que dar más unidades monetarias nacionales por cada divisa. Una apreciación será lo contrario. En el ejemplo que estamos poniendo, de depreciación del euro, significará que relativamente se aprecia el dólar respecto a la moneda comunitaria y el nuevo equilibrio se desplazara de A a B, con un nuevo tipo de cambio Tc_2.

Hemos visto hasta ahora, cómo las elasticidades de oferta y demanda de divisas determinan la estabilidad del mercado de cambios. Eso considerando que las curvas de oferta y demanda sean normales y su cruce siempre determina un punto de equilibrio del tipo de cambio estable.

Pero si se producen repetidas depreciaciones, de la moneda, nos llevaría a una forma elástica de la curva de demanda, en la que sólo se podrían comprar pequeñas cantidades de divisas para evitar pérdidas por el riesgo de cambio. En este caso, la curva de demanda cortaría a la curva de oferta en diversos puntos y la curva de demanda trataría de adaptar su forma e inclinarse para buscar un nuevo punto de equilibrio. Estos movimientos a lo largo de la curva de demanda estarían reflejando las elasticidades y con ello, la posibilidad de que a tipos de cambio de la moneda nacional muy elevados, la elasticidad de la demanda por ejemplo, para las exportaciones sería también muy elevada. La curva de oferta reflejaría sólo una pequeña cantidad de demanda para las exportaciones del país, a ese tipo de cambio tan elevado, e incluso, como se ha señalado anteriormente, podría llegar a ser cero, si el tipo de cambio se eleva tanto, que se hace prohibitivo exportar.

Hasta ahora hemos partido de una situación de equilibrio de la Balanza de Pagos de un país y cualquier variación de esta posición, con tipos de cambio flexibles, llevará a un nuevo tipo de cambio de equilibrio. Si se produjese un déficit de la Balanza de Pagos del país, nos estará indicando que existe un desequilibrio en la demanda de divisas. El déficit se habrá producido por diversas razones, bien por un incremento excesivo de las importaciones, un descenso de las exportaciones o por una reducción de las entradas de capital o por cualquier otra circunstancia que coloque al país en una situación deficitaria frente al exterior. Un superávit de la Balanza de Pagos significará lo contrario.

Si el tipo de cambio hubiese sido fijo, tal y como era el que prevaleció después de la Segunda Guerra Mundial (el sistema de Bretton Woods), el tipo de cambio estaría determinado y cada país tendría que mantener el tipo de cambio de su moneda tal como se había comprometido. El sistema de Bretton Woods era un tipo de cambio fijo, pero admitía un limitado margen de fluctuación cambiaria, arriba y abajo de la paridad central con el dólar, que se utilizaba como moneda de referencia del sistema. Si un país deseaba variar su tipo de cambio, debía mostrar al Fondo Monetario Internacional que tenía un desequilibrio fundamental en su Balanza de Pagos.

Este ha sido un ejemplo con solo dos divisas, pero en los mercados de cambio se producen diariamente los cambios cruzados de los precios de las divisas. En general, una vez establecido el tipo de cambio entre cada divisa y otra moneda internacional, se puede establecer el tipo de cambio cruzado.

4. Las cuentas internacionales y la Balanza de Pagos

El concepto de Balanza de Pagos hoy día es muy complejo dada la diversificación y multiplicidad de las operaciones que forman parte de la economía y las relaciones económicas y financieras nacionales e internacionales, teniendo que distinguir en la actualidad, como paso previo, lo que son cuentas nacionales y cuentas internacionales. En las cuentas internacionales es donde se ubica el concepto de Balanza de Pagos.

Las cuentas internacionales proporcionan una estructura integrada para analizar las relaciones económicas internacionales, incluido, la política de tipo de cambio y la gestión de las reservas.

Siguiendo el Sexto Manual de la Balanza de Pagos del FMI, las cuentas internacionales son el resumen de todas las relaciones económicas entre los residentes de un país y el resto del mundo. Comprende: 1. la Posición de Inversión Internacional (PII), 2. la Balanza de Pagos (BP), y 3. otros cambios en las cuentas financieras debidos a variaciones en la valoración. El concepto de cuentas internacionales está armonizado con el Sistema de Cuentas Nacionales (SCN).

En los últimos años, el análisis de los saldos de la Posición de Inversión Internacional ha adquirido una importancia creciente. La PII es la relación estadística que muestra en un momento de tiempo determinado, el valor y composición de:

1. Los activos financieros de los residentes de una economía que son los derechos sobre no residentes y los lingotes de oro mantenidos como activos de reserva.
2. Las obligaciones de los residentes de una economía respecto a los no residentes.

Los activos y pasivos financieros tienen un carácter internacional y en la mayoría de los casos está referido a los residentes y los no residentes. El componente de lingotes de oro que forma parte del oro monetario es el único caso de un activo financiero que no tiene contrapartida de pasivo.

Recuadro 6.5. La BP y la PII.

> La Balanza de Pagos y la PII son estadísticas de carácter macroeconómico, que resumen las relaciones económicas entre los residentes de una economía y los residentes del resto del mundo. Constituyen lo que se denominan *las cuentas internacionales de la economía*. La PII muestra el valor, en un momento dado, de las tenencias de activos y pasivos, ordenados con la misma estructura y desde el mismo punto de vista que las correspondientes transacciones financieras de la Balanza de Pagos.

Las transacciones de la BP abarcan: 1. Las relacionadas con el sector real de la economía (producción de bienes y servicios y su comercialización), 2. Las de distribución (rentas y transferencias), ó 3. Las que tienen carácter financiero. Ambas estadísticas, BP y PII se integran en el marco de las Cuentas Nacionales.

Las transacciones de la BP recogen la aportación del sector exterior de una economía, como el valor añadido, la renta disponible o la capacidad o necesidad de financiación. El saldo neto de la PII, o sea, las tenencias de activos financieros menos las tenencias de pasivos financieros sumado a las tenencias de activos no financieros de una economía, informa del valor neto o patrimonio de esa economía. La BP y PII españolas se elaboran en euros.

5. Conceptos básicos de la Balanza de Pagos

La Balanza de Pagos se define como el resumen estadístico de todas las transacciones económicas entre residentes de un país y el resto del mundo para un período de tiempo determinado. Su objetivo es informar de la posición internacional del país y contribuir a la formulación de las políticas económicas y decisiones estratégicas comerciales y de inversión para el gobierno del país y para los socios del resto del mundo.

El FMI se ha encargado de armonizar las reglas de presentación de la Balanza de Pagos. El primer manual de Balanza de Pagos del FMI se editó en 1948 y fue una continuación del trabajo iniciado por la Liga de las Naciones para desarrollar los elementos esenciales estadísticos de la Balanza de Pagos. La última revisión es la del sexto Manual (2008)). En el quinto Manual, se presentó la metodología de elaboración de la Balanza de Pagos y de la PII, incluyendo los conceptos, las fuentes y los procedimientos de cálculo que afectan a los activos y a los pasivos financieros. En el sexto Manual, se han incorporado tres cuestiones esenciales que reflejan la evolución de la economía internacional, especialmente:

1. La globalización.
2. El análisis de balance para comprender el desarrollo económico y especialmente la vulnerabilidad y sostenibilidad del sistema.
3. La innovación financiera.

En la Balanza de Pagos se recogen conceptos básicos que vamos a repasar a continuación siguiendo la metodología y los conceptos incluidos en el Manual del FMI y en el de la Balanza de Pagos de España.

Una *economía* es el conjunto de unidades institucionales que son residentes en un territorio económico particular. Las *unidades* son las que son capaces de tomar decisiones económicas y compromisos de los que son responsables directamente y ante la ley. Los principales tipos de unidades son: las familias y las empresas, instituciones no gubernamentales y gobiernos. Los *flujos* reflejan la creación, transformación, transferencia, intercambio o extinción de un valor económico. Las *transacciones internacionales* son el conjunto de intercambios de bienes, servicios u otro tipo de activos entre los residentes de un país y los del resto del mundo. Las transacciones se clasifican según la naturaleza del valor económico implicado: bienes, servicios, etc. Las transacciones que se recogen en la Balanza de Pagos son interacciones entre una unidad institucional residente y no residente.

Recuadro 6.6.
El concepto de residente.

> Se entiende por *residente* de un país a aquellos que tienen establecida su residencia en el país en cuestión. Los agentes residentes están agrupados en cuatro sectores: autoridades monetarias, administraciones públicas (Estado, comunidades locales y organismos de la Seguridad Social), sector bancario y otros sectores (sociedades no financieras, seguros, etc.). La residencia de las personas individuales está determinada por el lugar donde tienen su residencia y no por el sitio de trabajo. Hay que darse cuenta que la Balanza de Pagos se define para un período de tiempo determinado, que arbitrariamente se fija en un año, para facilitar la consistencia internacional. Esto hace que exista cierta complejidad para establecer la residencia, especialmente cuando se refiere a empresas e instituciones con filiales y unidades de producción, distribución, etc., relacionadas. No obstante, el concepto de residencia es importante, para el alcance y contenido de las rúbricas de la BP y de la PII.

Una *unidad institucional* es una unidad residente en un país, cuando su centro de interés económico está localizado en el territorio económico del país (el territorio económico puede no coincidir con las fronteras políticas reconocidas). Pero como se decía anteriormente, el concepto de residencia ha estado en los últimos años afectado por diversos fenómenos y especialmente por la creciente movilidad de los factores productivos. Así, el auge adquirido en los últimos tiempos por los fenómenos migratorios o el establecimiento de sucursales o filiales ha llevado a la necesidad de adaptar las estadísticas desarrollando incluso, estadísticas complementarias (*Foreign Affiliated Statistics*), que recogen la actividad de las filiales que se establecen en países distintos de los de la casa matriz.

Así las empresas y las instituciones no lucrativas se considera que tienen un centro de interés económico en la economía en la que están legalmente constituidas y registradas. Los estudiantes que pasan períodos de aprendizaje o investigación fuera de su país, se consideran residentes de su país de origen, incluso, aunque el período de tiempo en el país donde estén estudiando sea superior a un año, a menos que expresamente decidan permanecer fuera de su país y cambiar el territorio de residencia. Diplomáticos, funcionarios, personal militar, etc., son residentes del territorio económico de sus gobiernos. En la práctica se suele usar como referencia, la permanencia en el país durante un año o más, aunque no es una regla inflexible.

Por *territorio económico* se entiende un área geográfica bajo el control económico de un gobierno, dentro del cual, circulan libremente, personas, bienes y capital. Los territorios económicos incluyen: 1. el territorio físico, 2. el espacio aéreo, 3. las aguas territoriales, 4. el territorio marítimo incluidas las islas que pertenecen al territorio, y 5. los enclaves territoriales en el resto del mundo.

El principio del devengo. Este principio es importante y determina las fuentes de información y los procedimientos de cálculo utilizados en las rúbricas relacionadas con el comercio de mercancías, la renta de inversión, y en los países de la Eurozona, las transferencias con la UE. En la BP las transacciones se deben registrar en valores devengados, lo que significa, que deben registrarse con referencia, según el Manual del FMI, «al momento en que se crea, transforma, intercambia, transfiere o extingue un valor económico». Eso significa, que las operaciones registradas en la BP no tienen por qué coincidir con la liquidación de los cobros o pagos correspondientes. En la práctica, la aplicación de este principio en las operaciones con no residentes es difícil, porque en muchas ocasiones, las transacciones de la BP no dan lugar a cobros o pagos y en otras, su registro se realiza en un momento distinto, lo que hace, que muchas transacciones se registran en el momento en el que se liquidan. Según el Manual del FMI, en el caso del comercio de servicios, el registro de las operaciones se realiza según el momento en que tiene lugar la prestación y en el comercio de bienes, se registra, atendiendo al momento en que tiene lugar el cambio de propiedad.

Activos económicos son los recursos sobre los que hay derechos de propiedad y de los que en el futuro se pueden derivar beneficios para su propietario. Entre los activos económicos figuran, los activos físicos, tales como el equipo, la investigación y desarrollo, activos financieros, activos no producidos, existencias, etc. *Activos financieros* en la Balanza de Pagos comprenden los instrumentos de deuda, fondos de inversión, acciones, derivados financieros, oro monetario y opciones sobre acciones para empleados.

La *valoración de las operaciones* de la BP y de los saldos de la PII se hace al precio de mercado y se define siguiendo al FMI, como la suma de dinero que el comprador paga o está dispuesto a pagar por un bien a un vendedor, en una transacción acordada entre partes independientes entre sí, al efectuar la transacción por motivos comerciales. El criterio de valoración es fundamental por muchas razones. En primer lugar, para valorar *las operaciones* de la BP y de la PII y en segundo lugar, para entender la relación entre BP y PII.

Atendiendo a la primera razón, y según el Manual del FMI para la BP, todas las transacciones se deben valorar a los precios de mercado vigentes en la fecha de la operación. Para los saldos de la PII, el Manual establece, que todos los activos y pasivos exteriores deben valorarse a los precios de mercado vigentes en cada momento, aunque en algunos casos, se admiten otros criterios por razones prácticas. También se recomienda la utilización de la moneda nacional como unidad de cuenta, excepto los países que tengan monedas muy volátiles. Para la conversión a la moneda nacional, el Manual sugiere la utilización de los tipos de cambio de mercado vigentes en el momento de la transacción, para la BP y para la PII, en la fecha a la que se refieren los datos.

La segunda razón por que la es importante el criterio de valoración es para entender la relación entre la BP y la PII o lo que es lo mismo, la relación entre *operaciones y stocks*. La PII, siguiendo el Manual del FMI es el valor del stock de cada uno de los activos y pasivos financieros definidos en los componentes normalizados de la BP. Así, por cada componente normalizado de la cuenta financiera, la PII debe reflejar el valor del stock de ese tipo de activos o pasivos en determinados momentos del tiempo. En definitiva, se incluirán en la PII, pero se excluirán de la BP, todas las variaciones de valoración de los activos y pasivos frente al exterior, independientemente de su índole, que no reflejen transacciones.

Las transacciones que recoge la BP están agrupadas alrededor de tres *cuentas básicas*: La Cuenta Corriente, la Cuenta de Capital y la Cuenta Financiera. La Cuenta Corriente muestra la diferencia entre la suma de las exportaciones y la renta por cobrar y la suma de las importaciones y la renta por pagar y esta subdividida en cuatro balanzas básicas: Bienes, Servicios (incluido turismo y viajes), Rentas y Transferencias Corrientes. Respecto a la Cuenta Corriente hay que señalar lo siguiente: 1. las rentas de trabajo y las rentas de inversión configuran una balanza con identidad propia diferente de la balanza de servicios, 2. Los componentes de la las rentas de la cuenta corriente están interrelacionados y deben ser coherentes para: a) facilitar su análisis, b) permitir una vinculación eficaz de la BP con la PII, y c) mantener la compatibilidad con el Sistema de Cuentas Nacionales y con otros sistemas estadísticos de carácter macroeconómico.

Balanza de Pagos en 2008 y 2009: principales conceptos
Datos anuales

Millones de euros

	2008			2009		
	Ingresos	**Pagos**	**Saldo**	**Ingresos**	**Pagos**	**Saldo**
CUENTA CORRIENTE	361.544,1	467.517,2	–105.973,1	307.290,5	364.444,2	–57.153,7
Balanza comercial	192.740,4	279.463,9	–86.723,5	160.498,5	205.536,5	–45.037,9
Servicios	97.437,3	71.293,4	26.143,8	88.073,7	62.376,3	25.697,4
Turismo y viajes	*41.900,9*	*13.834,3*	*28.066,6*	*38.125,0*	*11.924,9*	*26.200,1*
Otros servicios	*55.536,4*	*57.459,2*	*–1.922,8*	*49.948,7*	*50.451,4*	*–502,7*
Rentas	54.033,6	90.067,4	–36.033,8	40.591,9	70.433,6	–29.841,7
Del trabajo	*1.521,6*	*1.576,4*	*–54,7*	*1.350,1*	*1.475,1*	*–125,0*
De la inversión	*52.512,0*	*88.491,0*	*–35.979,0*	*39.241,8*	*68.958,5*	*–29.716,7*
Transferencias corrientes	17.332,9	26.692,5	–9.359,6	18.126,3	26.097,8	–7.971,5
CUENTA DE CAPITAL	6.891,6	1.417,2	5.474,4	6.101,4	2.033,8	4.067,6
CUENTAS CORRIENTE + CAPITAL	**368.435,7**	**468.934,3**	**–100.498,6**	**313.391,8**	**366.478,0**	**–53.086,1**
	VARIACIÓN NETA DE PASIVOS (VNP)	VARIACIÓN NETA DE ACTIVOS (VNA)	SALDOS (VNP − VNA)	VARIACIÓN NETA DE PASIVOS (VNP)	VARIACIÓN NETA DE ACTIVOS (VNA)	SALDOS (VNP − VNA)
CUENTA FINANCIERA (a)	—	—	101.975,3	—	—	57.613,6
EXCLUIDO BANCO DE ESPAÑA	—	—	71.757,0	—	—	47.149,1

Balanza de Pagos en 2008 y 2009: principales conceptos *(Continuación)*
Datos anuales

Millones de euros

	2008			2009		
	Ingresos	**Pagos**	**Saldo**	**Ingresos**	**Pagos**	**Saldo**
Inversiones exteriores directas	—	—	–1.066,7	—	—	–938,9
De España en el exterior	—	*51.102,3*	*–51.102,3*	—	*11.758,4*	*–11.758,4*
Del exterior en España	*50.035,6*	—	*50.035,6*	*10.819,5*	—	*10.819,5*
Inversiones de cartera	—	—	377,5	—	—	44.507,1
De España en el exterior	—	*–21.927,7*	*21.927,7*	—	*4.946,2*	*–4.946,2*
Del exterior en España	*–21.550,2*	—	*–21.550,2*	*49.453,3*	—	*49.453,3*
Otras inversiones (b)	—	—	78.903,2	—	—	9.269,0
De España en el exterior	—	*12.781,0*	*–12.781,0*	—	*1.162,7*	*–1.162,7*
– Instituciones financieras monetarias	—	7.606,7	–7.606,7	—	1.394,1	–1.394,1
– Administraciones Públicas	—	746,7	–746,7	—	1.320,6	–1.320,6
– Otros sectores residentes	—	4.427,6	–4.427,6	—	–1.552,0	1.552,0
Del exterior en España	*91.684,3*	—	*91.684,3*	*10.431,7*	—	*10.431,7*
– Instituciones financieras monetarias	75.290,9	—	75.290,9	7.958,8	—	7.958,8
– Administraciones Públicas	2.968,3	—	2.968,3	2.006,3	—	2.006,3
– Otros sectores residentes	13.425,0	—	13.425,0	466,6	—	466,6
Derivados financieros	—	—	–6.457,1	—	—	–5.688,1
BANCO DE ESPAÑA	—	—	30.218,3	—	—	10.464,5
Reservas	—	—	–644,6	—	—	–1.563,5
Activos netos frente al Eurosistema	—	—	31.712,7	—	—	6.146,1
Otros activos netos	—	—	–849,8	—	—	5.881,8
ERRORES Y OMISIONES	—	—	**–1.476,7**	—	—	**–4.527,5**

FUENTE: Banco de España

a. Tanto la variación de activos como la variación de pasivos deben entenderse netas de sus correspondientes amortizaciones.
b. Incluye principalmente préstamos, cesiones/adquisiciones temporales y depósitos.

CONVENCIÓN CONTABLE:
Cuenta financiera, excluido Banco de España:
VNA: Un signo positivo (negativo) supone un aumento (disminución) de los activos y, por tanto, una salida (entrada) de capital.
VNP: Un signo positivo (negativo) supone un aumento (disminución) de los pasivos y, por tanto, una entrada (salida) de capital.
VNP - VNA: Un signo positivo (negativo) supone una entrada (salida) de capital.
Banco de España: Un signo positivo (negativo) supone una disminución (aumento) de los activos netos del Banco de España frente al exterior.
Errores y omisiones: Un signo positivo (negativo) supone un ingreso (pago) no contabilizado en otra rúbrica de la Balanza.

La Cuenta de Capital incluye las transferencias de capital y la adquisición de y disposición de activos no producidos no financieros. La Cuenta Financiera muestra la adquisición y disposición de activos y pasivos financieros que tienen lugar entre residentes y no residentes. Respecto a la clasificación por rúbricas de la Cuenta Financiera de la BP y de la PII, hay que señalar: 1. A diferencia de la Contabilidad Nacional, las cuentas internacionales, incorporan además de una clasificación por instrumento, una clasificación funcional, y 2. Esa clasificación, hace hincapié en su comportamiento diferenciado y en los factores económicos que están detrás de cada partida. En consecuencia, se separan:

a) Las operaciones y saldos correspondientes a *reservas internacionales*, independientemente del instrumento en que se materialicen.
b) Las operaciones y saldos entre empresas del mismo grupo, en la rúbrica de *inversiones directas*.
c) El resto de inversiones en valores negociables (excepto los derivados), en *inversiones de cartera*.
d) Los *derivados financieros*.
e) *Otras inversiones* que son el resto de pasivos y activos exteriores (préstamos y depósitos no incluidos en las otras rúbricas).

Reservas internacionales incluye los activos frente al exterior líquidos y denominados en moneda extranjera, que estén bajo el control de las autoridades monetarias. Se incluye: el oro monetario, los Derechos Especiales de Giro, la posición de reserva en el FMI, los activos en moneda extranjera (moneda, depósitos y valores) y otros activos, entre los que se incluyen derivados financieros. Todos los países que pertenecen a la Unión Económica y Monetaria Europea (UEM), desde el momento de su establecimiento en enero de 1999, incluyen en las reservas sólo los activos frente a residentes de países que no pertenecen a la UEM.

Recuadro 6.7.
La UEM y las reservas.

> Desde el inicio de la tercera fase de la UEM, en enero de 1999, las reservas de sus países miembros se definen como los activos líquidos en moneda extranjera que sus bancos centrales nacionales mantienen frente a residentes de países distintos de la UEM. No incluyen, por tanto, ningún tipo de activos en euros, ni los activos en moneda extranjera que se mantengan frente a residentes de países de la UEM.

En la Balanza de Pagos se considera *inversión directa*, a las inversiones transfronterizas de un residente en una economía que tiene el control o una influencia significativa, sobre la gestión de una empresa que es residente en otra economía. Se incluyen en este epígrafe, las participaciones en el capital y las dotaciones a sucursales, los beneficios reinvertidos y cualquier tipo de financiación materializada en instrumentos de deuda. En el Manual del FMI se especifica como regla práctica, que el inversor directo es el propietario de un 10% o mas del capital de la empresa de inversión directa. Este 10% se puede lograr mediante participaciones directas o de forma indirecta a través de otras empresas.

La *inversión de cartera* comprende una transacción transfronteriza y posiciones que implican deuda o valores en acciones diferentes de los incluidos en la inversión directa o en los activos de reserva. Las inversiones de cartera incluyen las que se materializan en valores negociables, excluidas las participaciones en el capital, que cumplan los requisitos para ser consideradas como inversión directa. Los derivados financieros, aunque sean negociables, no se incluyen en la inversión en cartera. La inversión en cartera se divide en: 1. Acciones y participaciones en fondos de inversión, 2. Bonos y obligaciones, y 3. Instrumentos del mercado monetario.

Los instrumentos relacionados con *derivados financieros* están recogidos en esta rúbrica, excepto los que cumplen las condiciones para incluirse dentro de reservas internacionales (independientemente de que se negocien o no en mercados organizados e independientemente de cual sea el activo subyacente). El FMI reconoce las dificultades prácticas de sus recomendaciones para este tipo de operaciones. En concreto, en sistemas de información como el español, sigue planteando problemas, la separación del precio del derivado y del activo subyacente, cuando la ejecución del contrato tiene lugar con entrega del subyacente. El Banco Central Europeo ha decidido que en la BP de la UEM, los instrumentos derivados se contabilicen como un neto de variación de pasivos menos variación de activos.

Otras inversiones recogen todas aquellas que no cumplen las condiciones para ser clasificadas en ninguna de las categorías anteriores, especialmente: préstamos (comerciales y financieros), separando el corto del largo plazo, los depósitos y los billetes extranjeros. Las operaciones de venta de valores con pacto de recompra (*repos*), a efectos contables, son similares a préstamos con garantía o a depósitos.

La Cuenta Financiera muestra la adquisición y disposición de activos y pasivos financieros que tienen lugar entre residentes y no residentes. En el caso de la cuenta financiera de la BP y la PII del Banco de España, se registran las variaciones y los *stocks* de sus activos y pasivos exteriores, desglosados entre la variación de las reservas, la variación de los activos del Banco de España frente al Eurosistema y la variación de sus otros activos y pasivos exteriores.

En la clasificación por sectores institucionales, la balanza de rentas de la inversión y las distintas rúbricas de la cuenta financiera se subdividen en tres sectores institucionales y la asignación de las operaciones y de los saldos a los diferentes sectores institucionales, se hace de acuerdo con el sector al que pertenece el residente titular de la operación. Los sectores institucionales son los siguientes:

Sector instituciones financieras monetarias
Sector Administraciones Publicas
Otros Sectores Residentes

Recuadro 6.8.
Activos netos del Banco de España frente al Eurosistema.

> Los *activos netos del Banco de España frente al Eurosistema* recogen el saldo de los activos mantenidos por esta institución frente a los bancos centrales de los otros países de la UEM y frente al Banco Central Europeo. Sus principales variaciones son las producidas por la liquidación de las operaciones transfronterizas entre residentes y no residentes a través del sistema TARGET, en las que el Banco de España y el resto del Eurosistema aparecen interpuestos entre los residentes y no residentes titulares finales de la operación. Desde enero de 1999 se incluyen las variaciones de los activos del Banco de España frente al BCE, como consecuencia de la transferencia de reservas y sus actualizaciones.

La contabilidad por partida doble de la Balanza de Pagos y los signos de anotación

La forma de anotación de la Balanza de Pagos es un sistema de doble entrada, lo que significa, que cada anotación de naturaleza económica y financiera (exportaciones, importaciones, inversiones directas, etc.) tiene su contrapartida con signo contrario. Por tanto, la Balanza de Pagos nacional en términos contables debe estar siempre en equilibrio. Cada transacción en la Balanza de Pagos se recoge en dos asientos contables o dos entradas opuestas, de forma que, el crédito debe tener su correspondiente asiento de débito y viceversa, reflejando la entrada y la salida de cada intercambio:

-crédito (CR)-exportaciones de bienes y servicios, ingresos por recibir.
-débito (DB)- importaciones de bienes y servicios, renta por desembolsar.

Para entenderlo pondremos dos ejemplos, uno referido a la venta de bienes a no residentes por valor de 100 € y otro ejemplo de transacciones que implican sólo entradas de activos financieros bajo la forma de venta de acciones por valor de 50 €. En el primer caso, para el vendedor, la operación supone una exportación por 100 € (CR) y 100 € como pago por la exportación. En el segundo ejemplo, para el vendedor, la venta de las acciones y otros activos por 50 € equivale a una reducción de los activos financieros que se poseen (CR) y un incremento de los activos financieros en forma de moneda que recibe por el pago (50 €), dado que la parte vendedora, se desprende de las acciones y a cambio recibe el dinero. Finalmente, un ejemplo que recoge el intercambio de un activo por la creación de un pasivo es cuando alguien recibe un préstamo de 100 € en dinero. Eso supone para el deudor, recibir un préstamo equivalente a 100 € (incremento del pasivo) y recibir el dinero en metálico por 100 € (incremento de los activos financieros).

En la BP, *los signos* con los que se hacen las anotaciones tienen una convención contable. En la cuenta corriente y de capital se registran las transacciones como ingresos o como pagos, según la óptica del residente. Así, por ejemplo, la exportación de mercancías es un ingreso y la importación es un pago. En la cuenta financiera, un aumento de los activos de un residente frente a un no residente, lo que supone un pago al exterior o una salida de fondos, se anota con signo positivo (+) en los activos. Un aumento de los pasivos de un residente frente a un no residente, lo que supone un ingreso del exterior o entrada de fondos, se anota en los pasivos también con signo positivo (+). La rúbrica de *errores y omisiones* es la diferencia entre el total de ingresos y el total de pagos. No es una rúbrica ni de la cuenta corriente, ni de la cuenta de capital o de la cuenta financiera. Es un saldo y se registra separadamente. Si su signo es positivo (negativo) significa que hay una infravaloración (sobrevaloración) por errores u omisiones del saldo neto, (medido como ingresos menos pagos) de la cuenta corriente más la cuenta de capital, en relación con el saldo neto de la cuenta financiera.

En las transacciones internacionales, se consideran *débitos*, lo resultante al realizar pagos a no residentes o extranjeros y se registran en la Balanza de Pagos con signo negativo (–), mientras que las transacciones a crédito son los movimientos de pagos procedentes de no residentes o extranjeros y se registran en la Balanza de Pagos con signo positivo (+). Esto significa, que todos los movimientos que incluyen pagos procedentes del exterior, se registran en la Balanza de Pagos como créditos (+) (exportación de bienes y servicios, transferencias unilaterales o donaciones recibidas del exterior, flujos de capital, etc.). De la misma manera, se registraran con signo negativo (–), las importaciones de bienes y servicios, las transferencias o donaciones unilaterales al exterior y los flujos externos de capital, porque son pagos realizados al extranjero. Lo contrario se consideran créditos.

6. Las balanzas intermedias

La Balanza de Pagos se compone de balanzas intermedias y cuando hablamos de superávit o déficit de la Balanza de Pagos nos estamos refiriendo a algún grupo dentro de la clasificación de las cuentas. La Balanza de Pagos nos indica donde se ha destinado un superávit (incremento de las reservas de divisas, incremento de la posición acreedora del país o reducción de la posición deudora neta), o cómo se ha financiado un déficit (a través de una disminución de las reservas, un incremento del endeudamiento exterior, etc.).

Las transacciones que recoge la BP están agrupadas alrededor de tres cuentas básicas:

Recuadro 6.9.
Las cuentas básicas de la Balanza de Pagos.

Cuenta Corriente
Cuenta de Capital
Cuenta Financiera

Recuadro 6.10.
La Balanza por Cuenta Corriente.

La *Cuenta Corriente* se subdivide en cuatro balanzas básicas:

Bienes
Servicios (incuido turismo y viajes)
Rentas
Transferencias corrientes

La Cuenta Corriente, Balanza de Transacciones Corrientes o Balanza por Cuenta Corriente, comprende las transacciones de bienes (la balanza comercial), los servicios (viajes, servicios técnicos, servicios gubernamentales, servicios relacionados con el comercio exterior, etc.), las rentas (remuneración de asalariados, rentas de inversiones directas y de inversiones de cartera) y las transferencias corrientes sin contrapartida (transferencias públicas, privadas y remesas de emigrantes). El saldo de la balanza por cuenta corriente se utiliza mucho, porque mide las transferencias de un país hacia el resto del mundo y del resto del mundo. La Balanza por Cuenta Corriente muestra la diferencia entre la suma de las exportaciones y la renta por cobrar y la suma de las importaciones y la renta por pagar.

Un superávit o déficit por cuenta corriente, se refiere a la diferencia entre ingresos y pagos procedentes de las exportaciones o importaciones de mercancías y servicios, lo que representará la contribución neta del comercio exterior a la renta nacional y al gasto. Un saldo positivo de la balanza por cuenta corriente significará que los ingresos son superiores a los pagos y que la economía ha incrementado sus activos frente al resto del mundo. Un saldo negativo nos indicará que los pagos son inferiores a los ingresos o lo que es lo mismo, que han descendido los activos del país frente al resto del mundo.

La Balanza Comercial o Balanza de Transacciones Comerciales recoge los intercambios comerciales con el exterior reagrupados por grupo de productos (alimentarios, industriales, energía, etc.) y zonas geográficas. En esta rúbrica se incluyen tanto las mercancías que cruzan las fronteras del país como aquellas cuyo comercio se realiza sin movimiento físico a través de ellas. También se incluyen los suministros a medios de transporte, tanto de combustible como de cualquier otro tipo. En la balanza de transacciones comerciales, una balanza positiva o saldo positivo, significará que las exportaciones son superiores a las importaciones y se dice que es negativa, cuando el saldo resultante, supone que las importaciones son superiores a las exportaciones. España como la mayoría de los países, utiliza como fuente básica de información para la balanza comercial, las estadísticas de comercio exterior elaboradas por el Departamento de Aduanas de la Agencia Estatal de la Administración Tributaria, aunque con ajustes.

En *Turismo y viajes* se incluyen los bienes y servicios adquiridos en una economía por viajeros, residentes en otra economía, que se desplazan para fines de negocios o personales, incluidos los de salud y educación, con estancias inferiores a un año.

Recuadro 6.11. Otros servicios en la BP.

1. Transportes: fletes y pasajeros y servicios auxiliares.
2. Comunicaciones: servicios postales y de correos, imagen, télex y telefax, telegrama, cable, radiodifusión, comunicación por satélite, correo electrónico, etc.
3. Construcción: los ingresos por estos servicios recogen los prestados en el extranjero por empresas residentes y los pagos registran los realizados por no residentes en el territorio español, cuando no hay una sucursal o filial en el país donde se realiza la obra.
4. Seguros: los servicios de los seguros se deben valorar en función del cargo del servicio en las primas y no en función de las primas totales.
5. Servicios financieros: en esta rúbrica se recoge la amplia gama de los servicios de intermediación financiera (comisiones y gastos relacionados con las inversiones exteriores como emisión, colocación, rescate y amortización de valores, *swaps,* opciones, avales, etc.).
6. Servicios informáticos y de información: registra los cobros y pagos por servicios de *hardware,* que son los de asesoría y configuración de los servicios informáticos, incluido su mantenimiento y reparación y servicios de *software.*
7. Servicios prestados a las empresas: además de los servicios comerciales (comisiones y corretajes sobre exportaciones e importaciones de mercancías y lo que se conoce como «negociación internacional de mercancías» y del *leasing* operativo (alquiler de maquinaria y medios de transporte en este régimen, con la opción de su compra y el alquiler de medios de transporte sin tripulación). Se excluyen los intereses y el principal del *leasing* financiero que va a la cuenta de rentas y a la cuenta financiera, respectivamente.
8. Servicios personales, culturales y recreativos: recoge los servicios audiovisuales (producción de películas, programas de radio y TV y los derechos de su distribución cedidos a los medios de comunicación, remuneración de actores, etc. Se excluyen la cesión de derechos por los

> propios autores de películas, etc. (se registra en *royalties* y rentas de la propiedad inmaterial).
> 9. Servicios gubernamentales: incluye los cobros y pagos relacionados con embajadas, consulados, etc. y también los gastos relacionados con la prestación (en el caso de la BP de España, de servicios de educación, salud, etc, por el Gobierno). También se incluye en el caso de la BP de España, como ingreso de servicios gubernamentales, el 25% de los pagos a la UE por «recursos propios tradicionales», en concepto de servicios por la recaudación de esos fondos.
> 10. *Royalties* y rentas de la propiedad inmaterial: aquí se registran los cobros y pagos de los derechos de explotación de patentes, marcas, modelos e inventos y los derechos de autor.

En *Rentas del trabajo* se incluye la remuneración de los trabajadores fronterizos, estacionales y temporeros.

En *Rentas de la inversión* se contabiliza la renta generada por cada uno de los activos y pasivos que se incluyen en esa rúbrica. Los dividendos se registran en la fecha en que son pagaderos. La renta por intereses se registra en valores devengados y si no se efectúa el pago de los intereses, en el período en que se devengan. El asiento de renta debe tener una contrapartida en la cuenta financiera, para reflejar un aumento de la obligación cuyo pago no se ha realizado. Todos los instrumentos financieros derivados deben incluirse como tales, en la cuenta financiera, incluso si los instrumentos subyacentes son tipos de interés u otras rentas.

Las Rentas de la inversión pueden ser:

1. Rentas de las inversiones directas
2. Rentas de las inversiones de cartera
3. Rentas de las otras inversiones

Las Rentas de las inversiones directas incluyen: los dividendos distribuidos, los beneficios reinvertidos, los intereses de los préstamos u otros instrumentos representativos de deuda y los alquileres o cualquier otra renta devengada por la propiedad de inmuebles.

Las Rentas de inversiones de cartera deben registrarse según el principio del devengo e incluyen los dividendos distribuidos por sociedades que no deban ser incluidos en inversiones directas, las rentas distribuidas por fondos de inversión y sus beneficios reinvertidos y los intereses de bonos y obligaciones y de instrumentos del mercado monetario.

En las Rentas de las otras inversiones se incluyen los intereses de préstamos, depósitos y operaciones con pacto de recompra, la parte de intereses de operaciones de *leasing* y las rentas derivadas de la participación en organismos internacionales.

Transferencias corrientes. Es difícil distinguir entre transferencias corrientes y de capital. El quinto Manual del FMI define las transferencias de capital y el resto las incluye por exclusión en transferencias corrientes.

El saldo de la Balanza por Cuenta Corriente es igual a la suma de los saldos de la Balanza de Capital, de la Cuenta Financiera y de los errores y omisiones (netos). La capacidad (+) o la necesidad (–) de financiación de un país vendrá dado por la suma de los saldos de la Balanza por Cuenta Corriente y de la Balanza por Cuenta de Capital.

Recuadro 6.12. El FMI y la balanza corriente.

> El FMI ha introducido algunos conceptos relacionados con la balanza corriente en el sexto Manual. Para el Fondo, la balanza por cuenta corriente muestra el flujo de bienes, servicios, renta primaria y renta secundaria entre residentes y no residentes. El saldo de estas cuentas es lo que se conoce como Balanza por Cuenta Corriente. La cuenta de renta primaria muestra los flujos de renta primaria entre entes institucionales residentes y no residentes. La cuenta de renta primaria representa fundamentalmente, el rendimiento de las unidades institucionales por su contribución al proceso productivo. La renta primaria puede ser de dos tipos: 1.renta asociada con el proceso de producción (inversiones directas inversiones de cartera, activos de reserva, compensación a empleados, impuestos y subsidios sobre productos y sobre la producción), y 2. renta asociada con la propiedad de activos financieros y otros activos no producidos (contribuciones sociales, beneficios sociales, cooperación internacional corriente, entre otros componentes). La cuenta de renta secundaria muestra las transferencias corrientes entre residentes y no residentes.

La *Cuenta de Capital* incluye las transferencias de capital y la adquisición de activos inmateriales no producidos. Muestra los créditos y débitos de activos no financieros no producidos y no financieros y transferencias de capital entre residentes y no residentes. La cuenta de capital debe recoger, junto con las transferencias de capital, la adquisición/enajenación de activos no financieros no producidos. En la BP de España, las transferencias de capital son la rúbrica más importante de esta balanza. El saldo de la cuenta corriente más la cuenta de capital es lo que se denomina en términos de Contabilidad Nacional, la capacidad o necesidad de financiación de la economía. La cuenta de capital de la BP agrupa las transferencias de capital sin contrapartida (donaciones, anulaciones de deuda, fondos estructurales de la UE,...) y las adquisiciones y cesiones de activos no producidos y no financieros (patentes, derechos de autor, transferencias de recursos naturales...), como a continuación se detalla:

1. Transferencias de capital: se recogen esencialmente, los movimientos de fondos que se generan por liquidación del patrimonio de los emigrantes o inmigrantes, incluidos los cambios en la titularidad en sus activos y pasivos, al cambiar de residencia. En esta partida se recogen por ejemplo, los ingresos por transferencias del sector de Administraciones Públicas con la UE, que constituye la parte mas importante cuantitativamente de ésta rúbrica, en el caso de la BP de España. Así aparecen en estas anotaciones: los fondos FEDER, fondo de cohesión y fondos del FEADER y del FEOGA- Orientación.
2. Adquisición de activos inmateriales no producidos. En esta rúbrica se recogen las transacciones relacionadas con activos tangibles que pueden utilizarse o necesitarse para la producción de bienes y servicios, pero que no han sido producidos (v.g. tierras y recursos del subsuelo) y las transacciones relacionadas con activos intangibles no producidos (v.g. patentes, marcas registradas, derechos de autor, etc.) y arrendamientos u otros contratos transferibles.

En la Balanza por Cuenta de Capital, se incluyen las adquisiciones y disposiciones de terreno vendido a embajadas, licencias, transferencias de capital, etc. que constituyen la provisión de recursos con fines de capital. En resumen, la Cuenta de Capital incluye las transferencias de capital y la adquisición y disposición de activos no producidos no financieros.

La *Cuenta Financiera* de la BP y de la PII, muestra la adquisición y disposición de activos y pasivos financieros que tienen lugar entre residentes y no residentes. Las transacciones/saldos de inversión directa incluyen todos los que se derivan de operaciones de carácter financiero entre empresas de un mismo grupo, salvo las materializadas en instrumentos financieros derivados. Dentro de la cuenta financiera hay que distinguir:

1. Inversiones directas
2. Inversiones de cartera
3. Otras inversiones
4. Instrumentos financieros derivados

Las *inversiones directas* se dividen a su vez, en:

1. Acciones y otras formas de participación
2. Beneficios reinvertidos
3. Inversiones en inmuebles
4. Financiación entre empresas relacionadas

Las *Inversiones de cartera* se dividen en:

1. Acciones y fondos de inversión
2. Bonos y obligaciones e instrumentos del mercado monetario

Dentro de Otras inversiones se recogen, por exclusión, las transacciones y posiciones relacionadas con activos y pasivos financieros frente a no residentes no contabilizadas como inversión directa o de cartera, derivados financieros o reservas. Son esencialmente, los préstamos y depósitos, créditos comerciales con vencimiento superior a un año, etc.

Recuadro 6.13. Instrumentos financieros derivados.

> El FMI ha decidido clasificar los instrumentos financieros derivados en una cuenta independiente, en lugar de incluirlos en la cuenta de inversión de cartera. Según la revisión que llevo a cabo en 1997, se desprende que a pesar de las dificultades prácticas de sus recomendaciones, todo instrumento financiero derivado que pueda valorarse, porque exista un precio de mercado para el activo subyacente, debe incluirse en la cuenta financiera, independientemente que se negocie o no, en mercados organizados, e independientemente de cual sea el activo subyacente.

Un déficit de la cuenta financiera significará que los residentes han invertido más en el extranjero que los extranjeros en el país. Al saldo de la cuenta financiera se le denomina préstamo neto o endeudamiento neto. El préstamo neto significará que en términos netos, la economía proporciona recursos financieros al resto del mundo y el endeudamiento neto significará, que la economía necesita recursos financieros del resto del mundo. En otras palabras, en la cuenta financiera, una variación de activos inferior a una variación de pasivos, significara que se estará produciendo una entrada de capital superior a una salida de capital. Una variación de activos superior a una variación de pasivos significara que las entradas de capital son inferiores a las salidas de capital.

La *Balanza de Pagos Agregada* comprende la Balanza por Cuenta Corriente, la Balanza por Cuenta de Capital y la cuenta financiera. En la Balanza por Cuenta Corriente y en la Balanza por Cuenta de Capital, las entradas son los totales, mientras que en la cuenta financiera las entradas son valores netos para cada categoría o instrumentos. La Balanza Agregada agrupa:

1. Los movimientos de capital a corto plazo del sector bancario.
2. Los movimientos de capital a corto plazo del sector oficial (reservas oficiales, créditos en el FMI.
3. Los derechos especiales de giro (DEG) y otros créditos.
4. Los compromisos a la vista y a plazo en el FMI.

Recuadro 6.14.
Los saldos de la Balanza de Pagos.

> **La Balanza Comercial, Balanza de Comercio Exterior o Balanza de Transacciones Comerciales**. Muestra la evolución favorable o desfavorable de los intercambios con el exterior. Para cada producto o zona geográfica se calcula la tasa de cobertura de las exportaciones y de las importaciones. Se presenta agrupada por:
>
> — Grupos de productos: alimentarios, industriales, energía y otros productos.
> — Zonas geográficas: OCDE, UE, AL, USA, etc.
>
> **La Balanza de Transacciones Corrientes**. El saldo de la cuenta de las transacciones corrientes mide las transferencias de cada país hacia el resto del mundo y el saldo es igual a la suma de los saldos de la cuenta de capital, de la cuenta financiera y de los errores y omisiones (netos). La suma de los saldos de la cuenta de transacciones corrientes y de la cuenta de capital explica la capacidad o la necesidad de financiación de un país.
>
> La **Balanza** *Financiera* muestra la adquisición y disposición de activos y pasivos financieros que tienen lugar entre residentes y no residentes. Un déficit de la cuenta financiera significara que los residentes han invertido más en el extranjero que los extranjeros en el país. Al saldo de la cuenta financiera se le denomina préstamo neto o endeudamiento neto.
>
> **Balanza global o agregada**. Esta balanza es la suma de de los flujos de bienes y servicios, de inversiones y de capitales a corto plazo.

7. La posición monetaria exterior

La posición monetaria exterior de un país, vendrá determinada por los principios definidos por el FMI y recoge el stock de activos y compromisos financieros exteriores. La posición monetaria exterior es un stock, mientras que la Balanza de Pagos registra los flujos. Eso significa, que el stock nos da una indicación del patrimonio financiero de activos extranjeros que tienen los residentes y de activos nacionales en poder de no residentes. De esa manera, la posición exterior reagrupará:

1. Las inversiones directas (capitales propios y otras operaciones).
2. Las inversiones indirectas (inversiones de cartera y títulos de crédito).
3. Otras inversiones (créditos comerciales, préstamos, inversiones...), reservas (brutas).

La variación de la posición monetaria exterior representa la financiación monetaria de la Balanza de Pagos y su saldo es igual que el saldo de la balanza global, aunque de signo contrario.

8. Las transferencias de capital y el ajuste

Las transferencias de capital de un país a otro país forman parte del proceso normal de las relaciones comerciales internacionales. Las transferencias suponen movimientos de bienes o servicios y del correspondiente dinero que tiene que ser transferido a través del mercado de cambios. Independientemente del método que se utilice, un país necesitará importar capital, si obtiene bienes o servicios que exceden el valor de sus exportaciones y viceversa. En el primer caso, el ahorro interno es insuficiente para financiar sus necesidades de importación y necesita capital del exterior, en el segundo caso, el país exportará capital si el valor de sus exportaciones es superior al valor de los bienes y servicios que importa. En cualquier caso, prestar o pedir prestado al y del resto del mundo, afecta a la Balanza de Pagos del país, al estar conectada con el endeudamiento o el préstamo del país respecto al resto del mundo.

Por esa razón, el problema de las transferencias, puede analizarse bajo dos aspectos: 1. como un caso específico de la teoría de ajuste, donde los pagos unilaterales en la cuenta de capital de la Balanza de Pagos deben tener su ajuste compensatorio en la cuenta corriente, o 2. como problemas especiales, cada uno con su peculiaridad específica.

Originalmente, el trabajo de Taussig y de un grupo de estudiantes de Harvard, fueron los que dieron un gran ímpetu a la teoría de las transferencias de capital.

Viner en su estudio sobre el endeudamiento canadiense de 1900 a 1913, mostró cómo la entrada de capital en Canadá permitió incrementar los precios en Canadá y crear un superávit similar en magnitud al de un endeudamiento.

La controversia entre Keynes y Ohlin en los años veinte supuso una segunda fase en la discusión, al considerar las transferencias masivas del pago de reparaciones por Alemania, bajo el Tratado de Versalles, a los aliados en los años veinte, tras la Primera Guerra Mundial. Para Keynes, las transferencias podían no producirse, si Alemania no lograba un superávit en las exportaciones. Ohlin prefería discutir el tema en términos de renta. Pero la discusión fue superada por las circunstancias (la incapacidad de Alemania para hacer frente a los pagos). La Moratoria Hoover (1931) dio por finalizados los pagos de Alemania por deudas de guerra.

Ligado con el problema de las transferencias como ya hemos comentado está la Relación de Intercambio (RI) o la relación entre los precios de las exportaciones y los precios de las importaciones (también puede definirse por las cantidades). Si el precio de las exportaciones de un país aumenta respecto al precio de las importaciones, el poder de compra de las exportaciones se incrementa y la relación de intercambio mejora y viceversa.

RESUMEN

La divisa es el dinero de curso legal emitido por el Banco Central o la autoridad monetaria encargada de su emisión. Las divisas están referidas al dinero emitido por un país extranjero y en posesión de un ciudadano nacional. El dólar, el yen o la libra esterlina son divisas, por ejemplo para los ciudadanos de la Unión Europea. El tipo de cambio es el precio de una moneda en el mercado de divisas o mercado de cambios, que es donde se compran y venden las monedas extranjeras, resultado del equilibrio entre la oferta y la demanda. Los principales participantes son bancos comerciales e instituciones financieras e intermediarios. En los mercados al contado o mercados «spot» cotizan las divisas que intervienen en las transacciones económicas y financieras internacionales. En los mercados de cambio a plazo o mercado «forward», al igual que en los mercados al contado, las principales divisas se cotizan respecto al dólar. La globalización de la economía y la utilización de Internet han permitido que los pagos se realicen con anotaciones «virtuales». La Balanza de Pagos se define como el resumen estadístico de todas las transacciones económicas entre residentes de un país y el resto del mundo para un período de tiempo determinado. Su objetivo es informar de la posición internacional del país y contribuir a la formulación de las políticas económicas y decisiones estratégicas comerciales y de inversión. La forma de anotación de la Balanza de Pagos es un sistema de doble entrada. La Balanza de Pagos en términos contables debe estar siempre en equilibrio. La Balanza de Pagos se compone de balanzas intermedias y cuando hablamos de superávit o déficit de la Balanza de Pagos nos estamos refiriendo a algún grupo dentro de la clasificación de las cuentas. La teoría económica nos proporciona dos explicaciones del proceso de ajuste de la Balanza de Pagos. El proceso de ajuste clásico referido a los cambios en los niveles de precios de los países como la vía para restaurar el equilibrio y un proceso más moderno, que relaciona el ajuste con los cambios en la renta. Estas dos vías, no son excluyentes. Esto es lo que veremos en el capítulo siguiente.

TEMAS DE REFLEXIÓN

1. ¿Por qué se dice que la Balanza de Pagos es el resumen estadístico de todas las transacciones entre residentes de un país y el resto del mundo?
2. ¿Cuál es el objetivo de la Balanza de Pagos?
3. ¿Los Bancos Centrales nacionales del área del euro emiten divisas?
4. ¿Qué significa el sistema de doble entrada en la Balanza de Pagos?
5. ¿En qué se diferencia la cuenta financiera de la cuenta corriente?

EJERCICIOS DE AUTOCOMPROBACIÓN

1. **Por inversor directo se entiende:**
   a) El que tiene un interés a largo plazo e influencia significativa en la gestión de la empresa en la que participa.
   b) Al propietario de un 10% o más del capital de una empresa.
   c) Al que invierte en valores y bonos de la empresa.
   d) La respuesta a) y la b).

2. **Los países que pertenecen a la Union Económica y Monetaria europea (UEM):**
   a) Desde el momento de su establecimiento en enero de 1999, incluyen en las reservas sólo los activos frente a no residentes de países que pertenecen a la UEM.
   b) Desde el momento de su establecimiento en enero de 1999, incluyen en las reservas sólo los activos frente a residentes de países que no pertenecen a la UEM.
   c) Incluyen en las reservas sólo los pasivos frente a residentes de países que pertenecen a la UEM.
   d) Todas son correctas.

3. **¿Qué componente siendo un activo financiero no tiene contrapartida en el pasivo?**
   a) El componente de lingotes de oro.
   b) La PII.
   c) Las reservas brutas de divisas.
   d) Ninguna es correcta.

4. **Las empresas y las instituciones no lucrativas, dónde se considera que tienen su centro de interés económico:**
   a) En la economía en la que están legalmente constituidas y registradas.
   b) Donde tienen sus filiales y subsidiarias, sin haber creado una empresa para ese propósito.
   c) La respuesta a) más la b).
   d) Ninguna es correcta.

5. **Se incluirán en la PII, pero se excluirán de la BP:**
   a) Todas las variaciones de valoración de los activos y pasivos frente al exterior.
   b) Todas las variaciones de pasivos frente al exterior.
   c) Todas las partidas que reflejen transacciones.
   d) Ninguna es correcta.

SOLUCIONES A LOS EJERCICIOS DE AUTOCOMPROBACIÓN

1. d)
2. b)
3. a)
4. d)
5. d)

BIBLIOGRAFÍA

Banco de España (2009). Balanza de Pagos de España.

Cassel, Gustav (1920). *Memorandum on the World´s Monetary Problems*. International Financial Conference (Brussels, 1920).

IMF. *Balance of Payments and International Investment Position Manual*, Sixth Edition (BPM6). December 2008 (Pre-Publication Draft).

7

El equilibrio de la Balanza de Pagos y el tipo de cambio

1. Equilibrio y desequilibrio de la Balanza de Pagos.—2. El ajuste de la Balanza de Pagos y el tipo de cambio.—3. La condición Marshall-Lerner.

TÉRMINOS CLAVE

- Apreciación monetaria
- Depreciación monetaria
- Desequilibrio de la Balanza de Pagos
- Desequilibrios estructurales
- Devaluación
- Enfoque keynesiano
- Equilibrio de la Balanza de Pagos
- Patrón oro
- Sistema ricardiano
- Tipos de cambio fijos
- Tipos de cambio flexibles

1. Equilibrio y desequilibrio de la Balanza de Pagos

Cuando se habla de equilibrio y desequilibrio de la Balanza de Pagos, nos estamos refiriendo a una definición metodológica de cómo el país reacciona a un desequilibrio interno o externo y la forma cómo ese país puede volver al equilibrio. Así, podemos definir el equilibrio de la Balanza de Pagos, como la situación en la que la demanda exterior de la moneda de ese país es igual a la oferta de esa moneda para hacer los pagos. De esa manera, el desequilibrio vendrá determinado, por las discrepancias entre esa demanda y la oferta. Las discrepancias entre oferta y demanda se cubrirán con salidas de reservas nacionales o con entradas, aunque necesariamente en la Balanza de Pagos, se registrará un equilibrio contable, en el sentido de que el total de ingresos debe ser igual al total de los pagos. Pero desde el punto de vista económico no tiene ningún interés el equilibrio contable de la Balanza de Pagos.

En sentido económico, lo que nos interesa es que las Balanzas de Pagos pueden estar en desequilibrio por diversas razones que pueden producir un fuerte impacto en la posición externa de los países, como las crisis financieras, los cambios en la tendencia del consumo hacia los productos de importación, la retirada de las inversiones externas directas o la aparición de innovaciones tecnológicas que hacen obsoletos determinados productos objeto de exportación por un país determinado. Estos procesos son inevitables. También afecta al equilibrio de la Balanza de Pagos, la situación cíclica por la que atraviesa la economía del país en cuestión o por problemas estructurales de esa economía (falta de competitividad, baja productividad, etc.).

Recuadro 7.1. El ajuste de la BP y la teoría económica.

> La teoría económica nos proporciona dos explicaciones del proceso de ajuste de la Balanza de Pagos. El proceso de ajuste clásico referido a los cambios en los niveles de precios de los países como la vía para restaurar el equilibrio, y un proceso más moderno, que relaciona el ajuste con los cambios en la renta. Estas dos vías, no son excluyentes. La propuesta clásica refleja el sistema ricardiano, poniendo el énfasis en los cambios en los precios, la teoría cuantitativa del dinero y la flexibilidad de costes y precios. El enfoque de la renta refleja la teoría keynesiana, aunque Keynes no tomó parte en esta formulación ni en su desarrollo, pero en su controversia con Ohlin, sobre el pago de las reparaciones alemanas después de la Primera Guerra Mundial, consideraba que los pagos por Alemania, sólo podían hacerse con una reducción del nivel de precios relativos de Alemania, respecto de los países a los que efectuaba las transferencias. Cada una de las propuestas tiene sus implicaciones en la gestión de la política económica. Así, el enfoque clásico implicará un ajuste a través de la política monetaria, mientras que el enfoque keynesaiano se inclinará por la utilización de la política fiscal para el ajuste.

El enfoque clásico fue desarrollado desde David Hume hasta Alfred Marshall, como una aplicación del concepto de equilibrio estático al comercio internacional. En la teoría ricardiana para tener equilibrio, la oferta de dinero debería distribuirse entre las naciones, en la misma proporción que su producción nacional y de esta manera, la distribución monetaria aseguraría las relaciones de precios apropiadas para el equilibrio. El patrón oro era el instrumento idóneo para el ajuste. Las salidas y entradas de oro de los países equilibraban la Balanza de Pagos. Este modelo de equilibrio estaba sujeto a la aceptación de la teoría cuantitativa del dinero, a la completa movilidad de factores dentro del país que se tratase, y a la total flexibilidad de precios ante cualquier desequilibrio.

El enfoque clásico utiliza el mecanismo de los precios y puede operar a través de dos vías para llevar al equilibrio a la Balanza de Pagos. La primera vía, la más directa y la considerada el enfoque clásico por excelencia, actuaría a través de los cambios en el nivel de precios de los países. La segunda, actuaría de forma indirecta y se produciría cuando los cambios en los precios relativos ocurren por variaciones en los tipos de cambio entre dos monedas. Como hemos dicho más arriba, la teoría clásica descansaba en la teoría cuantitativa del dinero y su expresión institucional para el ajuste de la Balanza de Pagos era el patrón oro. Las economías se suponía que funcionaban en un sistema de competencia perfecta, plena flexibilidad de precios y salarios, con tendencia al pleno empleo de los factores de producción.

En un país con déficit se produciría una salida de oro para pagar las importaciones, se reduciría la cantidad de dinero en circulación, caerían los precios y aumentarían las exportaciones, porque los precios de los bienes importados serían relativamente más caros. En un país con superávit ocurriría lo contrario y el resultado de esos movimientos produciría un ajuste de la Balanza de Pagos. Este enfoque clásico, supone la existencia de una elevada elasticidad, para la demanda de exportaciones e importaciones en el comercio internacional, lo que puede ser cierto incluso desde el punto de vista práctico. La existencia del patrón oro y de las entradas y salidas de oro justificaba la explicación. Pero incluso, con el patrón oro, si se producía una alteración del tipo de cambio (revaluación o devaluación) de una moneda, también se alteraban los precios relativos de ese país respecto al resto del mundo. Al fin y al cabo, el tipo de cambio de una moneda es el precio de esa moneda en términos de otra divisa extranjera y cualquier variación del tipo de cambio, altera el precio de las importaciones y de las exportaciones del país que haya alterado su tipo de cambio.

Pero si consideramos la existencia de tipos de cambio flexibles como son los actuales, significará que si los precios nacionales son constantes, cuando la Balanza de Pagos está en déficit, el tipo de cambio se depreciará, respecto a las divisas extranjeras, hasta que la relación entre los precios nacionales y los extranjeros, lleguen a un nivel en que las exportaciones sean más baratas y las importaciones más caras. Así se equilibrara la Balanza de Pagos y no sería necesario variar las reservas de oro y divisas del país para equilibrar la Balanza de Pagos. El proceso de ajuste, por tanto, no actuará vía precios, sino a través de la adaptación del tipo del tipo de cambio a las nuevas condiciones de la oferta y la demanda de divisas, actuando como un elemento regulador del mercado.

El enfoque keynesiano, que como se ha comentado más arriba, no fue explicado ni desarrollado por Keynes, pero utiliza el método keynesiano, está influido por la publicación del libro de Keynes en 1936, *La teoría general del empleo, el interés y el dinero*. Joan Robinson, Fritz Machlup, R.F. Harrod y otros autores mostraron, cómo un desequilibrio en los pagos internacionales llevaba a un ajuste en la renta, el empleo y la producción, y cómo se producían los cambios y se financiaba el déficit. De esa manera, existía una interacción entre la Balanza de Pagos y la renta nacional. Así, el proceso de ajuste de la Balanza de Pagos se llevaba a cabo a través de cambios en el nivel de renta de un país y del resto del mundo. Los países con déficit en la Balanza de Pagos se ajustarían a través de una reducción de la renta y aumentaría la renta en los países con superávit. El resultado era que el país con déficit disminuiría su renta nacional. También podía ocurrir, que un país con déficit no desease resolverlo si ello suponía una reducción importante de su renta nacional. Esto es sólo una muestra de los debates habidos en los periodos posbélicos, dado que el problema del ajuste de la Balanza de Pagos se consideraba un asunto muy serio, al poner en conflicto, las políticas económicas nacionales respecto a la renta, el empleo, el crecimiento y la política exterior.

2. El ajuste de la Balanza de Pagos y el tipo de cambio

En este epígrafe, vamos a analizar el ajuste de la Balanza de Pagos, tratando de simplificar al máximo la explicación. Para un estudio más profundo del tema, se aconseja consultar la bibliografía que se señala al final del capítulo.

Ya sabemos que el tipo de cambio es el precio que tiene una divisa, y como señala Kindleberger, un cambio en el precio de una divisa produce alteraciones que se extienden por toda la economía. Lo que hay que considerar es:

1. Cómo el comercio exterior, exportaciones e importaciones están afectados por el tipo de cambio.
2. Cómo la Balanza de Pagos se ve afectada por esa razón.

Para ello habrá que tener en consideración la sensibilidad de las exportaciones y de las importaciones a la variación de los precios y a la forma en que la demanda y la oferta reaccionan ante esa variación de los precios, es decir, atender a las elasticidades de demanda y oferta en el comercio exterior. Así, si se produce una devaluación del tipo de cambio de una moneda, en respuesta a un déficit de la Balanza de Pagos, el efecto sobre los precios será:

1. En términos de moneda nacional, se producirá un incremento relativo del precio de las importaciones.
2. En términos de moneda extranjera, caerá el precio de las exportaciones, en proporción a la devaluación.

El problema central del análisis del ajuste consiste en mostrar el impacto que para un país individual y para la economía internacional, produce cualquier alteración del equilibrio de la Balanza de Pagos del país que se está considerando.

Por tanto, habrá que analizar los elementos que contribuyen a restaurar el equilibrio.

En consecuencia, definimos equilibrio de la Balanza de Pagos, como una condición en la que la demanda extranjera de la moneda del país se iguala a la oferta de esta moneda por parte de los residentes nacionales, para hacer frente al pago de las importaciones. El desequilibrio podemos definirlo como cualquier fuerza que ocasione una modificación en el equilibrio de la Balanza de Pagos, y si no se procede al ajuste, persistirán sus efectos e incluso empeorarán.

Vamos a analizar lo que ocurre en un país que ha devaluado. Si analizamos los cambios de precios en la balanza comercial, exportaciones menos importaciones (X–M), tendremos que tener en cuenta cuatro tipo de elasticidades en el país que ha devaluado: 1. la elasticidad-demanda exterior para las exportaciones, 2. la elasticidad-oferta nacional de las exportaciones, 3. la elasticidad-demanda nacional para las importaciones, y 4. la elasticidad-oferta exterior de las importaciones.

Gráficamente se podría mostrar, considerando para simplificarlo, un bien y dos países en el comercio internacional. El mercado nacional será el que muestra la figura 7.1.a, donde la demanda y la oferta se muestra en términos del precio de la moneda de ese país. El equilibrio en el mercado se producirá al precio P que iguala la oferta a la demanda. A un precio mayor, la oferta excederá a la demanda (AB). A precios más reducidos que P existe exceso de demanda (CE). Si la elasticidad de la oferta nacional fuese cero, SS sería vertical y entonces, D1D1 tendría la misma elasticidad que D´D´ figura 7.1.b. Si la oferta nacional fuese infinitamente elástica, al precio de equilibrio P sería equivalente a que SS fuese una línea horizontal.

Figura 7.1. Demanda y oferta nacional.

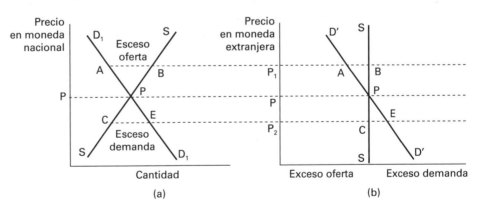

Si consideramos el impacto de la devaluación, en moneda nacional y en moneda extranjera, suponiendo que tenemos dos países, un mismo bien que comercian ambos países y el tipo de cambio de una de las monedas (la nacional) se altera con la devaluación. Utilizaremos cuatro gráficos, los dos primeros para ver el efecto de las exportaciones y las importaciones en la moneda nacional y el segundo grupo de gráficos mostrando el efecto en moneda extranjera. Los efectos en la moneda nacional de la devaluación, sobre las exportaciones (figura 7.2.a), desplazará la curva de la demanda para las exportaciones hacia arriba y el desplazamiento será proporcional al porcentaje de la devaluación, lo que significará que la nueva curva de demanda D2D2 no será paralela a D1D1. Si consideramos el efecto en moneda nacional de las importaciones (figura 7.2.b) cuando se produce una devaluación, la curva de oferta se desplazaría a la izquierda y hacia arriba S_1S_1. Ese desplazamiento dependerá del porcentaje de la devaluación y de la elasticidad de la demanda para importaciones.

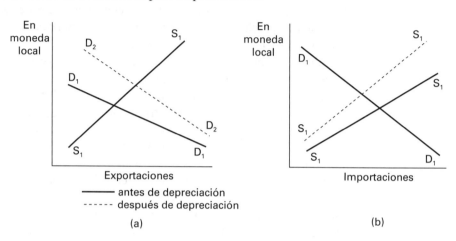

Figura 7.2. Efecto del comercio en la moneda nacional.

Si consideramos los efectos de una alteración del tipo de cambio sobre las exportaciones y las importaciones en términos de la moneda extranjera, figura 7.3 (las curvas de oferta y de demanda en moneda nacional y en moneda extranjera coincidirían antes de la devaluación, si el tipo de cambio fuese igual a uno). El valor de la variación en las importaciones y exportaciones dependerá de las elasticidades de la demanda para importaciones y de la elasticidad de la oferta de exportaciones. Lo

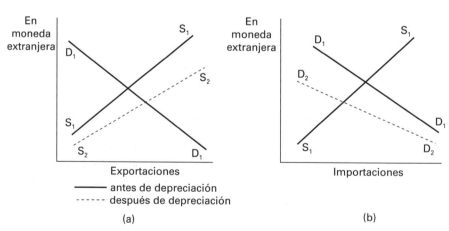

Figura 7.3. Efecto del comercio en la moneda extranjera.

que en resumen de lo expuesto hasta ahora significa, que: 1. si la elasticidad de demanda es mayor que uno, la devaluación mejorará la balanza comercial (exportaciones>importaciones) y el valor de las importaciones aumentará en términos de moneda nacional, con lo que descenderán las importaciones. 2. si la elasticidad de demanda para importaciones es menor que uno, la balanza comercial mejorará si la elasticidad extranjera para las exportaciones es tal, que éstas se incrementan más que lo que se necesita para solapar el incremento de importaciones en el país que ha devaluado. De esto se desprende, que la balanza comercial puede mejorar con una devaluación, incluso cuando las elasticidades de demanda nacional y extranjera sean ambas menores que uno, siempre que conjuntamente sean esas elasticidades mayores que la unidad.

3. La Condición Marshall-Lerner

La condición Marshall-Lerner surge de la contribución y del interés, en principio teórico por parte de este autor y más tarde, desarrollado por los partidarios de la defensa de las políticas de tipos de cambio flexibles. Marshall en su obra, *Pure Theory of Foreign Trade* (1879), apuntó el problema, creyendo que las elasticidades en el mundo real eran elevadas y con escasa relevancia desde el punto de vista práctico, para las decisiones políticas, aunque interesante desde el punto de vista teórico. Antes de la Segunda Guerra Mundial, esa consideración todavía persistía. En el libro de Marshall, publicado en 1923, *Money, Credit and Comerce*, mantenía que la demanda y oferta de divisas eran muy elásticas, mucho mayores que la unidad. La utilización de la econometría en la década de los años cuarenta, posibilitó la realización de estudios, para medir la elasticidad-precio en el comercio internacional. Fue C.F. Bickerdike, en 1920 en una nota, «The Instability of Foreign Exchange», quien primero estableció las condiciones de la estabilidad cambiaria. Más tarde, Joan Robinson en 1937 en sus ensayos sobre las divisas, desarrolló las ideas de Bickerdike, y señaló la influencia de las elasticidades de oferta reducidas, como una forma que debilitaba la condición. En 1944, Abba Lerner en su obra, *Economics of Control* estableció totalmente las condiciones y atrajo el interés de estadísticos y de los partidarios de las políticas de tipo de cambio flexibles.

El desarrollo del análisis econométrico en los años cuarenta, llevó a algunos autores a medir la elasticidad-precio de la demanda de productos importados y exportados. Chang, Neisser, Polak, Tinbergen y otros autores, publicaron este tipo de trabajos. Chang publicó dos de esos trabajos, uno en 1945 y otro en 1949. La conclusión a la que llegó es que en muy pocas ocasiones, la media de las sumas de las elasticidades era superior a uno, lo que significaba, que mientras el mercado de divisas permaneciese estable, las curvas de demanda y oferta de divisas serían muy inclinadas e inelásticas. Conclusiones de otros autores arrojaron resultados similares: la suma de las elasticidades de demanda de productos importados y la de los productos exportados era menor que la unidad o cercana a la unidad, en términos absolutos. En estudios posteriores (Guy Orcutt, 1950) se mostró que las estimaciones se habían realizado sobre bases muy restringidas, considerando constantes algunas variables importantes como la renta, y por tanto, eso restaba fiabilidad a las conclusiones. De esa manera, se volvía a la consideración original de Marshall, «como probable».

La condición Marshall-Lerner sólo es una condición necesaria (cuando existe una depreciación de la moneda), siempre que, las elasticidades de oferta de las exportaciones y de las importaciones sean muy grandes o con elasticidad infinita. En la práctica esto no es probable que suceda. Sin embargo, si las elasticidades de oferta son relativamente bajas, la condición se debilita. Eso significa, que si la elasticidad de oferta de las exportaciones es reducida, el precio de las exportaciones tenderá a elevarse, (en términos de la moneda nacional aunque no tanto en términos de la moneda extranjera) porque la demanda de exportaciones se incrementará con la depreciación y los ingresos de divisas, no descenderán al mismo nivel que lo habrían hecho con una elasticidad de oferta infinita o elevada. Esto reduce la condición Marshall-Lerner a una condición solo suficiente, pero no necesaria, para mejorar la Balanza de Pagos.

Otra limitación de la condición M-L es que para que el desequilibrio pueda ser corregido, no tiene que ser muy grande, (las exportaciones no deben ser muy inferiores a las importaciones), porque si el déficit inicial es elevado, entonces las elasticidades que se requieren para eliminar ese déficit y procurar el ajuste, deberán ser también muy elevadas.

La condición M-L tiene implicaciones teóricas, ya que:

1. Si funciona, no sólo supone que las reducciones de precio, (producidas bien directamente o a través de la depreciación del tipo de cambio) no tienen efecto para ajustar la Balanza de Pagos.
2. Incluso apunta la posibilidad de que una depreciación puede empeorar la Balanza de Pagos (a corto plazo).
3. En ciertas circunstancias, cualquier movimiento que desplace del equilibrio producirá fuerzas que profundicen ese desequilibrio más que corregirlo.

Hay que considerar, que las devaluaciones y las depreciaciones monetarias se han practicado a lo largo del tiempo. Y también hay que tener en cuenta para las condiciones de la elasticidad, el corto plazo y el largo plazo. En el largo plazo los ajustes a los cambios en los precios tenderán a producirse y la elasticidad-precio de la demanda para los bienes en el comercio exterior, será mayor que a corto plazo. Otro elemento que también influirá será el tamaño de la variación de precio, en la elasticidad de los bienes objeto de comercio exterior. En consonancia con la consideración del plazo con que se puede recuperar la balanza comercial de un país tras una devaluación y la posibilidad de que tras la devaluación exista cierta tendencia a un empeoramiento de la balanza comercial antes de iniciar la recuperación de forma más acusada, es conocido ese efecto, como *el efecto de la curva J*.

En resumen, el proceso de ajuste de la Balanza de Pagos por variaciones en el tipo de cambio, se produce aceptando que: 1. las reacciones de la demanda a las variaciones de los precios son mayores en el largo plazo que en el corto plazo y mayores para cambios elevados de los precios que para cambios menores. 2. una variación del nivel del precio de la divisa del país, sólo será un medio efectivo para el ajuste del déficit de la Balanza de Pagos siempre que la demanda para las importaciones y exportaciones del país que ha depreciado (devaluado) sea sensible a los cambios en el precio. 3. la depreciación tendrá más éxito, cuanto más pequeño sea el país, su moneda se utilice poco y sus productos no sean muy competitivos.

RESUMEN

Podemos definir el equilibrio de la Balanza de Pagos, como la situación en la que la demanda exterior de la moneda de ese país es igual a la oferta de esa moneda para hacer los pagos. Las discrepancias entre oferta y demanda se cubrirán con salidas de reservas nacionales o con entradas, aunque necesariamente, en la Balanza de Pagos, se registrara un equilibrio contable, en el sentido de que el total de ingresos debe ser igual al total de los pagos. Desde el punto de vista económico no tiene ningún interés el equilibrio contable de la Balanza de Pagos. En sentido económico, las Balanzas de Pagos pueden estar en desequilibrio por diversas razones. Las autoridades económicas nacionales deberán poner remedio a medio plazo y establecer los mecanismos de política económica adecuados para resolver los desequilibrios estructurales.

La teoría económica nos proporciona dos explicaciones del proceso de ajuste de la Balanza de Pagos, el proceso de ajuste clásico referido a los cambios en los niveles de precios de los países como la vía para restaurar el equilibrio, y un proceso más moderno, que relaciona el ajuste con los cambios en la renta. Estas dos vías, no son excluyentes.

TEMAS DE REFLEXIÓN

1. ¿Por qué vendrá determinado el desequilibrio de la BP?
2. ¿Qué nos proporciona la teoría ricardiana para el ajuste de la Balanza de Pagos?
3. ¿Qué significa la existencia de tipos de cambio flexibles para el ajuste de la Balanza de Pagos?
4. ¿Cuál es el origen de la denominada Condición Marshall-Lerner?
5. ¿Qué razones pueden motivar un desequilibrio en la Balanza de Pagos?

EJERCICIOS DE AUTOCOMPROBACIÓN

1. **En sentido contable la Balanza de Pagos puede estar:**
   a) En desequilibrio si existen salidas de capital.
   b) En desequilibrio si existen entradas de capital.
   c) En equilibrio si la demanda de moneda nacional es superior a la demanda de moneda extranjera.
   d) En sentido contable, la BP siempre está en equilibrio.

2. **La teoría keynesiana refleja:**
   a) El enfoque de los precios.
   b) El enfoque de la renta.
   c) La respuesta a y la b.
   d) Ninguna respuesta es verdadera.

3. **Con el patrón oro clásico, los precios se ajustaban:**
   a) Con movimientos de entrada y salida de oro.
   b) Con la variación del tipo de cambio.
   c) Con el incremento de las exportaciones.
   d) Con el incremento de las importaciones.

4. **Si hay una devaluación del tipo de cambio por un déficit de la Balanza de Pagos, en términos de moneda nacional se producirá:**
   a) Un descenso relativo del precio de las importaciones.
   b) Un incremento relativo del precio de las exportaciones.
   c) Un descenso relativo del precio de las exportaciones.
   d) Todas las respuestas son verdaderas.

5. **La Condición Marshall-Lerner es:**
   a) Una condición necesaria siempre que las elasticidades sean rígidas.
   b) Una condición necesaria si existe apreciación de la moneda.
   c) Una condición necesaria si la elasticidad de oferta es rígida.
   d) Todas las respuestas son falsas.

SOLUCIONES A LOS EJERCICIOS DE AUTOCOMPROBACIÓN

1. d)
2. b)
3. a)
4. c)
5. d)

BIBLIOGRAFÍA

Balassa, Bela (1964), «The Purchasing Power Parity Doctrine: A Reppraisal», JPE, December.

Cassel, Gustav (1920). *Memorandum on the World´s Monetary Problems*. International Financial Conference (Brussels, 1920).

IMF. *Balance of Payments and International Investment Position Manual*, Sixth Edition (BPM6). December 2008 (Pre-Publication Draft).

Lerner, Abba (1944). *Economics of Control*. The Macmillan Co., New York.

Takayama, Akira. (1972). *International Trade. An Approach to the Theory*. Holt, Rinehart and Winston Inc. N. York. Chicago. S. Francisco. Atlanta. Dallas. Montreal. Toronto. London. Sydney.

Viner, J. (1937). Un resumen de la evolución de la doctrina PPA se puede consultar en Studies in the Theory of International Trade, New York: Harper & Bros, pp 379-87.

8
Inversiones internacionales

1. Inversiones internacionales y mercados financieros internacionales.—2. Determinantes de la inversión extranjera.—3. Teorías que asumen mercados perfectos.—4. Teorías basadas en mercados imperfectos.—5. Otras teorías de la Inversión Directa Exterior.—6. Otras variables.—7. Factores determinantes de la inversión exterior hacia los países en desarrollo.—8. Efectos de las entradas de capital.

TÉRMINOS CLAVE

- **Ciclo de producción**
- **Inversión de cartera**
- **Inversión extranjera directa**
- **Localización industrial**
- **Mercados imperfectos**
- **Mercados perfectos**
- **Movimientos de capital**
- **Organización industrial**
- **Reacción oligopolística**

1. Inversiones internacionales y mercados financieros internacionales

El rápido crecimiento de las corrientes de capital extranjero en los últimos años ha aumentado el interés por el estudio de las inversiones internacionales, especialmente de las inversiones directas extranjeras, por su incidencia en los países industriales más importantes, y por el creciente flujo de capital extranjero hacia los países en desarrollo.

Tradicionalmente se ha distinguido entre inversiones extranjeras directas e inversiones de cartera respecto al control ejercido sobre las operaciones de las empresas. Aunque no existe un criterio homogéneo entre los países, se considera que una empresa está participada por propietarios extranjeros a través de inversión directa, si dicha participación extranjera en las empresas está por encima de un límite que va desde el 10 al 25 por 100 en adelante (ver capítulo 6).

2. Determinantes de la inversión extranjera

Existen una serie de estudios que analizan las razones por las que los inversores extranjeros se desplazan con sus inversiones a una plaza u otra. Algunas de las razones que se abordan para explicar la inversión directa extranjera son también aplicables a la inversión de cartera, especialmente en la actualidad, dada la complejidad de los mercados financieros internacionales, el elevado volumen de recursos que se movilizan, la sofistificación de los nuevos productos financieros y la rapidez con la que se movilizan dichos recursos.

Dada la complejidad del tema, distintos autores han elegido vías alternativas para explicar los motivos o determinantes de la inversión exterior directa. Se pueden agrupar por teorías que abundan en las motivaciones o circunstancias que facilitan dicha inversión (Boddewyn, 1985) o por la modelización micro y macro de la inversión directa exterior (Fojima y Ozawa, 1984). Nosotros vamos a seguir una teoría alternativa, que se ajusta más a la estructura de nuestra disciplina, y es explicar la inversión exterior directa a través de las diferentes teorías que incluyen las principales motivaciones de los movimientos de capital y, en concreto, de la inversión directa exterior, según la estructura y desarrollo presentado por Agarwal (1980) y utilizada por J. S. Lizondo (1990) en su informe al FMI sobre la inversión directa exterior.

Estas teorías son las siguientes:

1. Teorías que asumen mercados perfectos.
2. Teorías basadas en mercados imperfectos.
3. Otras teorías.
4. Otras variables no incluidas en los apartados anteriores.

3. Teorías que asumen mercados perfectos

Diferenciales en los rendimientos

Esta teoría estuvo de moda en Estados Unidos a finales de los años cincuenta, debido al incremento de las inversiones americanas en manufacturas en Europa. La razón era que, descontados los impuestos, las filiales manufactureras americanas en Europa obtenían un tipo de rendimiento superior que similares manufacturas en Estados Unidos. Aunque esta relación se comprobó que carecía de estabilidad, las inversiones directas exteriores de Estados Unidos en Europa continuaron en aumento a lo largo de la década de los sesenta, a pesar de que las tasas de rendimiento de las filiales europeas ya estaban por debajo de las de los competidores americanos.

Los intentos empíricos para contrastar esta hipótesis, no han arrojado resultados concluyentes, en parte, debido a las dificultades existentes para medir los beneficios esperados, en la medida en que los beneficios actuales en ocasiones difieren de los esperados (sobre todo si se trata de empresas multinacionales, que pueden establecer precios interempresas diferentes que los que rigen en el mercado, con efecto de reducir la carga de los impuestos, evitar controles de cambio o mejorar su posición para negociar con el país de acogida o con los agentes sociales del país) y, en parte, porque algunos componentes de las inversiones exteriores directas no son fácilmente explicables.

Hay que tener en cuenta que en la medida en que esta teoría asume que los costes de capital de un país a otro se mueven en función de los tipos de rendimiento, está asumiendo implícitamente, que existe un único tipo de rendimiento en las actividades de un país, lo que sería inconsistente con el hecho de que algunos países tengan simultáneamente flujos de entrada y salida de inversión directa exterior. Éste y otros argumentos animan a concluir que la teoría de los diferenciales de rendimiento por sí sola, no explica suficientemente las razones determinantes para la inversión exterior directa.

Diversificación de la cartera de inversiones

Este argumento descansa en el riesgo que se asume con la inversión. La elección entre distintas posibilidades o proyectos estará basada en los rendimientos esperados y en la posibilidad de reducir el riesgo. De esa manera, una empresa puede reducir su riesgo global emprendiendo proyectos en distintos países. La inversión directa exterior sería como una diversificación internacional de la cartera de inversiones. Los intentos de demostrar esta teoría no han llevado a una conclusión definitiva y consistente, en parte, relacionado con las dificultades para medir los beneficios esperados y el riesgo y, por otra parte, por problemas de carácter teórico difíciles de contrastar.

Sin embargo, la teoría de la diversificación de la cartera de inversiones supone una mejora de la motivación explicada en el apartado anterior, en la medida en que incluye el factor de riesgo como elemento explicativo de los flujos de capitales simultáneos de entrada y salida en un país determinado. Pero esta teoría no explica las razones por las que se concentra la inversión exterior directa en uno o varios países concretos, y no en otro u otros.

Producción y tamaño del mercado

Ambas hipótesis están basadas en un determinado indicador para una empresa multinacional en el país de acogida:

— Producción: la variable relevante sería la producción o las ventas.
— Tamaño del mercado: la variable relevante sería el PIB o PNB del país de acogida (que serviría de indicador de las ventas potenciales).

Esta aproximación explicativa de la inversión exterior directa tomando como referencia el tamaño del mercado del país de acogida ha tenido un amplio respaldo, a pesar de su falta de apoyo teórico. Estudios empíricos han abundado en este supuesto, en el sentido de que mayores niveles de ventas de las filiales extranjeras y crecimiento de la renta del país de acogida, están relacionados con el incremento de la inversión directa exterior.

A pesar del apoyo empírico de esta hipótesis hay que tener cuidado en su interpretación (Agarwal, 1980). Así, el tamaño del mercado y el crecimiento económico del país de acogida pueden ser un elemento explicativo para la inversión directa exterior que va dirigida a producir para el mercado interno de ese país, no para la exportación (hecho que no suelen diferenciar los estudios empíricos). La experiencia señala que en muchas ocasiones las decisiones de inversión directa exterior de las empresas son diferentes según sea una inversión inicial o una inversión adicional en el país en cuestión.

4. Teorías basadas en mercados imperfectos

Las características específicas de los mercados y la estructura de las empresas pueden ser factores explicativos para determinar las razones de la inversión exterior directa. Hymer (1976) analizó por primera vez la posibilidad de imperfecciones en el mercado o de fallos de mercado. Estas imperfecciones han sido estudiadas tanto en su aspecto estático como dinámico. Cuando se analizan bajo el aspecto de la organización industrial y la internalización de las decisiones, se estarían contemplando en su aspecto estático. El aspecto dinámico tiene en cuenta el ciclo de producción o la competencia oligopolística.

Organización industrial

Para Hymer, las empresas multinacionales están basadas en las imperfecciones de los mercados. Estas imperfecciones pueden ser de dos tipos:

— Imperfecciones estructurales.
— Imperfecciones del coste de las transacciones.

Las imperfecciones estructurales son el resultado de las economías de escala, ventajas tecnológicas o crediticias, diversificación de la producción, mejor estructura de distribución, etc., que colaboran para que las empresas multinacionales tengan mayor preponderancia en el mercado. Los costes de transacción pueden hacer más atractivo a las empresas multinacionales instalarse en otro mercado. La teoría de la organización industrial se basa en que cuando una empresa extranjera establece una filial en otro país se enfrenta a una serie de desventajas al competir con las empresas que ya están operando en ese país (idioma, conocimiento de las preferencias de los consumidores, cuestiones legales, etc.). Si a pesar de las desventajas, la empresa extranjera decide invertir en ese país, es porque está considerando las ventajas específicas que tiene como empresa respecto a otras empresas instaladas en el país, como marca, tecnología superior, fuentes de financiación más baratas, economías de escala, etc.

Esta teoría la han utilizado Graham y Krugman (1989) para explicar la creciente inversión directa extranjera en Estados Unidos en los últimos años. Mientras que en la década de los setenta las empresas americanas tenían ventaja respecto a otras empresas extranjeras, en cuanto a tecnología y experiencia empresarial, podían competir con ventaja tanto en Estados Unidos como en el exterior. A medida que otras empresas del exterior han ido incorporando innovaciones tecnológicas y agilizando su gestión, se han instalado en Estados Unidos y pueden competir con las empresas americanas, también en su propio mercado. Con la teoría de la organización industrial se pueden explicar, a través de las ventajas específicas de empresa, la inversión directa exterior, pero no las razones por las que las empresas se deciden por la inversión directa, en lugar de adoptar otra modalidad.

Internalización

La teoría de la internalización está directamente relacionada con la teoría de la empresa. La inversión directa exterior es el resultado de la sustitución, por parte de la empresa de las transacciones en el mercado por transacciones internas en las empresas. El argumento fundamental es que las empresas, hoy día, no se limitan a producir bienes y servicios, también realizan otras actividades interdependientes como investigación y desarrollo, formación de los trabajadores o marketing. Sin embargo, es difícil fijar precio a estas actividades, dadas las imperfecciones del mercado y sobre todo, en muchas ocasiones, es fácil piratearlas como se da en el caso de los programas *software* en computadoras. Esto incentiva a las empresas para mantener el uso de la tecnología dentro de la propia empresa evitando el mercado. O lo que es lo mismo, es un incentivo para crear acuerdos intraempresas.

Coase (1937) y Williamson (1975) han tratado con profundidad la teoría de la empresa. La teoría de la internalización de la inversión directa exterior está relacionada con la teoría de la empresa, especialmente cuando inciden sobre las empresas determinados costes de transacción. Así, cuando aparecen costes en la transacción determinados por la existencia de comportamientos estratégicos en el intercambio, los costes pueden hacerse prohibitivos para las empresas. En este caso, las empresas pueden optar por internalizar las transacciones. Lo que supondría organizar la producción, considerando, por un lado, el mercado y, por otro, la empresa. La internalización de los mercados a través de las fronteras nacionales como origen a la internalización de la empresa y, por tanto, a la inversión directa exterior.

¿Hasta qué punto se llevará la internalización y, por tanto, la inversión directa exterior? El proceso continuará mientras los beneficios superen a los costes y se interrumpirá cuando éstos sean superiores a aquéllos. Se entiende por beneficios de la internalización la minimización del impacto de la intervención de los gobiernos, la posibilidad de introducir precios discriminatorios, etc., y por costes, los administrativos y otros gastos relacionados con la comunicación (Agarwal, 1980).

La mayoría de los autores reconocen que la teoría de la internalización es una teoría general de la inversión directa exterior (Rugman 1980, 1986) mientras que el resto de las teorías no son más que casos particulares de esta teoría general. El único problema que plantea es la identificación y comprobación de los beneficios y costes, en la medida en que estos elementos son esenciales para la verificación de la teoría, ya que la teoría directamente no puede ser comprobada.

Una vía ecléctica

Este método fue desarrollado por Dunning (1977, 1979, 1988), integrando las teorías sobre inversión directa exterior: a) la teoría de la organización industrial, b) la teoría de la internalización, y c) la teoría de la localización. Para que tenga lugar la inversión directa exterior una empresa debe tener determinadas ventajas de propiedad respecto a otras empresas, ventajas de internalización, y el país extranjero debe ofrecer ventajas de localización respecto al país donde está colocada la empresa que va a realizar la inversión. Esto implica que para que una empresa se decida a llevar a cabo una inversión directa exterior se tienen que cumplir tres condiciones:

1. Ventaja de propiedad respecto a otras empresas (activos intangibles).
2. La empresa debe obtener un beneficio mayor haciendo uso de esa ventaja que si la vende o la alquila a otras empresas.
3. Tiene que ser más beneficioso para la empresa utilizar esas ventajas combinadas por lo menos con otros factores localizados en el país donde se va a realizar la inversión (de lo contrario sería suficiente la exportación).

Esta postura ecléctica viene a explicar que las inversiones directas exteriores se pueden producir con las condiciones citadas, aunque las ventajas no tienen por qué ser similares y uniformes entre los distintos países, empresas o industrias, e incluso esas ventajas pueden ir variando con el tiempo.

Ciclo de producción

Esta teoría fue desarrollada por Vernon (1966) para explicar la experiencia de las empresas multinacionales americanas después de la Segunda Guerra Mundial. Para Vernon, la inversión directa exterior se produce como reacción de las empresas ante la amenaza de pérdida de sus mercados. Las empresas se trasladan al exterior captando los márgenes de renta derivados del desarrollo del producto.

El proceso sería el siguiente:

1.º Se coloca un nuevo producto en el mercado y se produce en el país (v.g. USA). Con ello se satisface la demanda local. Si surge demanda exterior, ésa será satisfecha a través de la exportación.
2.º Fabricantes extranjeros atraídos por el nuevo producto y sus beneficios pueden llegar a producirlo más barato, dado que pueden tener costes de distribución, más bajos que el fabricante original.
3.º El fabricante original, ante esta tesitura, contemplará la posibilidad de establecer una filial de producción en el país extranjero (v.g. Europa).
4.º Si las condiciones son favorables para el fabricante innovador, se decidirá por instalar una unidad de producción en el exterior y se producirá la inversión exterior directa.
5.º Una vez que el producto ha perdido la cualidad de novedad y se ha estandarizado, extendiéndose su producción a otros fabricantes, se puede decidir invertir en países en desarrollo donde las ventajas de costes (v.g. de la mano de obra), pueden ser aún más atractivas para la producción y obtener un margen sobre los competidores.

Reacción oligopolística

Esta hipótesis fue analizada por Knickerbocker en 1973. Es la hipótesis de «seguir al líder». Según este autor, la inversión directa exterior llevada a cabo por una empresa impulsará a otras empresas importantes de la industria a realizar inversiones similares para mantener su cuota de mercado. Una hipótesis similar ha sido manejada por Graham (1978, 1989), pero en lugar de «seguir al líder» está basada en «el intercambio de amenazas». Esta hipótesis indica que la inversión directa exterior intraindustria se produce porque las empresas ocupan los mercados domésticos del resto debido a la competencia oligopolística.

Volviendo a la hipótesis de «seguir al líder», Knickerbocker calculó un índice de concentración permitido (de entrada) para cada industria, con datos de un elevado número de empresas multinacionales americanas. El resultado de la investigación mostró que los datos se agrupaban en el tiempo. Más adelante, Hufbaner (1975) y Flowers (1976), comprobaron esa hipótesis. Para Hufbaner el índice de concentración permitido estaba positivamente correlacionado con: el índice de concentración de la industria americana y con el tamaño del mercado. Estaba negativamente correlacionado con: la diversificación de la producción de la empresa multinacional y con el gasto en I + D. Es decir, que la reacción de las empresas ante sus competidores sería menos intensiva si tienen muchas oportunidades de inversión, o si la competencia dependiese de otras cuestiones como la tecnología o la investigación. Para Flowers, en la hipótesis de reacción oligopolística comprobada en las inversiones exteriores directas de Europa y Canadá en Estados Unidos, tenía una correlación positiva, la concentración de la inversión directa exterior en Estados Unidos y la concentración industrial en los países de origen.

Una comparación de razones que han llevado a las multinacionales a llevar a cabo una inversión inicial, ha sido estudiada por Yu e Ito (1988). Estos autores analizaron una industria competitiva y una industria oligopolística. El resultado de la investigación llevó a admitir que las empresas de la industria oligopolística, además de tener en cuenta las actividades de sus competidores, toman las decisiones de inversión exterior directa por los mismos motivos que las empresas de las industrias competitivas.

5. Otras teorías de la Inversión Directa Exterior

Liquidez

En general, las multinacionales sólo han dedicado una pequeña parte de sus recursos para una inversión inicial directa en el exterior. La expansión posterior de las actividades de sus filiales se ha realizado reinvirtiendo los beneficios locales de dichas filiales. Así, existiría una relación positiva entre el *cash flow* interno y la inversión de las filiales, en la medida en que el coste interno de los recursos financieros es menor que la apelación a los recursos externos. Estudios empíricos (Agarwal, 1980) no han respaldado totalmente dicha hipótesis, han mostrado que: 1) los recursos financieros generados se habían distribuido entre la matriz y las filiales hasta maximizar el beneficio global de la empresa. Otros estudios han mostrado, además, 2) que la mayor parte del origen de los recursos para la expansión de las filiales procedía de beneficios no distribuidos y descuentos por desgravación, aunque la parte dedicada a nueva inversión variaba según el país, y

3) cuando se trata de inversiones en países en desarrollo, algunos estudios consideran preciso distinguir entre el *cash flow* global de la empresa y el de la filial, ya que las oportunidades de reinversión pueden ser un elemento importante para la empresa filial, sobre todo en determinados países en desarrollo donde existen restricciones para la repatriación de los beneficios y el mercado de capital está poco desarrollado.

Área monetaria

La teoría del área monetaria está basada en la depreciación o apreciación de las monedas. La fortaleza de la moneda de un país posibilita que las empresas de ese país lleven a cabo inversiones directas en el exterior y, por el contrario, será menos probable que las empresas extranjeras inviertan en ese país. Esta teoría fue formulada por Aliber (1970, 1971), y su fundamento radica en:

— La relación con el mercado de capitales.
— El riesgo de cambio.
— La preferencia por mantener activos en determinadas monedas.

Un país con moneda débil tiene también cierto riesgo de cambio, pero los inversores estarán menos preocupados por esta cuestión si la inversión la realiza una empresa de un país con moneda fuerte, que si la realiza un país con moneda débil. O lo que es lo mismo, un país con moneda fuerte puede cubrir con más eficacia el riesgo de cambio e incluso puede proporcionar a los inversores una cartera más diversificada y a un coste más reducido. Con este argumento, Aliber nos viene a decir que las empresas de países con moneda fuerte tienen mayor ventaja en el mercado de capitales y, por tanto, los países con moneda fuerte tienden a proporcionar inversión directa en el exterior, y los países con moneda débil tienden a ser países receptores o países de acogida de inversión extranjera.

La mayoría de los estudios llevados a cabo en Estados Unidos, Inglaterra, Alemania, Francia y Canadá, sobre si los países con moneda fuerte o sobrevalorada son países con salida de capitales para invertir en el exterior y los países con moneda depreciada son países de acogida, han mostrado la consistencia de la hipótesis. Esta demostración no implica que la hipótesis pueda ser extendida a todas las situaciones. Por ejemplo, no sirve para explicar la inversión en los siguientes casos:

— En países de la misma área monetaria.
— La concentración de inversión directa exterior en determinadas industrias.
— La inversión cruzada entre distintas áreas monetarias.

Estudios posteriores a los presentados por Aliber han llevado a los siguientes planteamientos:

1. Caves (1988) analizó la relación entre niveles de tipo de cambio e inversión directa exterior. Para Caves, los tipos de cambio afectan a la inversión directa exterior a través de dos días:

    a) Las variaciones en el tipo de cambio real alteran el atractivo de la inversión directa exterior (en Estados Unidos), al variar el coste y los ingresos netos reales de una empresa. El efecto neto dependerá de ciertas características de la empresa, como es la participación de los *inputs* importados en el coste total o la parte de la producción que es dedicada a la exportación.

    b) Las variaciones en el tipo de cambio a corto plazo es la segunda vía que puede afectar a la inversión directa exterior. Cuando se espera que una depreciación de la moneda sea remontada, la inversión directa exterior aumentará, esperando obtener una ganancia de capital cuando se aprecie la moneda.

    En cualquier caso, los estudios de Caves no pueden demostrar, v.g. por qué las variaciones en el tipo de cambio llevan a variar la inversión directa y no la inversión en cartera.

2. Froot y Stein (1989) llevaron a cabo una teoría basada en las imperfecciones del mercado, que resultó con implicaciones similares a la del área monetaria. Para estos autores un valor real inferior de la moneda nacional se podría relacionar con entradas de inversión extranjera directa, porque los fallos de información en el mercado de capitales hacen que la financiación exterior de las empresas sea más cara que la financiación exterior. En este caso una depreciación real de la moneda nacional merma la riqueza de los residentes nacionales e incrementa la de los residentes extranjeros y, por tanto, puede llevar a que los extranjeros adquieran activos nacionales del país con moneda depreciada. La comprobación empírica de esta hipótesis no pudo demostrar, la correlación negativa entre el valor real de la moneda y la entrada de inversión extranjera directa.

Diversificación con obstáculos a los flujos internacionales de capital

En 1977, Agmon y Lessard plantearon un modelo simple donde la tasa de rendimiento de un valor está en función de factores del mercado nacional y de factores de los mercados del resto del mundo. La diversificación de las actividades por parte de una empresa para sus actividades, en un mercado de capital perfecto, como se ha visto en las anteriores hipótesis, puede también ser realizada por los inversores individuales. La hipótesis de Agmon y Lessard establece dos condiciones para que la diversificación internacional se realice por empresas. Las condiciones son las siguientes:

1. La existencia de obstáculos o costes para la cartera de inversiones superiores a los que comporta la inversión directa exterior.
2. Los inversores reconocen que la empresa multinacional proporciona una oportunidad de diversificación que no sería posible de otra manera.

Los resultados empíricos se mostraron consistentes con la segunda condición, pero no con todo el supuesto.

Un modelo donde intervienen inversores individuales y empresas que se enfrentan a obstáculos en los flujos internacionales de capital fue desarrollado por Errunza y Senbet (1981). Los inversores individuales demandaban una diversificación de los servicios que las empresas multinacionales estaban en disposición de proporcionarles. En una situación de equilibrio, los inversores individuales podían, para obtener una diversificación de los beneficios, aceptar un rendimiento esperado menor por sus acciones o valores mobiliarios en la multinacional, que por los valores nacionales. La interrelación empírica se presenta más consistente si se comparan períodos con obstáculos a los flujos de capital, con períodos de tiempo donde esos obstáculos son poco relevantes o apenas afectan.

La hipótesis Kojima

La hipótesis Kojima implica las relaciones económicas internacionales entre los países industriales y los países en desarrollo. Kojima (1973, 1975, 1985) trató de explicar las diferencias en los modelos de comportamiento de la inversión directa exterior de Estados Unidos y Japón en los países en desarrollo y sus consecuencias para la expansión del comercio internacional y del bienestar global.

La inversión directa exterior es un medio para proporcionar al país de acogida:

— Transferencia de capital.
— Tecnología.
— Conocimientos empresariales.

Existen dos tipos de inversión directa exterior:

1. Orientada hacia el comercio.
2. No orientada hacia el comercio.

La hipótesis Kojima se ha comprobado a nivel empírico y a nivel teórico. A nivel empírico se trataba de ver si efectivamente existían diferencias entre el modelo de inversión exterior directa de Japón y de Estados Unidos como señala la hipótesis. A nivel teórico surge la duda acerca de que la estructura neoclásica de la hipótesis, sea la más apropiada para estudiar la inversión directa exterior, dado que la estructura neoclásica de competencia perfecta adoptada por Kojima no permite fallos en el mercado. Ignorar las características esenciales de la inversión directa exterior, como es la internalización de los mercados de producción intermedios (Dunning, 1988), y otros aspectos de la comprobación, hace que la evidencia empírica no sea concluyente. En resumen, a pesar de que la hipótesis Kojima es consistente con alguna de las características de la inversión exterior directa americana y japonesa, no se ha podido confirmar plenamente las implicaciones que establece la hipótesis sobre el bienestar.

6. Otras variables

En este apartado se recogen otras variables que tienen importancia y que en la mayoría de los trabajos llevados a cabo sobre inversión directa exterior han sido incluidos en algunos de los apartados anteriores. Su relevancia posibilita el análisis diferenciado de cada uno de ellos. Estas variables son las siguientes:

- Inestabilidad política.
- Política tributaria.
- Regulación gubernamental.

Inestabilidad política

Habitualmente se considera que la inestabilidad política y social aleja el capital extranjero. La posibilidad de un conflicto bélico, elecciones generales que puedan comportar variaciones sustanciales en la estructura del poder político o cualquier otra circunstancia que comporte una variación relativa en la estructura, y que pueda alterar el proceso de toma de decisiones respecto a la situación precedente, influye en la inversión extranjera.

Los estudios llevados a cabo en este ámbito se han basado en recogida de datos directamente de empresas multinacionales y en estudios econométricos. En general, las conclusiones de los estudios basados en consultas directas a las multinacionales indican que el riesgo político es un factor muy importante en las decisiones para la inversión directa exterior. Los estudios econométricos basados en técnicas econométricas tradicionales, como el análisis de regresión, han arrojado resultados diversos. Algunos estudios han encontrado una relación negativa entre el riesgo político y las entradas de capital exterior y otros no han podido hallar ningún tipo de relación. Las razones que pueden estar detrás de esta discrepancia de resultados pueden ser:

— La dificultad de medir el riesgo político o la inestabilidad política.
— Un hecho político o un suceso político puede afectar de diferentes formas, dependiendo del país origen de la inversión o del tipo de industria a la que se dirige dicha inversión.
— Algunos estudios econométricos que incluyen varios países no tienen en cuenta los retardos temporales entre el momento en el que se percibe el riesgo y cuando se realiza la inversión.
— Diversos estudios econométricos no tienen en cuenta otros factores diferentes de los riesgos políticos.

Otros estudios han tratado de superar esos inconvenientes. Nigh (1985) concluyó que las variables económicas se pueden incluir en la estimación para examinar el riesgo político que afecta a la inversión directa exterior en manufacturas (empresas multinacionales americanas) y que los índices que intentan incluir simultáneamente los efectos económicos y políticos no son muy representativos. Tallman (1988) adoptó un enfoque diferente para tratar la inversión directa exterior. En lugar de considerar el efecto que el riesgo político del país de acogida tiene sobre las entradas de capital extranjero, consideró el riesgo político del país sede sobre la salida de inversión directa exterior. Sus resultados indicaban que reduciendo el riesgo político nacional se reducía la salida de capital al exterior. Otros estudios (Chase, Kuhle y Walther, 1988) avanzaron más en la hipótesis tratando de comprobar, si con mayor riesgo político relativo se produce un mayor rendimiento en la inversión exterior directa. El resultado no fue concluyente.

Política tributaria

Las políticas impositivas practicadas por el país de acogida y por el país sede afectan a los rendimientos de la inversión, a los incentivos para llevarla a cabo y a la forma como es financiada dicha inversión. Hay dos supuestos para evitar la doble tributación de la renta generada en el exterior: el supuesto territorial y el supuesto de residencia. Ambos supuestos reconocen el derecho prioritario del país de acogida para establecer el impuesto sobre la renta generada dentro de su espacio jurisdiccional, aunque difieren en la parte que va dirigida al país o país de origen.

El supuesto territorial reconoce que el país sede no somete a tributación a la renta generada en el extranjero. El supuesto de residencia es el más común (ver capítulo 6). Según este supuesto, el país sede somete a gravamen la renta generada en el extranjero, aunque permite una deducción para los impuestos pagados en el exterior. Además, se puede aplazar el pago de los impuestos hasta que se repatríe la renta generada en el extranjero.

Jun (1989) distingue tres vías a través de las cuales la política impositiva afecta a las decisiones de las empresas respecto a sus inversiones directas en el exterior:

1.ª vía: El trato de la renta generada en el exterior tiene un efecto directo sobre el rendimiento neto de la inversión directa exterior: Influirá fundamentalmente el tipo de impuesto sobre las empresas, el aplazamiento de los impuestos locales sobre la renta no repatriada y el crédito tributario exterior.

2.ª vía: El trato impositivo de la renta generada en el país de origen afecta a la ganancia neta de la inversión interior y, por tanto, a la ganancia neta entre inversión exterior e interior.

3.ª vía: La política tributaria puede afectar al coste neto relativo de los fondos externos en diferentes países.

Otros estudios se han llevado a cabo sobre las entradas y salidas de inversión directa exterior en Estados Unidos. En 1984, Hartman inició un trabajo, continuado posteriormente por Boskin y Gale (1987) y por Young (1988). Hartman examinó las entradas de inversión extranjera directa en Estados Unidos, diferenciando la inversión financiada con beneficios no distribuidos, de la inversión financiada con transferencias del exterior. Sin embargo, el modelo utilizado por Hartman no aplicaba muy bien las inversiones financiadas con transferencias del exterior. El análisis llevado a cabo por el resto de los autores citados, llevó a un resultado similar al realizado por Hartman, aunque los coeficientes estimados eran diferentes. Estudios posteriores (Slemrod, 1989) han analizado la política tributaria del país sede y del país de acogida sobre la inversión directa exterior en Estados Unidos.

La conclusión general es que las políticas tributarias del país sede y del país de acogida parece que tienen efecto sobre los flujos de inversión directa exterior, aunque con el modelo utilizado no se llega a una conclusión totalmente satisfactoria.

Regulaciones de los gobiernos

Las regulaciones de los gobiernos a veces modifican los rendimientos esperados o el riesgo de un determinado proyecto de inversión. Esas regulaciones se establecen:

— Para contrarrestar las prácticas de las empresas extranjeras consideradas perjudiciales para el país acogido, como precios intraempresa y adquisición de *inputs*.
— Para apoyar otros objetivos de su política, como la reducción de diversidades regionales, apoyar un determinado sector industrial o reducir el desempleo.

Tipos de regulaciones de los gobiernos respecto a la inversión exterior directa:

1. Incentivadoras de la inversión.
2. Desincentivadoras de la inversión.

Las regulaciones incentivadoras incluyen beneficios fiscales, beneficios financieros (préstamos subsidiados), beneficios no financieros (inversiones en infraestructuras del sector público, zonas de libre comercio, etc.). Las regulaciones desincentivadoras, comprenden determinados obstáculos a la inversión directa exterior, que pueden ir desde un proceso administrativo lento de autorizaciones para llevar a cabo la inversión, hasta la prohibición total de invertir en determinado sector o zona. En general, los impedimentos aparecen ligados a determinadas condiciones que hay que cumplir, especialmente en los países en desarrollo y áreas de integración regional y van desde los *inputs* que deben ser adquiridos en el país donde se realiza la inversión, hasta la transferencia de tecnología o los puestos de trabajo que se deben incorporar en el proyecto de inversión.

Trabajos empíricos llevados a cabo sobre esta hipótesis han concluido que los incentivos tienen efectos limitados sobre el nivel de inversión directa exterior. Sin embargo, parece que las regulaciones desincentivadoras tienen mayor impacto (especialmente si la inversión está prohibida), sobre todo si los condicionantes desincentivadores son contemplados por los inversores extranjeros, como un rechazo a la inversión extranjera, que pueden incluso (esos condicionantes restrictivos), ser ampliados en el futuro y afectar aún más a las expectativas de la inversión.

7. Factores determinantes de la inversión exterior hacia los países en desarrollo

Las entradas de capital en los países en desarrollo han variado su configuración respecto a décadas anteriores. Durante los años setenta y ochenta los préstamos de los bancos comerciales eran predominantes en los flujos de capital hacia estos países; en los años noventa fueron sustituidos por inversiones de cartera en acciones y obligaciones y por inversión directa extranjera. El cambio que se produjo estaba más relacionado con los beneficios derivados de este nuevo tipo de inversiones, en el sentido de que el coste de los riesgos tanto comerciales como cambiarios recae en el inversionista. En el caso de la inversión directa extranjera está fundamentado entre otras razones (como veremos más adelante) como la accesibilidad a los mercados exteriores, el incremento de la competencia en el país, la posibilidad de mayor desarrollo de los recursos humanos y la disponibilidad de tecnología avanzada.

La inversión directa extranjera se incrementó de forma notable desde mediados de la década de los ochenta. Aproximadamente dos tercios de esos flujos de capital proceden de Estados Unidos y Japón y van dirigidos fundamentalmente a países en desarrollo de renta media y países emergentes (un caso especial de estudio merecen las inversiones directas exteriores de China en los últimos años). Tanto en América Latina como en Asia, los flujos de capital van dirigidos a los servicios intensivos en capital (telecomunicaciones, transportes, gestión bancaria), al contrario de las inversiones de las décadas anteriores, que iban dirigidas a las actividades extractivas e industriales.

Al igual que la inversión directa exterior, la inversión en cartera está centrada en pocos países de ingreso medio y economías emergentes. En un primer momento la mayor parte de los flujos de capital exterior procedían de la repatriación de capitales fugados tras las crisis de la deuda. En los años recientes las entradas de capital extranjero proceden fundamentalmente de inversionistas institucionales que captan el ahorro de sus clientes y buscan diversificar sus carteras. Factores internos y externos han favorecido la inversión exterior de cartera en los países en desarrollo.

Factores internos:

— Política económica interna más eficiente.
— Desarrollo de los mercados de capitales nacionales.
— Reducción de las restricciones sobre capital extranjero.
— Mejora de los procedimientos de pagos y compensación.
— Tratamiento fiscal más favorable.

Factores externos:

— Bajos tipos de interés internacionales que han mejorado los indicadores de solvencia de los países en desarrollo al reducir la carga del servicio de la deuda.
— Modificación de la normativa en Estados Unidos sobre la inversión en participaciones de capital, que hacen más atractivo para los inversionistas las colocaciones privadas.

8. Efectos de las entradas de capital

Los países en desarrollo necesitan recursos financieros externos para llevar a cabo sus programas de reforma y modernización de sus economías. Las entradas de capital extranjero son beneficiosas para estos países y tienen una buena acogida, pero las consecuencias de estos flujos sobre el funcionamiento económico interno de los países que los reciben, preocupan por los efectos que pueden producir sobre la estabilidad macroeconómica interna y la competitividad externa de estos países.

La experiencia desde 1989 demuestra que la afluencia masiva de capital extranjero hacia los países en desarrollo, que están llevando a cabo programas de reestructuración y que aún no han logrado equilibrar sus resultados, es que se producen efectos adversos sobre: la inflación, la competitividad y la posición corriente de la balanza de pagos. Las entradas de capital en América Latina han posibilitado una mayor disponibilidad de divisas, que en buena parte ha propiciado el incremento de las tensiones inflacionistas. En algún caso se ha producido también una acusada apreciación del tipo de cambio real que ha contribuido al incremento de los déficit por cuenta corriente.

En los países del Sudeste Asiático las entradas de capital fueron debidas en gran parte al destacado incremento de la rentabilidad de las inversiones de capital, debido a las reformas estructurales puestas en marcha por estos países. Las presiones inflacionistas también han estado amenazando los resultados económicos, al igual que en América Latina, pero las medidas adoptadas para contener la demanda interna han surtido efecto en la mayoría de los casos, propiciando una mayor credibilidad para sus programas de reforma y, en consecuencia, favoreciendo una mayor entrada de capital.

Entre las medidas a las que han recurrido los países en desarrollo para tratar las entradas de capital están:

— Intervención estabilizadora con operaciones de mercado abierto.
— Incrementos en el coeficiente de reserva obligatoria.
— Medidas administrativas.
— Restricciones a los movimientos de capital.
— Privatización de las empresas públicas.
— Depreciación del tipo de cambio real.

La intervención estabilizadora a través de operaciones de mercado abierto en las que el Banco Central absorbe el exceso de liquidez del mercado a cambio de títulos o valores del Estado, hacen que las entradas de capital no produzcan un incremento equivalente de la base monetaria. Esto amortigua las presiones inflacionistas, pero al incrementar el volumen de títulos del Estado, dada una situación en la que los tipos de interés reales ya son altos, la carga de intereses sobre el presupuesto se incrementa de forma sustancial.

Otra posibilidad es la de aumentar el coeficiente de reserva obligatoria del sector bancario, para los depósitos a corto plazo, como han hecho en alguna ocasión en el pasado, Chile y Colombia. Con esta alternativa se puede reducir la remuneración que los bancos comerciales pagan por estos depósitos potenciando a los inversores hacia los depósitos a largo plazo, pero también posibilitará el incremento del diferencial entre los tipos aplicados a los préstamos y los de los depósitos, y en consecuencia, afectar negativamente a la inversión. En general, estas medidas de carácter monetario, entre las que se incluyen las operaciones de mercado abierto, la reducción del acceso a los servicios de redescuento y el incremento de las reservas bancarias obligatorias, han impedido temporalmente en muchos países el aumento del déficit por cuenta corriente y ha posibilitado el incremento de las reservas oficiales, pero pueden, como se ha indicado, afectar a los tipos de interés internos y favorecer mayores entradas de capital.

Países, entre los que se encuentran México, Indonesia y Brasil, han introducido en algún momento medidas administrativas como:

— Listas de espera.
— Retenciones de impuestos.
— Vencimientos mínimos.

Estas medidas, en general producen un efecto contraproducente sobre las corrientes de capital, retirándose de estos mercados o penalizándolos con diferenciales más elevados de interés. Algunos países han llevado a cabo medidas de consolidación fiscal para facilitar una reducción de los tipos de interés y favorecer con ello la inversión. Países como Argentina, Colombia, Corea, Chile, China, Jamaica, Malasia, México, Pakistán, Tanzania, Tailandia, Túnez y Uganda en su momento pusieron en marcha reformas en materia de política tributaria y gasto público que repercutieron en la asignación de recursos y en el crecimiento económico. Se simplificó el sistema tributario, reforzando la neutralidad y ampliando la base tributaria, lo que produjo una reducción de las distorsiones económicas internas, estimulando la producción y en algunos países se incrementaron los ingresos públicos.

Muchos otros países han adoptado medidas dirigidas a reducir el impacto de las entradas de capital o al menos los efectos adversos de las mismas, reduciendo los cupos, los derechos de importación, relajando los controles cambiarios o han restringido los movimientos de capital estableciendo impuestos o controles físicos. Las medidas que han relajado las condiciones de entradas y salidas de los capitales extranjeros, en general han facilitado o eliminado las imperfecciones que existían en los mercados internos de los países en desarrollo que las han adoptado, ampliando de esta forma las oportunidades de crecimiento de esos países. Sin embargo, los países que han adoptado la segunda vía limitando los movimientos de capital, han conseguido limitar temporalmente las entradas, pero en general han resultado ineficaces porque han tenido que adoptar medidas adicionales (contra el fraude fiscal), que han menoscabado la credibilidad del país y su eficiencia económica.

La eficacia de los controles de capitales ha sido, por tanto, limitada. Hay que tener en cuenta que para que estas medidas tengan efecto, los controles deben restringir los cambios y el comercio de forma distorsionante para las transacciones por cuenta corriente y cuenta de capital. Sin embargo, la convertibilidad de la cuenta corriente (elemento central de cualquier estrategia de reforma) puede posibilitar un funcionamiento que debilite los controles de capital. Y por el contrario, si las distorsiones del mercado financiero nacional no son muy fuertes, entonces una apertura de la cuenta de capital puede acelerar el ritmo de liberalización financiera interna.

Las privatizaciones de las empresas públicas y la introducción de principios de responsabilidad privada comercial es una de las tendencias más destacadas en los últimos años, alejando la intervención del Estado en el resto de la economía. Esto ha supuesto y está suponiendo, en muchos países en desarrollo, la venta de empresas públicas, la liquidación de algunas operaciones estatales y la transferencia de funciones a los gobiernos locales. Otros motivos por los que se han privatizado las empresas públicas han estado basados en la necesidad de reducir el fuerte peso de la deuda pública y atender las restricciones presupuestarias que conlleva todo el proceso de saneamiento económico y de reducción de la intervención estatal. Finalmente, buena parte de los países en desarrollo y algunos emergentes, como China, mantienen una fuerte competencia en el mercado internacional, basada en las profundas depreciaciones de los tipos de cambio reales, lo que multiplica el poder de competencia en los mercados extranjeros.

En general, se puede decir que las entradas de capital fomentan la apreciación del tipo de cambio real y eso limita los efectos macroeconómicos adversos, que podían producir dichas entradas, porque reduce la demanda agregada. El tipo de cambio real puede apreciarse por dos razones: fundamentalmente, porque se aprecie el tipo de cambio nominal o porque aumente la inflación. La apreciación nominal del tipo de cambio no es muy deseada por los países en desarrollo, que tratan de evitarla (a pesar de la ventaja que les podría deparar para resistir a las presiones inflacionistas) porque puede deteriorar su posición corriente. Esta política que han seguido muchos países en desarrollo y países emergentes no ha servido para eliminar la necesaria apreciación real (producida no obstante por el incremento de los precios internos) y ha beneficiado muy poco la posición externa de estos países a más largo plazo. La apreciación del tipo de cambio real puede no ser muy apropiada, en el caso de que los países tengan un déficit por cuenta corriente muy elevado, o bien que ese déficit sea debido a la disminución del ahorro interno y no al incremento de la inversión. La estrategia lógica en estos casos no es mantener la apreciación cambiaria, sino proceder a un ajuste fiscal profundo.

RESUMEN

Tradicionalmente se ha distinguido entre inversiones extranjeras directas e inversiones de cartera respecto al control ejercido sobre las operaciones de las empresas. No existe un criterio homogéneo para diferenciarlas. Existen una serie de estudios que analizan las razones por las que los inversores extranjeros se desplazan con sus inversiones a una plaza u otra. Algunas de las razones que se abordan para explicar la inversión directa extranjera son también aplicables a la inversión de cartera, especialmente en la actualidad, dada la complejidad de los mercados financieros internacionales, el elevado volumen de recursos que se movilizan, la sofistificación de los nuevos productos financieros y la rapidez con la que se movilizan dichos recursos. Existen vías alternativas para explicar los determinantes de la inversión exterior directa. Nosotros lo hemos explicado a través de las teorías que incluyen las principales motivaciones de los movimientos de capital, agrupándolas en teorías que asumen mercados perfectos, teorías basadas en mercados imperfectos, otras teorías y variables no incluidas en los apartados anteriores.

TEMAS DE REFLEXIÓN

1. ¿Cuáles son las teorías que asumen que los mercados son perfectos?
2. ¿Cuáles son las teorías que asumen que los mercados son imperfectos?
3. ¿En qué se basa la teoría de la organización industrial?
4. ¿Cuál era la finalidad original de la teoría desarrollada por Vernon?
5. ¿Qué teoría incluye las relaciones entre países industriales y países en desarrollo?

EJERCICIOS DE AUTOCOMPROBACIÓN

1. **La teoría desarrollada por Vernon para explicar la experiencia de las multinacionales americanas después de la Segunda Guerra Mundial se la denominó:**
   a) De productos sustitutivos.
   b) De igualación de precios.
   c) Del ciclo del producto.
   d) De la ventaja relativa en el comercio internacional.
2. **En el ámbito de los determinantes de la inversión extranjera, la teoría sobre los diferenciales en los rendimientos se engloba en el marco de:**
   a) Las teorías basadas en los mercados imperfectos.
   b) Alternativas que ofrece la hipótesis Kojima a la Inversión Directa Extranjera.
   c) Las teorías que asumen mercados perfectos.
   d) Ninguna repuesta es correcta.
3. **Entre las variables fundamentales que determinan la inversión directa extranjera figuran:**
   a) Las políticas tributarias del país de acogida y de origen de la inversión.
   b) La inestabilidad política en el país de acogida.
   c) Las regulaciones de los gobiernos que pueden modificar los rendimientos esperados.
   d) Todas las respuestas son correctas.
4. **La teoría que sostiene que la inversión directa exterior realizada por una empresa impulsará a otras empresas importantes de la industria a realizar inversiones similares para mantener su cuota de mercado se conoce como:**

a) La teoría de la reacción oligopolística.
b) La teoría de la diversificación de la cartera de inversiones.
c) La teoría del ciclo de producción.
d) La teoría de la organización industrial.
5. **La inversión directa exterior hacia los países en desarrollo se ha visto favorecida por:**
    a) El desarrollo de los mercados de capitales nacionales de los países en desarrollo.
    b) La mejora de la solvencia en los países en desarrollo como consecuencia de los bajos tipos de interés internacionales.
    c) Una política económica más eficiente en los países en desarrollo.
    d) Todas las respuestas son correctas.

SOLUCIONES A LOS EJERCICIOS DE AUTOCOMPROBACIÓN

1. c)
2. c)
3. d)
4. a)
5. d)

BIBLIOGRAFÍA

Durán, Juan José, *Estrategia y Economía de la Empresa Multinacional*, ed. Pirámide, 2001.

IMF, *Toward a Framework for Financial Stability*, prepared by a staff team led by D. Folkerts-Landau and Carl-Johan Lindgren, Washington, D. C., January, 1998.

UN, *World Investment Report*, 1999 Foreign Direct Investment and the Challenge of Development, New York and Geneva, 1999.

—, World Investment Report, Transnational Corporations and Export Competitiveness, 1999 y 2002,

9
Mercados financieros internacionales

1. Mercados financieros internacionales.—2. Principales tipos de mercados.—3. Características de los mercados financieros internacionales.—4. Factores que han contribuido a los cambios en los mercados financieros.

TÉRMINOS CLAVE

- **Bonos**
- **Créditos sindicados**
- **Depósitos interbancarios**
- **Emisores soberanos**
- **Euromercados**
- **Mercados al contado**
- **Mercados de cobertura**
- **Mercados de derivados**
- **Mercado de divisas**
- **Mercados de futuros**
- **Mercados financieros**
- **Movimientos de capital**
- *Off-shore*
- *Over-the-counter*

1. Mercados financieros internacionales

Desde la década de los años setenta las transacciones financieras internacionales y las corrientes de capital están experimentando una expansión sin precedentes en cuanto a volumen y complejidad. Esta expansión se ha debido fundamentalmente a razones económicas, cambios en la tecnología, alteraciones en los mercados y políticas de los gobiernos. La aparición de nuevos instrumentos financieros, con un elevado nivel de movilidad debido a los avances de la tecnología y la presencia en el mercado de nuevos operadores y participantes, ha incrementado la competencia y ha provocado alteraciones profundas en la estructura de funcionamiento de los mercados financieros internacionales. La rapidez con que se han producido las transformaciones en los mercados financieros es una respuesta más a los cambios experimentados en la economía internacional durante estas dos pasadas décadas, a los problemas planteados por la crisis de la deuda y a los cambios de las políticas de los gobiernos, relacionados con la supervisión bancaria y los mercados financieros

Uno de los factores citados que más ha contribuido a la rápida transformación ha sido el desarrollo de la informática y de las telecomunicaciones. La innovación tecnológica ha incrementado la posibilidad de llevar a cabo operaciones cada vez más complejas y sofisticadas en un mercado internacional cada vez más global e integrado. La rapidez con la que se han producido estos cambios no solamente han transformado la estructura de los mercados financieros, también están alterando su funcionamiento, hasta el punto de constituir una grave preocupación para las autoridades de los países receptores, por los riesgos sistémicos que pueden provocar, en cuanto al desarrollo y efectividad de las políticas nacionales en el ámbito fiscal monetario y de tipo de cambio.

Origen y concepto

En general los mercados financieros cumplen la función de transferir recursos financieros de los agentes excedentarios a aquellos otros cuyas necesidades superan sus disponibilidades, ya sea porque desean llevar a cabo decisiones de consumo, de inversión real o de inversión financiera o una combinación de todas ellas. Se tiene, pues, como primera y primordial causa del desarrollo de los mercados financieros, tanto nacionales como internacionales, la oferta de recursos financieros por parte de los agentes excedentarios que buscan colocación para sus excedentes y la demanda de los recursos por parte de los agentes deficitarios.

En el ámbito internacional la transferencia de recursos financieros no sólo tiene lugar entre agentes, sino también y muy distintivamente entre ámbitos monetarios y de regulación y autoridad diferentes. De ahí que surja, por una parte, la necesidad de que exista un mecanismo que permita la traslación del poder de compra entre monedas. Este mecanismo es el mercado de cambios o mercado de divisas. Ahora bien, a diferencia de otros mercados financieros, el mercado de divisas canaliza ofertas y demandas de más amplia naturaleza que el resto de mercados financieros. Para que sea necesario su uso, basta con que se desee el cambio en la denominación monetaria de los recursos, sin que deba concurrir la existencia de una situación de exceso global de recursos que el agente busca transferir a otro. Es suficiente que busque reestructurar la composición por monedas de su posición financiera o, simplemente, cuando se trata de una empresa que exporta o importa, o que desea implantarse en otro país, que deba traducir sus recursos a las monedas que necesita para el desarrollo de sus actividades comerciales.

Esta es la razón por la que el mercado de divisas ha existido, de una u otra forma, desde que existen intercambios comerciales entre zonas que no disponen de un medio común de pago, sin perjuicio de que su expansión haya ido más y más acompasándose al flujo de intercambios de carácter financiero, cuyo crecimiento ha multiplicado en las últimas décadas el de los intercambios de carácter comercial. Esta vinculación creciente del mercado de cambios a las transacciones financieras entre países, ha motivado que, según el Banco de Pagos Internacionales, su volumen se haya cuadruplicado desde 1980 hasta alcanzar en 1994 un volumen diario de un billón de dólares. De este modo, el volumen de operaciones del mercado de divisas, es aproximadamente cincuenta veces el valor del comercio internacional de bienes y servicios. Por otra parte, la elusión de regulaciones fiscales o de normativa financiera que encarece el uso de recursos, como los coeficientes de reservas bancarias obligatorias o los requerimientos del capital mínimo, ha sido en el ámbito nacional una causa de innovación financiera y de desplazamiento de recursos de unos mercados a otros. Lo mismo puede decirse en el ámbito internacional. Cuando las regulaciones de control de cambios y la eficacia de su aplicación no lo han impedido, los recursos se han desplazado país a país o ámbitos de menor exigencia regulatoria o fiscal.

El desarrollo de los mercados internacionales de capital es un fenómeno de las últimas décadas, y ha venido ligado a la liberalización de los movimientos de capital, y al desarrollo de una demanda y oferta internacional de fondos en el ámbito de áreas establecidas, con muy ligeros requisitos regulatorios y fiscales, con el propósito de aprovechar el creciente flujo de fondos a nivel internacional. La voluntad de participar en el negocio que tales mercados representan y de evitar su completa deslocalización ha impulsado a un número creciente de países, a crear zonas de regulación muy tenue, homologable a la existencia en los centros internacionales de mayor desarrollo y dirigidas a no residentes. En definitiva, se trata de la aplicación del concepto *off-shore* (extraterritorial, extranjero), dividiendo el mercado nacional en dos ámbitos, uno de regulación extensiva y fiscalidad normal, dirigido a residentes, y otro de regulación mínima y libre de fiscalidad para no residentes.

Respecto a los euromercados, fueron los pioneros en toda esta evolución. Tuvieron su origen en la década de los años cincuenta en los fondos en dólares retirados de Estados Unidos por la Unión Soviética, por el temor a su bloqueo y depositados en un banco londinense denominado *Eurobanque*. De ahí el prefijo *euro* con que se formó el nombre de estos depósitos en dólares fuera de Estados Unidos, eurodepósitos o depósitos en eurodólares, y que después ha pasado a ser el prefijo, que identifica en general, depósitos en divisas establecidos fuera del país emisor de la divisa en que están denominados y a los mercados en que tales fondos *euro* se negocian. Aunque el origen de los euromercados fue el que se acaba de describir, puede decirse que fueron las medidas tomadas por las autoridades de Estados Unidos, para desincentivar operaciones que incrementasen el déficit de Balanza de Pagos y el debilitamiento del dólar a lo largo de las décadas de los años sesenta y setenta, uno de los factores que contribuyeron de modo más eficaz al desarrollo y consolidación de esos mercados, una vez que a partir de 1958 las monedas europeas adquirieron libre convertibilidad y habiéndose adoptado medidas de liberalización de los movimientos de capital.

En definitiva, el origen de los mercados financieros internacionales puede atribuirse a los siguientes factores:

a) Necesidad de transformar de una moneda a otra los fondos a disposición de los agentes.
b) Libre convertibilidad de la moneda y ausencia de restricciones a los intercambios tanto comerciales como de naturaleza financiera sean movimientos de capital originados por inversiones directas, como por inversiones de naturaleza financiera a corto o largo plazo.
c) Aligeramiento de la regulación financiera para la intermediación entre no residentes o en moneda nacional entre residentes y no residentes o en moneda extranjera, de modo que por razón de la moneda utilizada o de los intervinientes en la operación exista una ventaja de coste respecto a los mercados domésticos.
d) Aligeramiento o eliminación de la fiscalidad de no residentes.

Respecto al concepto de mercado financiero internacional, podemos considerarlo en dos sentidos: a) en un sentido amplio, como todo aquel en que se produce un cambio en la moneda en que se denominan las transacciones, con lo que al menos estaría implicado el mercado de divisas, y b) en un sentido más estricto como aquellos mercados en que los fondos se obtienen en un país o conjunto de países diferente del de residencia del emisor del activo (ver cuadro 9.1).

Con gran frecuencia las estadísticas internacionales se refieren a mercados externos o exteriores. En este caso no se incluye en el concepto el mercado de divisas y hace referencia a toda la financiación captada en el exterior, cualquiera que sea la moneda utilizada. Vendría a coincidir con lo que en el cuadro anterior se define, como los mercados internacionales excluyendo todo componente doméstico.

2. Principales tipos de mercados

Los mercados financieros internacionales han experimentado un desarrollo acelerado en los últimos años, incluso sin considerar el mercado de divisas cuyo crecimiento espectacular, como se ha visto en el apartado precedente ha sido propiciado en gran medida por el de los demás mercados. Tal desarrollo, cuyas causas trataremos más adelante, ha venido propiciado por causas comunes a la evolución de los mercados financieros domésticos, y por causas específicas a los mercados internacionales. Entre las causas comunes cabe señalar la diversificación intensa de las necesidades de los inversores y de los tomadores de fondos, que han derivado de los avances experimentados en el mismo período, por la teoría de la gestión de carteras, de la valoración de activos y de la teoría financiera en general. De ello se ha seguido un proceso de innovación que ha tenido su reflejo en la diver-

Cuadro 9.1. Mercados financieros internacionales.

País del emisor	Moneda en que está denominado el activo	País donde se obtienen los fondos	Tipo de mercado
A	A	A	Doméstico en moneda propia
A	A	No A	Internacional
No A	A	A	Internacional Yankee Samurai Matador Bulldog Navegante, etc
No A	A	No A	Euromercado
A	B	No B	Euromercado
A	A / B / C	A + No A / B + No B / C + No C	Global
A	No A	A	Doméstico en divisas

[1] Excluidos los mercados de divisas.

sidad de nuevos instrumentos y mercados surgidos o desarrollados en los últimos años. Este proceso ha afectado a la diversidad de mercados existentes y se ha manifestado de modo especial, en los instrumentos y mercados surgidos para gestionar el riesgo, mediante su cobertura o su transferencia parcial a otros agentes a cambio de un precio.

Algunos de estos mercados de cobertura, se han transformado en vehículo de inversión, tanto más atractivos y tanto más peligrosos, cuando en ellos el grado de apalancamiento es muy elevado, mucho más que en los mercados tradicionales, y con él han crecido las posibilidades de ganancia y de pérdida en relación al volumen de fondos efectivamente invertidos. Hay que señalar que se hará referencia sólo a los mercados internacionales de capital. Se dejarán de lado los mercados de divisas como mercados instrumentales, de medios de pago y no de financiación, sin que ello signifique que no ofrezca posibilidades de inversión especulando sobre la apreciación relativa de unas divisas y otras.

En el cuadro 9.1 se realizaba una primera distinción entre *mercados euro y resto de mercados externos o internacionales*. Como se recordará, el rasgo distintivo de los euromercados es que los recursos están denominados en una moneda que no es la del país donde están situados. Así depósitos en dólares de Estados Unidos fuera de ese país son recursos de euromercado, en ese caso eurodólares. Depósito en pesetas en Londres son recursos de euromercado, en ese caso europesetas. Obsérvese que la denominación *euro* no se reserva a los fondos que están sólo en países europeos, los dólares depositados en Hong Kong también formarán parte del euromercado. Los euromercados son con gran diferencia los que concentran el mayor volumen de fondos en los mercados internacionales y a los mismos se accede para obtener financiación con todas la gama de activos a corto y largo plazo, como más adelante describiremos.

El otro grupo de mercados internacionales de capital viene definido por los segmentos de *mercados domésticos a los que acceden no residentes para buscar financiación* en la moneda del país, sin perjuicio de que con frecuencia el producto de la operación se transforme a otra moneda mediante un swap de divisas. Estos mercados internacionales cuando el instrumento utilizado son bonos, suelen denominarse con nombres que hacen referencia al país en el que los activos son emitidos y en cuya moneda se denominan, por más que los adquirentes sean, en mayor o menor proporción, a menudo mayoritariamente, no residentes, y los fondos con los que se adquieren provengan en parte originariamente del euromercado. Entre tales mercados, que son muy numerosos, se pueden citar, el Yankee, el Samurai, el Bulldog, el Matador, el Navegante, etc., nombres con los que se identifican, respectivamente, los mercados extranjeros de bonos en dólares USA en Estados Unidos, en yenes en Japón, en libras esterlinas en el Reino Unido, etc. Estos mercados suelen estar especialmente afectados por los emisores soberanos y organismos supranacionales. En general, emisores de muy alto *rating* que junto con la ventaja fiscal que suele acompañar a estos mercados, les permite ofrecer la moneda del país en condiciones ventajosas, respecto a emisores locales, a efectos de su intercambio (*swap*) por divisas.

Hasta ahora se ha considerado la clasificación de los mercados internacionales de capital como fuente de obtención de fondos. Para ciertos fines, como el análisis de las causas de la crisis, por ejemplo de México o los riesgos que los movimientos de inversión internacional en derivados representan para la seguridad del sistema financiero internacional, se adopta un punto de vista más amplio, para conceptuar los mercados financieros internacionales. En estos casos, se engloban, tanto desde el punto de vista de suministradores de fondos, como desde el punto de vista de destinatarios de fondos, incluyendo entre estos fondos, la inversión extranjera directa o en cartera en instrumentos financieros de todo tipo, aunque usualmente se centran en los negociados en mercados oficiales, bolsas de valores y mercados de derivados. También pueden distinguirse en los mercados internacionales de capital, entendidos en un sentido amplio, entre mercados primarios y mercados secundarios. Dicha diferencia es aplicable tanto a los mercados domésticos como a los internacionales.

Los mercados financieros siempre son vehículo de transferencia de poder de compra entre los agentes, mediante la generación o la cesión de una relación acreedor-deudor; es decir, son mercados de crédito o de cesión de relaciones acreedor-deudor. En el primero de los casos el de los mercados en los que surge la relación acreedor-deudor el mercado se denomina *mercado primario*. En estos mercados, se generan los instrumentos que representan la relación jurídica, en la que el receptor de los fondos se reconoce deudor, frente al proveedor de los mismos, y en los que quedan definidos los perfiles y condiciones exactos de esa posición deudora. Puesto que los instrumentos financieros describen y representan la posición del deudor, a éste se le conoce como emisor del instrumento o activo financiero. En el segundo de los casos citados, el de los mercados en los que transmiten los instrumentos representativos de la deuda, se habla de *mercados secundarios.*

En estos mercados secundarios, hay transmisión de capacidad de compra, hay transferencia de recursos financieros, pero no existe creación del instrumento en que se documenta la relación deudora del emisor, sino solamente sustitución de un acreedor por otro, frente a aquél. Ejemplos del primer tipo de mercados son la constitución de depósitos bancarios, las subastas de Letras del Tesoro o de Bonos del Estado y las emisiones de acciones de una Sociedad Anónima. Ejemplos del segundo tipo de mercados, lo son el de Deuda Pública y la Bolsa, si las acciones corresponden a una Sociedad cuyas acciones están admitidas a cotización bursátil. En el caso de los depósitos bancarios, sólo cabe hablar de mercado secundario en un sentido muy restringido, si son transmisibles mediante cheques o talones.

Por otra parte, existen mercados en los que se negocia la transmisión del activo financiero, no en el mismo momento en que se alcanza el acuerdo o tan pronto como los procedimientos de liquidación del mercado lo permitan, sino en una fecha determinada en el futuro. Son los mercados llamados *a plazo* o *foward,* por contraposición a los primeros que son los *mercados al contado*. Una variedad particular de los mercados a plazo, son los futuros, que forman parte ya del amplio y creciente grupo de los llamados *mercados de derivados.*

El concepto de *mercados al contado* puede referirse tanto a mercados primarios como secundarios, aunque suele usarse referido a los mercados secundarios y como contrapuesto a mercados a plazo, porque se da casi por descontado que los mercados primarios de instrumentos de financiación, son casi por definición, mercados al contado. No obstante, no siempre es así, ya que en ciertos activos se da el caso de desembolsos totales o parciales aplazados.

Entre estos mercados al contado, cabe destacar el de *depósitos interbancarios,* sea doméstico o en el euromercado. En ambos casos, éste es un mercado entre entidades de crédito como su nombre indica, se articula en plazos típicos, desde un día a un año pasando por una semana, dos semanas, un mes, tres meses y seis meses. La negociación es totalmente no oficial, es decir, es un mercado directamente entre las entidades oferentes y demandantes, bien a través de mediadores no oficiales (*brokers*) que no son entidades participantes y no toman nunca posiciones. Su carácter de no oficial, no quiere decir que no tenga reglas, precisas, que las tiene, y tampoco desmiente ese carácter el que la liquidación se realice en el caso de los mercados domésticos, al menos en España, a través del Banco Central, puesto que lo que se transfieren, son excedentes de Tesorería sobre las reservas obligatorias de las entidades en dicho Banco.

Los tipos de interés fijados en estos mercados, son los tipos interbancarios; tipos de gran importancia, porque denotan el coste de obtención de fondos a esos plazos por las entidades bancarias, y sirven de referencia a la mayoría de activos a tipo variable que se crean, sean créditos o valores. Son los conocidos como Libor, Pibor, Euribor, etc., según se trate del mercado de Madrid, de Londres, de París, del euro, etc. Estos son los tipos de oferta de fondos en esos mercados interbancarios a plazo y para la moneda de que se trate. Existen tipos Libor a los distintos plazos para las monedas activas en el euromercado. El plazo que se toma como referencia a efectos de fijar los niveles comparados de tipos de interés a corto plazo de los euromercados, es el de tres meses y los tipos del mercado de Londres.

El mercado de créditos, en particular de *créditos sindicados,* es otro de los mercados importantes en el euromercado y en los mercados internacionales en general. Los prestatarios son empresas y entidades públicas, y los plazos varían desde líneas de crédito que pueden disponerse por períodos cortos aunque el contrato cubra varios años, hasta préstamos a más de ocho o diez años. Los préstamos o créditos pueden estar denominados en una sola moneda o ser multidivisas, entre las que el prestatario elige la divisa en que dispone, de acuerdo a las previsiones del contrato. Con frecuencia los contratos ofrecen al deudor la posibilidad de elegir los períodos de interés entre una gama de plazos, que llegan hasta el año, y vienen a coincidir con varios de los plazos típicos del mercado bancario de eurodivisas.

Los tipos son variables de ordinario y en este caso el tipo aplicable a cada período de interés elegido, suele ser el del euromercado de la divisa en que está dispuesto el crédito, al plazo coincidente con el período de interés elegido, más un diferencial mayor o menor en función de la calidad crediticia (*rating*) del prestatario. Además del tipo de interés, suele haber una comisión de dirección y otra de agencia. En las líneas de crédito, también la hay de disponibilidad sobre el saldo no dispuesto.

Los créditos sindicados son concedidos por un sindicato (de ahí su nombre) de entidades de crédito, estructurado en varios estratos según el grado de compromiso en la realización de la operación. Puede haber uno o varios bancos directos (*lead manager y comanagers*) y un número variable de participantes que han sido invitados o aceptados para formar parte del sindicato, con participaciones de tamaños diferentes según los casos. Una figura importante es la del agente, que es el vehículo de relación entre el sindicato de acreedores y el prestatario a todos los efectos, y especialmente para la Administración de crédito, incluida la fijación de tipos y la distribución de los pagos recibidos de aquél. Su labor se remunera con la comisión de agencia que de ordinario es de carácter anual.

Considerando el *mercado de valores de renta fija,* existen en el euromercado y en los mercados internacionales dos grandes grupos. El de *papel a corto o medio plazo,* equivalentes en los mercados domésticos a los programas de pagarés a corto plazo, y el de *bonos a largo plazo.* Estos son instrumentos que se utilizan principalmente en el euromercado, aunque también son frecuentes en mercados internacionales de gran tamaño, como el mercado yankee y los bonos, también en otros de menor volumen, como el matador y aún menores. En estos mercados, se emiten todo tipo de bonos, simples, a tipo variable, convertibles, con *warrants,* etc., según las circunstancias del emisor y las condiciones y expectativas de los mercados en el momento de diseñarse la emisión, pero son los bonos simples los más usados. Si los bonos emitidos en estos mercados vienen a representar alrededor de la mitad de los fondos canalizados por los mercados internacionales de capital, los bonos simples vienen a representar las tres cuartas partes del total de bonos emitidos.

El procedimiento habitual de emisión es la sindicación, de forma similar a la descrita para los créditos sindicados, pero aquí se dan algunas prácticas adicionales, por tratarse de valores negociables, relativas al momento de fijación del precio de emisión y a las obligaciones del sindicato respecto a la posibilidad de vender o a la obligación de recomprar a determinado precio durante cierto tiempo subsiguiente al lanzamiento. A diferencia de los programas de papel comercial, que son instrumentos de mercados *over the counter,* los bonos a largo plazo suelen ser incluidos a cotización en mercados oficiales y depositados en dos entidades especializadas en estas funciones y en funciones de compensación y liquidación de operaciones sobre bonos del euromercado. Estas entidades son *Euroclear* y *Cedel,* cuya actividad no se circunscribe a los valores del euromercado, sino que actúan también respecto a valores negociados en mercados nacionales, pero adquiridos por no residentes que sean entidades financieras o que actúen como fiduciarios de clientes que no lo son.

Finalmente, también las *acciones* son objeto de negociación en los mercados internacionales de capital, a través de dos vías fundamentalmente: a) se cuentan las ofertas públicas de venta ya sea por ampliaciones de capital o como consecuencia de procesos de privatización, b) se produce la incorporación de acciones de empresas de un país a las bolsas de valores u otros sistemas organizados de negociación de otros países. Con frecuencia, para evitar incurrir en costes e inconvenientes que derivan de la regulación del país huésped, en lugar de incorporarse a la negociación en su mercado directamente las acciones extranjeras, se incorporan unos títulos emitidos por una entidad financiera residente en el país que representan a las acciones extranjeras que por el volumen correspondiente han quedado depositadas y bloqueadas en otra institución financiera del país, o del país huésped. Esos títulos representativos de las acciones, reciben en Estados Unidos, donde hace ya muchos años que se inició el procedimiento, el nombre de ADRs *(American Depository Receipts)* y, dependiendo de la instrumentación del programa, pueden o no cotizar en bolsa, y contar con mayor o menor respaldo del emisor de las acciones.

Estos ADR evitan incurrir en los procedimientos engorrosos y costosos establecidos para las ofertas públicas de valores extranjeros en Estados Unidos, ya que al ser emitidos por una entidad americana son valores americanos a todos los efectos. Es preciso aclarar que los ADRs, sin valores en dólares, los rendimientos que producen son los de los valores a los que representan transformados en dólares al tipo de cambio del momento. Estos programas están en expansión, pero, aún así, junto con otros semejantes (GDRs y EDRs) y emisiones privadas en Estados Unidos realizadas al amparo de un procedimiento aligerado (Regla 144a) vienen a representar una quinta parte del total de ofertas internacionales de acciones, que de por sí no pasaron en 1994, de ser el 6 por 100 del recurso bruto a los mercados internacionales de capital.

Todos estos *mercados de derivados* tienen en común, que los instrumentos que se negocian en los mismos, no representan un crédito, no son, por tanto, mercados secundarios de una relación acreedor-deudor, sino instrumentos que incorporan el derecho o la obligación de cumplir o exigir el cumplimiento a la contraparte en el contrato de las prestaciones previstas en el mismo en la fecha acordada. Son mercados derivados, porque las prestaciones que van incorporadas en los contratos negociados en ellos, establecen obligaciones o derechos que quedan definidas, en relación o por referencia a un activo financiero negociado en un mercado principal o en otro mercado derivado.

Por ejemplo, en los *mercados de futuros* sobre Deuda Pública, se negocian contratos de compraventa en una fecha futura determinada, la de liquidación del contrato, de un volumen determinado de títulos o valores de Deuda Pública, cuyas características están también definidas en el contrato. Por lo general el título o valor de Deuda Pública existentes en realidad en el mercado de deudas, que le sirve de substrato y del que ese mercado de futuros es derivado. Ese título o valor teórico al que se refiere el contrato de futuros es conocido como *bono nocional,* por su carácter teórico. Los títulos o valores de Deuda Pública existentes efectivamente en el mercado de deuda y con plazo de vida cercano al del bono nocional se denominan *valores subyacentes.* Entre el nocional y cada uno de los subyacentes se determina una relación de equivalencia en función de las características financieras de cada uno de ellos, de modo que cuando llega el momento de liquidar el contrato de futuros, sea posible determinar el número de subyacentes que hay que entregar, según se elija uno u otro de ellos, para efectuar la liquidación.

Dentro de los mercados derivados se cuentan también los de otra serie de instrumentos que cumplen también funciones de cobertura del riesgo de tipo de interés, al tiempo que ofrecen posibilidades de inversión por su alto grado de apalancamiento. Entre estos instrumentos se cuentan en primer lugar las *opciones,* que tienen algunos elementos comunes con los futuros y con los mercados primarios y secundarios, vistos anteriormente: 1) el que se negocian principalmente en mercados organizados, 2) frecuentemente gozan del carácter de oficiales, y 3) que son instrumentos a los que acceden no sólo inversores institucionales sino también particulares.

Al igual que los futuros, las opciones pueden tener como subyacentes, deuda pública, acciones, índices de bolsa, tipos de interés, etc., pero con frecuencia el subyacente de las opciones es un contrato de futuros sobre alguno de los subyacentes citados. Sería en este caso un derivado de derivado. A diferencia de los futuros, las opciones no obligan a ambas partes del contrato de modo simétrico, sino que sólo obligan al vendedor de la opción. El comprador tiene la facultad de obligar al vendedor a cumplir con el contrato y lo hará sólo si al ejercitar la opción tiene un beneficio. Por ejemplo, si adquirió una opción que le daba derecho a comprar acciones a un precio inferior al que tienen en el mercado, en el momento de ejercicio de la opción, tendrá un beneficio ejerciendo la opción; si, por el contrario, el precio del mercado fuese inferior al de ejercicio de la opción, no la ejercerá y perderá el premio, *prima* es su denominación, que pagó por ella.

En razón de la asimetría en las obligaciones contractuales de las opciones, hay dos clases de opciones: 1) las que dan derecho a comprar (*call options*), y 2) las que dan derecho a vender el subyacente (*put options*). Son dos contratos distintos y se compran y venden separadamente, siendo uno la operación contraria del otro, pero no neutralizándose los riesgos entre sí. Para neutralizar el riesgo —cerrar la posición creada— por la venta de una *call option* no hay que vender una *put option* sino comprar una *call option* y a la inversa. En efecto, el riesgo de que obliguen a vender a un precio unos valores, se neutraliza con la posibilidad de comprarlos al mismo precio, esto es, comprando una *call option*. Con la venta de una *put option* se quedará a merced del comprador de la opción, y por definición, si al comprador de la *call option* le interesa ejercerla y hacer que le vendan valores, al comprador de la *put option* sobre los mismos no le interesará venderlos.

El resto de instrumentos derivados, *swaps, fras, floors, caps, collars* y combinaciones de ellos, tienen en común el servir de instrumentos para cubrir o limitar las posibles pérdidas en tipos de interés o en tipos de cambio, que se negocian en mercados no oficiales ni regulados, los llamados *over the counter,* y que sus usuarios son o entidades financieras por los dos extremos o empresas u otros deudores de carácter público por un lado y por el otro una institución financiera que gestiona una cartera más o menos amplia y compensada en estos instrumentos —un *libro* en la jerga.

Que se negocien en mercados *over the counter* no quiere decir que no se instrumenten en contratos estandarizados en gran parte, en la medida que lo permite el que no responden a operaciones homogéneas y en serie, sino individuales. El nombre inglés del instrumento es expresivo de la esencia de la operación y también lo es la traducción castellana aunque no se utiliza frecuentemente. Los *swaps,* cuyo equivalente castellano es intercambio financiero, son operaciones en las que se acuerda el intercambio de intereses —swap de intereses— o de principales o de ambos. En estos dos últimos casos normalmente habrá implicado un intercambio de divisas —swaps de divisas.

El *swap de intereses* suele ser de tipo fijo por variable, pero puede también ser fijo por fijo, o variable por variable, siendo ambos tipos intercambiados de la misma moneda en el mismo mercado o en distinto mercado, doméstico y euromercado, o incluso de distinta moneda en distinto mercado. Por ejemplo, variable Mibor de la peseta a tres meses contra libor del dólar a tres meses en el euromercado. En definitiva, lo que debe existir es una equivalencia financiera entre ambos flujos. Es decir, una igualdad en el valor actual de los valores futuros esperados de ambos flujos no se produjera por sí misma dicha igualdad, se añadiría a un tipo o se restaría al otro, el diferencial necesario para lograrla.

Los *forward rate agreements (fras),* acuerdos sobre tipos a plazo, son contratos mediante los que se contratan tipos a aplicar a los distintos plazos, típicos del mercado interbancario dentro de 1, 3, 5 y 12 meses, o al plazo de tres meses con vencimiento en cada trimestre natural del año. Llegado el vencimiento del contrato, se compara el tipo contratado con el fijado en el mercado a estos efectos —el tipo de liquidación de *fras*—, para los plazos establecidos en los contratos y se liquidan entre ambos tipos a favor de quien corresponda.

Los *floor, cap y collar,* son topes *mínimo, máximo y máximo y mínimo* que contractualmente se establecen a la variación que pueden tener los tipos de interés de un contrato a tipo variable de crédito o préstamo, bilateral o sindicado, o de financiación obtenida mediante emisión de valores a tipo variable. Estos topes pueden ir incorporados en el contrato original, pero con más frecuencia se establecen mediante contratos adicionales acordados con los mismos financiadores o con otra entidad, que como en el caso de los swaps, llevan un *libro* donde compensan los riesgos en los que incurren por estos contratos. No son raros lo casos en que estos instrumentos se añaden a los *swaps* en un contrato único o en contratos separados.

De lo expuesto se deduce que estos instrumentos se negocian operación por operación en mercados *over the counter,* aunque los contratos en los que se instrumentan, tienen estructura y clausulado homogéneos con las adaptaciones necesarias para dar acomodo a las características particulares de la operación a la que se aplican.

3. Características de los mercados financieros internacionales

Entre las características más comunes a la mayoría de mercados internacionales a los que se ha dedicado el apartado anterior, cabría señalar las siguientes:

a) En su organización son mercados en los que predomina el tipo *over the counter,* con la excepción de los bonos internacionales.
b) El sistema de colocación de los activos predominante es el de sindicación en sus distintas variantes y acompañado normalmente de aseguramiento.
c) Papel destacado de los intermediarios bancarios no sólo en la formación de los sindicatos de colocación, sino en la distribución en los mercados secundarios y ofreciendo contrapartida en uno de los extremos de la operación, cuando no participan por ambos lados, como en el mercado de eurodepósitos.

d) Predominio en cuanto a los tomadores de fondos de los agentes institucionales y empresas; léase gobiernos nacionales, regionales o locales, organismos públicos, organismos internacionales y empresas públicas y privadas.
e) Por el lado de los inversores, de los que facilitan fondos directamente al mercado predominan o instituciones bancarias o inversores institucionales en los segmentos a largo plazo, añadiéndose las empresas no financieras en el segmento del euromercado a corto plazo.
f) Son mercados en gran expansión y sujetos a una dinámica intensa en materia de innovación financiera.
g) Surgen y se desarrollan al amparo de la liberalización en los regímenes de control de cambio y de regulaciones financieras y fiscales más ligeras que las vigentes en los mercados domésticos correspondientes, siendo, para una regulación dada del control de cambios, la repercusión de estas ventajas en el coste operativo y el arbitraje las dos variedades que determinan el desplazamiento de fondos entre mercados internacionales y entre éstos y los domésticos dando coherencia a la estructura de tipos vigentes entre unos y otros.
h) Estos mercados están sujetos a un nivel reducido de supervisión, cuando se trata de verdaderos mercados internacionales, lo que en los segmentos de mayor apalancamiento y riesgo está creando inquietud, sobre los riesgos potenciales para el sistema financiero internacional, en particular por el incremento de las operaciones por cuenta propia (*propietary trading*) por parte de los bancos y creando la corriente de opinión de que deben implantarse sistemas adecuados de control de los riesgos en que incurren las entidades financieras.
i) Un número creciente de monedas están pasando a ser vehículo de expresión de estos mercados, aunque la actividad se mantiene concentrada en un número reducido relativamente de ellas.
j) Finalmente, existe una tendencia creciente a la globalización e interconexión entre los mercados geográficamente y entre instrumentos, de ahí que adquirir capacidad y presencia global sea una necesidad creciente para que las entidades financieras mantengan presencia activa en todos los segmentos de estos mercados.

4. Factores que han contribuido a los cambios en los mercados financieros

Liberalización y globalización de los mercados

En las dos últimas décadas los países industriales se han esforzado por introducir una mayor competencia en sus mercados financieros internos con el objetivo de: 1) promover la eficacia, y 2) incrementar el acceso de los flujos internacionales de capital a los mercados financieros internos. De esa manera la abolición de los controles de capital en los países industriales ha influido de forma destacada en la movilidad de los flujos financieros internacionales. Una de las razones más importantes para facilitar la desregulación y la internacionalización de los mercados financieros, ha sido la necesidad de financiar los fuertes desequilibrios externos y sobre todo fiscales en los países industriales.

Financiación de los desequilibrios macroeconómicos internos

Los principales desequilibrios macroeconómicos de los países en las dos últimas décadas han sido el déficit fiscal y el de balanza de pagos. Se puede decir que las corrientes privadas de capital han financiado los desequilibrios fiscales y por cuenta corriente, a los países en desarrollo y a los países industriales desde la década de los setenta hasta hoy. La necesidad de financiar en la década de los setenta, desequilibrios por cuenta corriente asociados con alteraciones en los precios de las materias primas y de la energía, llevó a una rápida expansión de los préstamos bancarios internacionales y a la aparición de los préstamos bancarios sindicados, como principales instrumentos de la financiación internacional.

En dicha década la financiación de los desequilibrios por cuenta corriente de los países en desarrollo, tanto exportadores de petróleo como del resto, dependió más de los intermediarios financieros (financiación indirecta) que de la inversión directa exterior o del mercado de valores (financiación directa), que en cualquier otro período precedente. El flujo de capital tanto privado como oficial hacia los países en desarrollo a lo largo de la década de los setenta estuvo acompañado también por una fuerte huida de capital de esos países. Esta huida de capital es difícil de cuantificar, pero el FMI ha estimado que desde 1975 a 1985 el flujo de capital que huyó de los países en desarrollo osciló alrededor de 165 a 200 mil millones de dólares.

Las dificultades de la mayoría de los países en desarrollo para hacer frente al pago del servicio de la deuda a principios de los años ochenta, hizo que los principales prestamistas privados internacionales se negasen a seguir prestando recursos financieros, a los países con fuertes problemas de pagos externos. En consecuencia, el descenso de las corrientes de capital hacia los países en desarrollo se redujo de forma drástica En ese mismo período y a lo largo de los años ochenta, los países industriales han tenido que hacer frente a la financiación de los fuertes déficit externos y fiscales. Estos desequilibrios han sido financiados en general por masivas entradas de capital privado.

Inversores institucionales

A principios de los años setenta los grandes inversores institucionales, como los fondos de pensiones, compañías de seguros y fondos de cobertura, tenían un papel muy reducido en la financiación internacional, en parte debido a las restricciones que tenían para invertir y, a la vez, a la dificultad para gestionar o para hacerse con una cartera internacional y diversificadas (insuficiencia de las telecomunicaciones y redes informáticas).

En la década de los ochenta, la presencia de los inversores institucionales en la financiación internacional se incrementó de forma notoria, tanto en sus mercados nacionales como en los mercados exteriores. Esta creciente importancia de los inversores institucionales es resultado, por una parte, de las ventajas fiscales concedidas a los ahorradores en los planes de pensiones y, por otro, a las ventajas que tiene gestionar grandes sumas de dinero desde el punto de vista del coste de las transacciones, frente a inversiones individuales. La eliminación de los controles de capitales, la mayor integración y armonización de los mercados y el incremento de las agencias de *rating* o de calificación, mejorando la información sobre la credibilidad de los potenciales deudores internacionales, y la liberalización de las condiciones por las que parte de sus carteras pueden ser invertidas en el exterior, han sido los principales elementos que han motivado el incremento de la participación de los inversores institucionales en los mercados financieros. La crisis financiera internacional iniciada en agosto de 2007 ha puesto en entredicho la credibilidad de las agencias de calificación.

RESUMEN

Los mercados financieros cumplen la función de transferir recursos financieros de los agentes excedentarios a aquellos otros cuyas necesidades superan sus disponibilidades. Los mercados financieros internacionales han experimentado un desarrollo acelerado en los últimos años, incluso sin considerar el mercado de divisas cuyo crecimiento espectacular ha sido propiciado en gran medida por el de los demás mercados, desarrollo que ha venido propiciado por causas comunes a la evolución de los mercados financieros domésticos, y por causas específicas a los mercados internacionales. De ello se ha seguido un proceso de innovación que ha tenido su reflejo en la diversidad de nuevos instrumentos y mercados surgidos o desarrollados en los últimos años. En el ámbito internacional la transferencia de recursos financieros no sólo tiene lugar entre agentes, sino también y muy distintivamente entre ámbitos monetarios y de regulación y autoridad diferentes. De ahí que surja la necesidad de un mecanismo que permita la traslación del poder de compra entre monedas. Este mecanismo es el mercado de cambios o mercado de divisas. El desarrollo de los mercados internacionales de capital es un fenómeno de las últimas décadas, y ha venido ligado a la liberalización de los movimientos de capital, y al desarrollo de una demanda y oferta internacional de fondos.

TEMAS DE REFLEXIÓN

1. ¿Cuáles son los factores que han contribuido a la expansión de los mercados financieros internacionales?
2. ¿Cuál es la función de los mercados financieros?
3. ¿Qué son los euromercados?
4. ¿Qué se entiende por mercado primario y secundario?
5. ¿Qué son los créditos sindicados?

EJERCICIOS DE AUTOCOMPROBACIÓN

1. **En el ámbito de los mercados financieros, los mercados al contado se refieren:**
    a) Sólo a mercados primarios.
    b) Sólo a mercados secundarios.
    c) A mercados primarios y secundarios.
    d) Trabajar sólo con valores de renta fija.
2. **Entre los factores que dieron origen a los mercados financieros internacionales se encuentra** (señale la respuesta que no es correcta):
    a) La necesidad de transformar de una moneda a otra los fondos a disposición de los agentes económicos.
    b) La libre convertibilidad de la moneda y la ausencia de restricciones a los intercambios.
    c) El incremento de la regulación financiera para la intermediación.
    d) La eliminación de la fiscalidad de no residentes.
3. **En un sentido amplio, el concepto de mercado financiero internacional abarca:**
    a) Todo mercado en que se produce un cambio en la moneda en que se denominan las transacciones.
    b) Al mercado de divisas.
    c) Todo tipo de euromercados de deuda pública.
    d) La respuesta «b» además de los mercados interbancarios internacionales.
4. **Entre los factores que han contribuido a los cambios en los mercados financieros cabe señalar:**
    a) La liberalización y globalización de los mercados.
    b) La financiación de los desequilibrios macroeconómicos internos.
    c) Los inversores institucionales.
    d) Todas las respuestas son correctas.
5. **Aquellos mercados en los que se negocia la transmisión de un activo financiero en una fecha determinada en el futuro se denominan:**
    a) Mercados al contado.
    b) Mercados primarios.
    c) Mercados a plazo.
    d) Mercados secundarios.

SOLUCIONES A LOS EJERCICIOS DE AUTOCOMPROBACIÓN

1. c)
2. c)
3. a)
4. d)
5. c)

BIBLIOGRAFÍA

Bank for International Settlements, «Public Disclosure of Market and Credit Risks by Financial Intermediaries» (Basle: BIS, September 1994)

—, «Issues of Measurements Related to Market Size and Macroprudential Risks in Derivatives Markets» (Basle: BIS, February 1995)

IMF, International Capital Markets. Developments, Prospects, and Policy Issues (varios años)

10
Crisis económicas y financieras. Propuestas de reforma de la arquitectura financiera internacional

1. Crisis y Sistema Financiero Internacional.—2. Tipos de crisis.—3. Características de las crisis.—4. Vulnerabilidad de las economías y crisis: países en desarrollo y economías emergentes.—5. La crisis de las hipotecas *subprime* y los países industriales.—6. Las instituciones financieras y de desarrollo internacionales.—7. Las propuestas de reforma de la arquitectura financiera internacional.—8. La crisis financiera, el G-20 y la gobernanza global: la reforma de la arquitectura económica y financiera internacional.

TÉRMINOS CLAVE

- **Arquitectura financiera internacional**
- **Códigos de conducta**
- **Consejo de Estabilidad Financiera**
- **Crisis económicas y financieras**
- **Hipotecas** *subprime*
- **Mercados emergentes**
- **Movilidad de los capitales**
- **Organismos internacionales**
- **Prestamista en última instancia**
- **Programas** *scoring*
- **Riesgo moral**
- **Supervisión financiera**

1. Crisis y Sistema Financiero Internacional

Los episodios de inestabilidad y crisis financieras no son nuevos. En el siglo XIX se produjeron crisis bancarias notables, como la crisis de Barings en 1890 (según Bary Eichengreen con similitudes con la crisis de México de 1994-95) y la crisis cambiaria de Estados Unidos de 1894-96 (según V. Grilli, fue un rechazo a la adhesión de Estados Unidos al patrón oro y una de las primeras evidencias de la importancia de los empréstitos oficiales, para evitar una crisis de tipo de cambio). Antes de la caída de Bretton Woods, se produjo la crisis de la libra esterlina y la crisis del franco francés en los años sesenta.

Tras el colapso de Bretton Woods, la movilidad de los capitales ha estado acompañada por una mayor inestabilidad financiera y por la frecuencia de procesos de crisis, entre las que se incluyen las crisis bancaria e inmobiliaria en Estados Unidos, desde finales de los años setenta, el desplome de los mercados en 1987 y 1989, la crisis del SME en 1992-1993 y la inestabilidad de los mercados financieros japoneses que se inició a principios de los años noventa. A estos procesos de crisis hay que añadir también, las crisis de finales de los setenta y principios de los ochenta en los países del Cono Sur, la crisis de la deuda de principios de los ochenta, la crisis mexicana de 1994-1995, la crisis asiática de principios de 1997, la crisis rusa de 1998, la crisis del real brasileño de 1999 y la crisis argentina de 2001. Todo esto nos lleva a considerar que: 1) el sistema financiero mundial es muy vulnerable, 2) la inestabilidad es global y sistémica, 3) los esfuerzos nacionales no son suficientes para afrontar los problemas, y 4) es necesario reformar la arquitectura financiera mundial.

2. Tipos de crisis

En general no se puede delimitar con exactitud cuáles son los orígenes de una crisis, porque existen elementos comunes en todos los tipos de crisis, elementos que incluyen: 1) acumulación de desequilibrios económicos insostenibles, 2) falta de solidez del sector financiero, 3) desajustes en el precio de los activos, 4) pérdida de confianza en una moneda o en un sistema bancario, 5) desajustes en el tipo de cambio de una monedas, 6) interrupción de las corrientes de capital externas, y 7) falta de credibilidad en el proyecto político o en la aplicación de las políticas para corregir los desequilibrios. Se pueden distinguir, por tanto, diversos tipos de crisis, pero para facilitar su comprensión vamos a sintetizarlo, y siguiendo al FMI diferenciaremos tres tipos de crisis: 1) crisis cambiarias, 2) crisis bancarias, y 3) crisis de la deuda externa. Esto no es más que una simplificación, quizá excesiva, porque la experiencia muestra que los procesos de crisis son sumamente complejos y con unas derivaciones múltiples, lo que hace muy difícil su clasificación. Un ejemplo de ello es la crisis financiera internacional iniciada en agosto de 2007.

1. *Crisis cambiarias*. Se producen cuando existe un ataque especulativo contra el tipo de cambio de una moneda y ante cuyo ataque las autoridades monetarias del país tienen tres mecanismos para afrontar el ataque especulativo: a) incrementar los tipos de interés, b) devaluar (o depreciar) el tipo de cambio de la moneda, y c) utilizar las reservas de divisas para defender el tipo de cambio.

Los episodios de inestabilidad cambiaria se inician, en general, por un fuerte incremento de las entradas de capital seguido de una retirada súbita de esos capitales. Estos rápidos cambios de sentimiento de los inversores están relacionados con las variaciones de las políticas internas y externas. En cuanto a las políticas internas porque producen divergencias entre las condiciones nacionales y las del resto del mundo (diferenciales de los tipos de interés, tipos de cambio sobrevalorados y sin relación con las condiciones socioeconómicas subyacentes del país, fuerte especulación en el precio de los activos...). Respecto a las políticas externas, porque se produce una variación en los tipos de cambio y en los tipos de interés de algún país de referencia y se varíe el sentimiento de los inversores internacionales.

2. *Crisis bancarias.* Las quiebras y retiradas de efectivo o de depósito hacen peligrar a la institución bancaria. Ante este tipo de crisis caben dos alternativas: a) el banco suspende la convertibilidad interna de sus pasivos, b) las autoridades monetarias intervienen para evitar que se produzca un efecto dominó en el sistema bancario y se convierta en una crisis sistémica.

3. *Crisis de la deuda externa.* El país endeudado no puede afrontar el servicio de la deuda, ya sea privada u oficial y suspende los pagos a la espera de una renegociación de la misma.

3. Características de las crisis

Las crisis financieras no tienen las mismas características en los países desarrollados y en los países en desarrollo. La retirada de las corrientes de capitales externos y un fuerte descenso de la cotización de la moneda suele ir acompañado en los países en desarrollo por inestabilidad financiera interna. También se produce lo contrario, que crisis financieras internas repercutan en el tipo de cambio y en el compromiso de pago de la deuda externa. La vulnerabilidad de los países en desarrollo, se incrementa cuanta más deuda exterior tengan, cuanta mayor proporción de la deuda externa esté denominada en divisas y cuanta mayor proporción esté en manos del sector privado.

Hay que señalar, sin embargo, que las crisis financieras de los mercados emergentes se han producido en condiciones macroeconómicas diferentes. Así, en algunos sucesos de crisis, determinados países tenían un fuerte déficit presupuestario como en Brasil, Rusia o Argentina, y en otros, el presupuesto estaba equilibrado o con superávit, como en la crisis de México o en la crisis asiática. En Indonesia y Rusia, los déficit por cuenta corriente eran reducidos, pero en Tailandia y México, esos déficit eran insostenibles. En Brasil y Rusia la deuda externa estaba en manos de gobiernos soberanos o del sector público y en Asia Oriental, en manos del sector privado. En la crisis asiática de 1997, las monedas de la mayoría de los países estaban fuertemente apreciadas y en la crisis de México de 1994-1995, en la del real de Brasil, y en la crisis rusa la apreciación cambiaria era moderada.

En los países industrializados desde que se abandonó el Sistema Monetario Internacional de Bretton Woods y se adoptaron tipos de cambio flotantes, las crisis monetarias han estado ligadas a movimientos fuertes en los tipos de cambio y por períodos limitados de tiempo (una de las crisis cambiarias más prolongada fue la del SME, que se inició en septiembre de 1992 y finalizó en agosto de 1993). Pero estas crisis no suelen afectar a los sistemas financieros internos de los países ni a la sostenibilidad de sus pagos externos.

Recuadro 10.1. La crisis financiera de México.

La reforma económica de México y la crisis de la deuda

La crisis de la deuda de 1982 afectó profundamente a la credibilidad de la economía mexicana ante los acreedores internacionales. A raíz de ello se puso en marcha una transformación estructural de la economía plasmada en el programa de estabilización de diciembre de 1987, cuyo principal objetivo era reducir la inflación que alcanzaba niveles del 160 por 100. El programa se basaba fundamentalmente en dos aspectos:

— El pacto o acuerdo sobre políticas entre trabajadores, empresarios y gobierno.
— La aplicación de políticas concretas: políticas monetaria y fiscal más restrictivas, tipo de cambio fijo, congelación temporal de precios y salarios del sector público, y mayor liberalización de sector financiero y comercial.

A partir de entonces, y hasta 1993, México siguió una estrategia de ajuste y reforma económica que ha servido de modelo a muchos países en desarrollo. El objetivo de la estrategia era múltiple: restablecer la estabilidad macroeconómica, reducir el papel del sector público, favorecer el desarrollo del sector privado, lograr credibilidad externa.

Los elementos en los que se apoyaba la estrategia eran los siguientes:

— Reestructuración de la deuda.
— Política financiera restrictiva.
— Reformas estructurales (privatización y liberalización comercial).

4. Vulnerabilidad de las economías y crisis: países en desarrollo y economías emergentes

La liberalización de los mercados financieros se ha producido de forma paralela a la liberalización de la cuenta de capital. Esto ha incrementado la interrelación entre crisis bancaria y crisis de Balanza de Pagos. Si bien la libertad de movimientos de capital favorece una mejor asignación de los recursos, en la medida en que las corrientes de capital eternas están apalancadas por el sistema financiero interno (y éste es frágil), en cuanto se producen salidas repentinas de capital, las perspectivas del crecimiento y de la inversión interior se ven afectadas. Un ejemplo de la vulnerabilidad de las economías en desarrollo y emergentes lo podemos ver en la crisis asiática de 1997-1998.

La crisis asiática y el comercio internacional

La crisis financiera asiática se inició a mediados de 1997 y los efectos sobre el comercio se produjeron a principios de 1998. Todo parece indicar que la crisis asiática fue el factor que desaceleró en volumen el crecimiento del comercio mundial en 1997 y 1998. Los efectos de la crisis fueron más negativos en las economías denominadas tigres asiáticos, especialmente Indonesia y la República de Corea. La desaceleración económica en Japón y el descenso de la demanda efectiva en ese país agravó la situación de los tigres asiáticos, dado que desde finales de la década de los años ochenta se había estado produciendo una mayor integración de las economías asiáticas con Japón, asociado con un fuerte crecimiento económico fruto de las reformas comerciales con estrategias orientadas al exterior en el sudeste asiático.

Algunos organismos internacionales señalan que una de las consecuencias de la crisis asiática fue el notable cambio de la aparente competitividad exterior de las exportaciones de los países asiáticos más afectados por la crisis. Las Balanzas de Pagos se vieron afectadas por la salida de los flujos de capital y por la depreciación de las principales monedas asiáticas respecto al dólar y a las monedas europeas. La balanza comercial y por cuenta corriente mejoraron debido al incremento del superávit o la reducción del déficit dado el descenso de las importaciones. El abaratamiento del precio de las exportaciones de estos países podría haber colaborado para salir de la crisis, pero la dependencia de las importaciones para la exportación de manufacturas en el sudeste asiático, más las dificultades del sector bancario lo impidieron. Estados Unidos y la Unión Europea fueron los principales receptores de exportaciones baratas del sudeste asiático, facilitando con ello la mejora de la situación económica de esos países.

La recuperación asiática fue más rápida de lo previsto, y en 1999 ya se produjo un crecimiento real de las importaciones de dos dígitos. En gran parte de los países, el crecimiento económico se apoyó en estímulos fiscales, reposición de existencias e incremento de la demanda mundial de productos electrónicos. No obstante, el crecimiento del PIB fue muy desigual, oscilando entre el 11 por 100 de la República de Corea y el estancamiento de Indonesia.

Fuentes de inestabilidad financiera

Las turbulencias financieras ponen de manifiesto determinados aspectos que están influyendo en la inestabilidad financiera internacional. A los elementos de vulnerabilidad tradicionales de las economías, como el excesivo endeudamiento externo, la apreciación del tipo de cambio de las monedas o los fuertes déficit presupuestarios, desde los años ochenta y principios de los noventa, se han incorporado otros factores que acentúan la inestabilidad financiera internacional y la vulnerabilidad de las economías de los países, especialmente de los países en desarrollo y de las economías emergentes. Entre estos factores destacamos los siguientes: 1) políticas macroeconómicas inadecuadas, 2) la liberalización del sector financiero y la apertura de la cuenta de capital, 3) la volatilidad de los flujos de capital privado hacia las economías emergentes, 4) la debilidad de los sistemas financieros de gran parte de los países emergentes, 5) la falta de transparencia en determinados mercados, 6) el excesivo riesgo que asumen algunas instituciones e inversores financieros, 7) la ausencia de salvaguardias financieras suficientes, y 8) una inadecuada vigilancia de mercado y de la supervisión prudencial.

Recuadro 10.2. Precondiciones para la asistencia de liquidez por el FMI.

1. Limitar la corrupción y reducir el riesgo incrementando la diversificación de las carteras.
2. Publicación regular y periódica de la estructura de vencimiento de la deuda soberana pendiente y deuda garantizada, así como los pasivos fuera de balance.
3. La banca comercial deberá estar adecuadamente capitalizada (significativas posiciones en acciones de acuerdo con los estándares internacionales o con deuda subordinada).

La existencia de políticas macroeconómicas inadecuadas ha sido un factor destacado en gran parte de las crisis financieras. Así, políticas monetarias y fiscales internas expansivas han favorecido un endeudamiento excesivo y una sobreinversión en activos reales, que han influido sobre los precios de los bienes inmuebles o sobre las cotizaciones de los valores en bolsa, incrementándolos a niveles insostenibles. La reacción, con políticas restrictivas, ha influido en la actividad económica, desacelerándola, se ha incrementado la cartera de morosos e incobrables y han acabado por afectar al sistema bancario. Las políticas macroeconómicas externas también influyen en las crisis financieras, especialmente en los países con economías emergentes (los tipos de cambio y los tipos de interés de la economía mundial son factores muy influyentes en el desarrollo de las crisis).

La experiencia de estos años pasados muestra que algunas de las principales instituciones financieras no se han provisto de salvaguardias adecuadas y han asumido un riesgo excesivo, no solo en mercados emergentes, sino también en los países avanzados, debido a la escasa atención que se ha dado a sucesos considerados de lejana probabilidad de suceder y a los modelos aplicados, donde se asumía que la liquidez del mercado permitía ajustar las posiciones sin afectar a los precios. Este tipo de modelos, se ha visto que fracasan porque muchos inversionistas e instituciones utilizan la misma estrategia, adoptando y deshaciendo posiciones similares simultáneamente amplificando las decisiones y sus consecuencias. Esto apoya la idea que tienen algunos autores, de que una mayor disponibilidad de información es condición necesaria pero no es suficiente para evitar las crisis o lo que es lo mismo, que para una mejora de la arquitectura financiera internacional es necesaria la transparencia y la divulgación de la situación real de la economía y de las finanzas. Un ejemplo de lo dicho hasta ahora, lo vamos a ver en este capítulo.

5. La crisis de las hipotecas *subprime* y los países industriales

El sistema financiero ha experimentado una profunda transformación desde los años 80, adoptándose estrategias sumamente sofisticadas en el terreno financiero. Con demasiada frecuencia se obviaba desde principios de esa década, que la atracción que ejercen las rentabilidades ofrecidas por los activos de elevado riesgo que han ido impulsando, a los inversores a utilizar cada vez más determinados tipos de activos para elevar los beneficios de sus corporaciones y empresas, se convirtieron, al menos desde los años ochenta en uno de los principales motivos desencadenantes de la crisis financiera más devastadora, que ha atravesado la economía mundial desde la década de los años treinta.

Aunque en los años noventa el mayor riesgo para la actividad bancaria se había venido generando en los mercados nacionales y las crisis habían sido muy poco frecuentes desde 1997, la globalización de la actividad económica y la integración de los mercados de capitales y de los mercados interbancarios habían incrementado el riesgo de contagio de las crisis financieras, convirtiendo una crisis bancaria local, en una crisis globalizada. Hasta la crisis iniciada en agosto de 2007, conocida como la crisis de las *hipotecas subprime*, la inestabilidad macroeconómica había sido un importante factor determinante de la mayoría de las crisis bancarias sistémicas que se habían producido.

En la crisis financiera, los activos de alto riesgo añadieron una tensión adicional al sistema financiero, y en especial a la credibilidad del sistema bancario, al forzarlos a buscar liquidez para afrontar el problema, lo que en su momento transformó la convulsión financiera en una crisis clásica de liquidez. Lo más preocupante era la situación de liquidez de los bancos de inversión y su exposición a los activos considerados tóxicos y de alto riesgo, en un contexto de deficiente regulación y de supervisión en el mayor mercado del mundo, Estados Unidos y en las prácticas poco fiables para la gestión de los riesgos.

Los orígenes de la crisis financiera y las hipotecas subprime

Desde 2001 a 2006, se había producido un *boom* en la vivienda en Estados Unidos. Los prestamistas respondieron incrementando los préstamos hasta los prestatarios marginales de más alto riesgo. Los tipos de interés de las hipotecas empezaron a subir en verano de 2005 contribuyendo inicialmente a debilitar el mercado de la vivienda aunque a finales de 2006 pareció que se estabilizaba el mercado. Pero mientras los precios de las viviendas se elevaban, este tipo de préstamos crecían, a pesar de la elevación de los tipos de interés. En esta situación, los bancos e instituciones financieras ante la demanda de nuevos préstamos, comenzaron a dar más facilidades, ofreciendo nuevos productos híbridos y opciones, con más facilidades, como hipotecas de tipo ajustable, tipos reducidos, e incluso en hipotecas con tipos que en algunos casos podían resultar con amortización negativa en los primeros años.

Recuadro 10.3.
Las hipotecas *subprime*.

> Las hipotecas de alto riesgo o hipotecas *subprime* son préstamos para viviendas que no se ajustan a los criterios que se adoptan para las hipotecas *prime* o hipotecas que cumplen todos los requisitos exigidos para la concesión de un préstamo hipotecario, (nómina, verificación de los ingresos, plazos de amortización adecuados) y en general, los elementos necesarios que garanticen una elevada probabilidad de devolución del préstamo. Además de los prestamos *prime y subprime* hay otro tipo de préstamos, como los *jumbo y las hipotecas cuasi prime (near-prime)*. En Estados Unidos, aproximadamente el 80% de las hipotecas que se concedían eran las hipotecas tradicionales o *prime* (el 14% de los préstamos hipotecarios), mientras que las hipotecas *cuasi prime* el 6%.

Las hipotecas *subprime* se comenzaron a utilizar en la década de los años 90 con la introducción de los programas *scoring* automatizados extendiéndose su utilización a partir de mediados de esa década y experimentando un crecimiento exponencial desde principios de la actual década. La transformación de un préstamo en valores facilitó el crecimiento del mercado por la dispersión del riesgo a partir de esa década, a la vez que se proporcionaba a los inversores una amplia oferta de valores con elevadas calificaciones por las agencias de *rating* que impulsaron el rendimiento, facilitando el negocio de las hipotecas a compañías especializadas. Los préstamos hipotecarios *subprime* que se originaron en Estados Unidos, por prestamistas hipotecarios americanos y bancos al por menor especializados, fueron vendidos a otras instituciones financieras en el mercado secundario, trasladando el riesgo a otras instituciones y ahorradores fuera de Estados Unidos.

Se puede decir, que el rápido desarrollo de las hipotecas *subprime* se debió, por tanto, a dos elementos: 1. la adopción por los prestamistas hipotecarios de las técnicas de *scoring* y 2. a los nuevos productos ofrecidos con escasas garantías.

6. Las instituciones financieras y de desarrollo internacionales

Desde hace años se estaba planteando la necesidad de reformar el sistema monetario internacional, dada la severidad con la que se venían produciendo las crisis desde la década de los años noventa. En el centro del debate se encontraba la eficacia de las instituciones de Bretton Woods y especialmente del FMI como órgano central del sistema monetario internacional. El entorno económico ha cambiado desde que en 1944 se creó el FMI y el BM. Las corrientes de capital privado se han incrementado de forma acusada respecto a los préstamos oficiales.

En lugar de proporcionar recursos a corto plazo para financiar los desequilibrios de las Balanzas de Pagos, bajo un sistema de tipos de cambio fijos, el FMI tiene ahora un amplio ámbito de actuación: es prestamista en última instancia para muchos países con economías emergentes, países en desarrollo y países del Este y Centro de Europa, orienta y trata de enderezar las economías de los mercados emergentes, cuando experimentan crisis financieras, asesora a muchos países y recoge y distribuye datos económicos y financieros de sus 182 países miembros. Contra la experiencia de la década de los años treinta, que sirvió de referencia a los fundadores del FMI y del BM, de que el sector privado no proporcionaría suficientes recursos financieros a los países en desarrollo con necesidad de capital, desde la década de los años noventa se ha producido un auge sin precedente de capitales privados hacia los países con economías emergentes.

Recuadro 10.4. Principales crisis mundiales con ayudas del FMI (m.m.$).

- 1976: RU. Inflación descontrolada y caída valor Libra
- 1994: México (8): Caída peso mexicano

- 1997-98: Tailandia (16), Corea Sur (58), Indonesia (43). Crisis financiera Asia. Caída valor monedas
- 1998: Brasil (42). Profunda depresión
- 1998: Rusia (17). Recesión y caída valor rublo
- 2002: Turquía (16). Recesión
- 2002: Brasil (30). Crisis económica y caída valor real
- 2003: Argentina. Crisis económica y caída valor peso argentino
- 2008*: Islandia, Ucrania, Pakistán, Hungría, ...

(*) aún no se ha cerrado esta etapa

Los tipos de cambio flotantes han sustituido a los tipos de cambio fijos y los condicionantes de la guerra fría se han superado desde principios de la década de los años noventa, incorporándose progresivamente los países del Este y Centro de Europa al funcionamiento de la economía de mercado. Todos estos acontecimientos han estado acompañados paralelamente, por cierta pérdida de liderazgo mundial de Estados Unidos, ante la aparición de otros países, y áreas de integración con influencia internacional. En parte esto es debido por la creciente indiferencia de las autoridades americanas respecto al resto del mundo y al interés despertado en Estados Unidos, por formalizar acuerdos bilaterales y regionales frente a la multilateralización, característicos de la era de Bretton Woods. A esto se añaden las crisis que se vienen produciendo desde principios de los años ochenta, en América Latina, Asia, Rusia, México, Brasil y Argentina.

La solicitud de apoyo financiero del FMI para estas regiones o países concretos ha puesto en evidencia cuestiones relacionadas con: 1) el uso de los recursos del Fondo, 2) el riesgo moral que conlleva el apoyo financiero de las instituciones internacionales, 3) el alcance de los programas propuestos a los países en crisis, como contrapartida al apoyo financiero que se les dispensa, y 4) los efectos económicos y sociales que esos programas provocan en los países en crisis que los adoptan.

La fragilidad financiera, la inadecuada regulación y supervisión bancaria en los países que experimentan las crisis y las turbulencias financieras ponen también en entredicho el papel que juegan foros internacionales, como el Banco Internacional de Pagos o instituciones multilaterales como el FMI o el BM. La respuesta de la sociedad civil y los grupos antiglobalización, ante la imposibilidad de que países en desarrollo muy pobres, especialmente del África subsahariana puedan afrontar el servicio de la deuda y el empobrecimiento y miseria en la que se encuentran, más los problemas del medio ambiente o el desarrollo económico global, afecta al funcionamiento de organizaciones económicas internacionales como la Organización Mundial de Comercio, el Banco Mundial o los Bancos Regionales de Desarrollo.

7. Las propuestas de reforma de la arquitectura financiera internacional

La vulnerabilidad se ha acentuado desde los años noventa tras producirse un auténtico «boom» de las corrientes de capital hacia los mercados emergentes. Todo ello ha coincidido con una rápida expansión de la economía global amparada por: 1) la difusión de los cambios tecnológicos, 2) la mejora de las comunicaciones y del transporte, 3) el avance del comercio mundial, y 4) la innovación financiera.

El auge de las corrientes de capital, aunque se ha producido en otras épocas con progreso tecnológico y expansión del comercio y de la producción, desde la década de los años noventa existen algunas diferencias, en cuanto a las características de los países receptores de las corrientes de capital y de los instrumentos financieros que se han utilizado. Se ha observado, que también existen diferencias entre las economías en crisis y las economías no afectada por las turbulencias financieras, respecto a determinadas variables indicativas de los desequilibrios macroeconómicos o de elementos básicos de las economías, como políticas fiscales y monetarias, déficit por cuenta corriente insostenibles cuando se tienen tipos de cambio fijos, etc.

Aparte de estos factores, los inversores también pueden reconsiderar los riesgos que están corriendo en un país y adoptar criterios más estrictos respecto a lo que hasta ese momento estaban considerando variables consistentes y sólidas. Dada la globalización de la economía, se considera que la inestabilidad que se produce en el sistema financiero internacional con las crisis es global y sistémica y por tanto, los esfuerzos de los países individuales para hacer frente a los problemas no son suficientes y se plantea la necesidad de reformar la arquitectura financiera internacional.

Las principales propuestas de reforma, antes de la crisis financiera iniciada en 2007, se habían centrado en los siguientes ámbitos:

1. Mejora de la transparencia.
2. Mejora de los mecanismos de supervisión y regulación financiera.
3. Liberalización de la cuenta de capital.
4. Reforma de las instituciones financieras internacionales.
5. Establecimiento de un prestamista internacional en última instancia.

Mejora de la transparencia

Las crisis, especialmente a partir de la asiática, habían puesto de manifiesto que para una mejor gestión y solución de las mismas sería necesario una mayor transparencia y una mejora en la divulgación de la información de las actividades en los mercados financieros, para que los gobiernos, las autoridades económicas y las instituciones financieras internacionales estén bien informadas: 1) para los mercados financieros, para que las decisiones de préstamo y de inversión sean más prudentes. La falta de transparencia refleja un conjunto de factores, entre los que se incluye la naturaleza opaca de los mercados *over- the- counter,* donde muchos de los operadores toman posiciones fuera de balance, 2) para los gobiernos, para que pongan en marcha o para que mejoren las medidas de regulación y supervisión de las instituciones financieras. Mejorar la transparencia de los mercados *over- the- counter* es algo difícil, pero se facilitaría la labor si las autoridades estuvieran mejor informadas para hacer frente a las turbulencias financieras, y 3) para las instituciones financieras y especialmente las instituciones financieras internacionales, como el FMI, para mejorar la vigilancia. Para mejorar la transparencia, las principales iniciativas que se habían tomado, se concentraron en el establecimiento de estándares para mejorar la calidad y la disponibilidad de la información relativa a las actividades del sector público (políticas fiscal, monetaria y financiera) y datos macroeconómicos relevantes.

Mejora de los mecanismos de supervisión y regulación financiera

La crisis asiática de 1997, puso de manifiesto que la supervisión que el FMI lleva a cabo, a través de las consultas bajo el artículo IV, no es suficiente ni para influir en las políticas de los países emergentes más expuestos a las crisis, ni para detectar el riesgo de crisis y sus implicaciones en el sistema financiero internacional. Las propuestas se han dirigido a establecer estándares globales, para ser aplicados por los países, más que a establecer una agencia internacional que regule y supervise el sistema financiero. Para asegurarse que los países adoptan estos estándares, el FMI amplió su labor de vigilancia a temas financieros. El FMI también había iniciado con carácter experimental, un programa denominado «sistema adelantado de señales de alarma» (*early warning system*) para anticipar las crisis cambiarias y de balanza de pagos.

Liberalización de la cuenta de capital

Desde mediados de la década de los años ochenta se ha procedido a una apertura en la cuenta de capital en la mayoría de los países en desarrollo. Las medidas liberalizadoras han superado en número a las medidas restrictivas, facilitando las entradas de capital. Los controles de capital se incrementaron en la década de los años noventa ante el temor de que: 1) las rápidas entradas de capital provocasen inflación por la pérdida de autonomía de la política macroeconómica, debido a la creación de dinero a través de la transferencia de los recursos exteriores al sistema bancario, y 2) su retirada tuviese efectos adversos en la economía. A partir de la crisis financiera de México, en diciembre de 1994, la preocupación se ha desplazado sobre todo a la retirada masiva de capitales y a la imposibilidad de acceder a nuevas entradas de capital (el parón súbito o *suddenstop*), que ha llevado a considerar políticas orientadas a controlar las entradas de capital en los momentos de auge y restringir la salida en los momentos de crisis. Pero se ha demostrado la dificultad que tienen los controles de capital por la dificultad de establecer baremos cuantitativos.

Los estudios de los países antes y después de establecerse controles de capital, arrojan las siguientes conclusiones:

1. Los controles a las entradas de capital no parece que afecten al nivel de las corrientes de capital. Las entradas de capital descienden inmediatamente en cuanto se imponen las medidas y se recuperan después rápidamente.
2. Los controles a las salidas de capital parece que afectan a la composición de los flujos de capital, especialmente ampliándose la estructura de los vencimientos.
3. Las medidas de protección, ante crisis de liquidez, en general, son más severas, en países con medidas para incrementar las reservas respecto a la deuda a corto plazo (Malasia, Chile o Brasil).

La apertura de la cuenta de capital proporciona beneficios a largo plazo a los países que lo llevan a cabo, pero no está demostrado que todos los países obtengan las mismas ventajas. Los países industrializados con un sistema financiero maduro obtendrán beneficios de la apertura de la cuenta de capital, porque facilitan la diversificación de las carteras, compensando los riesgos que se asumen en los diferentes proyectos, facilitan la inversión y mejoran el rendimiento de los proyectos. Pero los países en vías de desarrollo puede que no obtengan los mismos beneficios que los países industrializados, porque el riesgo de crisis en estos países es mayor, y en cualquier caso, si la crisis procede de los países industriales, los países en desarrollo sufren las consecuencias más adversas.

Reforma del funcionamiento de las instituciones financieras internacionales

Las características de los mercados financieros internacionales, y la interrelación existente entre los negocios financieros y la falta de efectividad y representatividad de las principales instituciones financieras internacionales en el mundo actual, diferente del marco vigente después de la Segunda Guerra Mundial cuando fueron establecidas, han llevado a replantear algunas cuestiones sobre el funcionamiento de las instituciones financieras internacionales, especialmente del FMI. Las propuestas han ido encaminadas a: 1) crear una agencia global para la regulación y supervisión financiera o autoridad financiera global, 2) reformar las instituciones financieras existentes, y 3) concretar las funciones originarias de cada institución.

La creación de una agencia global para la regulación y supervisión financiera se apoya en los siguientes argumentos:

1. Los negocios financieros internacionales están fuertemente relacionados y son transfronterizos por lo que se debería encargar a un solo organismo global la regulación y supervisión de su funcionamiento.
2. La volatilidad de los movimientos de capitales sólo puede controlarse bajo una autoridad global con criterios y reglamentación uniformes. Este nuevo organismo financiero internacional sería el responsable de establecer las reglas y estándares financieros. Las autoridades nacionales se encargarían de hacer cumplir los estándares establecidos por dicha agencia.

   Una propuesta más modesta y en línea con lo anterior, sería la creación de una organización que incluyese a diferentes órganos que participarían de la información sobre la vulnerabilidad del sistema financiero mundial y establecerían estándares de supervisión, códigos de conducta y normas consensuadas.
3. Reformar las instituciones financieras existentes reduciría el problema que supone integrar una institución nueva creada *ex-novo* en la estructura institucional y jurídica actual. Por otra parte, no hay razones para pensar que una nueva institución vaya a tener más éxito para lograr la estabilidad financiera mundial que las existentes.

Recuadro 10.5. Las propuestas de la Comisión Meltzer.

Entre las críticas que se han realizado sobre el papel de las instituciones económicas internacionales y especialmente del FMI, destaca el Informe de la Comisión Meltzer (marzo de 2000). El informe toma esta denominación por ser el profesor Allan H. Meltzer el presidente de dicha Comisión. Esta Comisión tiene su origen en el debate que se produjo en 1988 en el Congreso americano, sobre la aportación adicional de Estados Unidos al FMI, de 18.000 millones de dólares. El Congreso estableció una Comisión Asesora de las Instituciones Financieras Internacionales, para considerar el papel futuro de siete instituciones financieras internacionales: el Fondo Monetario Internacional, el Grupo del Banco Mundial, el Banco Interamericano de Desarrollo, el Banco Asiático de Desarrollo, el Banco Africano de Desarrollo, la Organización Mundial de Comercio y el Banco Internacional de Pagos. Según la Comisión, se puede mejorar, de forma significativa, el funcionamiento del FMI, del BM y de los Bancos Regionales de Desarrollo.

> Propuestas de la Comisión Meltzer:
>
> 1. El FMI debería servir como un cuasi prestamista en última instancia para las economías emergentes. Sus operaciones se limitarán a proporcionar liquidez a corto plazo, con un tipo de interés superior a la tasa de mercado.
> 2. La Comisión pone en evidencia la retórica y la falta de resultados de los bancos de desarrollo, especialmente el Banco Mundial, respecto a los objetivos que se han establecido, en concreto la mejora de la calidad de vida en los países más pobres.
> 3. Las críticas y recomendaciones al Banco Internacional de Pagos (BIP) son muy ligeras, considera que se ha adaptado bien al entorno económico y financiero cambiante y una muestra de ello, es que la mayoría de los principales países adoptan sus estándares y recomendaciones.
> 4. De las dos principales funciones de la Organización Mundial de Comercio (OMC), la primera, administrar el proceso de liberalización comercial adaptando las reglas de comercio, es la segunda, la de servir como cuerpo cuasi-jurídico para arreglo de disputas comerciales, utilizando sanciones frente a los países que violan las normas, la que atrae la atención de la Comisión. Se considera que muchas de las decisiones de la OMC se mueven en un amplio abanico de temas con riesgo de afectar a las legislaciones nacionales (seguridad, salud, medio ambiente, etc.) inclinándose por el mantenimiento de la autoridad nacional. Este es un tema especialmente sensible para el Congreso americano, caracterizado en los últimos años por la defensa de normas unilaterales restrictivas del comercio.

Un prestamista internacional en última instancia

En una economía, el papel del gobierno (Banco Central) es actuar como prestamista en última instancia proporcionando liquidez a los bancos. Pero los gobiernos también se enfrentan a problemas de información imperfecta sobre la solvencia de cada banco. En caso de crisis, el gobierno o el Banco Central pueden proporcionar grandes cantidades de liquidez al sistema en un período corto de tiempo. Las crisis monetarias en los mercados emergentes transforman los problemas de liquidez en problemas de solvencia. Como la política monetaria y las reservas de los países afectados, en general, son insuficientes para afrontar estos problemas, las grandes instituciones multilaterales han proporcionado, en general, paquetes de rescate financiero para restablecer la confianza de los mercados.

Ante la frecuencia y el alcance de las crisis, se ha considerado establecer un prestamista en última instancia a nivel global, para proporcionar liquidez a los países que se enfrentan a un pánico financiero. La asistencia coordinada por el FMI ha sido hasta ahora un apoyo *ex-post,* como respuesta a las crisis monetarias en los países en desarrollo con la finalidad de satisfacer la incertidumbre de los acreedores, mantener la convertibilidad de la cuenta de capital y evitar el colapso de esas economías.

Recuadro 10.6. Prestamista en última instancia y riesgo moral.

Se ha criticado frecuentemente a los organismos financieros internacionales por la forma como han afrontado las crisis financieras. Las críticas más destacadas al papel de las instituciones multilaterales en las crisis financieras se resume en lo siguiente: 1) en general los paquetes financieros de rescate se han asociado con medidas de condicionalidad que en ocasiones han ido más allá de lo que supone un ajuste macroeconómico, (el caso de la República de Corea, con medidas condicionales del FMI consideradas innecesarias por interferir en la jurisdicción soberana del país), 2) incrementan el azar moral o riesgo moral y por tanto, la posibilidad de futuras crisis, al proporcionar incentivos a la actuación imprudente de los acreedores y deudores, y 3) el volumen de apoyo financiero preciso, cada vez es mayor y más difícil de recabar.

El azar moral o riesgo moral surge cuando la información es asimétrica, es decir, cuando el acreedor y el deudor no disponen de la misma información. En el plano institucional, los paquetes de rescate del FMI suponen un seguro ante la posibilidad de quiebra financiera del país deudor. Este respaldo financiero de una institución multilateral permite a los acreedores no soportar las pérdidas que les corresponderían por decisiones erróneas de inversión. El riesgo moral es la percepción popular de que existen garantías o un respaldo implícito que proporcionan los organismos financieros internacionales o las autoridades locales a las entidades financieras que atraviesan graves problemas. El riesgo moral existe cuando la provisión de seguro contra un riesgo anima a un comportamiento que facilita las probabilidades de que ese riesgo se materialice. De alguna manera, la percepción de la existencia de un respaldo financiero internacional ante momentos de crisis financieras, alienta un comportamiento más imprudente por parte de los acreedores, inversionistas y deudores, se reduce artificialmente el riesgo de crédito y las primas de riesgo, que en otras circunstancias solicitarían los intermediarios financieros o los inversores y se incrementa la demanda de crédito más allá de lo que se considera eficiente, desde un punto de vista económico.

Sin embargo, aunque se puede reducir el riesgo moral, no parece probable que se elimine, por: 1) los efectos sistémicos con los que amenaza provocar una crisis financiera, y 2) el coste económico y social que suelen tener

> las crisis en los países más directamente afectados, en general países con economías emergentes y países en desarrollo. Para protegerse contra el riesgo moral en el sector financiero y reducirlo al mínimo posible, las instituciones financieras y los bancos deben observar los principios de solidez bancaria. Una forma de reducir el azar moral sería limitar la cobertura del seguro y elevar la prima, para poder soportar el mayor riesgo actuarial. Otra forma sería desarrollar nuevos productos financieros (o incentivar los actuales) que ayudasen a prevenir las crisis o a restaurar la confianza de los mercados.

8. La crisis financiera, el G-20 y la gobernanza global: la reforma de la arquitectura económica y financiera internacional

La crisis financiera ha impulsado algunos cambios importantes en la arquitectura institucional y financiera internacional, interpretado como la aparición de un nuevo orden económico internacional. Los primeros pasos para la reforma de la arquitectura financiera global se dieron en la Cumbre de Washington, celebrada el 15 de noviembre de 2008. Los dirigentes del Grupo de los Veinte (G-20) se reunieron en Washington, para sentar las bases que puedan garantizar que una crisis global como la que estaba sucediendo en la economía mundial, no se volviese a repetir. La reunión tenía una triple finalidad: 1. reforzar la cooperación, 2. trabajar en común para restaurar el crecimiento económico mundial, y 3. proponer reformas necesarias en los sistemas financieros internacionales. Existía cierta unanimidad para señalar la dificultad que había para determinar con exactitud los orígenes de la crisis, ya que concurrían determinados elementos que hacían difícil identificar a los agentes originarios, agrupados alrededor de una importante acumulación de desequilibrios económicos insostenibles, falta de solidez del sector financiero, desajustes en el precio de los activos, pérdida de confianza en la moneda o en el sistema bancario, interrupción de las corrientes de capital o falta de credibilidad en los proyectos político-económicos y en su aplicación para corregir los desajustes.

En la declaración institucional del G-20 del 15 de noviembre de 2008, se aludía a las medidas urgentes y excepcionales que se habían tomado para sostener la economía mundial y estabilizar los mercados financieros, proporcionando: 1. liquidez, 2. reforzando el capital de las instituciones financieras, y 3. protegiendo el ahorro y los depósitos. Los pasos a seguir estaban centrados en cinco áreas concretas:

— Impulsar una regulación adecuada.
— Fortalecer la transparencia y la rendición de cuentas.
— Promover la integridad en los mercados financieros.
— Reforzar la cooperación financiera internacional.
— Reformar las instituciones financieras internacionales.

El segundo paso, se dio en la Cumbre de Londres del 1 y 2 de abril de 2009, donde se materializó la transformación por varias vías:

1. El poder de decisión internacional o gobernanza global se modificó al desplazarse ese poder, del G -7 ámbito exclusivo de los países desarrollados (Estados Unidos, Reino Unido, Francia, Italia, Japón, Canadá y Alemania), al G-20 donde participan las economías de los países emergentes.
2. Los organismos económicos y financieros internacionales, el Fondo Monetario Internacional, el Banco Mundial más el Foro de Estabilidad Financiera, que se transformó en el Consejo de Estabilidad Financiera, se constituyeron en los pilares de la nueva arquitectura financiera internacional. Para ello, se ampliaron sus poderes y se reforzaron sus medios.

Recuadro 10.7.
El Consejo de Estabilidad Financiera.

> El Consejo de Estabilidad Financiera fue creado en la Cumbre de Londres en abril de 2009, como resultado de la transformación del Foro de Estabilidad Financiera. Este foro constituía un ejemplo de un órgano que incluía a diferentes órganos. La crisis asiática de 1997 y 1998 convulsionó a la comunidad económica y financiera internacional y al amparo de esta crisis y para promover el establecimiento de una nueva estructura que impulsase la cooperación, la supervisión y la estabilidad del sistema financiero internacional, los ministros de Finanzas y gobernadores de los Bancos Centrales del G7, el 3 de octubre de 1998, encargaron al Presidente del Deutsche Bundesbank, Hans Tietmeyer, la formación de un grupo específico. En esa fecha, los ministros de finanzas y los gobernadores de los Bancos Centrales en una declaración formal, reforzaron su compromiso de reformar el sistema financiero internacional y apoyar la estabilidad financiera. Se recomendó la creación de un Foro de Estabilidad Financiera, que fue creado el 14 abril de 1999 en Washington. Entre sus objetivos figuraban: 1. promover la estabilidad financiera mundial, 2. mejorar el funcionamiento de los mercados financieros, 3. reducir la tendencia de propagación de los shocks financieros y la desestabilización de la economía mundial. Para ello, el Foro de Estabilidad Financiera debía ocuparse de: 1. establecer la vulnerabilidad que afecta al

> sistema financiero internacional, 2. identificar y prever las acciones necesarias para afrontarlo, 3. mejorar la coordinación y el intercambio de información entre las distintas autoridades responsables de la estabilidad financiera. En este Foro de Estabilidad Financiera, estaban representados los ministros de Hacienda, Bancos Centrales, autoridades encargadas de la regulación de los países del G-7, FMI, BM, OCDE, el Comité de Supervisión Bancaria de Basilea, el propio BIP, el Comité de la euro-moneda, el IOSCO y la Asociación Internacional de Supervisores de Seguros (IAIS).

En este nuevo contexto, los países emergentes van a desempeñar un papel destacado en función del tamaño de sus economías y del desarrollo de sus sistemas financieros. Para presentar los resultados a la comunidad económica internacional en la cumbre de Londres del 2 de abril de 2009, se establecieron cuatro grupos de trabajo. Cada uno de los países del G20 estaba representado en los respectivos grupos, además de representantes de los diferentes ámbitos de la vida económica y académica.

Un paso más se dio en la Cumbre del G-20 en Pittsburgh (Pensilvania) en septiembre de 2009. Los principales planteamientos se hicieron por la UE, solicitando límites a los bonus de la banca y de los grandes directivos y tratando de convencer a Estados Unidos para pactar un esquema global.

En la Cumbre del G-20 en Toronto, celebrada en junio de 2010, se señaló la fragilidad de la economía mundial para volver a la senda del crecimiento, acuciada por el elevado desempleo y el impacto social de la crisis en muchos países. Tras el lanzamiento en Pittsburgh de la Estructura para un Crecimiento Fuerte, Sostenible y Equilibrado, se ha completado lo que se considera la primera fase del Proceso Mutuo de Valoración y la conclusión ha sido que todavía queda mucho por hacer, aunque se puede decir que las Instituciones Financieras Internacionales (IFIs) han sido la parte central de la respuesta global en la crisis económica y financiera, movilizando una financiación crítica, incluidos 750 m.m $ por el FMI y 235 m.m. por los Bancos de Desarrollo Multilaterales. Esta actuación ha destacado el valor de estas instituciones como plataforma de la cooperación global.

Las propuestas de reforma del sector financiero como consecuencia de la crisis

Desde el ámbito del sector financiero, la agenda de la reforma descansa en cuatro pilares:

1. Fuerte regulación financiera.
2. Supervisión eficaz.

3. Liquidación y corrección de instituciones sistémicas.
4. Evaluación internacional transparente por iguales.

La crisis financiera ha impuesto un coste muy elevado y no se puede permitir que una crisis así se repita. El sistema financiero debe orientarse para servir: 1. las necesidades de la economía, 2. reducir el azar moral, 3. limitar el riesgo sistémico y 4. apoyar un crecimiento económico fuerte y estable.

Recuadro 10.8. Regulación y supervisión financiera: el BIP.

> La principal referencia internacional relacionada con la regulación y supervisión bancaria es el Comité de Basilea sobre Supervisión Bancaria y otros órganos relacionados con el Banco Internacional de Pagos. Las iniciativas del Comité incluyen, la adopción de principios que aseguren que los bancos internacionales se ajustan a la regulación y a los niveles de capital adecuados a los riesgos que asumen. En esta línea, se han adoptado, respecto a los riesgos de crédito, en 1988, el Acuerdo sobre Requerimiento de Capital y en 1996 los riesgos de mercado. A diferencia de los riesgos de crédito, que es el resultado de la posibilidad de que una contraparte de un banco no cumpla sus obligaciones, el riesgo de mercado es la pérdida de valor de los activos de un banco, por la variación de las condiciones de mercado, especialmente por variación de los tipos de interés o de los tipos de cambio. En el informe del Comité de Basilea, Principios Básicos para una Efectiva Supervisión Bancaria (*Core Principles for Effective Banking Supervision*), se han enunciado otros estándares de supervisión en cooperación con autoridades supervisoras de alguno de los principales mercados emergentes, y el FMI y el BM.

Las principales iniciativas de reforma se espera que tengan un impacto directo sobre la intermediación financiera. Entre esas iniciativas destacamos las siguientes:

1. Requerimientos prudenciales para los bancos en general:
   a) Más capital para:
      — *Trading book*.
      — Armonización de la definición de capital.
      — Riesgo de contrapartida.
      — Ratio de apalancamiento sobre el total de activos no ponderados por el riesgo.
   b) Más liquidez y su control.
   c) Gravamen sobre las transacciones bancarias u otros indicadores de tamaño y riesgo.
   d) Mejor política del crédito.
   e) *Stress test*.

2. Impuestos y tasas a las transacciones financieras, pasivos financieros y otras medidas sobre el tamaño y riesgo de los bancos.
3. Medidas para tratar de forma concreta el riesgo asociado con las SIFIS (Instituciones Financieras Importantes Sistémicas), que estarían sujetas a mayores requerimientos de capital u otros requerimientos específicos.
4. Medidas para reducir el carácter procíclico:

   — Provisiones dinámicas.
   — Amortizaciones anticíclicas del capital.

5. Medidas para impulsar un préstamo responsable
6. Regulación de otras entidades del mercado

   — Mercados OTC.
   — *Hedge funds.*
   — Agencias de calificación (*rating*).

Recuadro 10.9. La reforma del sistema financiero de EE. UU.

Una de las consecuencias de la crisis financiera ha sido la propuesta de reforma del sector financiero de Estados Unidos hecho público en mayo de 2010. Con esa reforma se sentaban las bases para evitar que Estados Unidos cayese en una crisis financiera como la desencadenada por las hipotecas *subprime*. La reforma esta centrada en nueve objetivos: 1. fortalecer la autoridad del gobierno, 2. derivados, 3. tamaño de las entidades bancarias, 4. operaciones de autocartera, 5. reservas, 6. protección a los consumidores, 7. regulación de los seguros, 8. *hedge funds*, y 9. agencias de *rating*. Con esta reforma, las autoridades económicas podrán intervenir y alterar el tamaño de las entidades financieras que se consideren un riesgo para el sistema financiero (aunque no estén en quiebra). Se crea un Consejo de Estabilidad Financiera formado por los reguladores y la Reserva Federal (FED).

Sobre los derivados, dada sus características al ser activos cuyo precio depende de otro activo, estar diseñados de forma particularizada, no estar estandarizados y no tener riesgo de contrapartida (si alguien se declara insolvente, no tiene que afrontar sus compromisos en derivados) se propone crear cámaras de compensación formada por inversores y el mercado. Estas cámaras exigirán un depósito de garantía al comprador y al vendedor de estos productos. Respecto al tamaño de las entidades bancarias, aquellas que tengan más del 10% de los depósitos de Estados Unidos, solo podrán crecer orgánica, no pudiendo hacer fusiones o adquisiciones (solo el Bank of America dispone de un tamaño similar con una cuota de mercado del 9%).

Los bancos con más de 200 mil millones de euros deberán disponer de reservas adicionales. Se crea una Agencia de Protección del Consumidor de Productos Financieros bajo el paraguas de la FED y cuyo director será nombrado por el presidente americano. Se crea a nivel federal una Oficina Nacional de Seguros dependiente del Tesoro americano (hasta ese momento, la supervisión de las aseguradoras dependía de los Estados). Los *hedge funds* tendrán algún tipo de control al tener que informar a la SEC (agencia reguladora americana) de sus operaciones y balances. Finalmente, las agencias de *rating* no podrán ser elegidas por el colocador para evaluar la calidad de la deuda estructurada (bonos, etc.) a emitir. Esa competencia pasa a una comisión formada por la SEC, los compradores y los emisores.

RESUMEN

Los episodios de inestabilidad y crisis financieras no son nuevos. En el siglo XIX ya se produjeron crisis bancarias notables y antes de la caída de Bretton Woods, se produjo la crisis de la libra esterlina y la crisis del franco francés en los años sesenta. Tras el colapso de Bretton Woods la movilidad de los capitales ha estado acompañada por una mayor inestabilidad financiera y por la frecuencia de procesos de crisis, entre las que se incluyen las crisis bancaria e inmobiliaria en Estados Unidos, desde finales de los años setenta. En general no se puede delimitar con exactitud cuáles son los orígenes de una crisis, porque existen elementos comunes en todos los tipos de crisis.

La fragilidad financiera, la inadecuada regulación y supervisión bancaria en los países que experimentan las crisis y las turbulencias financieras ponen en entredicho en muchas ocasiones, el papel que juegan foros y organismos internacionales. La crisis de las hipotecas *subprime* ha puesto de manifiesto la fragilidad del sistema financiero internacional. Esa fragilidad se había acentuado ya desde la década de los años noventa tras el *boom* de los movimientos de capital hacia los mercados emergentes. La globalización de la economía ha incrementado la vulnerabilidad del sistema financiero y ha planteado la conveniencia de su reforma. Las cumbres del G-20 y los organismos económicos y financieros internacionales, celebradas tras la quiebra de Lehman Brother constituyen un primer paso para reformar la arquitectura financiera internacional.

TEMAS DE REFLEXIÓN

1. ¿Qué es el riesgo moral?
2. ¿Por qué se ha incrementado la vulnerabilidad financiera desde los años noventa?
3. ¿Que iniciativas se han tomado para mejorar la transparencia?
4. ¿Qué se decidió en la cumbre de Washington en 2009?
5. ¿Qué es un prestamista en última instancia?

EJERCICIOS DE AUTOCOMPROBACIÓN

1. **El informe de la Comisión Meltzer del año 2000:**
   a) Propone una reforma concreta de las actividades del FMI y del BM.
   b) Propone una nueva regulación internacional para evitar los efectos contraproducentes de la globalización.
   c) Propone una reforma del Sistema Monetario de Bretton Woods.
   d) Ha contribuido a la creación de una nueva agencia internacional para la regulación y supervisión financiera.

2. **Las principales propuestas de reforma de la arquitectura financiera internacional apuntan a:**
   a) Mejorar la transparencia.
   b) Reformar el funcionamiento de las instituciones financieras internacionales.
   c) Establecer la figura de prestamista en última instancia.
   d) Todas las respuestas son correctas.

3. **La mejora de los mecanismos de supervisión y regulación financiera:**
   a) Es una de las líneas de actuación para la reforma de la arquitectura financiera internacional.
   b) Corresponde al Banco Mundial.
   c) Solo es necesaria en los países en vías de desarrollo altamente endeudados.
   d) Todas las respuestas son correctas.

4. **Es un tipo de crisis:**
   a) La crisis cambiaria.
   b) La crisis bancaria.
   c) La crisis de deuda externa.
   d) Todas las respuestas son correctas.

5. **La crisis mejicana desatada en la década de los ochenta fue:**
   a) Una crisis bancaria.
   b) Una crisis de deuda externa.
   c) Una crisis cambiaria.
   d) Ninguna respuesta es correcta.

SOLUCIONES A LOS EJERCICIOS DE AUTOCOMPROBACIÓN

1. a)
2. d)
3. a)
4. d)
5. b)

BIBLIOGRAFÍA

AKYÜZ, Y. y A. CORNFORD, «Capital Flows to Developing Countries and the Reform of the International Monetary System», *Blackground Paper for Special Session IV on Global Finance,* 6-7 December 2000.

CALVO, A., *La Unión Europea. Mecanismos financieros y moneda única,* Ed. Pirámide, Madrid, 2000.

— "La crisis de las hipotecas subprime y el riesgo de *credit crunch"*, Revista de Economía Mundial, Nº 18, 2008.

Meltzer Commission Report. 2000.

RAMOS PUIG, Gonzalo, «La nueva arquitectura financiera internacional», *Boletín económico del ICE,* n.º 2686 del 26 de marzo al 1 de abril de 2001.

WORLD BANK, *Global Development Finances,* 2000.

—, World Economic Outlook, varios años.

11
Comercio y cooperación internacional. La globalización de la economía

1. La cooperación internacional y el dilema del prisionero.—2. La cooperación internacional y el comercio.—3. Internacionalización y globalización de la economía.—4. La evolución del comercio internacional.—5. Los obstáculos al comercio. Principales instrumentos de protección.—6. Liderazgo y política comercial internacional.

TÉRMINOS CLAVE

- **Acuerdos comerciales**
- **Comercio internacional**
- **Cooperación**
- **Dilema del prisionero**
- **Globalización**
- **Internacionalización**
- **Obstáculos al comercio**
- **Proteccionismo**

1. La cooperación internacional y el dilema del prisionero

Es común entre los economistas considerar que la cooperación de los gobiernos en el terreno comercial es aconsejable como una vía para evitar las guerras comerciales tan perjudiciales para todos los países por las represalias que se desencadenan entre ellos, una vez que alguno de los participantes en las relaciones comerciales internacionales deciden incrementar unilateralmente los obstáculos comerciales, favoreciendo el precio de sus importaciones y perjudicando a los adversarios comerciales. La historia de las relaciones económica internacionales avala este argumento. La ausencia de la cooperación estaría representada, por lo que se denomina el «dilema del prisionero», según el cual, un comportamiento racional no cooperativo será mas perjudicial para ambas partes, que si cooperan. Esto explicaría el comportamiento de países lo suficientemente grandes como para poder imponer sus principios y reglas al resto de los países, pero no podría explicar las razones que llevan a los gobiernos de pequeños países, que no pueden imponer sus condiciones, ni manipular el precio mundial de sus importaciones, a cooperar, a menos que se considere, que la cooperación y la participación con países más grandes les proporciona a los más pequeños, ventajas que no pueden obtener de forma individual y aislada.

Como una de las explicaciones alternativas que lleva a la cooperación comercial internacional, está lo que se denomina el «enfoque del compromiso», por el cual, si los gobiernos carecen de credibilidad entre sus agentes económicos internos, busquen respaldar sus actuaciones futuras, con compromisos internacionales.

2. La cooperación internacional y el comercio

Antes de la Primera Guerra Mundial (1860-1914) las relaciones comerciales internacionales, atravesaron períodos de auge en la cooperación, y períodos de enfrentamientos comerciales con importantes consecuencias políticas. El desarrollo económico y la industrialización, contribuyeron al auge económico europeo de la última parte del siglo XIX. Una red de acuerdos comerciales bilaterales, el primero de los cuales fue el tratado anglo-francés Cobden-Chevalier de 1860, llevó a la firma de otros tratados comerciales en Europa. Las reducciones arancelarias acordadas de forma bilateral, se tradujeron en una reducción de los aranceles, especialmente en productos agropecuarios. Este período de auge en la cooperación comercial internacional, se va degradando hasta el estallido de la Primera Guerra Mundial.

A finales del siglo XIX, los problemas planteados por la agricultura en Europa, contribuyeron a generalizar el proteccionismo en el continente. El nacionalismo y el empeño por ganar influencia colonial, abocó a las potencias europeas hacia el establecimiento de obstáculos comerciales en algunos sectores (especialmente en el agrícola) creando las condiciones económicas que llevaron a Europa a la Primera Guerra Mundial.

El período de entreguerras estuvo caracterizado por una cooperación internacional limitada, una política comercial con períodos proteccionistas y tensiones monetarias que contribuyeron a crear el caldo de cultivo para la Segunda Guerra Mundial. Entre los elementos que contribuyeron a deteriorar la situación económica, destaca la ley arancelaria Hawley-Smoot (1930) que produjo una guerra comercial y un descenso del comercio de alrededor del 60% entre 1929 y 1932. Las devaluaciones monetarias y el colapso del patrón oro a comienzos de los años treinta también fueron elementos característicos de esa época. A mediados de la década de los años 30, Estados Unidos rechazó el proteccionismo y algunos países se esforzaron también por enderezar la cooperación comercial, pero los resultados fueron muy limitados. La organización económica internacional tras la Segunda Guerra Mundial sentó las bases para el establecimiento de un sistema multilateral de comercio basado en la cooperación y el acuerdo, cuyo resultado fue la creación del FMI, el BM, el GATT, la UNCTAD y los BsRs. de Desarrollo.

El final de la Segunda Guerra Mundial marcó el inicio de un período de fuerte expansión económica y comercial en el mundo, donde las exportaciones de mercancías (en valores reales) se incrementaron mas del 8% anual entre 1950 y 1973. La participación en el comercio mundial tras la Segunda Guerra Mundial, también estuvo marcado por una división de las regiones en tres grandes grupos: 1. Los antiguos países industriales alrededor de las reglas de liberalización comercial del GATT. 2. Los países de la Unión Soviética y China, con economías planificadas centralmente, con escasa participación en el comercio internacional, aunque algunos países del COMECON eran países miembros del GATT, pero con participación comercial escasa. 3. Los países en desarrollo, gran parte de ellos recién obtenida su independencia de las antiguas metrópolis, con políticas de sustitución de importaciones, con elevados aranceles y obstáculos no arancelarios para proteger el mercado interior y cierta participación del Estado en la economía.

Otros países que entraron a formar parte aunque de manera temporal, del dinamismo comercial internacional, en esa época, son los países exportadores de petróleo, especialmente desde la primera crisis del petróleo en 1973, debido a la elevación del precio del crudo. A partir de 1983, ese dinamismo comercial comenzó a descender al reducirse el precio del petróleo. La desintegración del Consejo de Ayuda Económica Mutua (COMECON) y de la Unión Soviética en 1990, dotó de un nuevo dinamismo a la economía internacional y al comercio, aunque es en esa década cuando los países industrializados van cediendo terreno comercial a la competencia de los países asiáticos.

3. Internacionalización y globalización de la economía

La economía mundial ha experimentado a lo largo del siglo XX una transformación profunda que se inició en la última década de los años cincuenta, con el desarrollo de las relaciones comerciales internacionales, en un ambiente de creciente competencia internacional e interdependencia y mayor complejidad de las economías. Esta mayor interdependencia de las economías, implica por un lado, que la actividad económica en un área estará afectada, de forma directa, por la marcha de la propia actividad, y de forma indirecta, por las perturbaciones que se originen en otro lugar, como resultado del efecto contagio.

El proceso de globalización actual, con la utilización de nuevas tecnologías de la información, que tiende a unificar los mercados y las reglamentaciones aplicadas en los mismos, facilita las transacciones y las inversiones, pero no lo simplifica, porque el resultado es un mercado mucho más complejo, con nuevas exigencias, nuevas reglas, nuevos competidores, en definitiva es un nuevo sistema. El nuevo concepto de globalización implica actividades que traspasan las fronteras nacionales y sobrepasan los sistemas de reglamentación nacionales, de forma que las nuevas tecnologías de la información hacen que la información y las transacciones económicas y financieras se muevan a lo largo de todo el mundo en cuestión de segundos.

El término globalización empezó a utilizarse en los años ochenta como referencia de rapidez y facilidad con la que se realizaban las transacciones internacionales con la nueva tecnología de la información y del conocimiento. Aunque no existe una definición comúnmente convenida sobre el término globalización, para la OCDE (1993), la globalización es un proceso por el cual los mercados y la producción en los países, se ha ampliado y profundizado, haciéndose cada vez más interdependiente, debido a la dinámica del comercio de bienes, servicios, flujos de capital y tecnología. Para otros autores, el termino globalización se refiere a la integración internacional de los mercados de productos básicos, capitales y trabajo (Bordó y otros).

Recuadro 11.1.
La internacionalización de la economía.

A finales del siglo XIX y principios del siglo XX también se produjo una fuerte internacionalización de la economía con un elevado grado de interdependencia de las corrientes financieras y de los flujos comerciales. Según la OMC, entre 1720 y 1913 el comercio creció por encima del PIB. El período con el crecimiento medio más bajo desde 1820, va de 1913 a 1950, acompañado por un lento avance del comercio (cayó un 60 por 100) debido a la guerra, a la Gran Depresión y al proteccionismo.

La liberalización comercial emprendida en la segunda mitad del siglo XX ha facilitado el intercambio y la dependencia del comercio internacional, impulsando la actividad económica global. En promedio anual, las exportaciones de mercancías se incrementaron un 6 por 100 en términos reales, entre 1948 y 1997, mientras que el crecimiento medio de la producción fue del 3,7 por 100. El comercio de manufacturas se multiplicó por 30, mientras que el PIB se multiplicó por 8. Se puede decir, que desde la Segunda Guerra Mundial y al amparo del GATT y con la colaboración de los países, las relaciones económicas y comerciales internacionales se han desarrollado en un ambiente de mayor competencia, más complejidad, un elevado grado de interdependencia y una creciente globalización.

Pero la globalización no es un concepto nuevo en la economía internacional. Desde finales del siglo XIX se estaba produciendo un destacado incremento de las corrientes financieras y de los flujos comerciales. Esta internacionalización de la economía produjo un elevado grado de interdependencia y una creciente interrelación de la producción, el comercio y las finanzas. Este primer proceso de globalización (1850-1913), se detuvo con la Primera y Segunda Guerra Mundial y con la corriente de nacionalismo económico surgido tras la Gran Depresión. Lo que parece claro, es que la globalización no ha estado exenta de complicaciones. En algunos períodos, se ha caracterizado por un proceso de integración acelerada (siglo XIX y segunda parte del XX) y en otros períodos se ha caracterizado por fuertes convulsiones, como las que caracterizaron la época de entreguerras entre la Primera y Segunda Guerra Mundial. Lo que parece claro, es que la globalización es en parte un efecto natural del desarrollo económico y de la intensificación de las corrientes comerciales, en el sentido de que la división del trabajo y la liberalización comercial generan renta adicional y nuevas oportunidades de crecimiento económico en diferentes ámbitos y lugares del planeta.

El dinamismo adquirido por las economías asiáticas a partir de 1960, al adoptar una política comercial orientada al exterior, marcó el auge y desarrollo del comercio procedente de esos países, en un principio basados en la exportación de textiles, para diversificarse con posterioridad en exportaciones de electrónica de consumo y productos de tecnología de la información. La caída del muro de Berlín en 1989 y la reorientación de las economías asiáticas y de América Latina hacia el comercio y las exportaciones, fueron elementos destacados en la desintegración de los bloques comerciales tradicionales, formándose un grupo diverso de economías en desarrollo con fuerte potencial de crecimiento económico, denominados también países emergentes.

A partir de 1973, en parte por las crisis del petróleo y en parte, por la adopción de políticas de ajuste macroeconómico inadecuadas y la expansión de la masa monetaria, la expansión del comercio experimentó una desaceleración. La recuperación de la expansión comercial se produce en la década de los años 90, en parte debido a las innovaciones tecnológicas, especialmente de las tecnologías de la información, a pesar de la crisis de las empresas *punto com*, que ocasionaron cierta contracción de las corrientes comerciales.

Las fuerzas impulsoras de la globalización

Aunque el concepto de globalización no es un concepto nuevo, sí es un concepto diferente hoy día, porque incluye elementos diferenciadores que dan origen a un nuevo concepto de globalización. El nuevo concepto de globalización está acompañado por: 1) implicaciones en distintos ámbitos, y 2) fuerzas impulsoras.

En el ámbito económico, lo más destacado de la globalización actual son sus implicaciones sobre la estabilidad financiera mundial, que desde que se impuso este fenómeno a mediados de la década de los años ochenta, la estabilidad financiera ha dejado de ser una cuestión doméstica, por estar sujeta al efecto contagio cuando aparecen problemas o desequilibrios en un país o en una plaza financiera. Otro de los elementos diferenciadores que dan origen al nuevo concepto de globalización es su implicación sobre la soberanía nacional, en la medida en que las actividades, que se mueven vía internet fundamentalmente, ya no están sujetas como antes a la ley nacional.

Las principales fuerzas de la globalización se pueden agrupar alrededor de los tres siguientes epígrafes: 1) el cambio tecnológico, 2) la desreglamentación y la liberalización de las inversiones, y 3) la internacionalización de la actividad de las empresas.

El cambio tecnológico ha propiciado un importante incremento de la producción de bienes y servicios y una mejora en la productividad. La reducción de los costes de los transportes y de las comunicaciones ha afectado de forma significativa a determinados sectores, especialmente de la tecnología de la información y telecomunicaciones. Con la reducción de los costes de los transportes el progreso técnico ha contribuido a la expansión geográfica de los mercados. Pero este crecimiento económico no se ha distribuido por igual entre los países y regiones habiéndose incrementado la separación (en términos de renta por habitante), entre los países ricos y los países pobres. El incremento de la productividad también ha proporcionado una mayor interdependencia económica entre empresas, agentes económicos y economías nacionales.

A la desreglamentación y a la liberalización de las inversiones, se les puede considerar como la segunda fuerza impulsora de la globalización. La desregulación nacional y la liberalización multilateral de los servicios financieros y los avances en la tecnología de las telecomunicaciones han favorecido los movimientos en las carteras de inversiones y ha incrementado la inversión exterior. Para ello han jugado un papel destacado las grandes organizaciones económicas internacionales, como el Fondo Monetario Internacional, el Banco Mundial y el GATT/OMC.

Finalmente, un elevado número de empresas ha globalizado su estructura de la producción facilitando el flujo de las corrientes inversoras y del comercio. Las fuerzas de la globalización han proporcionado mayores oportunidades a las economías y a los agentes económicos, en un entorno mundial caracterizado por la reducción del coste de los transportes y comunicaciones, el incremento de las corrientes financieras, la integración de los mercados financieros y la unificación de los mercados de bienes y servicios, en un único espacio global de comercio. Pero si bien los mercados globales ofrecen mayores oportunidades, también suponen un incremento de la competencia. Sin embargo, el mercado no asegura que la mayor eficacia se distribuya entre todos los participantes.

Este fenómeno de la globalización en la segunda parte del siglo XX, se ha caracterizado además, por otros aspectos que afectan a la organización económica internacional, como son: 1) la incorporación de los países del Este y Centro de Europa a la economía de mercado, 2) la apertura de la República Popular de China en los años ochenta, 3) el auge de países con economías emergentes como México, Brasil, India y otros países asiáticos, y 4) el cambio experimentado en el sistema monetario internacional y en la estructura del sistema financiero mundial.

Consecuencias de la globalización

La globalización afecta tanto a los mercados financieros como a la economía real, comportando nuevos desafíos y nuevos retos tanto internos a las economías como externos, afectando profundamente a los mercados de bienes y de servicios (globalización real). La reducción de los costes de las transacciones, las rebajas arancelarias y el avance de la tecnología han impulsado la globalización real y la financiera. Dejando aparte la globalización financiera, quizás una de las principales características que han acompañado a la globalización en estos últimos años ha sido la creciente importancia de las economías de mercados emergentes en el comercio internacional, especialmente las de un rápido crecimiento en Asia y en otros lugares del planeta. Uno de los efectos de estos cambios es que el ajuste del comercio y de la economía internacional asociado a los desequilibrios mundiales tiene que ser compartido por los países industriales y los países emergentes. Además, la globalización al influir en el crecimiento de muchas las economías emergentes se produce una modificación relativa de las principales regiones, lo que contribuye a distribuir las repercusiones de las crisis originadas en una región a otras regiones del mundo.

Entre las consecuencias más importantes de la globalización podrían citarse las siguientes:

1. Fragmentación de la producción de manufacturas. Al reducirse los costes las empresas dividen el proceso de producción en múltiples etapas en distintos lugares para aprovechar las ventajas específicas de cada lugar (mano de obra más barata, fiscalidad más favorable, etc.).
2. Intensificación de los efectos derivados de la fragmentación de la producción. La desviación de la producción hacia otros lugares provoca una reducción del sesgo nacional en la producción, intensificándose las repercusiones que pasan de un mercado a otro, especialmente cuando se produzcan perturbaciones sectoriales (en la producción, en la demanda, etcétera).
3. Incremento del comercio intraindustrial. Los países tienden a especializarse en una determinada gama de bienes, tanto finales como intermedios, en lugar de especializarse en una industria determinada.

4. Mayor competencia internacional y más capacidad para comprar productos similares e incluso idénticos en distintos países o lo que es lo mismo, una mayor elasticidad de las corrientes comerciales respecto al precio.
5. Mayor flexibilidad. El incremento de la competencia internacional y las reformas estructurales llevadas a cabo en muchos países han mejorado la flexibilidad de la economía, reduciendo buena parte de las rigideces nominales y reales en los mercados laborales y de productos, especialmente en los países industriales.

4. La evolución del comercio internacional

La organización económica internacional establecida después de la Segunda Guerra Mundial ha impulsado el desarrollo de la economía internacional y del comercio, alrededor de acuerdos generales, sectoriales o regionales. El avance en el terreno de la tecnología, la educación, la especialización económica y la inversión, han posibilitado que ese desarrollo haya prosperado en base a la liberalización comercial y al avance de las comunicaciones, facilitando la difusión de la innovación tecnológica y sus aplicaciones en los diferentes ámbitos de la actividad productiva.

La progresiva integración de la economía mundial ha sido uno de los rasgos más destacados de la organización económica internacional establecida después de la Segunda Guerra Mundial. Se trataba de evitar la vuelta a modelos de comportamientos anteriores, característicos de la década de los años treinta, donde el proteccionismo, la ausencia de inversiones y de intercambios comerciales habían empobrecido las relaciones económicas internacionales. La casi desaparición de las colonias, el avance de la economía del bienestar en los países industriales, la tendencia al envejecimiento de la población, en gran parte debido a los progresos de la medicina, a la propia economía del bienestar, al crecimiento económico y a la ausencia de grandes conflagraciones mundiales, se ha visto enfrentada a lo largo del siglo XX, con los escasos avances para eliminar la separación entre países ricos y países pobres y con la escasa participación de estos países en los beneficios de la sociedad de la información y en la revolución tecnológica.

El comercio ha crecido de forma sostenida, especialmente desde la década de los años cincuenta, coincidiendo con la reconstrucción de las economías después de la segunda guerra y con la estructuración de la economía mundial alrededor de las grandes organizaciones económicas internacionales, como el Banco Mundial (BM), el Fondo Monetario Internacional (FMI) o el Acuerdo General de Aranceles Aduaneros y Comercio (GATT). Desde su creación, el GATT ha impulsado la liberalización del comercio, para superar los obstáculos a los intercambios heredados de la Primera y Segunda Guerra Mundial y del período de entreguerras. Los gobiernos también han colaborado en la liberalización del comercio y en la apertura progresiva de sus mercados a la competencia exterior, participando en las sucesivas rondas comerciales del GATT. Por esta razón, se considera a la segunda mitad del siglo XX, como un período de gradual liberalización del comercio y de las corrientes de capital, a lo que ha seguido una nueva versión de la globalización, en la última parte del siglo.

En términos generales, se considera que muchos países han recuperado la proporción del comercio de mercancías, respecto al PIB, en los niveles que tenían a principios del siglo XX. Es como si la economía mundial volviese a los niveles de internacionalización, que había perdido por las conflagraciones mundiales y el resurgimiento de proteccionismo. Sin embargo existen diferencias notables como ya hemos comentado anteriormente, debido a que: 1) la naturaleza del comercio internacional es en algunos aspectos bastante diferente si la comparamos con la que tenía a principios de siglo XX, 2) la economía internacional está compartimentada en buena parte, en bloques regionales, y 3) la globalización actual está caracterizada por elementos que la diferencian de la globalización de finales del siglo XIX y principios del XX con un avance de la liberalización comercial, sin alejarse el fantasma del proteccionismo.

Comercio y globalización

En primer lugar ha cambiado en buena parte la naturaleza del comercio internacional. El comercio internacional medido por la relación exportaciones/PIB, que se incrementó rápidamente antes de la Segunda Guerra Mundial, no sobrepasó el nivel de 1913 hasta después de la década de los años sesenta y se ha seguido progresando en las décadas posteriores. Si diferenciamos por grupos de países, el crecimiento de las exportaciones se ha recuperado de forma notable desde la década de los años ochenta (cuadro 11.3), especialmente por la aparición de los países de Europa Central y Oriental como socios destacados en la escena internacional. También hay que señalar que durante el siglo XX se ha producido un giro importante en la composición del comercio de mercancías con un destacado descenso del comercio de productos primarios y un incremento destacado de las manufacturas.

Cuadro 11.1. Comercio mundial de mercancías, crecimiento de las exportaciones, 1981-95 (%).

	1981-90	1991-93	1994-95
Países de elevada renta	4,8	3,7	8,7
Países en desarrollo	2,4	6,6	10,6
Asia Oriental	9,3	14,1	17,4
Asia del Sur	5,6	10,8	10,1
África Subsahariana	0,0	0,5	2,6
América Latina y Caribe	4,4	9,3	8,8
Europa y Asia Central	–0,5	–3,8	10,2
Oriente Medio y Norte de África	–1,6	4,6	0,6

Fuente: Banco Mundial.

Cuadro 11.2.
Estructura de las exportaciones mundiales de servicios, 1970 y 1994 (porcentaje del comercio total de servicios).

	1970			1994		
	Mundo	Países desarrollados	Países en desarrollo	Mundo	Países desarrollados	Países en desarrollo
Transporte	35,1	36,3	23,1	23,2	23,3	23,1
Viajes	27,0	25,6	37,1	30,0	28,2	39,7
Servicios comerciales	27,0	28,0	19,8	42,0	43,7	32,6
Servicios del gobierno *	10,9	9,5	20,0	4,8	4,8	4,6
Total servicios	100,0	100,0	100,0	100,0	100,0	100,0

* Principalmente gastos de los gobiernos (o de los organismos internacionales) en otros países (por ejemplo, para mantener embajadas o consulados).
Fuente: DIESAP, sobre la base de datos del FMI (muestra de 86 países). BM.

La naturaleza del comercio mundial también ha experimentado un cambio notable por el rápido crecimiento del comercio de servicios (cuadro 11.3). Los proveedores principales del mundo, por volumen, son Estados Unidos, Holanda, Francia, Japón, Gran Bretaña, Irlanda, Alemania e Italia. En conjunto les corresponde las dos terceras partes de las exportaciones mundiales de servicios comerciales. La explicación de la importancia relativa de los servicios en el comercio internacional, desde mediados de la década de los años setenta está en la diferencia de las tasas de incremento del valor de comercio de los principales tipos de servicios. Así, los servicios de transporte, en valor, se incrementaron con más lentitud que la media del comercio de todos los bienes y servicios desde principios de los años setenta hasta mediados de la década de los años noventa. Pero el coste medio de los servicios de transporte descendió de forma acusada en ese período. La tecnología y las economías de escala (transporte en contenedores, grandes buques tanque o medios de transporte a granel) han contribuido a ese descenso.

Áreas de integración regional

El segundo aspecto a destacar en la evolución de la economía internacional en el siglo XX es la formación de áreas de integración regional. Antes de la Segunda Guerra Mundial, ya se había formado el Zollverein en 1833 que dio origen a una amplia zona de libre comercio entre Prusia y territorios enclavados en la propia Prusia. A principios del siglo XX se llevaron a cabo acuerdos concretos, como el concluido entre Bélgica y Luxemburgo (1921), el acuerdo entre Suiza y Liechtenstein (1923), la convención entre Italia y San Marino (1939) y los acuerdos entre Bélgica, Luxemburgo y Holanda (1944, 1947). La Primera Guerra Mundial interrumpió este proceso y es después de la Segunda Guerra Mundial, cuando el interés por la integración económica se recupera, adquiriendo un perfil diferente, con nuevos planteamientos para crear vínculos económicos y comerciales, basados en la cooperación y en el acercamiento de las economías. Así nace la Unión Económica del Benelux (1948), la CECA (1948), la Comunidad Económica Europea (1975) y el resto de áreas de integración en la propia Europa, Asia, África y en el Hemisferio Occidental.

Liberalización comercial y proteccionismo: El comercio organizado

En términos generales en la mayoría de los países, la proporción del comercio de mercancías respecto al PIB es similar a la que tenían al principio del siglo XX. El comercio mundial se vio fuertemente afectado por la Primera Guerra Mundial y por el resurgimiento del proteccionismo, proliferando las restricciones cuantitativas al comercio a lo largo de la década de los años treinta. La liberalización comercial se centró inicialmente en Europa después de la Segunda Guerra Mundial al eliminar el control de las importaciones, sin embargo a lo largo de los años setenta y ochenta se produjo un incremento en los obstáculos no arancelarios del comercio, a través de las restricciones voluntarias a la exportación y otras medidas que se escaparon de los controles del GATT.

A pesar del resurgimiento de las corrientes proteccionistas, el comercio ha crecido de forma sostenida y a un ritmo más fuerte que la producción mundial, incrementándose el grado en que las economías nacionales dependen del comercio internacional. La inversión extranjera directa se ha comportado de forma similar a la actividad económica internacional, especialmente en los últimos años del siglo XX. La tendencia del comercio y de la inversión internacional se refleja particularmente en el crecimiento del transporte internacional. Según datos de la OMC, en 1948 el volumen de mercancías objeto de transporte fue de 490 millones de toneladas y en 1997 ese volumen se había multiplicado por diez, 4.491 millones de toneladas. El crecimiento de la información a través de las redes de telecomunicaciones ha sido aún mayor. De todo ello se desprende, que hoy día los países dependen más del comercio que en cualquier otro momento desde la Segunda Guerra Mundial.

Las sucesivas negociaciones comerciales multilaterales que bajo los auspicios del GATT se celebraron han conseguido reducir los aranceles en la mayoría de los países industriales hasta unos niveles muy bajos si se les compara con períodos anteriores. En la Ronda de Tokio (1979), consideradas una de las rondas más ambiciosas, la reducción arancelaria promedio llegó al 33 por 100. En la Ronda Uruguay se superó aún más ese nivel histórico. La naturaleza obligatoria de las reducciones arancelarias negociadas en las rondas del GATT ha asegurado que los niveles de protección arancelaria se hayan ido reduciendo. No obstante, a pesar de la prohibición expresa de utilización de cuotas y restricciones cuantitativas, se han mantenido ciertas cuotas, especialmente en la agricultura. El uso de las cuotas más destacado se dio bajo el sistema de cuotas globales sobre textiles y confección, conocido como Acuerdo Multifibras (AMF) (finalizado en enero de 2005), sometido a un sistema de acuerdos preferenciales que funcionó al margen de las normas del GATT.

Aparte del ejemplo del AMF, que señalaba hasta su extinción, la existencia de un ámbito de protección localizado sectorialmente, el proteccionismo se ha manifestado fundamentalmente bajo los siguientes parámetros:

1. La existencia de lo que se conoce como «comercio organizado», bajo la forma de «regionalismo, bilateralismo o unilateralismo».
2. La aplicación de normas legales reconocidas y aceptadas por el GATT, especialmente derechos *antidumping*.
3. La proliferación de Acuerdos y Restricciones Voluntarias entre los que se encuentran las Restricciones Voluntarias a la Exportación, Acuerdos de Comercialización Ordenada, Cárteles y Compensaciones Comerciales.

Recuadro 11.2. Reforma del comercio y distribución de los beneficios.

Aunque se destacan los beneficios del librecomercio y de la liberalización comercial, porque se produce una reasignación de los recursos productivos hacia los sectores de la economía con mayor ventaja comparativa para los países, esas reasignaciones, a veces pueden ocasionar graves consecuencias para algunos trabajadores de la producción que se abandona, con pérdida de los puestos de trabajo, especialmente si la reforma del comercio va a ser permanente. Insistiendo, en que la reforma del comercio tiene efectos positivos globales, lo adecuado es redistribuir los beneficios para que nadie salga perjudicado de forma permanente. Para ello, los gobiernos deben adoptar políticas de predistribución basadas en la equidad, con sistemas de protección social, políticas de mercado de trabajo activas, entre otras.

Proteccionismo y comercio organizado

El desmantelamiento de los obstáculos arancelarios al comercio bajo el patrocinio del GATT ha contribuido a un crecimiento sin precedentes de la economía internacional. La aparición de importantes desequilibrios en los principales países (déficit externo en Estados Unidos y superávit en Japón), con altas tasas de desempleo en los países industriales ha alterado la senda del librecambio, habiendo favorecido las presiones proteccionistas, en favor de teorías y prácticas intervencionistas o estratégicas de comercio exterior. Desde principios de la década de los años ochenta, se viene observando la creciente persistencia del comercio organizado (*managed trade*) en los países industrializados, tanto en la vertiente del regionalismo como del bilateralismo o unilateralismo, con actuaciones liberalizadas en el terreno comercial, respecto a un determinado grupo de países (la mayoría de las veces sólo en alguna determinada categoría de productos), a la vez que se restringen las exportaciones de otros países.

Otra tendencia en la creciente selectividad de las políticas comerciales de los países industrializados ha sido el aumento en el número de casos *antidumping*, especialmente aquellos en los que aparecen implicados los países en vías de desarrollo. Respecto a la liberalización selectiva, quizá los más beneficiados hayan sido los Estados de la Europa del Este. Desde mediados de la década de los ochenta, la UE ha mejorado el acceso de estos países al mercado comunitario, al principio en pequeños tramos y después, tras los cambios acelerados que se han producido en esos países, de forma más acusada. Esta corriente, relativamente liberalizadora, ha estado acompañada por un aumento en las medidas restrictivas a la exportación, especialmente en Estados Unidos (textiles y vestido o productos incluidos en ciertos acuerdos).

Recuadro 11.3.
La Ronda de Tokio y los países en desarrollo.

Las Negociaciones Comerciales Multilaterales (NMC), conocidas también como la Ronda de Tokio, tuvieron su origen en la conferencia de ministros de países miembros y no miembros del GATT que se celebró en Tokio en septiembre de 1973. De esta reunión ministerial surgió la Declaración de Tokio donde se establecieron los objetivos más importantes de las negociaciones que se iban a llevar a cabo. Las negociaciones se desarrollaron dentro del marco del GATT, y al finalizar, en 1979, los resultados se encuadraron dentro del Acuerdo General de Aranceles Aduaneros y Comercio. Intervinieron 99 países, 26 de los cuales no eran partes contratantes del GATT. La Declaración de Tokio fue aprobada el 14 de septiembre de 1973. Los principales objetivos establecidos en esta Declaración se pueden resumir en los siguientes:

Liberalización del comercio mundial, establecimiento de un marco jurídico más favorable para la realización y expansión del comercio mundial, mejora sustancial en las condiciones de acceso a los productos de exportación de los países en vías de desarrollo y adopción de medidas que garanticen precios estables y remuneradores para los productos primarios.

Por primera vez en unas negociaciones multilaterales, los países en desarrollo consiguieron atraer la atención hacia sus problemas y se acordó que, así como los países desarrollados negociarían sobre una base de reciprocidad, los países en vías de desarrollo no estarían obligados a realizar contribuciones que fuesen incompatibles con su desarrollo, sus finanzas y su comercio. La Ronda de Tokio tenía algunas diferencias que la distinguían de otras negociaciones comerciales multilaterales celebradas anteriormente. Éstas eran:

a) Las negociaciones celebradas con anterioridad fueron exclusivamente arancelarias y dedicadas al sector industrial. En la Ronda de Tokio se

> trató además del sector industrial, el tema de los obstáculos no arancelarios y el comercio de los productos agrícolas.
>
> b) Por primera vez en unas negociaciones comerciales del GATT, los problemas de los países en desarrollo ocuparon un lugar preponderante.
>
> c) Se pretendió configurar el comercio mundial y las relaciones comerciales mundiales para la década de los años ochenta y para años sucesivos, además de la negociación de los obstáculos arancelarios y no arancelarios del comercio internacional.
>
> La clausura oficial de las negociaciones de la Ronda de Tokio tuvo lugar en noviembre de 1979 durante la celebración del 35 período de sesiones de las partes contratantes del GATT, pero los resultados más importantes ya se habían alcanzado el 12 de abril de ese año. El balance global de la Ronda de Tokio arrojó unos resultados por debajo de los ambiciosos objetivos propuestos en la Declaración de Tokio. No obstante, se logró avanzar en el campo de la liberalización comercial y poner de manifiesto las graves distorsiones que para el comercio mundial produce el proteccionismo que a través de obstáculos arancelarios ha avanzado fundamentalmente en los últimos años.

Algunos países han optado por la liberalización unilateral, sobre la base de la cláusula de nación más favorecida, en consonancia con las orientaciones de sus políticas económicas internas. Pero la mayor parte han preferido la liberalización, sobre bases preferenciales, en un marco regional, bilateral o sectorial. El creciente uso de las subvenciones y de las medidas *antidumping* y la ampliación del campo de su aplicación, desde la protección a la agricultura y a la industria manufacturera básica, hacia sectores de alta tecnología (Douglas A. Irwin, 1994) enfatizan el uso de estas medidas y el reto que tiene la OMC, para vigilar y contener las presiones derivadas del creciente proteccionismo en esas áreas.

Las tensiones existentes se pusieron de manifiesto de forma destacada a lo largo de las negociaciones de la Ronda Uruguay (1986-93). Las principales causas de las fricciones se debieron a las subvenciones a la agricultura, que dificultan el libre comercio, influyendo en los precios de los mercados mundiales y sobre todo debilitando las expectativas de exportación de los productores más eficientes, alguno de los cuales son países en vías de desarrollo. Otros motivos de fricción que han ocasionado disputas comerciales ante el GATT están relacionados con áreas donde las reglas del Acuerdo no son precisas (la controversia del Airbus), o con las reglas *antidumping* y con la existencia de reglas de origen que obstaculizan el libre comercio (NAFTA).

Desde un punto de vista teórico, la atención se ha centrando fundamentalmente en las economías de escala a nivel de empresa o de industria y en las imperfecciones del mercado, susceptibles de generar un beneficio extraordinario.

Este beneficio extraordinario que obtendrían los productores extranjeros podría incentivar a los Gobiernos a establecer obstáculos a la importación de estos productos, con el objeto de trasladar los beneficios a los productores nacionales. A nivel de industria, las economías de escala que se produjesen podrían otorgar una ventaja al país que primero estableciese medidas proteccionistas para la implantación de esa industria.

Estos incentivos proteccionistas, que justificarían una intervención de los Gobiernos en la actividad productiva y comercial, no son más que una nueva interpretación de la conocida política de empobrecer al vecino de los años treinta, cuyos resultados conocidos, no son precisamente el estímulo del crecimiento económico y de la actividad a nivel internacional, sino más bien, la mala asignación de los recursos, la implantación de represalias en el comercio y en definitiva, la contracción de la producción y el comercio a nivel mundial.

5. Los obstáculos al comercio. Principales instrumentos de protección

Históricamente ha existido un enfrentamiento entre los partidarios del libre comercio y los que defienden la intervención en las relaciones internacionales. El libre cambio o libre comercio surgió como una reacción contra el mercantilismo y no es más que una aplicación práctica de la doctrina liberal en el terreno comercial. Lo que se pretende demostrar es que las ventajas que proporciona el libre juego del mecanismo del mercado dentro de un país se pueden hacer extensibles al comercio internacional.

Frente al libre cambio, las doctrinas proteccionistas consideran que para conseguir el bienestar óptimo es preciso defender la economía nacional de la competencia exterior. El Estado deberá asumir el papel de protector de la actividad económica. La justificación para establecer impedimentos a la libre circulación de los bienes puede estar avalada por argumentos de carácter económico o por ningún tipo de argumento.

El único instrumento de protección reconocido desde la creación del GATT han sido los aranceles, aunque existen excepciones bajo las que se pueden mantener restricciones no arancelarias y no discriminatorias, además de otras medidas selectivas para proteger a la industria interior frente a importaciones subvencionadas o con *dumping*.

Los principales obstáculos al comercio se pueden dividir en:

— Obstáculos arancelarios.
— Obstáculos no arancelarios.

Obstáculos arancelarios

Se trata de los aranceles aduaneros, derechos a la importación o tarifas oficiales, que son cantidades que se establecen sobre las importaciones de las mercancías en las fronteras de cada país y que encarecen esos bienes en el mercado interior. Los aranceles penalizan a los productores extranjeros y a los consumidores nacionales y actúan en favor de los productores nacionales y del Gobierno (en la medida en que son ingresos fiscales o recursos con los que se financia el gasto público). Los aranceles pueden ser específicos, *ad valorem* o mixtos. Los aranceles específicos se calculan en función de la cantidad física del producto o según la unidad del producto. Los aranceles *ad valorem* se calculan según un porcentaje del valor del producto. Los aranceles mixtos son una combinación de los dos anteriores.

Aunque algunos analistas consideran que desde la Ronda Kennedy (1964-67), los aranceles no constituyen un verdadero obstáculo en el comercio internacional, la mayoría de los análisis teóricos de política comercial están expresados en relación a los aranceles. Esto es debido principalmente a las siguientes razones: 1) los aranceles son la única medida de regulación comercial permitida, 2) operan a través del mecanismo de los precios que es la base de la teoría económica moderna, y 3) los aranceles son un recurso ampliamente utilizado para regular el comercio (Robertson, 1970).

Los niveles arancelarios se han ido reduciendo progresivamente tanto en los países industriales como en los países en desarrollo, a través de las rondas de negociaciones multilaterales del GATT. Pero estas reducciones arancelarias no se han producido por igual en todos los sectores. El establecimiento de la Unión Europea y del Tratado de Comercio de América del Norte (NAFTA) más la contribución del trato arancelario preferencial de los países industrializados hacia los países en desarrollo a través del Sistema General de Preferencias Generalizadas han acumulado la mayor parte de las reducciones arancelarias. Según las estimaciones basadas en una muestra de países desarrollados, el arancel medio de importación disminuyo aproximadamente desde un 14% en 1952 a un 3,9% en 2005.

Recuadro. 11.4. La Ronda de Uruguay.

La Ronda de Uruguay ha sido la octava ronda de negociaciones comerciales multilaterales bajo los auspicios del GATT. Las primeras rondas se centraron fundamentalmente en la reducción arancelaria y en la eliminación de las restricciones cuantitativas. En las dos últimas: Ronda Kennedy (1964-1967) y Ronda Tokio (1973-1979), se fueron ampliando las normas del GATT, como consecuencia de la creciente complejidad del comercio internacional. La Ronda Uruguay fue iniciada, por los ministros de las partes contratantes del GATT, en Punta del Este (Uruguay), el 20 de septiembre de 1986. Ha sido la ronda más ambiciosa y compleja de todas las emprendidas hasta ahora por el GATT. Su conclusión estaba prevista para finales de

1990, pero la falta de acuerdo entre los principales países prolongó las negociaciones hasta el 15 de diciembre de 1993. El Acta Final fue firmada el 15 de abril de 1994 en Marrakech (Marruecos).

La falta de acuerdo en cuestiones concretas, como la agricultura, a lo largo de las negociaciones obstaculizó el logro de un acuerdo en otros sectores, impidiendo el avance global de las negociaciones. Otros elementos influyeron de forma decisiva, especialmente el cambio radical que estaba experimentando el marco económico mundial. Los países de Europa Oriental y Central iniciaron un cambio de orientación económica y política desde finales de la década de los años ochenta, coincidiendo con el comienzo de la Ronda Uruguay. Estos países, juntamente con los países en desarrollo y una gran parte de los países adeudados, estaban introduciendo reformas económicas, para potenciar su desarrollo y una mayor integración en la economía mundial. Todo ello proporcionó a la Ronda Uruguay mayor complejidad y mayor trascendencia. Las características del Acuerdo Final de la Ronda y la creación de la Organización Mundial de Comercio (OMC), que posibilitase la consecución de acuerdos multilaterales en el terreno comercial y en otros ámbitos relacionados con el comercio, hacen previsible, que en el futuro no sea preciso el planteamiento de negociaciones comerciales multilaterales tan complejas y amplias, como las llevadas a cabo con la Ronda Uruguay.

A principios del mes de octubre de 1992 estaba medianamente claro que la Ronda no podía avanzar si la UE y Estados Unidos no llegaban a algún acuerdo, en algunas de sus diferencias. En la reunión del 20 de noviembre celebrada en Washington ambas partes coincidieron en un acuerdo sobre agricultura: *el Acuerdo de Blair House*. Por dicho acuerdo se preveía la presentación conjunta de propuestas para la modificación en el Proyecto de Acta Final en materia agrícola, en especial en lo referente a las modalidades de subvenciones, que quedarían excluidas de los compromisos de reducción y se preveía una rebaja del 24 al 21 por 100 del volumen de exportaciones agrícolas subvencionadas, a lo largo de un período de seis años. Se preveía además una solución bilateral para el sector de semillas oleaginosas (limitar la superficie dedicada a su producción en la UE). El efecto del Acuerdo Blair House, fue de reactivación inmediata de las negociaciones de la Ronda en Ginebra. Pero solamente pasajero. Francia se opuso al acuerdo de Blair House, alegando que los cálculos para la reducción de las exportaciones agrícolas se habían hecho utilizando como período base 1986-1990. La oposición francesa al acuerdo de Blair House abrió de nuevo la brecha del desacuerdo. La aparente división que mostraban los Estados miembros de la Comunidad, ante la cuestión agrícola y la postura adoptada por Francia (para ellos razón de Estado), se vio mejorada, al adoptar la Unión Europea, una actitud común en el Consejo del día 20 de septiembre, lo que probable-

> mente afectó a la actitud negociadora americana, que confiaban en la debilidad comunitaria afectada por problemas económicos y por problemas monetarios internos, que influían en la postura negociadora de la Unión. El 15 de diciembre de 1993 finalizó la Ronda Uruguay y el 15 de abril de 1994 se firmó el Acta Final en Marrakech.

Si se contempla la reducción de los aranceles a escala mundial habría que señalar, que en una reducción arancelaria, los efectos sobre la reducción de los costes totales del comercio, derivados de los obstáculos arancelarios, es más significativa, cuanto mayor sea el número de veces que un producto atraviesa la frontera a lo largo de sus etapas de producción. Utilizando datos de Estados Unidos, Yi (2003) afirma que la reducción arancelaria explicaría más del 50% del crecimiento del comercio americano con el resto del mundo entre 1962 y 1999.

Recuadro 11.5.
Las reducciones arancelarias en la Ronda Uruguay.

> En la Ronda Uruguay, la reducción arancelaria promedia en bienes industriales fue de un 40 por ciento (lo previsto al inicio de la Ronda era de un 33 por ciento). La mayoría de los países industriales han tenido que reducir los aranceles en diez sectores: material de construcción, material agrícola, material médico, acero, cerveza, licores, productos farmacéuticos, papel, juguetes y muebles. Reducciones arancelarias entre el 50 y el 100 por ciento han tenido que aplicarse a determinados productos de electrónica industrial (semiconductores y piezas de computadores), pero apenas se han logrado ventajas en electrónica de consumo. En la Ronda Uruguay los países en vías de desarrollo participaron plenamente en la oferta de reducciones arancelarias. Los países de América Latina limitaron sus aranceles en unos niveles máximos, entre un 25-35 por ciento. Los aranceles máximos de los países de la Asociación de países del Sudeste Asiático (ASEAN) también se limitaron (50 por ciento en Filipinas, 10 por ciento en Singapur, 40 por ciento en Indonesia y entre 25-45 por ciento en India).
> En el caso concreto de la agricultura, el principal compromiso en la Ronda Uruguay fue la arancelización de todas las medidas no arancelarias. Todos los obstáculos no arancelarios debían transformarse en aranceles (según una metodología acordada). Dichos aranceles se han tenido que reducir en un promedio de un 36 por ciento a lo largo de un calendario establecido. Japón y Corea se beneficiaron de un trato especial, pudiendo mantener restricciones cuantitativas sobre productos agrícolas primarios (arroz fundamentalmente), bajo ciertas condiciones. Este trato especial esta sujeto a revisión. Los países en desarrollo están exentos de la arancelización, siempre que se den determinadas circunstancias, tales como la ausencia de subvenciones a la exportación u otros extremos previstos.

Obstáculos no arancelarios

A lo largo del tiempo y a medida que se han ido eliminando las restricciones arancelarias, han aparecido otro tipo de obstáculos al comercio de carácter no arancelario a veces denominados distorsiones comerciales, porque no sólo impiden el comercio, sino que incluyen medidas que impulsan el comercio propio en detrimento de las importaciones de otros países, que compiten en el mercado interior con la producción nacional. La principal dificultad en este tipo de obstáculos al comercio radica en las razones que obligaron a su implantación, en muchas ocasiones legítimas, pero que más tarde han desembocado en una medida proteccionista más para la producción nacional. Los obstáculos no arancelarios han aumentado desde finales de la década de los sesenta, tanto en términos relativos (dado el descenso de los aranceles), como en términos absolutos.

Muchas de las modalidades de obstáculos no arancelarios adquieren la forma de restricciones voluntarias a la exportación (RVE) y otras medidas que evitan la normativa multilateral. En la Ronda Uruguay de decidió eliminar las limitaciones voluntarias a las exportaciones y la supresión progresiva del sistema de contingentes en el sector textil y en la agricultura por los países desarrollados, así como establecer una mayor transparencia en la notificación de las normas y reglamentos técnicos, con vistas a la reducción de los obstáculos no arancelarios. La falta de datos hace muy difícil estimar el grado de restricción derivado de los obstáculos no arancelarios, aunque se dispongan de datos sobre la existencia de dichos obstáculos, con alcance limitado y de difícil comparabilidad. Estudios encaminados a evaluar el grado de restricción al comercio analizan, lo que se denomina el «efecto frontera», para inferir si la existencia de obstáculos al comercio (arancelarios y no arancelarios) han impedido el progreso de éste. Sin embargo la metodología utilizada en el efecto frontera, no permite determinar si las dificultades para acceder a los mercados, se han debido a los obstáculos arancelarios y no arancelarios o a otros elementos, como la calidad de los productos, aunque los resultados parecen indicar, que si bien los aranceles no son un elemento muy importante para explicar la reducción del efecto frontera, si parece serlo, la reducción de los obstáculos no arancelarios (Mayer y Zignago, 2005).

Entre los principales obstáculos no arancelarios que han aparecido en el comercio internacional figuran:

Los *contingentes,* denominados también restricciones cuantitativas, cuotas o cupos. Son cantidades máximas de un determinado bien o tipo de bienes que se pueden importar o exportar, en un cierto período de tiempo. Los contingentes pueden ser expresados en cantidad o en valor. Fueron los obstáculos no arancelarios más utilizados antes de la Segunda Guerra Mundial, y en general, o eran impuestos de forma unilateral y administrados por los Gobiernos de los países importadores o eran el resultado de la división de los mercados internacionales por los recursos naturales, los cárteles o las empresas que dominaban el comercio.

Las *restricciones cambiarias* son los obstáculos derivados del tipo de cambio de la moneda o de la falta de disponibilidad de moneda extranjera para que los importadores paguen sus compras de bienes en otro país. Los contingentes y las restricciones cambiarias son obstáculos comerciales que, aun estando incluidos entre los obstáculos no arancelarios, han estado controlados por el GATT/OMC.

Subvenciones y derechos compensatorios

Las subvenciones son uno de los instrumentos más controvertidos y más utilizados en política comercial y en política económica. El derecho compensatorio es un derecho especial percibido para contrarrestar cualquier prima o subvención concedida, directa o indirectamente, a la fabricación, producción o exportación de un producto (art. 6 del GATT). Las subvenciones y su contrapartida, las medidas compensatorias, (contramedidas que los Gobiernos utilizan frente a las exportaciones subvencionadas), se delimitaron en el Código de Subvenciones, Medidas Compensatorias y Solución de Diferencias de la Ronda Tokio.

Es frecuente, que los gobiernos concedan subvenciones para financiar la adquisición total o parcial de activos fijos (tecnología y equipo). Este tipo de subvenciones que se pagan de una vez o en un número de veces limitado, se denominan subvenciones no recurrentes. Sus efectos sobre la competencia internacional dependerá de la tasa de depreciación del capital fijo y de la posterior evolución de la demanda (Grossman y Mavroidis, 2003). Las razones por las que los gobiernos conceden subvenciones tienen en general el objetivo de afrontar lo que consideran un mal funcionamiento del mercado que dificulta la obtención de unos resultados eficientes o porque simplemente esos resultados los consideran insuficientes. Un caso distinto son las subvenciones a la política medioambiental y el apoyo a I+D, justificado por la existencia de externalidades positivas o negativas.

El recurso a las subvenciones en la industria y en la agricultura se ha incrementado desde los años ochenta. Presiones políticas y sociales sobre los Gobiernos han llevado a un creciente apoyo financiero a las industrias nacientes, a las exportaciones e incluso a sectores en declive. Las subvenciones se han convertido en un destacado instrumento comercial a nivel mundial, hasta el punto de ocultar una gran parte de la pérdida de competitividad. Una justificación de las subvenciones a la exportación estaría fundamentada ante la presencia de una competencia oligopolística, dado que la subvención podría desplazar los beneficios de una rama a otra de la producción. Desde un punto de vista del análisis económico y en una situación de competencia perfecta, con perfecta información en el mercado y ausencia de externalidades (efectos externos no reflejados en el precio de mercado), las subvenciones a la exportación reducirían el bienestar nacional, ya que da lugar a que un interlocutor comercial, adquiera importaciones a precios más reducidos. En esta situación, también es posible, que algunos grupos del país exportador se beneficien de la subvención. Pero si no existe competencia perfecta puede que la subvención mejore el bienestar general, porque corrija fallos del mercado. Entre los fallos posibles del mercado estarían: externalidades, economías de escala y competencia imperfecta.

Dumping y Medidas Antidumping

Se considera que un producto es objeto de *dumping* cuando el precio de exportación de este producto es inferior al precio comparable de un producto similar destinado al consumo en el país exportador. La primera experiencia del GATT en la negociación y aplicación de un acuerdo multilateral por el que se interpretaban las disposiciones del acuerdo en materia de obstáculos no arancelarios, se realizó en el ámbito del *dumping*. El primer Código *Antidumping* se negoció en la Ronda Kennedy (1963-67) y entró en vigor en 1968. A principios de 1980 fue sustituido por un acuerdo negociado en la Ronda Tokio (1973- 79) donde se habían introducido ciertas mejoras. Las prácticas *antidumping* acordadas en la Ronda Tokio interpretan el artículo VI del GATT, que establece las condiciones bajo las cuales se pueden arbitrar derechos de aduana como defensa, frente a importaciones con *dumping*. Existe un Comité de Prácticas Antidumping encargado de la supervisión del funcionamiento del acuerdo.

En general, se considera que el *dumping* es una forma de ejercer el poder del monopolio por una empresa extranjera en el comercio internacional, o la respuesta a una demanda cambiante, sumada a la incapacidad de adaptar la capacidad productiva a lo largo del ciclo económico. J. Viner (1923) define el *dumping* como una discriminación de precios en que una empresa con poder de monopolio o de mercado establece un precio distinto a los consumidores de los mercados nacionales y de exportación.

Brander y Krugman (1983) han elaborado un modelo de oligopolio internacional donde las empresas extranjeras y nacionales tienen poder de mercado y compiten en ambos mercados (serian como competidores según el modelo de Cournot, con costes de transporte cuando exportan ambas empresas), lo que ocasiona un «dumping recíproco». Este dumping recíproco crea interacciones entre el gobierno nacional y el extranjero, especialmente con medidas de *dumping* «ojo por ojo» o de retorsión. Los efectos sobre el bienestar del *dumping* reciproco son ambiguos, ya que si la empresa extranjera tiene poder de mercado, puede intentar practicar un «dumping predatorio», o sea vender a un precio lo suficientemente reducido, como para que los productores nacionales desaparezcan del mercado y la empresa extranjera instale un monopolio. Si el *dumping* predatorio consigue sus objetivos, los consumidores y usuarios resultarán perjudicados, cuando el productor extranjero adquiera el monopolio del mercado y expulse del mismo a los competidores.

Para contrarrestar el *dumping*, muchos países han elaborado leyes *antidumping*, que les permite aplicar medidas a las importaciones, siempre que el *dumping* haya causado daño a una rama de la producción nacional. Los efectos de las medidas *antidumping* pueden equipararse a los de un arancel sobre las importaciones. Aunque, la política *antidumping* tiene ciertas características diferenciadoras que hay que considerar, como:

1. La posible existencia de desviación al comercio ya que los derechos *antidumping* no se aplican a las importaciones de cualquier procedencia.
2. La posibilidad de eludir por parte de la empresa extranjera las medidas *antidumping*, mediante la inversión extranjera directa en el país importador, estableciendo así su presencia (considerado por algunos autores, más peligroso que las importaciones con *dumping*).
3. La existencia de medidas *antidumping* puede animar a la competencia a adoptar un comportamiento estratégico de las empresas nacionales y extranjera, para influir en el mercado (vg. crear un cártel).
4. Impedir que las empresas nacionales y extranjeras adquieran experiencia recurriendo al *dumping* en mercados extranjeros, especialmente si el exportador es de un país tecnológicamente atrasado y a través del *dumping* puede modernizarse.

Compras del sector público

El Acuerdo sobre Compras del Sector Público fue negociado en la Ronda Tokio y permite a los proveedores extranjeros la posibilidad de vender a los organismos públicos de los países firmantes de dicho Acuerdo. El objetivo principal es aumentar la transparencia de las leyes de compra, procedimiento y regulación, así como asegurar que las medidas que se adoptan no van a suponer una protección a los productos nacionales de la competencia exterior, ni la discriminación entre los abastecedores o productores extranjeros.

Obstáculos técnicos al comercio

El Acuerdo sobre Obstáculos Técnicos al Comercio o Código de Normas (en vigor desde enero de 1980) tiene por finalidad impedir que los reglamentos técnicos, métodos, procedimientos de comprobación y sistemas de certificación creen obstáculos innecesarios al comercio. Para ello se han determinado unos principios para la aplicación de esos reglamentos, métodos y sistemas y se ha previsto la transparencia a través de servicios nacionales de información y procedimientos de notificación. Están previstos la asistencia técnica y un trato diferenciado para los países en desarrollo.

Valoración en aduanas

La valoración en aduanas tiene un efecto directo sobre el nivel de los derechos aplicados a las importaciones. En la Ronda Tokio se concertó un Acuerdo sobre Valoración en Aduanas, para reemplazar a los múltiples sistemas de valoración vigentes, sustituyéndolos por un conjunto de normas sencillas que permitiesen establecer un sistema equitativo, uniforme y neutro de valoración.

Otros obstáculos y prácticas no arancelarias

Cuando se habla de distorsiones no arancelarias, también se está haciendo referencia a otros obstáculos, como los acuerdos de restricciones a la exportación (ARE)
En 1984 el Comité de Política y Normas de la Competencia de la OCDE (OECD Comittee on Competition Law and Policy –CLP Committee–) identificó un determinado número de prácticas efectuadas por las empresas y que afectan al comercio internacional. Muchas de estas prácticas iban directamente contra los principios más fundamentales del GATT, la transparencia y la no discriminación. Entre los acuerdos de restricciones a la exportación se pueden distinguir (OCDE, 1993):
1. Restricciones voluntarias a la exportación y acuerdos de comercialización ordenada.
2. Cárteles de exportación.
3. Cárteles de importación.
4. Compañías comerciales.

Restricciones voluntarias a la exportación

Desde los años setenta las restricciones voluntarias a la exportación han sido uno de los más importantes obstáculos no arancelarios al comercio. A diferencia de las cuotas, este nuevo tipo de restricciones comerciales son «voluntarias», en el sentido de que el país exportador puede eliminarlas o modificarlas de forma unilateral y son esencialmente reguladas en la frontera del país exportador (Kostecki, 1987). El Comité de la OCDE distingue tres tipos de restricciones voluntarias a la exportación, según el grado de participación de los gobiernos de los países importadores y exportadores en el acuerdo:

a) Acuerdos directos entre Gobiernos: Los Gobiernos conciertan el volumen de exportación a restringir. Son los acuerdos de comercialización ordenada (Orderly Marketing Agreements, OMAS) y no son realmente «voluntarios», ya que no pueden ser modificados de forma unilateral por el país exportador.

b) Convenios patrocinados por el Gobierno entre empresas exportadoras para reducir las exportaciones por debajo de un determinado nivel. Son los acuerdos de restricción voluntaria a la exportación (Voluntary Export Restraint Agreement, VER).
c) Acuerdos o convenios entre empresas exportadoras para limitar las exportaciones sin participación del gobierno.

Cárteles de exportación

Los cárteles de exportación son convenios de cooperación entre empresas, para: 1) vender sus bienes y servicios en el extranjero, 2) introducirse en nuevos mercados, o, 3) ampliar su participación en los mercados existentes. Los cárteles de exportación no tienen por qué obstaculizar el libre comercio y pueden, por el contrario, favorecer la asignación de los recursos, las economías de escala en la distribución o mejorar la eficiencia (OCDE, 1984). No obstante, en ocasiones, reducen las exportaciones, afectan al nivel de competencia y provocan aumentos de precios que repercuten en el consumidor. En este caso son perjudiciales para el libre comercio y sus efectos son similares a los acuerdos de restricciones a la exportación.

Cárteles de importación

Los cárteles de importación son convenios entre empresas en un país, para coordinar la importación (en dicho país) de un bien o servicio determinado. Al igual que los carteles de exportación, no tienen por qué ser perjudiciales para el comercio internacional, e incluso pueden permitir a las pequeñas empresas, mediante la cooperación, conseguir ventajas que no podrían obtener de forma aislada. El cártel de importación puede afectar negativamente al mercado si controla una parte significativa de dicho mercado.

Compañías comerciales

Incluyen en sus funciones tanto la compra como la venta de bienes en los mercados internacionales. Sus efectos pueden ser similares a los de un cártel de exportación o importación y pueden facilitar la asignación de los recursos y el libre comercio, o entorpecerlo, si se convierten en un «cuello de botella» de los intercambios comerciales en interés propio, a través del sistema de precios o en beneficio de empresas asociadas con ellas.

Salvaguardias

Un sistema multilateral de salvaguardia es en términos generales, el derecho del país importador a establecer controles a la importación u otras restricciones temporales, con el objeto de evitar un perjuicio grave a un sector de la producción nacional, y el derecho correspondiente del país exportador a que no se le impida, de forma no justificada, el acceso a los mercados. En definitiva es la existencia de flexibilidad para emplear temporalmente medidas comerciales en respuesta a un aumento de la competencia de las importaciones. Antes de aplicar una medida de salvaguardia hay demostrar que el aumento de las importaciones causa o amenaza causar un «daño grave» a la rama de la producción nacional. El Acuerdo sobre Salvaguardias de la OMC define el daño grave como un «menoscabo general» significativo de la situación de una rama de producción nacional, de factores cuantificables que han de ser examinados para determinar el daño. En la práctica ha sido bastante ineficaz la normativa del GATT/OMC, por la dificultad de determinar el daño a la producción interior, encubriendo verdaderas medidas proteccionistas.

Recuadro 11.6. Salvaguardias en la Ronda Uruguay.

> El Acuerdo de Salvaguardias abre una nueva vía en las relaciones comerciales multilaterales bajo la OMC al prohibir las llamadas medidas de «zona gris» y establecer una «cláusula de extinción» para todas las medidas de salvaguardia. Para que se pueda adoptar una cláusula de salvaguardia, es preciso que se haya producido un incremento destacado de las importaciones de un determinado producto, que estén afectando seriamente a la producción nacional. La cláusula de salvaguardia estaba regulada por el artículo XIX del GATT, permitiendo a un país que se consideraba dañado, invocar la cláusula de salvaguardia y suspender o limitar las importaciones objeto de la demanda.
>
> El Acuerdo sobre Salvaguardias de la Ronda Uruguay prevé un conjunto de garantías para que la cláusula de salvaguardia no se convierta en un instrumento de represalia comercial. Para que se puedan establecer medidas de salvaguardia se deberá:
>
> 1. Demostrar la existencia de daño grave.
> 2. Proceder según determina el Acuerdo, mediante investigación, publicidad del procedimiento, notificación de las decisiones adoptadas, y si es el caso, la intervención del Comité de Salvaguardias. El Comité de Salvaguardias es el órgano encargado de la vigilancia y tramitación de las medidas de salvaguardia.

Normas y procedimientos para la solución de diferencias

La consecución de un sistema actualizado e integrado para la solución de diferencias, más automático y eficiente que el utilizado desde 1947 fue un importante logro de la Ronda Uruguay. El funcionamiento del sistema arbitrado en 1947 (art. XXII y XXIII del GATT) y completado a lo largo de los años, con las decisiones y prácticas adoptadas por las partes contratantes, especialmente los informes de los paneles (grupos especiales de países miembros o expertos independientes), habían posibilitado un funcionamiento aceptable del sistema de solución de diferencias, aunque con evidentes fallos. La falta de cumplimiento en muchas ocasiones, de los países afectados por un fallo contrario y la ausencia de fuerza coactiva en el cumplimiento de las recomendaciones, a pesar de haberse creado en 1988, un procedimiento de examen periódico de las recomendaciones que debían realizar los países, hacía preciso una modificación del sistema.

Con el nuevo sistema se sigue manteniendo el principio de respeto a la normativa multilateral dentro de un esquema de entendimiento entre las partes, con espíritu de buena voluntad, no como un procedimiento contencioso.

Recuadro 11.7. La solución de las diferencias comerciales.

> Para resolver las diferencias comerciales entre los países, el primer paso será el inicio de consultas entre los países afectados por las diferencias. Los plazos previstos varían entre diez y veinte días, para aceptar las consultas y para resolver la cuestión o pedir el procedimiento de los grupos especiales (paneles). Independientemente al sistema de panel, se pueden desarrollar otros procedimientos (sustitutivos o paralelos al panel) de forma voluntaria, que incluye el acercamiento y la mediación, entre las partes (el plazo es de sesenta días, tras el período de consultas y hasta que no finalice este período, no se puede instruir un panel).

A pesar de haberse logrado a través del nuevo sistema de solución de diferencias una agilización en cuanto a los plazos y al método, así como en la obligatoriedad en el cumplimiento de las resoluciones, desde el principio existían dudas acerca de su utilización en igualdad de condiciones por todos los países miembros. Los países más pequeños no tienen arbitrados mecanismos de represalia similares a los de países más importantes en el comercio internacional y en la práctica puede que no tengan unos beneficios equivalentes al de estos países, dentro del marco de la OMC.

6. Liderazgo y política comercial internacional

Hoy día, en un mundo globalizado, las economías de los países necesitan ser más abiertas que nunca. Pero si las economías tienen que ser abiertas, se precisa una política comercial internacional con la que se pueda negociar. El dilema que se plantea es doble: 1) ¿quién hace las reglas? o el liderazgo internacional y 2) ¿qué reglas hay que establecer? El sistema GATT/OMC ha logrado importantes progresos para reducir o suprimir los obstáculos al comercio a través de las rondas arancelarias o NCM (Negociaciones Comerciales Multilaterales). Los pilares básicos del GATT desde su origen han sido: 1) un código de buena conducta comercial que incluye el principio de no-discriminación, 2) la progresiva liberalización del comercio, y 3) un foro para la solución de las diferencias comerciales.

Liderazgo internacional

La política comercial internacional ha estado liderada durante más de cincuenta años por Estados Unidos y en los últimos años también por la UE. Pero hoy día, esa política comercial está cuestionada después de Seattle con la aparición en la escena de las negociaciones internacionales de los países en desarrollo emergentes con fuerte potencial de crecimiento y de participación en el comercio internacional y con capacidad de convocatoria para formar grupos de negociación o *lobbyes*. Se puede decir, que la reunión de Seattle marcó un punto de inflexión en la trayectoria del GATT/OMC. Los países fueron incapaces de convocar una nueva ronda, la ronda del Milenio. El fracaso en principio fue debido a la presión de la sociedad civil representada por los manifestantes antiglobalización. Pero en el fondo, el desastre se debió, especialmente a: 1) la falta de iniciativa y de liderazgo mundial, y 2) la incapacidad de la OMC para responder a las preocupaciones y demandas de los países en desarrollo y de los países más pobres.

El liderazgo internacional tradicional (USA, UE, Japón) está hoy en cuestión, porque han aparecido nuevos países en la escena económica internacional con un fuerte potencial de crecimiento. Son los países emergentes, entre los que figuran China, India y Brasil, que buscan un hueco en los foros económicos y comerciales internacionales en función de su participación en la economía mundial. Además, los países en desarrollo encuentran mayor afinidad de intereses en las negociaciones, con los países emergentes que con los países desarrollados. Eso lo que significa, es que se están configurando nuevos líderes en un marco económico nuevo, con nuevos agentes e interlocutores, para impulsar el comercio internacional. Alguna de las razones que se han manejado por parte de los países en desarrollo y países emergentes en estos años, se ha fundamentando especialmente, en que después de la Ronda Uruguay el panorama comercial es similar.

No se ha profundizado en el acceso a los mercados prometido, y se ha avanzado con el proteccionismo y con el apoyo a los precios por parte de los países industriales. El liderazgo por tanto está en cuestión y los países emergentes (México, Brasil, India, Egipto, China, Sudáfrica...), están utilizando su capacidad y sus votos (el derecho de veto) en la OMC y en otras organizaciones multilaterales, para oponerse a determinados proyectos de los países industriales. Esta situación se ha agudizado con la crisis financiera mundial que se inicio en 2007, en Estados Unidos y se extendió con rapidez por los países desarrollados. Uno de los resultados más evidentes fue la participación de los países emergentes en el G-20 en las cumbres internacionales organizadas con ocasión de la crisis financiera (Washington, Londres, Pittsburgh, Toronto...) y la decisión en la reunión del FMI de octubre de 2009, de ampliar el derecho de voto de los países emergentes, para darles mayor voto y peso en este organismo económico y financiero internacional.

En cualquier caso, lo que se plantea es la conveniencia de establecer en un mundo globalizado nuevas reglas y nuevos compromisos para todos los países que intervienen en el marco económico y comercial mundial. Esto a nivel de la OMC supondría plantearse, la conveniencia de que una vez superada la fase de supresión de aranceles y de restricciones cuantitativas del comercio de mercancías con el GATT, el sistema multilateral de comercio tiene todavía importantes retos que afrontar, como es la distribución de los beneficios de la globalización de forma equitativa, progresar en las condiciones de acceso a los mercados, seguir trabajando en las subvenciones, el comercio de los servicios, las normas y los reglamentos y la protección de la propiedad intelectual. Parece por tanto preciso, una puesta al día del papel de la OMC, para que se adapte a la globalización y a las necesidades de los países en desarrollo en este nuevo contexto de la economía internacional. La UE se ha puesto en marcha y la Comisión propuso en septiembre de 2000 acabar con las cuotas y los derechos sobre todos los bienes importados (excepto armas) de 48 países más pobres del mundo.

RESUMEN

La cooperación internacional no ha sido una constante en la historia. Antes de la Primera Guerra Mundial, las relaciones comerciales y de cooperación internacional atravesaron períodos de auge y períodos de enfrentamientos comerciales y guerras comerciales con importantes consecuencias políticas. A finales del siglo xx, los problemas planteados por la agricultura en Europa contribuyeron a generalizar el proteccionismo en el continente. El nacionalismo, la falta de liderazgo, el proteccionismo agrícola europeo y el empeño por ganar influencia colonial abocó a las potencias europeas hacia los obstáculos comerciales en algunos sectores y a la intensificación del comercio con las colonias, creando las condiciones económicas que llevaron a Europa a la Primera Guerra Mundial. La organización económica internacional tras la Segunda Guerra Mundial sentó las bases para el establecimiento de un sistema multilateral de comercio basado en la cooperación y el acuerdo. La progresiva integración de la economía mundial ha sido uno de los rasgos más destacados de la organización económica internacional establecida después de la Segunda Guerra Mundial. Se trataba de evitar la vuelta a modelos de comportamientos anteriores, característicos de la década de los años treinta, donde el proteccionismo, la ausencia de inversiones y de intercambios comerciales habían empobrecido las relaciones económicas internacionales. La economía mundial ha experimentado a lo largo del siglo XX una transformación profunda que se inició en la última década de los años cincuenta con el desarrollo de las relaciones comerciales internacionales en un ambiente de creciente competencia internacional e interdependencia y mayor complejidad de las economías. El proceso de globalización actual, con la utilización de nuevas tecnologías de la información, que tiende a unificar los mercados y las reglamentaciones aplicadas en los mismos, facilita las transacciones y las inversiones, pero no lo simplifica, porque el resultado es un mercado mucho más complejo, con nuevas exigencias, nuevas reglas y nuevos competidores, en definitiva es un nuevo sistema. El nuevo concepto de globalización está acompañado por implicaciones en distintos ámbitos, y fuerzas impulsoras.

TEMAS DE REFLEXIÓN

1. ¿Cuál ha sido uno de los rasgos más destacados de la organización económica internacional establecida después de la Segunda Guerra Mundial?
2. ¿Cuáles son las características que acompañan a la globalización económica?
3. Durante el siglo XX se ha producido un giro importante en la composición del comercio de mercancías con un destacado incremento del comercio de productos primarios y un incremento destacado de las manufacturas. ¿Verdadero o Falso?
4. ¿Qué se entiende por comercio organizado?
5. ¿Qué función tienen los aranceles?

EJERCICIOS DE AUTOCOMPROBACIÓN

1. **El actual proceso de globalización se caracteriza, fundamentalmente, por:**
   a) La tendencia a unificar los mercados y las reglamentaciones.
   b) La utilización de nuevas tecnologías de la información.
   c) Implicación de actividades que traspasan las fronteras nacionales.
   d) Todas las respuestas son correctas.
2. **La naturaleza del comercio internacional se ha modificado al producirse:**
   a) Un descenso del comercio de productos primarios.
   b) Un rápido crecimiento de los servicios.
   c) Un aumento del comercio de manufacturas.
   d) Todas las repuestas son correctas.
3. **El único instrumento de protección comercial reconocido desde el establecimiento del GATT ha sido:**
   a) Los aranceles.
   b) Las restricciones voluntarias a la exportación.
   c) Las restricciones voluntarias a las importaciones.
   d) Ningún instrumento de protección comercial está o ha estado admitido por el GATT/OMC.
4. **Es un obstáculo no arancelario al comercio:**
   a) Los contingentes.
   b) Las restricciones cambiarias.
   c) Las respuestas a y b son correctas.
   d) Los mecanismos *ad valorem.*
5. **El Acuerdo sobre agricultura de la Ronda Uruguay aborda:**
   a) La reducción de las subvenciones a la exportación.
   b) La garantía de acceso a los mercados.
   c) El establecimiento de una cláusula de paz.
   d) Todas las respuestas son correctas.

SOLUCIONES A LOS EJERCICIOS DE AUTOCOMPROBACIÓN

1. d)
2. d)
3. a)
4. c)
5. d)

BIBLIOGRAFÍA

BHAGWATI, J., «El proteccionismo en ascenso», *Perspectivas económicas* n.º 67, 1988, pp. 6-12.

BORDÓ, M. D., TAYLOR, A. M. y WILLIAMSON, J. G., «Introduction», en Bordó, M.D., Taylor, A.M., y Williamson, J.G. (comp) *Globalization in Historical Perspective,* Chicago y Londres: University of Chicago Press: 1-10, 2003.

CALVO, A., *Integración económica y regionalismo. Principales acuerdos regionales,* (2.ª edición), ed. CERA, Madrid, 2000.

CRAFTS NICHOLAS, *Globalisation and Growth in the Twentieth Century,* IMF Working Paper, WP/00/44.

GATT, «El Acta final de la Ronda de Uruguay», 1994.

—, «La Ronda de Uruguay: un paso de gigante para el comercio y el desarrollo y respuesta a los desafíos del mundo moderno», Suiza: Acuerdo General sobre Aranceles Aduaneros y Comercio, 1993.

—, «Las negociaciones comerciales multilaterales de la Ronda de Tokio», Ginebra, abril 1979.

GATT-FMI, Informes anuales del GATT, y del FMI.

MARK, A., *Las Negociaciones Comerciales Multilaterales. Finanzas y desarrollo,* septiembre 1979.

NACIONES UNIDAS, *Estudio Económico y Social Mundial. Tendencias y Políticas de la Economía Mundial,* 1996.

OMC, «Informes anuales».

YI, K.-M., *Can vertical specialization explain the growth of World trade?,* Journal of Political Economy 111, 1: 52-102. 2003

Tercera parte
Economía internacional y desarrollo económico

Capítulo 12. Desarrollo económico.

Capítulo 13. Comercio y desarrollo. La inestabilidad de los ingresos por exportación.

Capítulo 14. Comercio y medio ambiente.

Capítulo 15. Economía, turismo y desarrollo.

12
Desarrollo económico

1. Cooperación al desarrollo y evolución del contexto económico internacional.—2. Crecimiento económico y avance tecnológico.—3. Desarrollo económico sostenido en un contexto económico diferente.—4. El sistema multilateral de comercio y los países en desarrollo.—5. Comercio y desarrollo. El problema de la pobreza.—6. Financiación internacional y ayuda oficial al desarrollo.—7. Flujos de capital y financiación del desarrollo.—8. Deuda externa y desarrollo.

TÉRMINOS CLAVE

- **Acumulación de capital**
- **Crecimiento económico**
- **Desarrollo**
- **Desarrollo sostenible**
- **Liberalización del comercio**
- **País menos adelantado**
- **Pobreza**
- **Producto Nacional Bruto**

1. Cooperación al desarrollo y evolución del contexto económico internacional

El término desarrollo económico puede significar diferentes acepciones según los conceptos que tengamos en cuenta y las características de los países. En general, se considera que desarrollo económico es la capacidad que tiene la economía de un país para generar un crecimiento anual sostenido de su Producto Nacional Bruto (PNB), de su Producto Interior Bruto (PIB) o de la Renta por Habitante o PNB per cápita. También se pueden incluir otros aspectos de interés, como la estructura de la producción y del empleo, el desarrollo industrial y de la manufactura. Otros indicadores no económicos sino más sociales, se suelen incluir en la acepción de desarrollo económico, como el índice de escolarización, las condiciones sanitarias o los servicios, es decir, en general, todo lo que signifique una mejora del bienestar de la población.

El concepto de desarrollo ha evolucionado desde que en la Conferencia de San Francisco en 1945 se aprobase la Carta de las Naciones Unidas. En la Carta se menciona al desarrollo de forma parecida al concepto actual, en un sentido global, añadiendo al progreso económico y social, otros aspectos como la mejora del nivel de vida, la cultura, la salud de la población y la mejora en la educación. Sin embargo, desde la década de los años setenta, el discurso sobre la cooperación al desarrollo se centró fundamentalmente en el crecimiento económico y en los recursos para la inversión, en parte debido a las necesidades de reconstrucción de las economías de los países en los primeros años después de la Segunda Guerra Mundial, y en parte, debido al enfrentamiento ideológico entre los países occidentales y los países del Este y Centro de Europa liderados por la URSS. Este segundo aspecto se dejó de lado, a finales de la década de los años ochenta y principios de los noventa, tras la caída del muro de Berlín y del derrumbamiento del sistema de planificación centralizada.

No obstante, el concepto de desarrollo tenía que evolucionar para dejar de ser considerado sólo como un fenómeno económico e incluir otros problemas como la preocupación por el medio ambiente, el desempleo o las libertades. La categoría de Países Menos Adelantados (PMA) fue instituida en 1971 y desde entonces, sólo un país, Botswana ha sido retirado de esa categoría. A lo largo de la década de los años noventa, el concepto de desarrollo giró alrededor de lo que se denominó desarrollo sostenible, incluyendo aspectos que se asimilaban a un desarrollo integral, como la mejora del medio ambiente, el empleo, la integración social, el respeto a los derechos humanos, las libertades políticas o la justicia social, lo que hace que el concepto de desarrollo abarque tanto a países desarrollados como a países en desarrollo.

En los últimos años, la práctica ha llevado al conocimiento de que a pesar de la cooperación al desarrollo y de los esfuerzos realizados en pro del desarrollo de los países más pobres, no se ha logrado estimular el crecimiento económico ni el desarrollo económico a largo plazo de estos países. El progreso de cada país depende de diversos factores que no tienen por qué tener los mismos resultados, si esos factores ligados a políticas concretas, se aplican en otro país o al mismo país en otro período de tiempo. La experiencia de Asia Oriental ilustra esa afirmación. Han utilizado activamente la subvención a las exportaciones y la asignación de crédito, como un mecanismo para impulsar un crecimiento económico elevado y sostenido. Esa misma práctica no ha repercutido en el desarrollo económico del país.

Hoy día se admite que no existe un sólo concepto de desarrollo, ni una sola fórmula para encauzar a los países más pobres hacia el desarrollo sostenible y la mejora de la calidad de vida. Existen varios objetivos y varias vías para lograr los objetivos. No sólo se pretende lograr el crecimiento económico, se deben añadir a los objetivos económicos, monetarios y fiscales, otros objetivos, como la educación, la sanidad, la igualdad de oportunidades, la defensa de los derechos humanos, lo que hace que el desarrollo hoy día, se contemple como un proceso abierto y amplio donde la elección de fines y medios, recordando la definición de Robbins de la economía, permita la mejora de la calidad de vida de los países más pobres.

Recuadro 12.1. Desarrollo y pobreza.

> Existe una fuerte vinculación entre pobreza y desarrollo. La naturaleza de la pobreza en los países menos desarrollados difiere de un país a otro. Pero lo que se identifica en todos los países menos desarrollados es la existencia de una pobreza generalizada, entendiendo este concepto, como la situación en que la mayor parte de la población vive a un nivel por debajo del nivel de renta suficiente para cubrir sus necesidades básicas y donde los recursos disponibles en la economía apenas son suficientes para cubrir las necesidades básicas de la población. Es la imposibilidad de lograr niveles adecuados de consumo, utilizando como medida entre 1$ y 2$ al día.

El interés por la existencia y formación de organismos económicos internacionales radica en buena parte en relación con los países más pobres, en la función que a nivel internacional pueden proporcionar: 1.señalando los problemas que afrontan los países más pobres y de bajos ingresos, 2. aportando conocimientos y tecnología mediante la cooperación técnica, y 3. abriendo una vía de diálogo y negociación para la aplicación de acuerdos internacionales.

2. Crecimiento económico y avance tecnológico

Otro enfoque de la evolución económica de los países se centraría en el análisis del crecimiento económico. La economía mundial ha registrado unas tasas de crecimiento económico durante un período muy prolongado en los últimos años hasta el estallido de la crisis de las hipotecas *subprime* en 2007. En el anterior período, el comercio internacional creció incluso a un ritmo mas rápido, existiendo cierta correlación entre la evolución del comercio y el crecimiento económico. La teoría del crecimiento económico moderna, se centra en determinar el crecimiento del producto por habitante a largo plazo. En 1956, Solow y Swan demostraron que para sostener una tasa de crecimiento positiva del producto por habitante, debe registrarse un progreso continuo del conocimiento tecnológico.

Este modelo de Solow-Swan, se refiere al papel que desempeña la acumulación de capital en el proceso de crecimiento, suponiendo que existe: 1. un solo sector en la economía, 2. una función de producción neoclásica (tecnología con rendimientos constantes a escala de los dos factores de producción), 3. dos factores de producción, capital y trabajo, y 4. rendimientos decrecientes en la acumulación de capital (lo que significa, que el crecimiento tendrá una tasa positiva del producto por habitante, sólo en presencia de un avance de la tecnología al igual que el modelo neoclásico de crecimiento o modelo de crecimiento exógeno).

En 1962, Arrow fue el primero que trató de explicar el cambio tecnológico, al suponer que el avance de la tecnología es un resultado involuntario de la producción de nuevo capital, lo que se denomina el «aprendizaje práctico». Con este aprendizaje práctico, el avance de la tecnología se convierte en un fenómeno endógeno. Pero este enfoque del aprendizaje práctico tiene una limitación, si se considera que el cambio de la tecnología no depende de decisiones económicas deliberadas y expresas.

Otras investigaciones más recientes tratan de explicar la decisión deliberada en innovación tecnológica, en base a un argumento esgrimido por Schumpeter en 1942. Las nuevas tecnologías proporcionan poder de mercado y por tanto, la inversión en innovación estaría motivada por las perspectivas de beneficios futuros (Romer en 1986 utilizando un modelo de competencia monopolística, Dixit y Stiglitz en 1977 y Ethier en 1982). Romer en 1990 fue más allá, introduciendo inversión en I+D, al suponer que la innovación es una actividad deliberada, con el objetivo de buscar mayores beneficios. Este modelo de Romer se basa en que el nuevo bien no desplaza a los bienes existentes, lo que se denomina «innovación horizontal».

Pero la innovación también puede consistir en una mejora de la calidad de un bien existente en el mercado o «innovación vertical» desplazando a los existentes. Esta obsolescencia o «destrucción creativa», como la denominó por primera vez Schumpeter en 1942, fue concretada por Aghion y Howitt en 1992 y por Grossman y Helpman en 1991. La pregunta es, ¿se puede considerar, que la innovación horizontal y la innovación vertical son complementarias? La respuesta parece obvia, ya que los dos supuestos se producen en un contexto de innovación tecnológica.

Algunos estudios sobre el crecimiento económico (Acemoglu, 2008; Helpman, 2004) destacan el papel de las instituciones económicas en el proceso de crecimiento, entendiendo que, las instituciones económicas influyen en la organización de la producción, en la estructura de los derechos de propiedad y en la capacidad de las empresas para innovar y para adoptar nuevas tecnologías.

Recuadro 12.2. Desarrollo sostenible.

> Garantizar que las generaciones futuras puedan tener la misma capacidad de desarrollo que las generaciones actuales es el objetivo del desarrollo sostenible. Eso significa que los activos de capital deben mantenerse constantes en el tiempo o incrementarse. Entre los activos de capital se incluyen, el medio ambiente (conservación de arrecifes de coral, conservación de recursos hídricos y zonas de pesca, lagos y reducción de la sedimentación de los ríos y de la erosión del suelo), la capacidad productiva a largo plazo, las

> manufacturas, las infraestructuras viales, el capital humano y el entramado social, especialmente las instituciones, entendidas como las normas, valores y reglas sociales.

3. Desarrollo económico sostenido en un contexto económico diferente

Los factores que favorecen un desarrollo económico sostenido no han variado a lo largo del tiempo. De lo que se trata es de mantener una eficiente asignación de mano de obra y de capital, establecer instituciones que garanticen el funcionamiento económico y social, aplicar las innovaciones tecnológicas e impulsar un nivel de educación adecuados. Todos estos elementos combinados con una flexibilidad de las economías para adaptarse a las condiciones cambiantes de la economía internacional, proporcionan las bases para un desarrollo económico sostenido. Pero aunque los factores que impulsan y favorecen el desarrollo no han variado, sí lo ha hecho el contexto económico internacional, al haberse globalizado la economía mundial, desde la década de los años ochenta.

Entre los principales cambios que ha experimentado el contexto global para el desarrollo, caben destacar los siguientes:

1. El cambio en *las condiciones competitivas*. El progreso técnico aplicado a los transportes y comunicaciones ha hecho que los países se enfrenten a unas condiciones competitivas mucho más intensas que nunca. La competencia tradicional basada en menores costes está dando paso a otras formas de competencia, basada en nuevos productos, adaptación rápida de la demanda y nuevas técnicas de gestión empresarial.
2. *La sociedad del conocimiento y la innovación tecnológica (I + D)*. El conocimiento incluye no sólo el conocimiento técnico, también las relaciones entre empresas, las relaciones internacionales y la gestión y organización de las empresas. El conocimiento no está limitado a las actividades de alta tecnología, abarca a todos los sectores incluidos los sectores, tradicionales como manufacturas, agricultura y servicios. Esto es especialmente importante, porque toda la capacidad de I + D está localizada en los países desarrollados y sin embargo, el 90 por 100 de la población mundial está en las regiones subdesarrolladas.
3. *La integración de la economía global*. Formando parte de la integración de la economía global, algunos países en desarrollo se han incorporado a áreas de integración regional con países desarrollados. Este impulso inte-

grador tiene motivaciones políticas y también tiene finalidades comerciales, al haberse adoptado políticas económicas más orientadas al exterior.

En los últimos años, gran parte de los países en desarrollo y de los países en transición se han incorporado a la economía de libre mercado. Esto se está traduciendo en una reducción significativa de los obstáculos al comercio, desregulación, privatizaciones y liberalización de las corrientes de inversión. Muchos de esos logros son debidos a la aplicación de los acuerdos de la Ronda Uruguay. Buena parte de los países reconocen la importancia de los recursos externos para el desarrollo y la responsabilidad que tienen para aplicar políticas adecuadas de inversión y de comercio. Sin embargo, la liberalización del comercio y de las inversiones son condiciones necesarias, pero no son condiciones suficientes para asegurar un crecimiento económico dinámico y sostenido. Se requieren además, políticas económicas orientadas al mercado, inversión en capital humano, ausencia de corrupción y una estructura institucional adecuada.

4. El sistema multilateral de comercio y los países en desarrollo

En la Organización Internacional de Comercio (OIC) que no llegó a crearse (ver cap. 17), se habían previsto determinadas disposiciones relacionadas con el comercio y el desarrollo, pero estas disposiciones no fueron incluidas en la normativa del GATT. A lo largo de los años los de países en desarrollo que formaban parte del GATT fueron presionando para recuperar y en algunos casos, ampliar algunas de las propuestas recogidas en la Carta de la Organización Internacional de Comercio. Poco a poco pasaron de solicitar excepciones y un trato más favorable de las normas del GATT, a pedir a los países desarrollados mejoras en el acceso a sus mercados. Entre las ventajas obtenidas por los países en desarrollo caben citar las siguientes: 1. la revisión del artículo XVIII del GATT para proteger a las industrias nacientes, 2. la inclusión de la Parte IV sobre Comercio y Desarrollo que codifica el concepto de «no reciprocidad», y 3. la exención para las preferencias no recíprocas, que con la Cláusula de Habilitación se le dio el carácter de permanente.

Los países en desarrollo tuvieron una participación muy limitada en las actividades del GATT dado que tenían su propio foro, la UNCTAD y que los resultados de las negociaciones comerciales multilaterales les afectaban poco. Esta participación se acrecentó a raíz de determinados factores que fueron apareciendo: 1. el sentimiento extendido de que la política de sustitución de importaciones tenía limitaciones para el desarrollo, 2. el éxito de la política comercial de los países del sudeste asiático, más abiertos al exterior, 3. las amenazas de acción unilateral que tuvieron que afrontar contra sus exportaciones algunos países en desarrollo, y 4. el temor de los países en desarrollo, especialmente los más pequeños, de quedar excluidos de los acuerdos de integración regional que comenzaron a proliferar.

La actitud era controvertida. Muchos países en desarrollo estaban interesados en el cumplimiento de las obligaciones del GATT, pero otros no consideraban prioritario el cumplimiento de determinadas obligaciones derivadas de los acuerdos comerciales multilaterales, dado que su cumplimiento ejercería presión sobre sus recursos y lo consideraban contrario a sus intereses de desarrollo. El resultado ha sido una reclamación recurrente por los países en desarrollo, de una diferenciación de las normas de la Organización Mundial de Comercio, que tenga en cuenta sus características de países en desarrollo.

En la Ronda de Doha se han revisado las disposiciones sobre trato especial y diferenciado y se han incrementado los esfuerzos sobre asistencia técnica, creación de capacidad y mayor coordinación, especialmente dentro de la iniciativa Ayuda para el Comercio, para lograr una mayor coherencia y eficacia entre todos los organismos relacionados con este ámbito. De lo que se trata es que las normas de la OMC respondan mejor a las características diferenciadas de los países en desarrollo teniendo en cuenta que, no todos los países en desarrollo tienen los mismos problemas.

Recuadro 12.3.
El Programa Doha para el Desarrollo.

La Cuarta Conferencia Ministerial de la OMC se celebró en Doha (Qatar) del 9 al 14 de noviembre de 2001. En esta reunión, los Ministros adoptaron una Declaración Ministerial donde se enuncia un amplio programa de trabajo para la Organización Mundial de Comercio. Este programa de trabajo es lo que se denomina Programa de Doha para el Desarrollo con negociaciones amplias, mas allá de las negociaciones sobre agricultura y servicios que comenzaron en el año 2000, y otras actividades orientadas a hacer frente a los problemas con los que se enfrenta el sistema de comercio multilateral y atender los intereses de los diferentes miembros de la OMC. Las negociaciones tienen lugar en un Comité de Negociaciones Comerciales, establecido en virtud de la Declaración de Doha, encomendando también al Comité el establecimiento de órganos de negociación subsidiarios encargados de los distintos temas objetos de negociación. El Comité funciona bajo la autoridad del Consejo General y el resto se realiza en otros consejos y comités de la OMC.

Dentro del Programa de Doha para el Desarrollo estaba previsto que se tratasen temas relacionados con las preocupaciones de los países en desarrollo, relativas a la aplicación y funcionamiento de los acuerdos vigentes de la OMC, facilitar su participación activa en este organismo y lograr una mayor integración en el sistema multilateral de comercio. En principio, las negociaciones debían concluir, no más tarde del 1º de enero de 2005. Las ne-

> gociaciones acerca del Entendimiento sobre Solución de Diferencias, en mayo de 2004. Las relativas a un registro multilateral de indicaciones geográficas para vinos y bebidas espirituosas, a más tardar en la Quinta Conferencia Ministerial de 2003. Los progresos esbata previsto que se examinarían en esta Quinta Conferencia Ministerial, que se celebraría en Cancún (México), del 10 al 14 de septiembre de 2003. La Conferencia de Doha aún no ha finalizado.

5. Comercio y desarrollo. El problema de la pobreza

Tradicionalmente se ha considerado que la apertura al comercio tiene efectos sobre la reducción de la pobreza. Esta argumentación sobre la apertura del comercio y la reducción de la pobreza ha provocado cierta polémica entre los analistas, polarizándose las posiciones, entre los que consideran que la apertura comercial es buena para la reducción de la pobreza y los que consideran que no lo es. Una posición más ecléctica consideraría, como hemos comentado anteriormente, que es buena, siempre que se adopten medidas y políticas complementarias adecuadas, para evitar los efectos adversos que la globalización y la liberalización comercial puede tener sobre los países pequeños y menos desarrollados.

La consideración de que la apertura del comercio tiene efectos sobre la reducción de la pobreza tiene su origen en el cambio que experimentó la política económica a finales de la década de los años 70. La liberalización del comercio se consideró la fuente más decisiva de convergencia de los ingresos entre los países y un elemento clave en la estrategia de desarrollo. Pero la experiencia en estos años demuestra, que las distancias entre países desarrollados y países en desarrollo se van acrecentando y los países pobres siguen estando en la lista como hace décadas.

En los últimos años, el interés general por alcanzar los Objetivos de Desarrollo del Milenio, más el sentimiento de que la globalización tiene consecuencias sociales adversas, ha llevado a considerar con más profundidad, el análisis de la relación entre liberalización comercial y pobreza. Pero no se puede trivializar esta correlación porque el desarrollo es un proceso a largo plazo y sería excesivo conceder a las políticas comerciales, un efecto tan decisivo sobre las políticas económicas nacionales y por tanto, sobre el desarrollo.

Recuadro 12.4.
Comercio, pobreza y desarrollo.

En el enfoque del comercio y la pobreza basado en el desarrollo se pueden considerar siete elementos básicos que integran dicho enfoque:

1. La cuestión del comercio y la pobreza no puede reducirse al planteamiento de la relación liberalización del comercio y pobreza.
2. Las diferencias entre las tasas de crecimiento son importantes para explicar las disparidades en la reducción de la pobreza entre los diferentes países y regiones.
3. La reducción de la pobreza se produce gracias al fomento y utilización eficiente de las capacidades productivas, de forma que la población en edad de trabajar esté empleada de manera productiva.
4. El comercio internacional puede modificar, facilitar u obstaculizar ese proceso.
5. La relación entre comercio y pobreza varía según la composición del comercio internacional del país.
6. La relación entre comercio y pobreza varía también, con el nivel de desarrollo y la estructura de la economía de un país.
7. La relación entre comercio y pobreza está afectada por la interdependencia comercial entre el comercio y las corrientes financieras y de inversión internacional, la deuda y la transferencia de tecnología.

En consecuencia, se puede decir, que el comercio internacional puede facilitar u obstaculizar el proceso de desarrollo e incluso modificar esta relación, pero para ello, hay que tener en cuenta: 1. la composición del comercio (dependencia de las exportaciones de productos básicos en lugar de diversificarlas), 2. la estructura de producción y empleo del país, y 3. la interdependencia entre comercio y otras relaciones económicas internacionales (inversión extranjera directa, tecnología, etc.).

Teniendo en cuenta lo expuesto hasta ahora, se podría decir, que la mejor forma de vincular el comercio internacional con la reducción de la pobreza sería a través de políticas de desarrollo nacional, con carácter pragmático, abiertas e integradoras. Entendiendo por abiertas a las políticas basadas en la atención a las oportunidades de comercio, tecnológicas y de inversión globales y al establecimiento de instituciones que garanticen la funcionalidad del proceso de desarrollo.

6. Financiación internacional y ayuda oficial al desarrollo

En el informe sobre los Países Menos Adelantados (2000) de la UNCTAD, se destaca uno de los principales defectos de los debates sobre la financiación del desarrollo como es la poca atención que se ha venido prestando a la naturaleza heterogénea de los países en desarrollo. Para financiar los proyectos de desarrollo, éstos países cuentan con la movilización de sus recursos internos y con la financiación externa procedente de los países industriales: corrientes de capital oficial bajo la forma de donaciones o préstamos procedentes de operaciones financieras bilaterales o multilaterales (con o sin asistencia técnica) y las corrientes de capital privado procedentes de bancos, mercados de capitales y empresas.

Parece claro que el ingreso por habitante de la mayoría de los países en desarrollo resulta insuficiente, como resultado de sus escasas o nulas tasas de crecimiento. El resultado es que estos países se ven abocados a la financiación externa, como fuente fundamental de financiación, lo que hace a estas economías fuertemente vulnerables a la variación de la coyuntura internacional, a la repercusión de las crisis financieras externas y a la repercusión que sobre la carga de su deuda externa tienen los tipos de interés que rigen en los países industriales.

La Ayuda Oficial al Desarrollo (AOD) para los países de baja renta ha sido en los últimos años, desde mediados de la década de los años 90, muy volátil, habiendo descendido alrededor de 3 puntos del PIB en los países en desarrollo de renta más reducida, con diferentes períodos de cierta recuperación. El problema que plantea la corriente de ayuda al desarrollo es su dependencia de la coyuntura económica de los países donantes.

Recuadro 12.5.
El informe Pearson y la ayuda multilateral.

A propuesta del presidente del Banco Mundial se estableció una Comisión cuyo informe fue hecho público en 1969. Por entonces, gran parte de las organizaciones económicas internacionales ya se habían creado. Faltaban por crear algunos organismos destacados, como el BAfD y el BAsD, el BERD, el Fondo Internacional para el Desarrollo Agrícola, instituciones regionales de ayuda al desarrollo y otros programas e instrumentos europeos, con esa finalidad. En el Informe de la Comisión Pearson se destacaba la complejidad del proceso de desarrollo y la falta de coordinación existente entre algunas instituciones multilaterales y los programas para el desarrollo. El informe Pearson destacó la necesidad de una mayor coherencia para una ayuda más eficaz y de clarificación y definición de las relaciones entre los organismos multilaterales, así como el papel que jugaban las instituciones multilaterales en la ayuda al desarrollo.

7. Flujos de capital y financiación del desarrollo

Mientras que hasta finales del siglo XIX los flujos de capital iban dirigidos a proyectos de infraestructura, fundamentalmente ferrocarriles o inversiones directas en empresas, en los últimos años, las inversiones directas exteriores se canalizan fundamentalmente a través de empresas multinacionales. Aproximadamente la mitad de los flujos de capital dirigidos a los países en desarrollo en 1997 estaba formado por inversión directa extranjera. La crisis asiática de 1998 hizo descender este porcentaje. Hay que señalar que la mayor parte de la inversión extranjera va a un pequeño grupo de países: China, Brasil, Indonesia, Malasia, México, Tailandia, Singapur, Arabia Saudita y Argentina. Algunos países de África y Oriente Medio han logrado atraer capital extranjero, pero proporcionalmente en menor volumen que el grupo anterior (el 10 por 100 del total en 1997). En 1995 el volumen de inversión extranjera directa en África representaba algo menos del 2 por 100 del total mundial, lo que hace que gran parte de los países de África Subsahariana tengan que depender todavía de las donaciones y de la ayuda bilateral y multilateral.

Recuadro 12.6.
La tendencia de la financiación al desarrollo.

> Según la OCDE, a principios de la década de los años noventa se produjo un giro básico en el modelo de financiación del desarrollo. El giro más importante se produjo en 1992-94 cuando se distanció el esfuerzo de los países donantes de la Ayuda Oficial al Desarrollo (AOD), desde la tendencia de la financiación a largo plazo, al incremento sustancial de las corrientes financieras privadas, concentrándose en un limitado número de economías emergentes. Así, la tendencia de la financiación del desarrollo se ha caracterizado desde la década de los años noventa, por: 1) una rápida expansión de la inversión directa exterior, 2) un descenso de la asistencia oficial al desarrollo, y 3) mayor presencia de los mercados financieros internacionales con productos financieros y préstamos bancarios, como una nueva forma de financiación de las economías emergentes, situación que se hizo insostenible al estallar la crisis financiera asiática y especialmente con la crisis derivada de las *hipotecas subprime*.

Otras razones que afectan a la financiación externa de los países en desarrollo

La apertura de los mercados financieros nacionales, la liberalización de las transacciones de la cuenta de capital y el incremento del ahorro privado para los fondos de pensiones y jubilaciones han animado a la innovación financiera, proporcionando una masa de capital internacional con alta movilidad, que se mueve con rapidez, amparados por la revolución tecnológica e internet y las tecnologías, que permiten la difusión de la información. Sin embargo, a pesar de la globalización son pocos los países en desarrollo que han logrado atraer capital privado y los que lo han hecho de forma significativa, se han encontrado con el coste que supone para la estabilidad de sus economías, unos flujos de capital que dependen de las opiniones de los inversores y de la coyuntura de los países industriales de procedencia.

A los problemas derivados de la volatilidad de los flujos financieros internacionales se unen otras razones, que afectan a la financiación externa de los países en desarrollo. Entre ellas, destacamos las siguientes:

1. La escasa capacidad de acceso de los países en desarrollo a los mercados internacionales de capital.
2. La existencia de riesgos políticos y económicos en los países en desarrollo, a lo que se suma la endeble infraestructura financiera, administrativa y social de estos países.

Recuadro 12.7.
El objetivo del 0,7 por 100.

El éxito del Plan Marshall en la reconstrucción europea sirvió de referencia para contemplar la posibilidad de impulsar el crecimiento en los países en desarrollo. La Comisión Pearson señaló un crecimiento del 6 por 100 anual en los países en desarrollo para poder incrementar gradualmente su tasa de formación de capital. Si también se impulsaban sus exportaciones, estos países, según el Informe Pearson, podían estar en condiciones de superar su situación de subdesarrollo antes de finales del siglo XX, sin necesidad de ayuda adicional.

Si los países en desarrollo aplicaban políticas para poder lograr el crecimiento del 6 por 100 anual, los recursos externos deberían oscilar, según la Comisión Pearson, alrededor del 1 por 100 del PNB de los países donantes, incluidas las corrientes de ayuda oficial y privada. Una vez analizada la evolución de la ayuda al desarrollo, hasta entonces, la Comisión recomendó un objetivo del 0,7 por 100 del PNB, como «más simple, adecuado y alcanzable» porque el 1 por 100 se consideraba poco operacional.

Anteriormente al Informe Pearson, en agosto de 1958, el Comité Central del Consejo Mundial de las Iglesias había recomendado que los países podían aportar al menos el 1 por 100 de la renta nacional, bajo la forma de donaciones o préstamos concesionales. Esta propuesta circuló por todas las delegaciones de la ONU y se reflejó en la Asamblea General de 1960.

En la primera Conferencia de la UNCTAD en 1964, se recordó que el objetivo del 1 por 100, en lugar de ser global, fuese asumido individualmente por cada país donante y en lugar de referenciarlo a la renta nacional, que in-

> ternacionalmente era difícilmente comparable, se hiciese respecto al PNB. También se acordó que se contabilizarían sólo los flujos a largo plazo.
>
> En la segunda Conferencia de la UNCTAD en 1968 se reafirmó el compromiso. La Comisión Pearson llamó la atención acerca de la dificultad de algunos países para cumplir el compromiso del 1 por 100. En esa línea crítica se manifestó el presidente del Comité de Asistencia al Desarrollo en 1972 y el informe de expertos de la UNCTAD en 1975. El objetivo del 1 por 100 se olvidó y permanece el 0,7 por 100 como referencia fundamental para la ayuda al desarrollo.
>
> La reducción de las corrientes de capital a los países en desarrollo en los años noventa se interrumpió en dos ocasiones. La primera con la respuesta internacional a la crisis financiera de México de finales de 1994 y la segunda con la crisis financiera asiática que se inició en 1997. Gran parte de la ayuda financiera multilateral procede de la asistencia oficial bilateral para el desarrollo, créditos a la exportación, pero sobre todo son flujos multilaterales procedentes del FMI y otras instituciones financieras regionales, como los Bancos Regionales de Desarrollo.
>
> El objetivo de la ayuda al desarrollo hoy día debe ser apoyar a los países en el proceso de transición, de ser países receptores de la ayuda, a países con capacidad para atraer inversión directa exterior y para generar ahorro interno y financiación de los mercados financieros internacionales. El Informe Pearson (1969) esperaba que esto se hubiese logrado antes del año 2000.

8. Deuda externa y desarrollo

Desde que estalló la crisis de la deuda externa en 1982, varios países en desarrollo, incluidos los de Europa Central y Oriental, soportaron graves problemas derivados del endeudamiento externo. La deuda externa y la caída en general de los precios de los productos básicos han colaborado de forma destacada en la década desde los años ochenta, al estancamiento, y en muchos casos, al descenso del nivel de vida de los países más endeudados. Algunos organismos internacionales, especialmente, el Fondo Monetario Internacional y el Banco Mundial han llevado a cabo una importante labor de asesoramiento económico y financiero a los países más endeudados, proporcionando de esta manera una cierta garantía ante las entidades financieras internacionales, de que el país en cuestión estaba empeñado en recuperar la senda del crecimiento y de la disciplina económica.

El deterioro de la situación económica de los países en desarrollo en la década de los ochenta fue debido tanto a factores externos, como a factores internos.

Entre los factores internos estaba la puesta en marcha de políticas económicas inadecuadas. Entre los factores externos destacan los impactos de las crisis del petróleo y, sobre todo, el incremento de los tipos de interés mundiales. Los factores externos asociados a la ineficaz gestión económica interna incrementaron los malos resultados de estos países.

En general, todos los países en desarrollo (a excepción de los Nuevos Países Industrializados (NPI) y China) estaban afectados a principios de los años ochenta por:

— Un volumen excesivo de deuda externa desde la segunda mitad de la década de los setenta.
— Rigideces estructurales.
— Falta de medidas de política eficientes.
— Difícil medio económico internacional.
— Crecientes déficit fiscales.
— Deterioro de la Balanza de Pagos.
— Aumento de la inflación como resultado de sus intentos de estimular la demanda interna.

La deuda oficial se renegocia en el *Club de París* que es un grupo informal de acreedores oficiales formado fundamentalmente por países industrializados que acuerdan la reprogramación de las deudas correspondientes a créditos que han otorgado. Su origen está en la decisión de Argentina de reunirse en 1956 en París con sus acreedores públicos. El Club de París carece de base legal pero sus miembros acuerdan las normas que les pueden conducir a un acuerdo de reprogramación rápido de las deudas. La mayoría de los países en desarrollo de renta media realizaron sistemáticos programas para resolver los problemas de endeudamiento externo con la banca comercial y con los acreedores bilaterales oficiales en el Club de París. Una vez reestructurada su deuda, la mayoría de estos países pudieron acceder a la financiación de los mercados de capitales al incrementar la credibilidad de su comportamiento económico con los programas de reformas emprendidos desde 1989. También atrajeron importantes flujos privados de capital y recibieron apoyo financiero de instituciones oficiales de crédito a la exportación.

Las perspectivas de crecimiento de los países en desarrollo han variado sustancialmente desde la crisis financiera de la deuda de la década de los años ochenta. La deuda oficial, negociada en el Club de París, se ha adaptado en los últimos años con medidas más favorables de reembolso, al ampliar los períodos de vencimiento y los plazos de carencia, para los países más afectados por la deuda. Los acuerdos de renegociación de la deuda siguen indicando:

1. La evolución continúa de las prácticas de renegociación en el Club de París, respecto a plazos y cobertura diseñados según las circunstancias de los países individuales.

2. La tendencia hacia la creciente cobertura comprensiva que ha estado acompañada por distinciones entre diferentes subcategorías de deuda procedente de previas renegociaciones y renegociaciones.

La deuda privada se renegocia en el *Club de Londres* que es un grupo informal de bancos comerciales que se reúnen para renegociar sus créditos frente a un deudor soberano. Los progresos en la renegociación de la deuda privada a finales de los años ochenta y principios de los noventa, permitieron que se mantuviese la confianza en las perspectivas de solución. De hecho, la conclusión del paquete de deuda de Brasil en abril de 1994, se contempló como el final de la crisis de la deuda que empezó en agosto de 1982, cuando México anunció su incapacidad para hacer frente al servicio de sus obligaciones respecto a los acreedores comerciales. Para renegociar la deuda, el deudor inicia un proceso y se organiza un Comité Asesor del Club de Londres, formado por representantes de otros acreedores y presidido por una empresa financiera importante. Una vez que se ha llegado a un acuerdo, el Comité se disuelve.

Muchos de los países endeudados han tenido respaldo concertado de la comunidad financiera internacional, a través de la reprogramación de la deuda oficial en el Club de París y de la deuda privada en el Club de Londres, de las operaciones sobre el saldo de la deuda de los Planes oficiales, y de los programas de ajuste respaldados por las instituciones financieras multilaterales. Estos instrumentos han colaborado eficientemente para normalizar las relaciones de los países endeudados con los acreedores externos, pero la mayoría de los países muy pobres y más pequeños, en general en el África Subsahariana han seguido teniendo graves dificultades para hacer frente a las obligaciones derivadas del servicio de la deuda. Para hacer frente a este problema, en septiembre de 1996, el FMI y el BM conjuntamente propusieron la Iniciativa para la Reducción de la Deuda de los países pobres y muy endeudados, conocida también como Iniciativa HIPC.

Recuadro 12.8. La Iniciativa de Condonación de la Deuda Externa a los países más endeudados (HIPC).

La situación de un grupo numeroso de países pobres, especialmente en África subsahariana que han experimentado de modo consistente durante casi tres décadas transcurridas entre 1970 y 1998 una reducción absoluta de su producto *per cápita* o una profundización de su pobreza respecto a los países ricos, ha llevado a la convicción de que los mecanismos de ayuda son insuficientes para alterar esa dinámica. En general, los Programas de Ajuste Estructural han contenido un conjunto de acciones y políticas que los países beneficiarios se proponían aplicar, con objeto de corregir los desequilibrios estructurales en el curso de los tres años de aplicación del programa, pero la concepción del desarrollo ha ido evolucionando hacia una orientación más centrada en la *reducción de la pobreza*. Las acciones en favor de los países se deben complementar con la enumeración de las medidas en favor de los grupos sociales más desfavorecidos y que se supone van a resultar perjudicados por las políticas de ajuste. También, se han establecido valores de ciertos indicadores de bienestar social que se deberían alcanzar con la aplicación de los programas, tales como nivel de escolarización, vacunaciones, acceso a agua potable, cobertura sanitaria, etc. Esos programas enriquecidos con estos indicadores recibieron el nombre de Documentos de Estrategia para la Reducción de la Pobreza. El mecanismo de préstamos concesionales destinados a su realización pasó a denominarse *Mecanismo para el Crecimiento y la Reducción de la Pobreza (Poverty Reduction and Growth Facility, PRGF)*.

Relacionado con el enfoque de reducción de la pobreza surgió la Iniciativa para la Reducción de la Deuda Externa de los países más endeudados *(Initiative for Heavily Indebted Poor Countries, HIPC Initiative)* lanzada conjuntamente en 1996 por el Fondo Monetario Internacional y el Banco Mundial. El objetivo de esta iniciativa es abordar el problema de la deuda de una forma integral y reducirla dentro de un plazo razonable hasta llevarla a niveles viables. La iniciativa requiere que los países de bajos ingresos y muy endeudados, que son posibles beneficiarios mantengan durante cierto período de tiempo una gestión adecuada de los programas de ajuste propuestos por el FMI y el BM. Se entiende por niveles de deuda, aquellos cuyas obligaciones financieras futuras pudieran ser afrontadas por los países con normalidad, sin tener que hacer frente a los mismos mediante ayudas internacionales o acudiendo a los mecanismos de renegociación y reestructuración de la deuda. Lo que se pretende es que el país endeudado logre el alivio de la deuda y tengan un incentivo para mantener políticas acertadas, a la vez que una garantía informal para los acreedores de que no van a dilapidar los recursos que reciben con esa finalidad. Sólo pueden participar los países habilitados para recibir recursos SRAE y los que reciben sólo la ayuda de la AIF con un historial en el marco de los programas de ajuste aprobados por el FMI y el BM. Se deberá demostrar que estos países no podrán aliviar su deuda con los mecanismos tradicionales para esta finalidad.

El punto de culminación, es el momento anterior al final del proceso (la culminación) en que se adoptan todas las medidas de alivio de la deuda y el país recibe la aportación financiera prometida. El país durante seis años debe demostrar su buen comportamiento, pero ya al tercer año deberá mostrar resultados satisfactorios. En todos los casos, la calificación para beneficiarse está ligada a la adopción por el país, del Documento de Estrategia para la Reducción de la Pobreza y que debe ser el resultado de un consenso con las fuerzas sociales del país en cuestión. Este programa cubre tres años evaluándose en su ejecución y revisándose anualmente. El resultado conjunto de

> la reducción de la deuda y de la aplicación del programa de ajuste macroeconómico y de mejora social debería ser el de acrecentar las perspectivas de éxito económico, atrayendo inversión privada y reduciéndose al mismo tiempo la incidencia del llamado riesgo moral (*moral hazard*).

RESUMEN

El concepto de desarrollo ha evolucionado desde que en la Conferencia de San Francisco en 1945 se aprobó la Carta de las Naciones Unidas. En general, se considera que desarrollo económico es la capacidad que tiene la economía de un país para generar un crecimiento anual sostenido de su Producto Nacional Bruto (PNB), de su Producto Interior Bruto (PIB) o de la Renta por Habitante o PNB per cápita. También se pueden incluir otros aspectos de interés, como la estructura de la producción y del empleo, el desarrollo industrial y de la manufactura. Otro enfoque de la evolución económica de los países se centra en el análisis del crecimiento económico. Crecimiento económico, desarrollo y pobreza han estado muy relacionados históricamente. La consideración de que la apertura del comercio tiene efectos sobre la reducción de la pobreza tiene su origen en el cambio que experimento la política económica a finales de la década de los años 70. La liberalización del comercio se consideró la fuente más decisiva de convergencia de los ingresos entre los países y un elemento clave en la estrategia de desarrollo. Aunque si bien el comercio internacional puede facilitar u obstaculizar el proceso de desarrollo, para ello, hay que tener en cuenta otros elementos.

TEMAS DE REFLEXIÓN

1. ¿Cuál es el origen del objetivo del 0,7 por 100?
2. Especifique el concepto de desarrollo sostenible.
3. Para los países en desarrollo, determine las ventajas y/o inconvenientes de participar en el sistema multilateral de comercio.
4. En el marco de la OMC, ¿qué Ronda de negociaciones aborda el tema del desarrollo como eje fundamental?
5. El avance tecnológico de los países pobres no incide en el desarrollo. Verdadero o Falso.

EJERCICIOS DE AUTOCOMPROBACIÓN

1. **La Iniciativa para la Reducción de la Deuda en los países pobres y muy endeudados (HIPC):**
   a) Es una iniciativa conjunta del Banco Mundial y del Fondo Monetario Internacional para contribuir a la reducción de la pobreza.
   b) Es una iniciativa de la UNCTAD.
   c) Su puesta en marcha coincide con el auge de los Bancos Regionales de Desarrollo.
   d) Es una iniciativa de la OMC.

2. **¿Qué ronda trata las cuestiones de desarrollo como tema principal de su agenda en las negociaciones comerciales multilaterales?:**
   a) La Ronda Tokio.
   b) La Ronda Uruguay.
   c) La Ronda Doha.
   d) Ninguna respuesta es correcta.

3. **Durante los últimos años, la ayuda oficial al desarrollo destinada a los países más pobres ha sido:**
   a) Muy volátil.
   b) Constante.
   c) Coordinada entre los países donantes.
   d) Las respuestas b y c son correctas.
4. **La deuda externa oficial se negocia en:**
   a) El Club de Londres.
   b) El FMI.
   c) El Club de París
   d) Las respuestas b y c con correctas.
5. **El contexto global del desarrollo ha experimentado cambios:**
   a) En las condiciones competitivas.
   b) En el conocimiento y la innovación tecnológica
   c) En el nivel de integración de la economía internacional.
   d) Todas las respuestas son correctas.

SOLUCIONES A LOS EJERCICIOS DE AUTOCOMPROBACIÓN

1. a)
2. c)
3. a)
4. c)
5. d)

BIBLIOGRAFÍA

ARROW, K. J., *The Economic implications of learning by doing*, The Review of Economic Studies 29, 3: 155- 173, 1962.

CNUCED, Annuaire des produits de base 1993.

Notas de la Secretaría de la UNCTAD.

OCDE, Agricultural Policies, Markets and Trade. Monitoring and Outlook 1994.

Poverty Reduction and the World Bank, Progress in Fiscal 1993, 1994. Banco Mundial-Fondo Monetario Internacional.

RODRIK, D., *The limits of trade policy reform in developing countries*, Journal pf Economic Perspectives 6 (1): 87-105, 1992.

—, Development strategies for the next century. Documento preparado para la conferencia sobre «Developing Economies in the Twenty-First Century», Ciba, Japan, January 26-27. 2000.

ROMER, P. M., *Endogenous technological change*, The Journal of Political Economy 98, 5: S71-S102, 1990.

SCHUMPETER, J., Capitalism, Socialism and Democracy, Nueva York; Harper, 1942.

SOLOW, R. M., *A contribution to the theory of economic growth*, The Quarterly Journal of Economics 70, 1: 65-94, 1956.

SWAN, T. W., *Economic growth and capital accumulation*, Economic Record 32,: 334-361, 1956.

UNCTAD, Informe sobre el Comercio y el Desarrollo (varios años)

—, The Least Developer Countries Report 2004: Linking International Trade with Poverty Reduction. Publicación de las Naciones Unidas, Geneva. 2004.

—, El Comercio y la Pobreza. Sao Paulo, 13 al 18 de junio de 2004.

13
Comercio y desarrollo. La inestabilidad de los ingresos por exportación

1. Los productos básicos y la inestabilidad de los ingresos por exportación.—2. Causas y efectos de la inestabilidad de los ingresos por exportación.—3. La estabilización de los ingresos por exportación.—4. El servicio de financiación compensatoria del FMI.—5. El Banco Mundial y la inestabilidad de los ingresos por exportación.—6. El Fondo Común para los Productos Básicos y los acuerdos internacionales de los productos básicos.

TÉRMINOS CLAVE

- **Ajuste estructural**
- **Bienestar económico**
- **Fondo Común para productos básicos**
- **Inestabilidad de ingresos por exportación**
- **Materias primas**
- **Países en desarrollo**
- **Productos básicos**
- **Programa de Doha para el desarrollo**
- **Sistema multilateral de comercio**

1. Los productos básicos y la inestabilidad de los ingresos por exportación

Los ingresos procedentes de los productos básicos tienen gran importancia para los países en desarrollo. Su inestabilidad y los efectos sobre el bienestar económico de esos países y sobre sus perspectivas de desarrollo viene siendo motivo de preocupación y de análisis desde hace varios años, en especial desde principios de la década de los años setenta. Algunas de las soluciones arbitradas como los acuerdos internacionales de productos básicos destinados a estabilizar los precios, tienen una larga historia que se remonta a principios de la década de los años treinta. A lo largo de la década de los años cincuenta y sesenta, se fue tomando conciencia de la importancia que tenían para la financiación del desarrollo los ingresos de exportación de los países productores de materias primas. También se comprendió, dada la experiencia de funcionamiento de los acuerdos de productos básicos, que éstos:

1. Eran difíciles de concertar.
2. Sólo abarcaban una limitada gama de productos básicos.
3. Una vez concertados, a veces no eran eficaces para lograr ninguno de los principales objetivos:
   — La estabilización de los precios.
   — El mantenimiento de los ingresos de exportación de los países productores de materias primas.

La Conferencia de las Naciones Unidas sobre Comercio y Desarrollo en su Resolución 157 (VI) de 2 de julio de 1983, pidió al Secretario General de la UNCTAD que reuniera un grupo de expertos para analizar la financiación compensatoria de los déficit de los ingresos por exportación. Una de las conclusiones del grupo de trabajo señalaba la superior inestabilidad que experimentan los países en desarrollo en sus ingresos por exportación, respecto a los países desarrollados. La razón fundamental estribaba en que esos países dependen en una gran medida de las exportaciones de materias primas. Se puede decir, que los productos básicos constituyen la principal actividad de los países menos adelantados, y excepto excepciones, estos países siguen dependiendo de forma destacada de las exportaciones de productos básicos. Para 32 países en desarrollo, los productos básicos constituyen más del 50% de sus exportaciones de mercancías y para 22 países, alrededor del 80% e incluso más. Esa es la razón por la que los organismos internacionales y especialmente la UNCTAD se ha venido ocupando de los productos básicos ya que el desarrollo de estos productos y la búsqueda de la diversificación de la economía constituye un requisito indispensable para la reducción de la pobreza en esos países.

2. Causas y efectos de la inestabilidad de los ingresos por exportación

Las causas de la inestabilidad de los ingresos por exportación pueden tener un origen nacional o internacional. En general, la inestabilidad de las exportaciones se debe a las variaciones de la oferta o de la demanda, o a una combinación de ambas. Hay que señalar, sin embargo, que no es sencillo separar los elementos de oferta y demanda que influyen en la inestabilidad, dadas las interacciones que se pueden producir vía precios (la competencia de productos similares o productos sustitutivos o la desviación de la demanda derivada de la propia inestabilidad del abastecimiento de materias primas). En líneas generales, se puede decir que las fluctuaciones de la demanda en los países importadores, son elementos determinantes a nivel internacional. A nivel nacional, es más importante la variación de la ofertan de otros países exportadores.

Las condiciones climáticas, el coste de los inputs, las enfermedades, los ciclos de producción, el agotamiento de las plantas, las deficiencias en el control de la calidad, son algunos de los múltiples factores que se pueden citar, que afectan a la oferta. El alcance y amplitud de la inestabilidad de los ingresos por exportación depende no sólo de las fluctuaciones de la oferta y de la demanda, también influye la concentración de los productos, la concentración de los mercados, la concentración geográfica, el desarrollo de la especulación o la estructura de los mercados y de las elasticidades a corto plazo de la oferta y la demanda respecto al precio (en general, las elasticidades en el caso de los productos primarios suelen ser bajas, con lo que las variaciones en la oferta y la demanda afecta relativamente poco).

Los efectos que tiene la inestabilidad de los ingresos por exportación de productos básicos sobre las economías de los países en vías de desarrollo dependen fundamentalmente:

— Del nivel al que se produzcan: macroeconómico o sectorial.
— De que la inestabilidad tenga su origen en la demanda o en la oferta.

A nivel macroeconómico parece probado que la inestabilidad de los ingresos por exportación tiene efectos negativos sobre las economías de los países en desarrollo. La inestabilidad afectará al desarrollo a través de variables como las importaciones, el ahorro, la inversión, el empleo y los ingresos públicos y privados. Además, crea un clima de incertidumbre que puede desincentivar las inversiones, contribuyendo al deterioro de la relación de intercambio. Algunos estudios teóricos destacan los aspectos positivos que puede tener la inestabilidad de los ingresos por exportación sobre los países en desarrollo, fundamentalmente a través del incentivo del ahorro y el estímulo del espíritu de empresa. En conjunto, parece que hay más indicios de efectos negativos que de efectos positivos de la inestabilidad sobre el desarrollo económico:

Desde el punto de vista sectorial, el efecto de la inestabilidad depende:

— De las características del sector que se trate.
— De las características de la economía en su conjunto.
— De las políticas gubernamentales.
— De la existencia o no de mecanismos de estabilización.

En el plano sectorial al estar afectado un sector en concreto, los efectos de la inestabilidad de los ingresos por exportación son más claros, que los que se pueden producir a nivel macroeconómico, en la medida en que la inestabilidad crea incertidumbre sobre:

— Las perspectivas de ingreso de los productores.
— La producción.
— La demanda.
— La asignación de los recursos.

3. La estabilización de los ingresos por exportación

El problema de la inestabilidad de los ingresos de exportación de los países en vías de desarrollo se plantea a tres niveles:

— Los ingresos globales del país.
— Los principales sectores comerciales.
— Los mercados mundiales de determinados productos.

A nivel de los ingresos globales por exportación de un país en desarrollo determinado, la comunidad internacional ha tratado de contrarrestar o neutralizar el efecto de las fluctuaciones de los ingresos totales de divisas, a través fundamentalmente del Servicio de Financiación Compensatoria del FMI, en la medida en que las fluctuaciones a corto plazo de los ingresos de divisas de esos países pueden afectar su crecimiento y desarrollo e implicar problemas de balanza de pagos, que puedan acabar afectando al sistema internacional de intercambios y de pagos.

A nivel sectorial, el sector de los productos básicos es el sector donde más se han concertado las medidas de estabilización, por las siguientes razones:

— La inestabilidad de los precios, del volumen de exportaciones y de los ingresos derivados de la producción y el comercio mundial de los productos básicos, es superior a la existente en otros sectores (v. g. manufacturas).
— Dada la elevada proporción que representan los productos básicos en el PIB y en las exportaciones de gran parte de los países en desarrollo, la inestabilidad que se produzca en este sector es fundamentalmente la principal fuente de inestabilidad de los ingresos globales de exportación y, en definitiva, del ingreso nacional.

Por último, a nivel de los mercados mundiales, la estabilización busca fundamentalmente reducir la inestabilidad de los precios de determinados productos. Desde la década de los años treinta, se ha tratado de conseguir ese objetivo (estabilizar los precios del mercado), a través e acuerdos o convenios internacionales de productos básicos. En realidad, no existe una sola formula para resolver el problema de los productos básicos. Se suelen integrar distintos instrumentos para afrontar el problema de los precios y de su estabilidad, como es la regulación de la oferta, la diversificación de los productos básicos, para evitar los riesgos de concentración en un solo producto y una mayor liberalización del comercio.

Los programas de estabilización de los productos básicos

Entre los servicios de financiación compensatoria más destacados figuran:

— El servicio de Financiación Compensatoria del FMI.
— El programa de préstamos del Banco Mundial.
— El Fondo Común de materias primas del Programa Integrado de Productos Básicos de la UNCTAD.
— Los acuerdos internacionales de productos básicos.

4. El servicio de financiación compensatorio del FMI

Este servicio está destinado a proporcionar asistencia financiera a los países miembros que experimentan dificultades de Balanza de Pagos como consecuencia de un déficit de exportación o de un exceso en el coste de los cereales importados, que sea de carácter temporal y sea debido a factores sobre los que el país miembro no ejerza ningún control. Éste es un servicio abierto a todos los países miembros del FMI, pero son los países en desarrollo quienes lo utilizan de forma primordial. En 1979, la cobertura del servicio se amplió para incluir los ingresos procedentes del sector servicios (remesas de trabajadores y turismo) y en 1981, se volvió a ampliar para incluir las importaciones de cereales y las exportaciones de mercancías. No obstante, el principal uso de este servicio está relacionado con el déficit en las exportaciones de mercancías.

El uso del Servicio de Financiación Compensatoria está sometido a ciertos criterios:

1. Debe existir una necesidad en cuanto a la Balanza de Pagos.
2. El déficit en los ingresos de exportación o el incremento de coste de la importación de cereales debe ser temporal y fuera del control del país.
3. El FMI asegurará la cooperación del país, siempre que sea preciso, para buscar soluciones adecuadas a las dificultades de la Balanza de Pagos.

El objetivo fundamental es reducir las fluctuaciones a corto plazo de los ingresos por exportaciones, pero no resolver los problemas específicos de la inestabilidad sectorial, ni hacer frente a las causas de esa inestabilidad.

Recuadro 13.1.
Los productos básicos.

> Los acuerdos internacionales de productos básicos tienen como objetivo primordial la estabilización de los precios. Algunos acuerdos tratan de influir o regular los precios de los mercados internacionales y otros no tienen ningún mecanismo de regulación de los precios.

5. El Banco Mundial y la inestabilidad de los ingresos por exportación

A principios de la década de los años sesenta, el Banco Mundial empezó a ocuparse del problema de la inestabilidad de los ingresos por exportación de los países en desarrollo. Atendiendo a una recomendación de la UNCTAD, el BM presentó en 1965 un informe sobre posibles medidas financieras complementarias. En aquel momento, los organismos financieros internacionales no incluían mecanismos para impedir que los déficit de ingresos por exportación alterasen programas o políticas de desarrollo sólidas, cuando dichos déficit eran de tal naturaleza y duración que no podían hacerse frente con medidas coyunturales de apoyo a la Balanza de Pagos. Con el fin de llenar ese vacío, el BM propuso un plan mediante el cual los países en vías de desarrollo con déficit en sus ingresos por exportación dispondrían de una ayuda financiera adicional, siempre que esos déficit perturbasen seriamente su desarrollo económico. El plan fue sometido a la consideración de la UNCTAD, pero no llegó a aplicarse, dado el escaso apoyo recabado de los países que tenían que contribuir.

De 1967 a 1969, el BM y el FMI llevaron a cabo unos estudios sobre la estabilización de los precios de los productos básicos y medidas financieras específicas, además de otros medios, a través de los cuales el BM y sus filiales pudiesen colaborar en la solución del problema de la inestabilidad de los precios de los productos básicos. Como consecuencia de ello, el BM adoptó una serie de decisiones sobre las distintas formas para ayudar a esos países. Entre esas formas figuraban:

1. La asistencia financiera a largo plazo para ayudar a los países miembros a participar en acuerdos de productos básicos.
2. La financiación de proyectos para promocionar la diversificación de determinados productos básicos.
3. La ayuda financiera para I + D en agricultura.

En 1973, el Banco aprobó un conjunto de directrices donde se incluían el apoyo financiero a la nueva producción de materias primas (con demanda rígida) para los países con elevadas posibilidades de exportación y la asistencia a los países menos desarrollados, además de una asistencia especial para la investigación en materia de producción y comercialización agrícola. Un informe conjunto del BM y el FMI fue presentado al Comité de Desarrollo en 1978. La principal aportación del estudio consistía en mejorar el Servicio de Financiación Compensatoria del FMI. Respecto a la actuación del BM se preveía que la financiación pudiese hacerse a través de préstamos para programas. Pero el Convenio Constitutivo del BM y la Asociación Internacional de Fomento disponen, que salvo circunstancias especiales, los préstamos deben hacerse o garantizarse para proyectos específicos de reconstrucción o de desarrollo.

La mayor parte de los préstamos del BM van dirigidos a *proyectos de desarrollo* (a largo plazo). También se conceden *préstamos para sectores*. Los *préstamos para programas*, son una línea de financiación más a corto plazo, con el objeto de proporcionar, de forma rápida, ayuda a países con dificultades imprevistas, que pueden alterar sus objetivos de desarrollo a largo plazo. La mayoría de los *préstamos para programas* son operaciones que se realizan de una vez, para hacer frente a una situación de emergencia. En los préstamos para programas, el BM en general concede gran atención a las necesidades de divisas de sus países miembros, mientras que en los préstamos para proyectos la atención va dirigida a los problemas de los productos básicos.

Existen esencialmente cuatro tipos de situaciones en las que el BM ha concedido préstamos para programas:

— Descenso repentino de los ingresos de exportación cuando la economía del país depende de forma crítica de un solo producto de exportación.
— Compensación de grandes déficit de exportación para determinados productos básicos.
— Préstamos para programas de todas clases.
— A partir de 1980 casi todos los préstamos para programas han consistido en préstamos concedidos para ajuste estructural. Estos préstamos han ido dirigidos a países cuyas deficiencias estructurales han contribuido a crear problemas de Balanza de Pagos y cuyos gobiernos quieren aplicar programas destinados a introducir reformas de tipo político e institucional.

Los requisitos fundamentales de *ajuste estructural* del BM son:

— Existencia de un programa nacional de estabilización de la Balanza de Pagos, normalmente apoyado por un acuerdo de crédito contingente del FMI o por disposiciones del Servicio Ampliado del FMI.
— Acuerdo en firme, antes de aprobarse los préstamos, entre el BM y el gobierno respectivo, sobre programas de acción susceptibles de supervisión, donde tienen que estar especificadas las medidas a adoptar y los estudios necesarios para llevar adelante el programa.

— A diferencia de los préstamos para proyectos, los préstamos para ajuste estructural no están destinados a resolver problemas relacionados con las fluctuaciones a corto plazo de los precios de los productos básicos o las fluctuaciones de la producción. Pero en la medida en que las fluctuaciones presionen sobre la Balanza de Pagos y como consecuencia los gobiernos tengan que abordar problemas estructurales básicos, los préstamos para ajuste estructural pueden ser útiles en esas circunstancias.

El BM concede además de los programas de préstamos y los programas de ajuste estructural, *préstamos para sectores*. Estos préstamos van dirigidos a apoyar el logro de importantes objetivos sectoriales y luchar contra las limitaciones para su desarrollo. La diversificación de la producción de materias primas, la investigación y desarrollo (I + D) en la agricultura, reformas institucionales y cualquier mejora que favorezca el desarrollo de una producción diversificada, forman parte también de los objetivos de este tipo de préstamos del Banco Mundial.

6. El Fondo Común para los Productos Básicos y los acuerdos internacionales de productos básicos

El Fondo Común para los Productos Básicos se concibió como un elemento fundamental del Programa Integrado de Productos Básicos. En principio el Fondo Común tiene que completar y reforzar el efecto estabilizador de los acuerdos sobre productos básicos y facilitar la creación de acuerdos o convenios sobre productos básicos. Las negociaciones para establecer el Fondo Común finalizaron en 1980 y se estableció en 1987. En el Convenio se dispone la creación de una Primera Cuenta para ayudar a financiar la constitución de reservas de ciertos productos básicos y de una Segunda Cuenta para el fomento de las actividades de investigación y desarrollo, aumento de la productividad, comercialización y otras medidas destinadas a fomentar una diversificación vertical. Expertos de los países menos adelantados han determinado siete ámbitos o esferas principales en los que es necesaria la adopción de medidas por los países menos adelantados (PMA) y el apoyo internacional. Estas esferas son:

1. El incremento de las capacidades productivas, mediante, la ampliación de los servicios de I+D y de extensión.
2. Normas de calidad y seguridad, incluido el fomento de la capacidad nacional y regional para ensayos y certificaciones.
3. Medidas posteriores a las cosechas y almacenamiento apropiado para minimizar las pérdidas posteriores a las cosechas.
4. Diversificación horizontal y vertical.

5. Desarrollo de la comercialización y de los mercados, incluido la diferenciación de los productos, el desarrollo de mercados especializados y la información sobre mercados.
6. La financiación, incluidos los créditos para insumos, gestión de riesgos de los precios y financiación estructurada de los productos básicos.
7. La creación y establecimiento de asociaciones estratégicas.

El Fondo Común para los Productos Básicos ha recibido varias propuestas y nuevas concepciones de proyectos en las anteriores esferas, aunque la financiación de esos proyectos requería el fortalecimiento de los recursos de la Segunda Cuenta del Fondo Común y la cofinanciación paralela.

Recuadro 13.2.
Deuda y pobreza.

> Una de las iniciativas más importantes de los últimos tiempos en favor de los países en desarrollo se inició en el año 1999 apoyada por numerosas ONG y el movimiento «Jubileo 2000». El resultado se plasmó en la decisión del Comité de Desarrollo de la primavera de ese año, de impulsar la iniciativa HIPC. En la reunión del G-8 de Colonia se debatió el tema, especialmente la necesidad de establecer una relación entre deuda y pobreza. El FMI y el BM pusieron en marcha servicios e iniciaron conjuntamente consultas con ONG y con los gobiernos HIPC para ver cómo se podía establecer la relación entre deuda y pobreza. Uno de los resultados de este impulso fue la redenominación de la facilidad de financiación concesional básica del FMI, la Facilidad del Ajuste Estructural (ESAF) por Facilidad de Crecimiento y Reducción de la pobreza. En la reunión del G-8 en Génova en julio de 2001, los líderes mundiales se comprometieron a conjugar la globalización con la pobreza mundial. Para la lucha contra el SIDA, la malaria y la tuberculosis los participantes en el G-7 comprometieron 1,3 mil millones de dólares. Pero el país más importante del mundo, Estados Unidos, no es un ejemplo a seguir, apenas dedica cinco dólares por habitante en un país con más de 36.000 dólares de renta por habitante.

RESUMEN

Los ingresos procedentes de los productos básicos tienen gran importancia para los países en desarrollo, por tanto, su inestabilidad puede producir importantes efectos sobre el bienestar económico de esos países y sobre su capacidad y perspectivas de desarrollo. Algunas de las soluciones arbitradas destinadas a estabilizar los precios, tienen una larga historia que se remonta a principios de la década de los años treinta. Las causas de la inestabilidad de los ingresos por exportación pueden tener un origen nacional o internacional, pero en general, la inestabilidad de las exportaciones se debe a las variaciones de la oferta o de la demanda, o a una combinación de ambas, aunque no es sencillo separar los elementos de oferta y demanda que influyen en la inestabilidad, dadas las interacciones que se pueden producir vía precios (la competencia de productos similares o productos sustitutivos o la desviación de la demanda derivada de la propia inestabilidad del abastecimiento de materias primas).

En líneas generales, se puede decir que las fluctuaciones de la demanda en los países importadores, son elementos determinantes a nivel internacional. A nivel nacional, es más importante la variación de la oferta de otros países exportadores.

TEMAS DE REFLEXIÓN

1. ¿Por qué tiene importancia para los países en desarrollo la estabilidad de los ingresos por exportación?
2. ¿Cuáles se consideran las causas de la inestabilidad de los ingresos por exportación?
3. ¿Desde el punto de vista sectorial, de qué depende la inestabilidad de los ingresos por exportación?
4. Cite alguno de los programas de estabilización de productos básicos.
5. ¿Qué diferencia hay entre el Fondo Monetario Internacional y el Banco Mundial en la asistencia a los países en desarrollo con inestabilidad de ingresos por exportación?

EJERCICIOS DE AUTOCOMPROBACIÓN

1. **Señale las principales características de los acuerdos de productos básicos:**
   a) Cumplir con los mandatos del Banco Mundial.
   b) Cumplir con los mandatos de la Conferencia de Río.
   c) La estabilización de los precios y el mantenimiento de los ingresos de exportación de los países productores de materias primas.
   d) Todas las respuestas son correctas.

2. **El servicio de Financiación Compensatoria del FMI:**
   a) Está destinado a proporcionar asistencia financiera a países con dificultades de Balanza de Pagos por un déficit de exportación o un exceso de coste de los cereales importados.
   b) Es un servicio sólo destinado a los países en desarrollo.
   c) El desajuste debe tener carácter estructural y estar motivado por factores no controlables por el país miembro.
   d) Todas las respuestas son correctas.

3. **Desde el ámbito sectorial, el efecto de la inestabilidad de los ingresos por exportación depende:**
   a) De las políticas gubernamentales.
   b) De la existencia o no de mecanismos de estabilización.
   c) De las características de la economía en su conjunto.
   d) Todas las respuestas son correctas.

4. **La inestabilidad de los ingresos por exportación crea incertidumbre respecto a:**
   a) La producción y la demanda.
   b) Las perspectivas de ingresos de los productores.
   c) La asignación de los recursos.
   d) Todas son correctas.

5. **El Fondo Común para los Productos Básicos:**
   a) Es un elemento del Programa Integrado para los Productos Básicos.
   b) Complementa el efecto estabilizador de los acuerdos sobre productos básicos.
   c) Sustituye a los principales acuerdos sobre productos básicos.
   d) Las respuestas a y b son correctas.

SOLUCIONES A LOS EJERCICIOS DE AUTOCOMPROBACIÓN

1. c)
2. a)
3. d)
4. d)
5. d)

BIBLIOGRAFÍA

CNUCED, Annuaire des produits de base 1993.

Notas de la Secretaría de la UNCTAD.

OCDE, Agricultural Policies, Markets and Trade. Monitoring and Outlook 1994.

Poverty Reduction and the World Bank, Progress in Fiscal 1993, 1994. Banco Mundial-Fondo Monetario Internacional.

UNCTAD, Informe sobre el Comercio y el Desarrollo (varios años)

—, The Least Developed Countries Report 2004: Linking International Trade with Poverty Reduction. Publicación de las Naciones Unidas, Geneva. 2004.

—, El Comercio y la Pobreza. Sao Paulo, 13 al 18 de junio de 2004.

14
Comercio y medio ambiente

1. La preocupación por el medio ambiente.—2. El debate internacional sobre el medio ambiente.—3. La preocupación por el medio ambiente en la UE.—4. El debate comercio-medio ambiente.—5. El dilema común global. Los acuerdos multilaterales sobre el medio ambiente.—6. Normas comerciales vs. Acuerdos ambientales.—7. La dimensión económica internacional del cambio climático.

TÉRMINOS CLAVE

- **Acuerdos medioambientales**
- **Biodiversidad**
- **Calentamiento global**
- **Comisión Brundtland**
- **Conferencia de Río**
- **Desarrollo sostenible**
- **Energías renovables**
- **Equilibrio ecológico**
- **Gases de efecto invernadero**
- **Medio ambiente**
- **Protocolo de Kyoto**
- **Recursos ecológicos**
- **Regulación medioambiental**

1. La preocupación por el medio ambiente

La preocupación por el medio ambiente y sus implicaciones sobre la producción, el comercio internacional, el bienestar, la Balanza de Pagos o la asignación de los recursos productivos no ha sido objeto del análisis económico, más que de manera aislada hasta hace unos años. El interés global por la protección del medio ambiente surge a raíz de la primera Conferencia de las Naciones Unidas sobre Medio Ambiente, celebrada en 1972. El uso indiscriminado de los recursos naturales, considerados como recursos de los que la humanidad se podía beneficiar o explotar de forma indefinida e indiscriminada, ha dejado paso a la toma de conciencia de la degradación del medio ambiente, como resultado del uso del medio y de los sistemas de producción utilizados, incompatibles con el mantenimiento y la conservación de la calidad de vida y de las especies. La globalización de la economía mundial permite una mayor penetración del capital y una mayor movilidad de los factores, hacia países y ecosistemas sensibles de ser sobreexplotados y urbanizados.

Pero el problema no afecta sólo a los países industrializados, también se extiende a los países en desarrollo más pobres, con apenas políticas de protección del medio ambiente o muy laxas. No obstante, en los últimos tiempos, los problemas medioambientales han calado en la población y en los políticos y se está produciendo un profundo cambio respecto a la comprensión de la ecología, a medida que los países van adoptando políticas diferentes que las adoptadas tradicionalmente. De esta manera, existe ya un reconocimiento del nexo existente, entre economía y medio ambiente y del elevado coste de la aplicación de políticas económicas poco apropiadas para el medio.

Se ha tomado conciencia de la necesidad de afrontar con decisión y desde el principio las cuestiones ambientales, incorporándolas en la política económica de los Estados, teniendo en cuenta que los problemas medioambientales traspasan las fronteras nacionales y regionales y por tanto, la necesidad de una colaboración internacional. Sin duda alguna, la llamada de atención que supuso para la comunidad internacional el trabajo de la Comisión Mundial sobre Medio Ambiente y Desarrollo o Comisión Brundtland, incorporando y popularizando desde entonces el término *desarrollo sostenible,* ha contribuido a la toma de conciencia sobre los problemas medioambientales y a la adopción de medidas para reducir el calentamiento global y proteger la capa de ozono.

Recuadro 14.1.
La Conferencia de Río.

En la CNUMAD celebrada en Río en 1992 se adoptaron tres textos no vinculantes jurídicamente:

1. La declaración de Río sobre el medio ambiente y el desarrollo que enuncian 27 principios.
2. La Agenda 21 que es un documento de 800 páginas donde se exponen los objetivos y las acciones en 40 sectores.
3. Una declaración no vinculante jurídicamente sobre los principios aplicables a los bosques.

La Conferencia dejó preparados dos acuerdos vinculantes para las partes:

— El convenio-marco de las Naciones Unidas sobre el cambio climático.
— El convenio sobre la biodiversidad.

2. El debate internacional sobre el medio ambiente

A nivel internacional, el debate sobre el medio ambiente se potencia en primer lugar, a finales de los años sesenta y principios de los setenta, especialmente con la celebración de la Conferencia de Estocolmo en 1972 sobre el medio ambiente humano, y en un segundo impulso, a principios de la década de los años noventa, con la Conferencia de las Naciones Unidas para el Desarrollo y el Medio Ambiente, celebrada en Brasil en junio de 1992 sobre el medioambiente y el desarrollo (CNUMAD). Esta Conferencia fue decisiva, porque dio un nuevo impulso a la cooperación internacional y permitió sentar las bases para abordar los desafíos del medio ambiente y del desarrollo. Las conclusiones de la Conferencia de Río se basan fundamentalmente en los siguientes principios:

1. Las perspectivas de desarrollo económico a largo plazo dependen inevitablemente de la conservación del medio ambiente.
2. El desarrollo sostenible en todos los países es un objetivo primordial, tanto en el plano nacional como internacional.

Un elemento a destacar de la Conferencia de Río es la adopción del enfoque del *desarrollo sostenible,* frente al concepto mantenido en los años setenta de *crecimiento cero*. Esto tiene especial importancia, porque: 1) el concepto de desarrollo sostenible no parte del supuesto de que el crecimiento económico perjudica necesariamente al medio ambiente, y 2) porque el desarrollo sostenible tiene en cuenta los recursos que pueden aportar los países y lo que aporta la liberación del comercio y el desarrollo económico, para poder financiar la protección del medio ambiente. Esto significa que, el desarrollo sostenible supone un enfoque global e integrado que se estructura alrededor de tres requisitos:

1. Las preocupaciones sobre medio ambiente y desarrollo se deben integrar en todas las políticas pertinentes a escala nacional e internacional.
2. El desarrollo económico debe satisfacer equitativamente las necesidades de las generaciones actuales y futuras.
3. Se debe asignar una valoración a los recursos ecológicos para poder evaluar la repercusión de las actividades económicas sobre el medio ambiente.

La Cumbre de la Tierra de 1992, incorporó al debate el concepto de desarrollo sostenible tomándolo del informe de 1987 de la Comisión Mundial para el Medio ambiente y el Desarrollo, más conocido como el Informe Brundtland. En este informe se abordó el problema medioambiental desde un punto de vista global, al insistir que la actividad humana tenía que desarrollarse de una manera sostenible en su progreso hacia el futuro. Entendiendo como desarrollo sostenible, aquel que favorece la satisfacción de las necesidades presentes sin poner en peligro las capacidades de las generaciones futuras.

Recuadro 14.2.
El capítulo 2 de la Agenda 21.

> La Agenda 21 es un documento incorporado en la Cumbre de Río de 1992 donde se exponen los objetivos y las acciones en cuarenta sectores.
>
> El capítulo 2 de la Agenda 21 es el más importante respecto al debate sobre el comercio y el medio ambiente. Un objetivo general consagrado en este capítulo y que deben fijarse los Estados es, *procurar que las políticas internacionales del comercio y del medio ambiente* se sostengan mutuamente. Los Estados se comprometieron a:
>
> — Fomentar el diálogo.
> — Impulsar el trabajo en las instituciones internacionales competentes para llegar a una mejor comprensión de la interrelación entre comercio y medio ambiente.
>
> Dados los elevados costes de ajuste, para lograr un desarrollo sostenible, en la Agenda 21 se señaló la necesidad de tener en cuenta la situación de los países en desarrollo voluntarios en esta adaptación y garantizar la participación plena de estos países en el comercio internacional.

En el marco del GATT, el debate comercio-medio ambiente se desató en 1991, cuando un panel de arreglo de diferencias comerciales del GATT decidió que las restricciones a la importación de atún, procedentes de México y adoptadas por Estados Unidos eran inconsistentes con las reglas del GATT. Estados Unidos había alegado que el sistema de captura del atún de México tenía como resultado la muerte de más delfines que los permitidos por la ley americana. Esto originó un amplio debate sobre la compatibilidad de los objetivos de comercio y del medio ambiente, y la necesidad de modificar las reglas internacionales para incorporar la preocupación por las cuestiones medioambientales.

3. La preocupación del medio ambiente en la UE

El Tratado de Roma no recogía la protección del medio ambiente como un objetivo concreto. Los fundadores de la CEE pretendieron fundamentalmente establecer vínculos de carácter económico y comercial entre los Estados miembros y los esfuerzos iniciales en materia medioambiental estaban más motivados por el deseo, de asegurar que los diferentes procedimientos nacionales no se convirtieran en un obstáculo a la competencia y a la libre circulación de mercancías en el terreno comunitario. La primera legislación medioambiental de la CEE se hizo sobre productos (sustancias químicas peligrosas, detergentes y automóviles), para proteger a los consumidores, a la vez que se salvaguardaba la libre circulación de mercancías. Algunas directrices sobre medio ambiente, se adoptaron a finales de los años sesenta, pero una política explícita en materia medioambiental sólo fue adoptada en la CE desde principios de los años setenta, cuando los jefes de Estado y de Gobierno deciden en París, impulsar las cuestiones medioambientales y formular una política de medio ambiente, urgiendo a las instituciones comunitarias, a elaborar un Programa de Acción con un calendario preciso, que a lo largo de los años se ha plasmado en los Programas de Acción comunitarios. Pero es en el Acta Única Europea (en vigor desde el 1 de julio de 1987), donde se formaliza y explicita legalmente, el compromiso de los Estados miembros en el ámbito medioambiental.

En el Tratado de Maastricht (firmado el 7 de febrero de 1992), se estableció la necesidad de crear un Fondo de Cohesión, para proyectos de medio ambiente y redes transeuropeas para países miembros, cuya renta por habitante sea inferior al 90 por 100 de la renta comunitaria.

4. El debate comercio-medio ambiente

La naturaleza global de las cuestiones medioambientales potencia la interrelación entre comercio y medio ambiente. No obstante, esta interrelación es muy compleja, dado que tradicionalmente, los economistas preocupados por las tareas medioambientales han dirigido sus análisis a las cuestiones medioambientales en economías cerradas (por ejemplo, internalizar los costes externos medioambientales), mientras que los economistas que han analizado el comercio han orientado su análisis más a la dotación relativa de los factores y a cuestiones específicas de los mercados que a las externalidades medioambientales (economías de escala, importancia de las estructuras de los mercados, etc.). No obstante, existe un amplio cuerpo de análisis que trata de conjugar ambos planteamientos.

La preocupación por las cuestiones comerciales y la degradación del medio ambiente se puso de nuevo de manifiesto con el Acuerdo de Libre Comercio de América del Norte (NAFTA). Originalmente, el Acuerdo no determinaba la protección del medio ambiente y el Congreso americano se opuso a su ratificación. Se argumentaba que la liberalización comercial contribuye a la degradación del medio, incentivando la explotación de los recursos a un ritmo insostenible y atrayendo industrias contaminantes hacia países con reducidos requerimientos medioambientales. El Tribunal Federal de Washington emitió en junio de 1993, una decisión judicial que afectaba a la entrada en vigor del NAFTA, si no se remediaban esos inconvenientes.

En el NAFTA se han incluido previsiones medioambientales en algunas áreas, (estándares técnicos y sanitarios y medidas fitosanitarias). Se estableció un compromiso entre los tres países miembros del NAFTA (Estados Unidos, Canadá y México) para cumplir la normativa medioambiental, incluyendo sanciones si se incumplían de forma reiterada y se creó una Comisión para la Cooperación Medioambiental, responsable de: 1) vigilar el cumplimiento del acuerdo, 2) promover la cooperación sobre el medio ambiente, y 3) asegurar que los países del NAFTA cumplen sus normativas medioambientales.

Recuadro 14.3.
El impacto medioambiental del comercio.

> La eliminación de los obstáculos y las distorsiones al comercio permite a los países especializarse en el sector o sectores en los que tengan ventaja comparativa, incluso si esas ventajas están basadas en las condiciones medioambientales. Sin embargo, el impacto medioambiental del comercio depende de diversos factores, de manera que el efecto neto del comercio sobre la calidad del medio ambiente dependerá a su vez de la importancia relativa de los efectos que se produzcan y del grado en el que existan los fallos del mercado o falta de efectividad de las intervenciones en el sector o sectores de que se trate.

La interrelación entre comercio y medio ambiente

La interrelación entre comercio y medio ambiente está en el origen de los intercambios comerciales, pero la preocupación y la toma de conciencia de que esta interrelación tiene consecuencias sobre la política de los países y sobre el equilibrio ecológico global, como hemos visto anteriormente, es más reciente. No obstante, en la Convención de 1933: *Convenio relativo a la preservación de la fauna y de la flora en su estado natural,* se hace referencia en el apéndice I, a los tratados multilaterales sobre medio ambiente que contienen disposiciones en materia de comercio. En este sentido, se puede decir, que el término medio ambiente comprende, sin tratar de ser exhaustivos, los problemas de la contaminación, erosión y pérdida de la fertilidad del suelo, deforestación, seguridad de los productos (residuos peligrosos y productos alimenticios), especies amenazadas, trato a los animales y biodiversidad en general.

Desde la década de los años setenta, el debate sobre las cuestiones medioambientales tuvo un importante impacto sobre el comercio y las inversiones, especialmente en los países industrializados, que se han venido preocupando cada vez más por el impacto de esas normas sobre su competitividad en los mercados internacionales, a la vez que esa inquietud se ha manifestado, con el establecimiento de obstáculos a las importaciones producidas con arreglo a normas menos rigurosas. A esto se añaden otros problemas sensibles que preocupan a la sociedad actual, relacionados con el patrimonio común, (el deterioro de la capa de ozono o el cambio climático), la extinción de algunas especies y el trato que reciben los animales. Todo esto plantea cuestiones que afectan a la utilización de las políticas comerciales y su relación con las normas ecológicas que aplican algunos países.

No existe una postura unánime respecto al impacto del comercio internacional sobre el medio ambiente. Algunos autores consideran que el comercio internacional y la apertura de los mercados benefician a los países, porque favorece su crecimiento económico y la difusión de la tecnología, proporcionándoles más medios para mejorar y proteger su riqueza ecológica. Otros autores, mantienen lo contrario, el comercio en un sistema globalizado perjudica el medio ambiente, especialmente si el país carece de una política medioambiental o ésta es muy relajada.

Liberalización comercial e impacto medioambiental

En el artículo XX del GATT se permitía la aplicación de medidas normalmente incompatibles con el Acuerdo General, en dos casos: 1) cuando estas medidas son necesarias para la protección de la salud y de la vida de las personas y de los animales o para la preservación de los vegetales, y 2) cuando guarden relación con la conservación de los recursos naturales agotables. Estas medidas no debían suponer una discriminación entre los países, ni constituir una restricción al comercio internacional. En el Acta final de la Ronda Uruguay, las cuestiones medioambientales se extendieron a otros ámbitos, incluyendo la agricultura, los obstáculos técnicos al comercio y la protección de la propiedad intelectual. No obstante, los efectos de la liberalización del comercio, sobre el equilibrio general, son difíciles de determinar *ex-ante,* ya que dependen de numerosos factores, entre los que cabe destacar, la intensidad sobre el medio de los bienes comercializables, respecto a los bienes no comercializables, dónde están situados esos bienes o las normas de protección existentes.

Recuadro 14.4.
La OMC y el medio ambiente.

> En la Ronda Uruguay se recogió la preocupación por el medio ambiente modificando algunas provisiones del borrador del Acta Final en cuestiones relacionadas con estándares técnicos y medidas sanitarias, fitosanitarias y subsidios. También incorpora el objetivo del desarrollo sostenible en el preámbulo de la OMC. Finalmente en la reunión de Marraquesh (abril de 1994), con la que se concluía la Ronda Uruguay se acordó establecer un Comité de Comercio y Medio Ambiente, que incorporó los trabajos de un órgano existente del GATT (el Grupo sobre Medidas Medioambientales y Comercio Internacional), encargado de examinar un conjunto amplio de temas relacionados con el medioambiente, como son:
>
> 1. La relación entre las provisiones GATT/OMC y:
>
>   — Medidas comerciales con fines medioambientales.

> — Políticas medioambientales y medidas con efectos comerciales.
> — Impuestos y exacciones medioambientales, requisitos de etiquetado, embalaje y reciclado.
>
> 2. Transparencia de las medidas comerciales utilizadas con fines medioambientales y medidas y requisitos medioambientales con efectos comerciales.
> 3. Relación entre el mecanismo de arreglo de diferencias en el GATT/OMC y las de los acuerdos internacionales medioambientales.
> 4. Efecto de las medidas medioambientales sobre el acceso al mercado, especialmente para los países en desarrollo.
> 5. Exportación de productos cuyo uso está prohibido en el país exportador.

Desde el punto de vista de la eficacia económica, para afrontar esos problemas las intervenciones comerciales se contemplan como instrumentos *second-best*. Esto nos lleva a plantear lo siguiente: si relacionamos liberalización del comercio con las cuestiones medioambientales, deberían existir políticas nacionales adoptadas para corregir la externalidad que se origina en la producción o en el consumo, pero no en el comercio. Es decir, si se aplican políticas nacionales, que favorezcan el desarrollo sostenible, el comercio fomentará un desarrollo que es sostenible, pero al contrario, si no se aplican esas políticas, el comercio internacional resultante, proporcionará un sesgo perjudicial para el medio ambiente. Existe una limitada evidencia empírica sobre las implicaciones medioambientales de la liberalización comercial. Hay estudios sobre sectores concretos, como para la agricultura (Feenstra, 1985) y para los automóviles (Anderson, 1992). En ambos estudios se muestra, que los efectos de la liberalización del comercio son favorables para el medio ambiente.

En el caso de la agricultura, los obstáculos proteccionistas en los países industrializados, favorecen la producción ineficiente en los países de elevada renta que usan intensivamente *inputs* lesivos para el medioambiente (pesticidas, fertilizantes), frente a productores eficientes de países de baja renta. Algunos defensores del mantenimiento de la protección comercial en los países industrializados consideran que su reducción en los países ricos orientaría la producción hacia países de baja renta, que roturarían terrenos y deforestarían los bosques y las zonas tropicales.

Grossman y Krueger identificaron en 1991 tres tipos de efectos medioambientales debidos a la liberalización del comercio:

1. La liberalización del comercio lleva generalmente a un incremento en la actividad que conlleva un aumento en el uso del recurso o un incremento de la polución, para un tipo de producto final dado.

2. La liberalización y la variación inducidas en el precio relativo conllevan cambios en la composición del producto final. Así, si un país tiene ventaja comparativa en actividades o recursos poco contaminantes, se incrementará la proporción de productos relacionados con el medio ambiente y a la inversa.
3. La liberalización del comercio induce a variaciones en las técnicas productivas.

El Banco Mundial ha revisado la evidencia empírica para América Latina y entre las conclusiones se destaca, que la apertura al comercio internacional se ha asociado en general con la mejora de las condiciones medioambientales de los países abiertos al comercio, dado que las empresas multinacionales establecidas en esos países han llevado tecnología adaptada a los requisitos medioambientales de los países industrializados. Respecto al comportamiento de las empresas multinacionales, algunos autores (Leonard, 1988) señalan, que las normas medioambientales no son un factor determinante para la ubicación de una empresa en un país, ya que el gasto por la adaptación medioambiental es normalmente una parte reducida del coste total, para la mayoría de las grandes empresas.

Los países en desarrollo, en general, están especializados en producciones intensivas en mano de obra, por tanto la ventaja comparativa la tienen en productos menos contaminantes. La apertura al comercio de estos países: 1) les familiarizará con el medio ambiente, 2) adquirirán una tecnología más moderna y eficiente desde el punto de vista medioambiental, y 3) la apertura al comercio, les proporcionará ingresos externos, que podrán destinar a mejorar su medio ambiente. No obstante, la experiencia muestra, que al aumentar la renta se deteriora el medio ambiente y los ingresos que obtienen por la apertura al comercio, no se destinan a limpiar el medio. Esa es una de las razones por las que se necesitan políticas específicas nacionales e internacionales que protejan el medio ambiente.

Recuadro 14.5.
El Comité de Comercio y Medio Ambiente (CTE).

El Comité de Comercio y Medio Ambiente se estableció en la Ronda Uruguay, cuando al concluir la Ronda se adoptó una Decisión Ministerial por la que se encomendaba al Consejo General de la OMC, establecer en su primera reunión (en Singapur) dicho Comité. La tarea de este Comité es integrar las cuestiones medioambientales en el sistema multilateral de comercio, para que compatibilizando los objetivos comerciales y medioambientales se pueda lograr un desarrollo sostenible. Esta tarea se había iniciado en el GATT en 1992 en el Grupo sobre Medidas Medioambientales y Comercio Internacional.

Efectos de la política medioambiental sobre el comercio

La teoría de la ventaja comparativa sugiere dos hipótesis, para explicar la localización de las industrias, basándose en factores que impulsan a las industrias, para que abandonen un país con fuerte regulación medioambiental y factores que incentivan la entrada de capital extranjero, atraídos por normas de emisión. Mientras que la primera hipótesis (la huida industrial), impulsaría a las industrias a deslocalizarse de los países con elevados costes de control ambiental, con la segunda hipótesis (refugio de la contaminación) se atraería a la inversión extranjera.

Desde el punto de vista del comercio internacional, la segunda hipótesis funciona como si en los países que mantienen una política medioambiental severa, proporcionasen una ventaja comparativa en la producción y en las exportaciones a los países con baja regulación ambiental, con consecuencias negativas para el empleo y las exportaciones del país con regulación fuerte. Por otra parte, el país con fuerte regulación ambiental, puede incentivar la innovación tecnológica aplicada a la conservación del medioambiente, proporcionándole a largo plazo una ventaja comparativa, siempre que el resto de los países apliquen esta tecnología. Es decir, para que otros países puedan adoptar una reglamentación medioambiental más rigurosa es necesario que los países con una fuerte reglamentación medioambiental exporten los productos en los que se hayan incorporado esos procesos. La Hipótesis Porter está detrás de este argumento. Según esta hipótesis, la regulación medioambiental, al estimular el progreso y la innovación tecnológica y la inversión en capital, estará proporcionando un incremento en la productividad, que compensa a las empresas con creces por los costes en los que se incurre por incorporar la tecnología medioambiental (Palmer, Oates y Portney discutieron esta hipótesis en 1995).

5. El dilema común global. Los acuerdos multilaterales sobre el medio ambiente

Los problemas medioambientales no son solo una cuestión nacional. En su origen pueden ser un problema interno, pero la contaminación se produce por desbordamiento, atravesando las fronteras nacionales y afectando a otros países o al patrimonio común (océanos, capas altas de la atmósfera, etc.). El resultado es que un país no puede por sí solo establecer una política ambiental adecuada, porque aunque los problemas ambientales fueran internos, tarde o temprano se producirían problemas con otros interlocutores comerciales. Se necesitan por tanto unas normas multilaterales, que sirvan para orientar a los países en la formulación de sus políticas sobre medio ambiente y que sirvan también, para atender las quejas de los ciudadanos sobre las repercusiones de esas políticas. Por tanto, uno de los instrumentos más eficaces para afrontar «el dilema común global» es establecer un acuerdo internacional.

Una buena parte de los acuerdos multilaterales que tratan el medio ambiente, contienen disposiciones relativas al comercio (hasta 1996, de 180 acuerdos firmados, 20 contenían medidas comerciales). Entre los más destacados de los acuerdos sobre medioambiente con medidas comerciales, están:

— El Protocolo de Montreal sobre sustancias que reducen la capa de ozono.
— La Convención sobre Comercio Internacional de Especies Amenazadas (CITES).
— La Convención de Basilea sobre el Control de los Movimientos Transfronterizos de Desechos Peligrosos y su uso.

La mayoría de los acuerdos ambientales que contienen disposiciones comerciales están referidos a la protección de la fauna y de la flora. La Convención sobre Comercio Internacional de Especies Amenazadas de Fauna y Flora Silvestres (CITES), donde figuran países productores ha acordado por ejemplo, prohibir el comercio de marfil. Otros países han decidido acabar con el comercio de ballenas, osos polares, aves migratorias, etc. La evidencia empírica muestra que v.g. el Protocolo de Montreal es eficaz en la reducción de la producción de ODS (sustancias que reducen el ozono), aparte de que la reducción de la producción de esas sustancias se ha facilitado por disponibilidad de sustitutivos con bajo coste de sustitución y por el apoyo de los consumidores, contrarios a los CFCs (cloro-fluor-carbonados).

6. Normas comerciales vs. Acuerdos medioambientales

Se puede decir, que los acuerdos multilaterales medioambientales tienen varios objetivos, entre los que se pueden destacar los siguientes:

1. Informar a las partes del acuerdo.
2. Regular el comercio de determinadas sustancias y productos entre los países miembros.
3. Salvaguardar la eficacia del acuerdo incluso tomando medidas comerciales contra países no participantes del acuerdo.

Esto último puede entrar en confrontación con las normas multilaterales de la OMC y es objeto de debate en el Comité sobre Comercio y Medio ambiente, pero todavía no se ha dado una respuesta concreta a este tema. Entre las fuentes de conflicto que podrían surgir relacionadas con «el trato nacional» señalamos las siguientes:

1. Cuando los productos extranjeros reciben un trato más riguroso que los productos nacionales. Esto está amparado por la normativa del GATT/OMC, en el caso de que las medidas sean necesarias para proteger la salud y la vida de las personas y de los animales o para preservar los vegetales del país importador. Por ejemplo, combatir la propagación de plagas y enfermedades de las plantas a través de normas fitosanitarias, establecer una inspección rigurosa o prohibir la importación de determinados vegetales.
2. Cuando un acuerdo multilateral ambiental distingue entre las medidas comerciales que afectan a las partes del acuerdo o a los países que no forman parte del mismo. Este es el caso de las disposiciones comerciales contenidas en el Protocolo de Montreal, el Convenio de Basilea y en CITES (respecto al comercio de las especies que se permite en ciertas condiciones). En todos ellos se prevé que las partes apliquen disposiciones más restrictivas a los países que no forman parte del acuerdo.

A pesar del debate que suscitan estas cuestiones, como ya se ha señalado, no hay todavía una respuesta concreta por la OMC, ya que se plantea la duda sobre si esas desviaciones del principio de no-discriminación sean siempre necesarias como objetivo medioambiental y no estén ocultando fines y objetivos proteccionistas o discriminatorios frente a otros países.

En el informe del Comité sobre Comercio y Medio Ambiente de la OMC, en la primera reunión ministerial de esta organización en Singapur en diciembre de 1996, se reconocía que las soluciones basadas en la cooperación internacional son el medio más eficaz para tratar los problemas medioambientales globales o transfronterizos. También se reconocía, que las medidas comerciales son en algunos casos instrumentos necesarios, para lograr los objetivos ambientales de los Acuerdos Multilaterales sobre medio ambiente.

7. La dimensión económica internacional del cambio climático

Estudios específicos muestran que se esta produciendo un calentamiento global y es una amenaza para el bienestar humano. Por tanto, es un problema que hay que afrontar y el primer paso que se debe dar es la reducción de las emisiones de los gases de efecto invernadero (GEI). El problema que se plantea es quién tiene que hacer el esfuerzo, cuánto y en qué plazo. Pero después de más de veinte años las promesas que se hicieron en la cumbre de Río en 1992, no se han cumplido y los compromisos de Kyoto, cinco años después no han conseguido que las emisiones permanezcan bajo control, dado que el cumplimiento de los acuerdos para las reducciones de las emisiones de carbono son costosos para la economía de un país, es políticamente difícil de aplicar y la cuestión que queda en el aire es si es eficaz para reducir el aumento de la temperatura. Las emisiones globales de dióxido de carbono habían aumentado un 25%, antes de la reunión mundial de Copenhague, celebrada en diciembre de 2009, desde que se adoptó el Protocolo en 1997, en parte por que se dejó fuera del Protocolo a grandes fuentes de emisión (deforestación) y en parte por el rechazo de participantes potenciales en adquirir compromisos obligatorios a nivel internacional (USA y Australia).

Antes de la reunión de Copenhague: Japón hizo público su intención de reducir las emisiones un 25% desde los niveles de 1990 hasta 2020. Estados Unidos aprobó la ley Wasman-Markey para reducir las emisiones, pero con un objetivo muy débil. China anuncio que tiene sus propios objetivos para reducir la intensidad energética (energía requerida para producir una unidad de PIB) y prometieron seguir haciendo esfuerzos para reducir las emisiones de carbón por dólar de PIB e incrementar el uso de energías renovables y nuclear.

Estados Unidos que firmó el Protocolo de Kyoto, (aunque no lo ratificó por su negativa a aceptar objetivos numéricos a cumplir como establece Kyoto) antes de la reunión mundial de Copenhague de diciembre de 2009, reconoció que el cambio climático era una realidad. China e India, dos países con fuerte potencial de crecimiento económico estaban exentas del cumplimiento del Protocolo de Kyoto, por estar incluidas entre los países en desarrollo. En la reunión de Ginebra celebrada en septiembre de 2009, considerada esta reunión un encuentro técnico, no político, se aprobó la creación de un mecanismo global de intercambio de información sobre el clima: Marco Global de Servicios Climáticos (para empezar en 2011) y entre cuyos objetivos destaca especialmente, el apoyo a los países en desarrollo para adaptarse a la nueva realidad del cambio climático.

RESUMEN

El interés global por la protección del medio ambiente surge a raíz de la primera Conferencia de las Nacionales Unidas sobre Medio Ambiente celebrada en Estocolmo en 1972. El uso indiscriminado de los recursos naturales ha dejado paso a la toma de conciencia de la degradación del medio ambiente, como resultado del uso del medio y de los sistemas de producción utilizados, incompatibles con el mantenimiento y la conservación de la calidad de vida y de las especies. A nivel internacional, el debate sobre el medio ambiente se potencia a finales de los años sesenta y principios de los setenta, especialmente con la celebración de la Conferencia de Estocolmo y a principios de la década de los años noventa, con la Conferencia de las Naciones Unidas para el Desarrollo y el Medio Ambiente, celebrada en Brasil en junio de 1992 sobre medio ambiente y desarrollo (CNUMAD), incorporando la adopción del enfoque de desarrollo sostenible. Al problema del medio ambiente se han incorporado otros temas correlacionados con el calentamiento global. Estudios específicos muestran, que se esta produciendo un calentamiento y se considera importante afrontarlo y el primer paso que se debe dar es la reducción de las emisiones de los gases de efecto invernadero.

TEMAS DE REFLEXIÓN

1. ¿Cómo aborda la OMC la cuestión medioambiental?
2. ¿En qué términos se plantea el debate comercio-medio ambiente?
3. El Comité de Comercio y Medio Ambiente se ha establecido en la Ronda Tokio. Verdadero o Falso.
4. Desde el punto de vista del cambio climático, ¿cómo repercute en la economía?
5. ¿Cuáles son los objetivos de los acuerdos medioambientales multilaterales?

EJERCICIOS DE AUTOCOMPROBACIÓN

1. **Entre los principios en los que se basan fundamentalmente las conclusiones de la Conferencia de Río se encuentra:**
   a) El desarrollo sostenible es un objetivo nacional de cada país.
   b) El que las perspectivas de desarrollo económico a largo plazo dependen de la conservación del medio ambiente.
   c) El desarrollo sostenible en todos los países es un objetivo primordial desde el punto de vista internacional.
   d) Todas las respuestas son correctas.
2. **La preocupación por las cuestiones comerciales y la degradación del medio ambiente se puso de manifiesto con:**
   a) El establecimiento de la Unión Económica y Monetaria.
   b) La firma del Tratado de Adhesión de Finlandia a la Unión Europea.
   c) La creación del Mercado Común del Sur.
   d) El Acuerdo de Libre Comercio de América del Norte.
3. **El Comité de Comercio y Medio Ambiente:**
   a) Se estableció en la Ronda Uruguay.
   b) Su misión era integrar las cuestiones medioambientales en el sistema multilateral de comercio.
   c) La tarea que se le encomendó se había iniciado en el GATT en 1992.
   d) Todas las respuestas son correctas.
4. **Entre los acuerdos sobre medio ambiente con medidas comerciales, destacan:**
   a) El protocolo de Montreal sobre el efecto invernadero.
   b) La Convención sobre Comercio Internacional de Especies Amenazadas.
   c) La Convención de Basilea sobre el comercio de sustancias tóxicas.
   d) El protocolo de Kyoto.
5. **Los Acuerdos Multilaterales Medioambientales tienen los siguientes objetivos:**
   a) Regular el comercio de determinadas sustancias y productos entre los países miembros.
   b) Salvaguardar la eficacia del acuerdo incluso tomando medidas comerciales contra países no participantes del acuerdo.
   c) Regular el comercio de determinadas especies protegidas y productos derivados.
   d) Las respuestas a y b son correctas.

SOLUCIONES A LOS EJERCICIOS DE AUTOCOMPROBACIÓN

1. d)
2. d)
3. d)
4. b)
5. d)

BIBLIOGRAFÍA

DEAN, S. M. (1992), «Trade and the environment: a survey of the literature», in Low, P. (ed.), «International trade and The environment», *World Bank Discussion Paper,* 159, 1992.

FEENSTRA, R., «Automobile Prices and Protection», *The US - Japan Trade Restraint.* The Journal of Policy Modelling, volume 7, N. York, spring 1985.

GROSSMAN, G. M. y KRUEGER, A., «Environmental Impacts of a North American Free Trade Agreement», *National Bureau of Economic Research Working Paper,* n.º 3914, Cambridge, Massachusetts: NBER, 1991.

IMF, *International Trade Policies. The Uruguay Round and Beyond,* volume II. Background Papers, Washington, 1994.

LEONARD, H. JEFFREY, *Pollution and the Struggle for the World Product*, N. York: Cambridge University Press, 1988.

PALMER, K., OATES, W. E. y PORTNEY, P. R., «Tightening environmental standards: the benefit - cost or the no - cost paradigm?», *Journal of Economic Perspectives,* vol. 9, n.º 4, autumn, 1995.

PORTER, M. E. y VAN DER LINDE, C., «Towards a new conception of the environment-competitiveness relationship», *Journal of Economic Perspectives,* vol. 9, n.º 4, 1995.

15
Economía, turismo y desarrollo

1. Fundamento económico del turismo internacional. Turismo y desarrollo.—2. Factores que influyen en el desarrollo del turismo internacional.—3. Contribución del turismo al desarrollo.—4. Los proveedores de los servicios turísticos.—5. Turismo y crecimiento económico. Los servicios relacionados con el turismo.—6. La Inversión Directa Exterior (IDE) y el sector turístico.—7. Turismo sostenible y cambio climático.

TÉRMINOS CLAVE

- **Agentes turísticos**
- **Competitividad**
- **Cuentas satélite del turismo**
- **Globalización**
- **Mayoristas de productos turísticos**
- **Ocio turístico**
- **Paradigma OLI**
- **Productos turísticos**
- **Servicios turísticos**
- **Subproductos turísticos**
- **Touroperadores**
- **Turismo sostenible**

1. Fundamento económico del turismo internacional. Turismo y desarrollo

Por turismo internacional se entiende, según la definición conjunta de la Organización Mundial del Turismo (OMT) y de las Naciones Unidas, a las actividades de toda persona que realice un viaje entre dos o más países fuera de su lugar habitual de residencia, durante más de 24 horas y no más de un año consecutivo, para fines recreativos, negocios u otros propósitos. Las corrientes de turismo internacional se suelen medir: 1. por llegadas (número de turistas internacionales que pasan por lo menos una noche en el país), y 2. por ingresos (gastos de turismo internacional relacionados con las compras realizadas por turistas mientras están en el país excluidos los ingresos y gastos derivados del transporte internacional).

El sector del turismo internacional tiene efectos multiplicadores sobre la actividad económica general y efectos secundarios positivos, superiores a los que pueden generar otros sectores económicos.

La industria del turismo mundial se ha desarrollado rápidamente desde los años sesenta. En los últimos treinta años, el turismo mundial ha crecido a una tasa media anual del 7% (llegadas) y del 12% (ingresos). Se puede decir, que es una de las actividades económicas que ha crecido más rápido durante un período prolongado de tiempo. Así, en 1997, el turismo internacional generó 613 millones de llegadas y 448.000 millones de dólares. En ese mismo año, incluido el transporte y los viajes interiores (estos viajes interiores constituyen la parte más importante del mercado turístico), esos datos se multiplicaron por diez.

La participación de los países en desarrollo en el turismo total mundial ha evolucionado lentamente, pero de forma decidida, desde finales de la década de los años sesenta, hasta alcanzar casi una tercera parte del total del comercio de servicios turísticos. Para muchos de los países en desarrollo, los ingresos por turismo son no sólo una fuente importante de ingresos y divisas, también es una oportunidad de desarrollo de sus economías, especialmente en los países mas pequeños o insulares.

En 1971 se instituyó la categoría de países menos adelantados (PMA) y desde esa fecha, solo Botswana ha sido retirado de esa categoría, en función de los criterios y metodología utilizados por Naciones Unidas en sus exámenes y revisiones periódicas de la lista de PMA (el umbral de desarrollo varía, así, v.g. fue de 900 dólares de los EEUU en 1997 y de 1.035 en el año 2000). La razón de la retirada de las listas es el incremento de la renta por habitante de los países, mejora de la calidad de vida y mayor estabilidad económica.

Recuadro 15.1.
Índice de Activo Humano.

En el año 2004, la UNCTAD destacó en un informe, los aspectos sociales a tener en cuenta en los PMD. Los indicadores que forman parte de este índice son:

1. La cantidad de calorías como porcentaje de los requerimientos de nutrición.
2. Tasa de mortalidad infantil.
3. Tasa de escolarización secundaria.
4. Tasa de formación adulta en lectura y escritura.

El Índice de Vulnerabilidad Económica es uno de los tres indicadores utilizados por las Naciones Unidas, para determinar la situación de un país en la categoría de países menos desarrollados (PMD). Algunos países pueden tener un nivel de renta *per cápita* superior al umbral para formar parte de PMD, pero si su vulnerabilidad económica es elevada, el país considerado formará parte de la categoría de país menos desarrollado.

El Índice de Vulnerabilidad Económica tiene en cuenta cuatro aspectos:

1. Participación de las manufacturas y de servicios modernos en el PIB. Se considera que este indicador refleja el grado de especialización en las actividades económicas con un elevado nivel de valor añadido. Esto supone, además de las manufacturas textiles, tener en cuenta, el turismo, el transporte, las comunicaciones y los servicios financieros y empresariales.
2. Índice de concentración de exportaciones de mercancías. Este índice se considera como un indicador de la diversificación económica.
3. Índice de inestabilidad de la producción agrícola. Se considera que este índice refleja el impacto físico de los desastres naturales.
4. Índice de inestabilidad de exportaciones de bienes y servicios. Este indicador refleja el impacto de todos los shocks externos sobre el total de ingresos por divisas.

Con la adopción de la categoría de PMD, las Naciones Unidas oficialmente reconocieron los problemas estructurales a los se enfrentan un grupo importante de países en la economía internacional, en su proceso de mejora de la calidad de vida y de desarrollo económico. El turismo es una actividad económica muy vulnerable y mas aún si el país es un país en desarrollo pequeño y con una economía dependiente de un solo ámbito productivo, aparte de otros factores, que también afectan a esas economías en desarrollo, como problemas sanitarios, terrorismo y desastres naturales.

Recuadro 15.2. PMA cuyo sector turísticos es dominante.

Maldivas:
1. El sector turístico es la principal fuente de de ingresos por exportación desde la década de los años 80.
2. Los resultados combinados del sector del turismo y el transporte aéreo representan alrededor del 75% de la economía de exportación de Maldivas.

Gambia:

Desde 1985 el sector turístico ha representado más de la mitad de la economía de exportación, excluidas las actividades de preexportación, a un nivel siete veces superior a la industria del maní.

Vanuatu:

La industria del turismo y de los servicios comerciales representan más de la mitad del total de la economía de exportación.

Tuvalu:

1. Los servicios internacionales dominan la economía.
2. El turismo es la principal fuente de divisas.
3. Los resultados del sector turístico suelen ser muy estables.

Comores:

El turismo internacional es la principal fuente de divisas desde 1990 (a pesar de la inestabilidad política del país en algunos momentos).

Samoa:

El turismo ha superado a la industria de productos del coco como principal fuente de ingresos. Debido al constante crecimiento de los servicios turísticos y los servicios comerciales internacionales, los ingresos en concepto de exportación de servicios son más de tres veces superiores a los ingresos derivados de la exportación de mercancías.

República Unida de Tanzania:

1. Las exportaciones de café antes eran las dominantes pero ahora, los ingresos originados en la exportación de servicios de turismo superan al valor combinado de las exportaciones de café, algodón y castañas de Cajú.
2. El efecto neto del sector turismo sobre la Balanza de Pagos compensa el efecto fuga del sector turismo (por gastos de importación).
3. La República Unida de Tanzania es uno de los principales receptores de ingresos por turismo internacional entre los PMA.

Haití:

1. El sector turístico fue la principal fuente de ingresos de exportación hasta 1985 (en ese año se registraron mas de 150.000 entradas de visitantes internacionales). A partir de esa fecha, el sector turístico cayó de forma acelerada debido a las graves alteraciones políticas y a la inestabilidad del país.
2. El país tiene un gran potencial de crecimiento turístico.

Nepal:

El sector turístico y el sector manufacturero representan más de la mitad de la economía de exportación de este país.

Senegal:

Se ha convertido, junto con Ghana, en uno de los destinos turísticos más solicitados del África Occidental. El otro sector de exportación dominante en el país son las exportaciones de pescado.

Lesotho:

El turismo internacional es el segundo sector de exportación (la primera industria es el vestido).

Santo Tomé y Príncipe:

La principal industria es el cacao y el sector turístico es la segunda fuente de ingresos por exportación.

República Democrática Popular de Lao:

Ha experimentado un rápido progreso, convirtiéndose el turismo desde 1998 en el segundo sector de la economía de exportación.

Uganda:

Después de la industria del café, el sector turístico es la segunda fuente de divisas del país.

Cabo Verde:

Dispone de una economía agrícola limitada, pero posee un amplio potencial turístico. El turismo iguala en términos económicos al sector más importante del país, la pesca. Si al sector turístico y sus derivaciones, se le suma el transporte aéreo, más de la mitad de la economía de exportación del país estaría representada por ambos sectores, lo que destaca la importancia del potencial del desarrollo turístico en Cabo Verde.

Benin:

La industria del algodón es el sector económico más importante, pero en 1998 el sector turístico se convirtió en la segunda fuente de divisas.

Madagascar:

El sector económico más importante es la industria del café, pero el sector turístico se está convirtiéndose en la segunda fuente de ingresos por exportación.

> **Camboya:**
>
> Su industria más destacada es la maderera, con mas del 40% de los ingresos por exportación (aserrada y madera en rollos), pero el turismo se está desarrollando con dinamismo.

Fuente: UNCTAD.

Aparte de los países señalados en el recuadro anterior, hay otros países en desarrollo que cuentan con un sector turístico destacado, pero no constituye una de sus principales fuentes de ingresos por exportación. Entre estos países están: Bangla Desh, Bhután, Burkina Fasso, Etiopía, Malawi, Mali, Mauritania, Myanmar, Yemen y Zambia. Otros países en desarrollo, como los dos pequeños Estados insulares del Pacífico, Kiribati y las Islas Salomón han hecho unos progresos muy limitados en los últimos años. Como se indicaba más arriba, desde que las Naciones Unidas instituyeran la categoría de Países Menos Adelantados, sólo Botswana ha abandonado esa categoría, y a partir de 1994, otros países han sido posibles casos de retirada, debido a una relativa prosperidad, producto en general, de la evolución positiva de la economía (transporte aéreo, hoteles, restaurantes), y del rápido desarrollo del sector turístico, como Cabo Verde, Maldivas, Samoa y Vanuatu. Cabo Verde fue considerado un posible caso de retirada de las lista de PMA dado que su ingreso por habitante superaba constantemente el umbral fijado (900 dólares de 1997 y 1.035 en 2000). Teniendo en cuenta, la metodología y los criterios aplicados por la Naciones Unidas en sus exámenes periódicos de la lista de PMA y la importancia que tiene el turismo como una actividad común en esos países como actividad económica, hay razones fundamentadas para considerar que el turismo internacional desempeña un papel fundamental en el desarrollo económico de los países menos desarrollados.

2. Factores que influyen en el desarrollo del turismo internacional

El turismo se ha manifestado como un gran fenómeno de masas de carácter internacional, especialmente con la utilización de los medios informáticos y de internet. Existen distintos factores que contribuyen a su expansión y están relacionados con los factores que también influyen en la evolución del comercio internacional y las inversiones. Entre estos factores destacamos los siguientes: 1. la globalización, 2. el uso de internet, 3. los tipos de cambio y los visados, y 4. los desastres naturales, confrontaciones bélicas u otros tipos de desastres.

1. La globalización ha llevado a una mayor interrelación entre los países y las economías y estos procesos han provocado un aumento de los viajes comerciales y una expansión del turismo.
2. La utilización de internet ha puesto en el mapa del turismo, lugares que con los sistemas tradicionales era imposible. Internet ha revolucionado la industria turística, especialmente hoteles y lugares de turismo.
3. Las variaciones en los tipos de cambio y las reglamentaciones de los visados, tradicionalmente han afectado, al volumen y dirección de las corrientes turísticas, bien en sentido positivo o en sentido negativo, porque el tipo de cambio puede favorecer o perjudicar a los potenciales clientes turísticos. Las crisis económicas como la crisis financiera mundial que se desencadenó en agosto de 2007 por las hipotecas *subprime*, provocó entre otros efectos, una disminución muy acusada del turismo internacional.
4. Finalmente, un factor que influye también sobre las corrientes turísticas son los desastres naturales, como inundaciones, erupciones volcánicas, huracanes u otros desastres provocados por el hombre como las guerras, los desórdenes civiles y la inestabilidad política.

3. Contribución del turismo al desarrollo

Los servicios del turismo pueden contribuir y estimular el desarrollo de los países en términos de entradas de divisas, mejora del empleo, ingresos fiscales y otros efectos secundarios derivados del turismo, como su contribución a la diversificación de las exportaciones de bienes y servicios o incluso la tendencia a estabilizar los ingresos totales de divisas permitiendo compensar la inestabilidad de los ingresos por exportaciones de mercancías y productos básicos. Sin embargo, no siempre los ingresos generados por el turismo se quedan dentro del país. Existe un fenómeno de fuga de esos ingresos, debido esencialmente a los siguientes factores: 1. la repatriación de los ingresos y beneficios obtenidos por empresas extrajeras del sector turístico, 2. el pago por importaciones de equipo, bienes de consumo y alimentos, y 3. los gastos de promoción del turismo en el exterior.

Esos factores se irán reduciendo en el tiempo, a medida que el país: 1. haya adoptado una política de desarrollo turístico clara y diferenciada, 2. haya llevado a cabo inversiones importantes en el sector para presentar una atractiva oferta turística, 3. establezcan una política de cooperación regional y subregional, 4. se implanten empresas turísticas propias nacionales, 6. tengan una política turística competitiva en calidad y precios, y 7. incorporen tecnología y medios de comunicación electrónicos para que llegue directamente a los clientes la oferta de los servicios turísticos.

Los factores señalados se ven evidenciados cuando muchos proveedores de servicios turísticos en los países en desarrollo, especialmente pequeñas y medianas empresas (PYMEs) encuentran dificultades con los operadores turísticos debido a una posición negociadora de contratación muy desfavorable. Los efectos del turismo sobre el desarrollo han sido más intensos en los países pequeños e islas pequeñas, con economías de menor magnitud. En otros países el turismo ha crecido a la vez que otros sectores de la economía. En las economías en desarrollo de mayor magnitud y más diversificadas, el turismo no se ha considerado como una prioridad y en consecuencia el sector ha aportado una contribución menor al desarrollo de esos países. Sin embargo, en los países en desarrollo que han elegido este sector como principal fuerza impulsora de su crecimiento económico se ha podido comprobar:

1. Los efectos multiplicadores que el turismo ejerce sobre otros sectores económicos y sobre el resto de la economía,
2. Que el sector turístico es uno de los mayores generadores de empleo, incluidos los empleos para mano de obra sin cualificar o de semicualificación,
3. Que en algunos países, el turismo es la única alternativa de desarrollo que tienen, a corto y medio plazo.

4. Los proveedores de los servicios turísticos

Los principales proveedores de servicios turísticos son los países, los hoteles y las empresas turísticas, las agencias de viaje y los operadores turísticos o touroperadores, y otros no especificados que también actúan como proveedores de los servicios turísticos. Los países desarrollados son los principales proveedores de servicios turísticos, representando los desplazamientos intrarregionales el principal componente del turismo internacional, debido a la proximidad geográfica y al coste de los desplazamientos. Sin embargo, la reducción del coste de los transportes aéreos en los últimos años a través de los vuelos de bajo precio, charter, paquetes de oferta estacional, etc. para desplazamientos a gran distancia, ha fomentado el desarrollo del turismo hacia nuevos destinos y zonas exóticas en países pequeños en desarrollo y muy alejados del país de origen de los turistas. La accesibilidad a la información vía internet ha permitido reducir el coste de los billetes de avión, eliminando gastos de intermediación.

Los hoteles y las empresas turísticas prestan servicios turísticos diferenciados. Los hoteles de los países en desarrollo que no se han asociado a cadenas hoteleras o empresas extranjeras tienen que competir con las grandes cadenas multinacionales de hoteles integrados en sistemas mundiales de distribución, con ofertas estructuradas promocionales, tarifas especiales para colectivos determinados o para empresas e instituciones o alianzas con compañías aéreas. La competencia hotelera es transversal y a diferencia del transporte aéreo (que los billetes a precio reducido se consiguen con meses de antelación a la realización del viaje), en las reservas hoteleras cada vez con más frecuencia, las ofertas de bajo precio se producen a última hora, a pocos días de la realización del viaje. En definitiva, el uso de internet ha cambiado la forma de comprar y de vender en el sector turístico.

En general, en la mayoría de las ocasiones, las empresas suelen estar dominadas por multinacionales que ofrecen esos servicios integrados, relacionados con cadenas hoteleras y operadores turísticos. Estos operadores son los *mayoristas* de un producto turístico, que se encargan de preparar viajes organizados reuniendo distintos subproductos turísticos (excursiones, alojamiento, etc.) a un precio fijo y global. En general este segmento de los servicios turísticos, en cada mercado esta dominado por un grupo reducido de empresas que controlan el mercado y compiten entre sí.

Recuadro 15.3. Ventajas e inconvenientes de las inversiones hoteleras en países en desarrollo.

Tipos de inversión	*Ventajas*	*Inconvenientes*
Control completo		
1. Control total del capital por una filial extranjera 2. Tiempo ilimitado	Exento de riesgo financiero para país receptor	Repatriación de beneficios
Empresa conjunta		
1. Control parcial del capital por filiales extrajeras 2. Tiempo ilimitado	1. Acceso a nuevo capital y redes de comercialización internacionales 2. Menor fuga de beneficios	1. Necesario un capital existente 2. Distribución de riesgos 3. Menor control en la contratación
3. Control parcial del capital por filiales extrajeras 4. Tiempo ilimitado	3. Acceso a nuevo capital y redes de comercialización internacionales 4. Menor fuga de beneficios	4. Necesario un capital existente 5. Distribución de riesgos 6. Menor control en la contratación
Franquicias		
1. Venta a empresa local de un derecho para operar de manera determinada 2. Se utiliza el nombre comercial existente	1. Nuevos conocimientos en gestión y comercialización y en tecnologías 2. Imagen de marca 3. Calidad respaldada por la marca	El riesgo de gestión lo asume la empresa del país receptor

Tipos de inversión	Ventajas	Inconvenientes
Contratos de gestión		
1. Control y administración de la empresa por una empresa extranjera 2. La empresa extranjera no es la propietaria	Posibles acuerdos de cooperación para transferencia de conocimientos	Ningún control por le país receptor
Consorcios hoteleros		
1. Hoteles independientes ponen en común sus recursos 2. Compiten con cadenas integradas y con franquicias	Campañas publicitarias conjuntas	1. Ausencia de marca comercial garantizada, en principio 2. Posible exclusión de pequeñas empresas hoteleras
Control nacional total		
1. La inversión es nacional 2. No existen vínculos con extranjeros	Total independencia en la toma de decisiones de las estrategias empresariales	1. Más gastos en campañas publicitarias 2. Más gastos en comercialización 3. Posible menor impacto internacional

Fuente: UNCTAD.

Las agencias de viaje son los detallistas o los que ofrecen los servicios al por menor, de los productos y subproductos turísticos. Es un sector más fragmentado que el de los touroperadores y en general formado por pequeñas y medianas empresas, excepto en algún país como Japón. Los ingresos de estas agencias de viaje, proceden de las comisiones y ventas de billetes y sus servicios son valiosos para los clientes porque les asesoran sobre los destinos turísticos, ofertas estacionales, alojamientos, etc. Finalmente otros proveedores de servicios turísticos, son los servicios de transporte aéreo, los sistemas mundiales de distribución y los sistemas de reserva informatizados (SRI). El transporte aéreo es el medio de desplazamiento utilizado por la gran mayoría de turistas. El transporte aéreo se ha desarrollado de forma destacada, desde que se incrementó la demanda de viajes y servicios turísticos, convirtiéndose a su vez en una fuerza adicional de desarrollo para los países en desarrollo receptores de turismo internacional, posibilitando su incorporación a las grandes corrientes turísticas a nivel mundial.

5. Turismo y crecimiento económico. Los servicios relacionados con el turismo

El sector turístico no representa una sola rama de la industria ni de la actividad económica, representa un conglomerado de actividades de muchas industrias y sectores económicos, incluyendo producción, marketing, distribución, venta y resultado final en una cadena de actividades sucesivas estrechamente conectadas y que según un ejemplo presentado por la Comisión de Turismo Canadiense y la UNWTO en el año 2003, comprendía la siguiente cadena:

Información y Ventas → Viaje y Destino → Llegada y Orientación → Alojamiento → Atracciones y Actividades → Vuelta → Servicio Postventa

Como se ha indicado más arriba, el turismo se ha convertido en uno de los principales factores del crecimiento económico. El potencial de desarrollo del turismo procede de un conjunto de actividades que afectan a la provisión de bienes y servicios, como el alojamiento, transporte, construcción y actividades lúdicas. Pero la industria del turismo es muy sensible a las perturbaciones externas, de carácter económico, político o medioambiental y también posee cierto potencial para provocar problemas que pueden ocasionar costes sociales y económicos a las comunidades locales y al medioambiente. Algunos países en desarrollo suelen considerar que el turismo no les ha proporcionado los beneficios que esperaban. Por eso, la lección que los países en desarrollo deben extraer es que el turismo debe ser gestionado con cuidado, si se quiere que proporcione beneficios, sin deteriorar los recursos naturales, el medioambiente, las tradiciones culturales y las costumbres sociales.

Recuadro 15.4. La UNCTAD y el turismo internacional.

La UNCTAD mantiene un compromiso de ayuda a los países en desarrollo para idear políticas y estrategias de comercio e inversión en el turismo. Las actividades de la UNCTAD, incluidas aquellas que realiza en cooperación con otros organismos y agencias internacionales pueden fortalecer la capacidad de oferta turística internacional, a través de la mejora al acceso a los mercados y a las normas internacionales sobre competencia y las posibilidades de inversión en el sector turístico en los países en desarrollo.

Desde un punto de vista internacional, la industria del turismo ha estado creciendo en los últimos años a un ritmo más rápido que el PIB mundial, representando más del 8% del empleo mundial. Alrededor del 45% de las exportaciones de servicios de los países en desarrollo está relacionado con la industria del turismo, siendo este el mayor de los sectores de exportación de servicios y uno de los de crecimiento más acelerado.

Una infraestructura de servicios de transporte aéreo, de telecomunicaciones, tecnología de la información y del conocimiento (TIC), finanzas, comercialización y promoción, junto a una mejora en la formación y educación, son elementos básicos, para que el turismo pueda estimular el crecimiento económico del país y constituirse en una fuente de beneficios globales procedente de los ingresos por divisas, incremento del empleo y diversificación de la economía.

En los últimos 30 años, los países en desarrollo han perdido aproximadamente el 80% de su participación en las exportaciones mundiales de productos básicos distintos de los combustibles, además de haberse convertido en importantes importadores netos de alimentos (en algunos años, las importaciones de productos alimenticios han sobrepasado a las exportaciones de productos básicos no combustibles). Pero el sector turístico no solo reporta beneficios a los países receptores, como ya hemos comentado, también puede tener efectos negativos, especialmente sobre el medio ambiente al utilizarse intensivamente determinados lugares de concentración turística.

Cuadro 15.1. Participación de los servicios de viajes en el total de servicios comerciales.

	Participación de servicios	
	Total Exportaciones	**Total Importaciones**
África	*51.0*	*20.0*
Pvd	*50.0*	*—*
América del Sur y Central	*48.9*	*24.5*
América del Norte	*31.4*	*27.1*
Europa	*28.1*	*29.3*
Unión Europea-25	*27.2*	*29.0*
Asia	*26.6*	*25.8*

Fuente: Consejo Mundial de Turismo y Viajes (WTTC), 2006

Los servicios de transporte aéreo y la cooperación regional

La cooperación regional entre países en desarrollo constituye una opción muy importante para superar deficiencias en la oferta de servicios turísticos, especialmente a través del desarrollo de determinados servicios, como el transporte aéreo. Así, la liberalización de los servicios de transporte aéreo en el marco de las políticas de «cielos abiertos» entre los países miembros que forman parte de un acuerdo de integración regional, podría ser una buena opción a utilizar por los países de menor desarrollo, para afrontar sus problemas relacionados con este tipo de transporte. Las compañías aéreas de estos países de menor desarrollo pueden aprovechar los centros de conexiones existentes en Asia y la zona del Pacífico y en África.

Así, por ejemplo, sería útil entre los países en desarrollo de ASEAN o Asociación de Países del Sureste Asiático, que utilizan centros de conexiones regionales (Singapur, Malasia, Indonesia, Tailandia) para afrontar sus problemas de conexiones insuficientes o de baja densidad. Pero lo mismo pueden hacer países africanos que pertenezcan a acuerdos de integración regional o a acuerdos preferenciales, como la Cooperación Económica de Países de la Cuenca del Pacífico (APEC) e incluso los países de África, Caribe y Pacífico (ACP), con la UE.

Recuadro 15.5. Elementos de la política de cielos abiertos

1. Libre acceso a todas las rutas.
2. Ausencia de restricciones sobre la capacidad y frecuencia en cada ruta.
3. Ausencia de restricciones de las operaciones en los mercados internacionales.
4. Eliminación de las restricciones a los vuelos charter.
5. Liberalización de las normas que rigen el transporte de carga aérea.
6. Ausencia de restricciones a la conversión de los beneficios de monedas fuertes y su repatriación.
7. Acuerdos sobre códigos compartidos.
8. Capacidad de las compañías aéreas de prestar sus propios servicios de tierra en el extranjero.
9. Ausencia de reglamentaciones sobre las alianzas entre compañías aéreas.
10. Acceso no discriminatorio a los sistemas de reserva informatizados (SRI) y a los sistemas mundiales de distribución).

Fuente: Turismo y desarrollo en los países menos adelantados. UNCTAD 2001

6. La Inversión Directa Exterior (IDE) y el sector turístico

Una de las razones citadas anteriormente del crecimiento del turismo en los países en desarrollo, se debe a la inversión, tanto extranjera como nacional, que acompaña y sigue a la creciente demanda mundial de servicios turísticos y desplazamientos. La mayoría de los países en desarrollo están buscando en el turismo una vía para su crecimiento y desarrollo. Tradicionalmente, el turismo ha estado situado por debajo del sector agrícola y de la manufactura, como factor potencial de desarrollo en los países menos adelantados. No se contemplaba el turismo como un factor de crecimiento y de mejora del nivel de vida de la población. Hoy día el turismo se contempla como una fuente prometedora de recursos para generar puestos de trabajo, incluido para las mujeres y los jóvenes.

La inversión directa exterior es una de las vías que se pueden utilizar por los países en desarrollo para dinamizar el sector turístico y esta ocurre cuando un inversor residente en un país, considerado el país emisor, adquiere la propiedad o una influencia significativa en la gestión de una empresa o activo productivo en otro país o país receptor o de acogida. Esto puede significar un mínimo de participación de un 10% en el negocio, aunque puede controlar una empresa o activo con menor participación e incluso sin ninguna participación (ver tema de la inversión exterior cap. 8). La IDE se mide de dos formas diferentes, como stock y flujo y las operaciones y actividades de las filiales en los países de acogida. El dato de IDE como flujo para un país, normalmente se proporciona sobre bases anuales. La IDE como stock proporciona una visión consolidada más que una visión dinámica.

Según Dunning (1993), una empresa establecerá una filial en un país receptor si se dan tres factores:

1. Si posee tecnología propia u otras ventajas que le permitan competir con empresas locales.
2. Si existe algún beneficio para localizarse en el país receptor: mano de obra barata y otras ventajas locales, como sol, playa y nieve.
3. Si los beneficios netos de las transacciones intraempresa (entre la filial y la matriz) son superiores a los que se producirían de las transacciones equivalentes entre la empresa y otra empresa que no perteneciese al grupo, del país de acogida.

Esta descripción está basada en lo que se conoce como «el paradigma OLI» (Propiedad, Localización, Internalización) aunque en turismo, la internalización se considera que tiene menos relevancia que en otras actividades económicas. Una de las características de la inversión en el sector del turismo es la mayor vulnerabilidad del sector si se compara con otro tipo de actividades empresariales, especialmente si éstas inversiones van dirigidas a países en desarrollo con inestabilidad política y económica.

Se considera, que la inversión directa exterior constituye una de las principales vías a través de las cuales, los países en desarrollo pueden incentivar el sector turístico. Sin embargo, apenas existe información empírica sobre la relación entre el turismo y la IDE en la economía global y contrariamente a la creencia general, de que la IDE relacionada con el turismo en los países en desarrollo está muy extendida, lo cierto es que la IDE relacionada con el turismo en los países en desarrollo es relativamente reducida, respecto a otras actividades globalizadas, incluidos servicios como telecomunicaciones y finanzas. Las principales inversiones directas extranjeras en los países en desarrollo se realizan en infraestructura hotelera y de restauración.

La IDE en aerolíneas es escasa encaminándose más hacia operaciones relacionadas con el sistema de reservas globales o con los operadores turísticos. La inversión directa exterior está concentrada esencialmente en los países desarrollados, pero aunque como hemos dicho más arriba es relativamente reducida en los países en desarrollo, eso no quiere decir que sea insignificante, porque los datos de las cuentas nacionales puede que subestimen las actividades de las empresas multinacionales. De hecho, la economía del turismo plantea un reto importante a los investigadores, al no aparecer el turismo como una clasificación de industria formal en las cuentas nacionales. Así, no es difícil encontrar por ejemplo, datos sobre hoteles entre los inmuebles, y el transporte se encuentre agregado con «transporte, comunicaciones y almacenaje», lo que hace muy difícil cuantificar y conocer el alcance, la importancia y tamaño de los activos relacionados con el turismo, el empleo y los ingresos generados en el sector.

Recuadro 15.6. Las Cuentas Satélite del Turismo (CST).

Para mejorar la situación y conocimiento del sector turístico, muchos países introducen las llamadas cuentas satélite del turismo (CST) que es una aproximación estadística desarrollada por la Organización Mundial de Comercio, la OCDE y el Grupo de Trabajo Intersectorial de Eurostat y aprobado por la Comisión Estadística de de la ONU en 2000. Así, se define a las industrias turísticas, como: todo establecimiento cuya principal actividad productiva es una actividad con característica turístico. Siguiendo esa definición se han identificado, por la Estructura Metodológica Recomendada de CST, 12 cuentas nacionales de industrias con actividades con característica turística y todas se corresponden con servicios y la mitad de ellas están relacionadas con el transporte. La metodología distingue entre:

1. Empresas directamente relacionadas en la producción y consumo de servicios turísticos: la *industria del turismo*.
2. Las empresas y personal indirectamente involucrados dentro de un concepto más amplio: *economía del turismo*. Aquí estarían las empresas de catering, los proveedores de fuel, y las empresas subcontratadas para servicios turísticos.

Pero como la metodología no distingue entre empresas extranjeras y nacionales es muy difícil, sino imposible, estimar la contribución relativa que hace cada uno de los conceptos. Como método de aproximación, se utiliza la estimación directa del gasto de los turistas, con la dificultad que esta estimación conlleva, estadísticas sobre la actividad de los turistas, cambio de divisas, etc.

Las Cuentas Satélite del Turismo se basan en la contabilidad nacional e incluyen cuentas que comprenden distintas variables económicas relaciona-

> das con la oferta y la demanda de turismo. Entre los aspectos que se recogen en la demanda, figuran los distintos tipos de turistas, nacionales y extranjeros, tipos de viajes, bienes y servicios demandados, como alojamiento y transporte. Se distingue también desde el punto de vista de la demanda, el consumo turístico interno, el consumo turístico receptor (por los visitantes extranjeros) y el consumo turístico emisor, realizado por los residentes nacionales al exterior del país donde residen. Desde el lado de la oferta, se diferencia, la estructura de la producción, las inversiones, etc.

La inversión directa exterior Sur-Sur y el turismo internacional

Entre las regiones en desarrollo que más IDE relacionado con el turismo reciben están América Latina (por delante que el resto de las regiones), el Caribe y Asia. África y el Pacífico reciben poca IDE relacionada con el turismo. Aproximadamente, la cuarta parte de todos los hoteles en los países en desarrollo están localizados en América Latina. El Norte de África, las economías en transición de Europa del Este, Sur y Sureste de Asia, seguirían en la segunda posición. Si bien, las principales inversiones directas extranjeras han procedido tradicionalmente de países desarrollados, de Estados Unidos, Francia, Canadá y Reino Unido, lo que sería una inversión directa extranjera Norte-Sur, desde hace unos años, empresas multinacionales procedentes de países en desarrollo están llevando a cabo este tipo de inversión en el exterior, no solo en países y regiones en desarrollo, también en algunos de los destinos turísticos mas antiguos y arraigados, como Nueva York o Londres. Es el auge de la inversión procedente del Sur y de países emergentes.

Estas empresas multinaciones proceden de economías como Hong Kong (China), Singapur y Emiratos Árabes. También proceden de otras economías del Sur como Cuba, Polonia, Malasia, Mauricio y Sudáfrica.

7. Turismo Sostenible y cambio climático

Existen indicios de que el clima mundial esta experimentando un cambio importante, respecto a épocas anteriores. Aunque no existe un consenso general entre los científicos, el Grupo de Expertos sobre el Cambio Climático, en sus estudios consideran que la temperatura mundial ha aumentado aproximadamente 0,76 ºC entre 1850-1899 y 2001-2005 y con una probabilidad muy elevada (> 90%) de que las actividades humanas han contribuido desde la Revolución Industrial del siglo XIX, a la concentración de gases de efecto invernadero (GEI) en la atmósfera.

La comunidad internacional ha tomado conciencia, de la necesidad de acciones concertadas para luchar contra el cambio climático. Estas acciones están en general lideradas por las Naciones Unidas. El sector turístico tiene un importante papel que jugar en este proceso, dado su valor económico global y su influencia en el desarrollo sostenible. Al igual que la agricultura, los transportes y la energía, el sector turístico es un sector económico muy vinculado con el cambio climático y cualquier proceso regional del cambio climático repercutirá en los destinos turísticos.

La Primera Conferencia Internacional sobre Cambio Climático y Turismo, fue convocada en 2003 por la OMT y el PNUMA y otros organismos internacionales, en Djerba (Túnez), destacándose la creciente preocupación que el problema del cambio climático suscitaba en el sector turístico. En la Segunda Conferencia Internacional sobre Cambio Climático y Turismo, celebrada en Davos (Suiza), se aprobó la Declaración de Davos el 3 de octubre de 2007. En esta Conferencia se acordó lo siguiente:

1. El cambio climático es un recurso clave para el turismo y el sector turístico es muy sensible a los impactos del cambio climático y al calentamiento global, muchos de cuyos elementos ya se están sintiendo. Se estimó que se puede contribuir con un 5% de emisiones globales de CO_2.
2. Los negocios y el ocio turístico seguirán siendo un componente vital de la economía global, de los Objetivos de Desarrollo del Milenio y un elemento positivo e integral de nuestra sociedad.
3. Dada la importancia del turismo en los retos globales del cambio climático y de la reducción de la pobreza, existe la necesidad de adoptar de forma urgente un conjunto de políticas que impulsen realmente un turismo sostenible que refleje la responsabilidad medioambiental, climática y económica.
4. El sector turístico debe responder rápidamente al cambio climático, dentro de la estructura de la ONU y reducir progresivamente su contribución a los gases de efecto invernadero (GEI), para lo que será necesario:

    i. Mitigar sus emisiones de GEI, derivadas esencialmente del transporte y de las actividades de acomodación.
    ii. Adaptar el negocio turístico y los destinos a las condiciones del cambio climático.
    iii. Aplicar las nuevas tecnologías y las existentes para mejorar la eficiencia energética.
    iv. Tratar que los recursos financieros ayuden a los países y regiones pobres.

Se considera que el cambio climático tiene repercusión sobre la competitividad y los destinos turísticos, afectando especialmente a diferentes ámbitos de forma directa, ya que si algunos destinos pierden posición competitiva, al variar las condiciones climatológicas, afectará directamente al sector turístico al tener que incrementar los gastos en infraestructura, gasto de explotación en seguros, evacuaciones, etc., o de forma indirecta por la pérdida de la biodiversidad, degradación del paisaje, erosión, inundación de zonas costeras, destinos insulares y de montaña mas sensibles a los cambios medioambientales. Finalmente, el cambio climático si efectivamente se produce con la intensidad esperada, también puede tener una repercusión de interés sobre el crecimiento económico de algunas regiones, especialmente en aquellas zonas en las que el turismo tiene una importancia creciente en su desarrollo y nivel de vida.

El Volcán Eyjafjälla y los efectos sobre el sector turístico

La erupción del volcán Eyjafjälla iniciada el 20 de marzo de 2010 provocó una auténtica crisis turística en Europa a partir del 14 de abril. Las cenizas inundaron el cielo europeo y el espacio aéreo del Norte de Europa quedó cerrado prácticamente. Según Eurocontrol, la Agencia Europea para la Seguridad en la Navegación Aérea el día 15 de abril se habían anulado 17.000 vuelos en Europa, lo que empezó a considerarse el mayor desconcierto de la aviación civil europea en toda su historia. Hasta el día 19 de abril no se produjo una reunión por videoconferencia de los ministros de transporte de la Unión Europea accediendo los Estados miembros a flexibilizar las restricciones establecidas en el espacio aéreo.

Recuadro 15.7.

La Red de Respuesta ante Emergencias Turísticas formada por las principales asociaciones de turismo del mundo se lanzó formalmente en abril de 2006 en Washington D.C. bajo los auspicios de la OMT. Esta asociación es independiente con un objetivo común como es hacer que el turismo y los destinos sean seguros. Los miembros de la TERN en una reunión convocada por la OMT el 19 de abril aconsejo los siguientes principios como prioridades generales ante situaciones de emergencia como las vividas en Europa con la crisis del volcán Eyjafjälla:

1. La seguridad.
2. Facilitar a los viajeros, en la medida de los posible los medios necesarios para su bienestar, como:
    a. Información clara y precisa.
    b. Asistencia y apoyo, siempre que sea posible y en consonancia con los derechos de los pasajeros.

> c. Procedimientos para facilitar la emisión de visados a pasajeros en tránsito que no pueden salir del aeropuerto.
>
> 3. Las autoridades deberán prestar al sector turístico todo el apoyo posible en materia de regulación.

Las consecuencias que tuvo el caos aéreo recayeron sobre el turismo en unos momentos en el que la crisis económica internacional ya estaba afectando seriamente al sector. Según Eurocontrol, se llegaron a cancelar unos 63.000 vuelos en el espacio aéreo europeo entre el 15 y el 18 de abril. Millones de personas se vieron afectadas, tanto europeos como no europeos, por el cierre de los aeropuertos y la interrupción del tráfico aéreo. Los hoteles, alojamientos, operadores turísticos y compañías aéreas, junto con las autoridades de los países afectados se vieron presionados para atender y salvaguardar los derechos de los pasajeros en unas circunstancias muy críticas.

La OMT instó a todos los agentes relacionados con el turismo a asumir la responsabilidad con los viajeros, a reforzar la cooperación para mitigar los efectos adversos de la situación en los viajeros, y a respetar los derechos de los viajeros. Este misma aseveración formó parte de las recomendaciones de la UE, como era llamar la atención hacia el derecho de los pasajeros a recibir información de las compañías aéreas, al derecho a recibir atención (comida y alojamiento) si fuese necesario y a elegir entre el reembolso de la tarifa o la reprogramación de los viajes hacia el destino final.

Recuadro 15.8.

> *Autoridades competentes sobre la seguridad aérea*
>
> — Eurocontrol: Agencia Europea para la Seguridad en la Navegación Aérea
> — OACI: Organización de Aviación Civil Internacional
> — IATA: Asociación del Transporte Aéreo Internacional
>
> *Autoridades competentes que han colaborado en la seguridad del transporte aéreo europeo tras la erupción del volcán* Eyjafjälla:
>
> — IAVW: sistema de Vigilancia de los Volcanes en las Aerovías Internacionales (creado por la OACI)
> — OMM: Organización Meteorológica Mundial

La crisis provocada por el volcán tuvo un impacto económico muy severo sobre el turismo y las compañías aéreas. El 29% de las aerolíneas se vieron afectadas. Los principales operadores turísticos también experimentaron severos efectos de la crisis del volcán. En España las pérdidas asociadas a esta crisis se calcularon en más de doscientos millones de euros, un sector ya muy afectado en ese momento por la crisis económica global en nuestro país. Aproximadamente unos 210 millones de euros al día, se calculó que dejaban de ingresar las aerolíneas a lo largo de los seis días que duró el cierre del espacio aéreo. Más de un millón de pasajeros se vieron afectados por el cierre de aeropuertos en Europa.

RESUMEN

Por turismo internacional se entiende, según la definición conjunta de la Organización Mundial del Turismo (OMT) y de las Naciones Unidas a las actividades de toda persona que realice un viaje entre dos o más países fuera de su lugar habitual de residencia, durante más de 24 horas y no más de un año consecutivo, para fines recreativos, negocios u otros propósitos. La industria del turismo mundial se ha desarrollado rápidamente desde los años sesenta y se puede decir, que es una de las actividades económicas que ha crecido más rápido durante un período prolongado de tiempo si se le compara con otras actividades económicas. La globalización ha llevado a una mayor interrelación entre los países y las economías y estos procesos han provocado un aumento de los viajes comerciales y una expansión del turismo para fines de esparcimiento, descanso y desarrollo del turismo personal para un mejor conocimiento del mundo que nos rodea. La participación de los países en desarrollo en el turismo total mundial ha evolucionado lentamente pero de forma decidida desde finales de la década de los años sesenta, hasta alcanzar casi una tercera parte del total del comercio de servicios turísticos. Para muchos de los países en desarrollo los ingresos por turismo es no solo una fuente importante de ingresos y divisas, también es una oportunidad de desarrollo de sus economías, especialmente en los países más pequeños o insulares.

TEMAS DE REFLEXIÓN

1. La internalización en el sector turístico se considera que tiene menos relevancia que en otras actividades económicas. Verdadero o Falso.
2. Por qué se dice que el turismo debe tratar de contribuir a la lucha contra el cambio climático.
3. Por qué se dice que la cooperación regional entre países en desarrollo es muy importante.
4. Las principales IDE relacionadas con el turismo están concentradas en los países desarrollados. Verdadero o Falso.
5. la industria del turismo es muy sensible a las perturbaciones o shocks externos, de carácter económico, político o medioambientales.

EJERCICIOS DE AUTOCOMPROBACIÓN

1. **La participación de los países en desarrollo en el turismo:**
   a) No ha evolucionado desde la década de los años sesenta.
   b) Supone casi una tercera parte del total del comercio de servicios turísticos.
   c) Es una parte importante de ingresos.
   d) Las respuestas b y c son correctas.

2. **El turismo internacional está afectado por:**
   a) La globalización.
   b) Los desastres naturales.
   c) Las variaciones de los tipos de cambio.
   d) Todas las respuestas son correctas.
3. **El turismo repercute en:**
   a) El medio ambiente.
   b) El crecimiento económico.
   c) La Balanza de Pagos de un país.
   d) Todas las respuestas son correctas.
4. **La inversión directa extranjera relacionada con el turismo se concentra en:**
   a) Los países menos adelantados.
   b) Los países de renta baja.
   c) Los países desarrollados.
   d) Los países de la UNCTAD.
5. **Las cuentas de turismo satélite pretenden:**
   a) Aunar los criterios de Balanza de Pagos a través de los que se contabilizan los ingresos del sector turístico.
   b) Aplicar el Paradigma de OLI.
   c) Aplicar el Índice de Vulnerabilidad Económica.
   d) Ninguna respuesta es correcta.

SOLUCIONES A LOS EJERCICIOS DE AUTOCOMPROBACIÓN

1. a)
2. d)
3. d)
4. c)
5. d)

BIBLIOGRAFÍA

OCDE (2007), *Services Trade Liberalization and Tourism Development*, Geneva 19-20 nov. 2007.

OMT (2007), *Cambio climático y turismo. Responder a los retos mundiales.*

UNCTAD, Informes de varios años sobre turismo y desarrollo en los países menos adelantados.

— (2007), *Revisión sobre las repercusiones de los servicios del turismo y el desarrollo de los países en desarrollo*, Ginebra, 19-20 de noviembre de 2007.

— (1998), *Comercio internacional de servicios relacionados con el tusimo: problemas y opciones para los países en desarrollo.*

— (1999), *Análisis de las experiencias en determinados sectores de servicios.*

— (2005), *Las TIC y el turismo para el desarrollo.*

Cuarta parte
Organismos económicos internacionales

Capítulo 16. Organización económica internacional.

Capítulo 17. Organismos internacionales de comercio y desarrollo: OMC. UNCTAD. OCDE. OPEP. OMT.

Capítulo 18. El sistema monetario internacional.

Capítulo 19. Sistemas monetarios y acuerdos de cambio.

16
Organización económica internacional

1. Introducción: Las transformaciones políticas y sus efectos en las relaciones económicas internacionales.—2. Antecedentes de los organismos económicos internacionales y de la organización económica internacional.—3. La moderna organización económica internacional y el auge de los organismos económicos internacionales.—4. Principales elementos de los organismos económicos internacionales.—5. Tipos de organismos económicos internacionales.

TÉRMINOS CLAVE

- **Áreas de integración regional**
- **Carta Atlántica**
- **Conferencia de Bretton Woods**
- **Conferencia de San Francisco**
- **Cooperación internacional**
- **Moratoria Hoover**
- **Organizaciones de consulta**
- **Organizaciones económicas internacionales**
- **Organizaciones regionales**
- **Organizaciones sectoriales**
- **Relaciones económicas internacionales**

1. Introducción: Las transformaciones políticas y sus efectos en las relaciones económicas internacionales

Las relaciones internacionales, entendidas como aquéllas en que los sujetos que están implicadas en ellas son Estados o las que por los temas sobre los que se orientan o por su importancia estratégica, bien sea política, religiosa o económica, afectan a los intereses nacionales, aún cuando formalmente se desarrollen entre sujetos que no son Estados o incluso entre particulares, han experimentado un crecimiento explosivo durante los últimos ciento cincuenta años y de modo especial en el transcurso del siglo XX. Este proceso se ha caracterizado por desarrollarse a lo largo de cuatro vectores: profundización, diversificación, globalización e institucionalización. *Profundización,* porque cada vez afecta más a la soberanía nacional y a un mayor número de materias y competencias. *Diversificación,* porque se manifiesta o se implanta en un diversificado número de campos y cristaliza en multitud de formas, desde foros de reflexión o de intercambio de información, hasta verdaderas construcciones políticas que participan de competencias propias de los Estados soberanos. *Globalización,* porque cada vez afectan a mayor número de Estados para hacer frente a problemas globales o coordinar intereses globales a escala planetaria. Finalmente, la tendencia a la *Institucionalización* se manifiesta en su carácter crecientemente estable con unas estructuras organizativas determinadas.

¿A qué cabe atribuir esta evolución en extensión y en intensidad de las relaciones internacionales? Fundamentalmente a la necesidad o la conveniencia derivada de los cambios radicales que en los terrenos técnico, político y económico se han producido con carácter acelerado en el último siglo y medio. No es este lugar apropiado para entrar en una exposición detallada de esos cambios; baste pues, una enumeración sucinta meramente ilustrativa de algunos que son particularmente relevantes: la tecnología de transportes y comunicaciones ha reducido el tamaño del planeta haciendo entrar en colisión sistemas, personas, ideas e intereses para los que anteriormente la distancia era insalvable.

Un segundo elemento a destacar es la presión de la población sobre los recursos, presión que merced al avance de la tecnología puede ejercerse por cada Estado en todo el planeta o con repercusiones en gran parte del mismo. Baste pensar en los problemas de carácter ecológico, recursos marinos, lluvia ácida, efecto invernadero, espesor de la capa de ozono, etc. Estos problemas globales, requieren soluciones globales, bien sean basadas en el consenso, o a través de la presión internacional, ya que con frecuencia los más perjudicados carecen de capacidad en todos los sentidos para imponer una corrección al causante del daño, las más de las veces países industrializados.

Un tercer elemento han sido las transformaciones políticas o de distribución del poder político y sus áreas de influencias. Antes del proceso de emancipación colonial, el poder político y la actividad económica se desarrollaban principalmente en el interior de los sistemas coloniales constituidos en torno a las distintas metrópolis. En el interior de cada sistema, las relaciones las establecía la metrópolis; entre los sistemas existía un vacío jurídico que se colmaba, salvo en lo estipulado en tratados, con la proyección de los sistemas jurídicos nacionales, con las diversas normas de naturaleza moral o religiosa y más tarde con los primeros rudimentos de derecho internacional. Pero este escenario cambió sustancialmente con el proceso descolonizador iniciado con la guerra de secesión de Estados Unidos y continuado a lo largo de todo el siglo XIX, con el lento desmembramiento de los dominios de la corona de España, y en el XX con el de los restantes sistemas coloniales (alemán, holandés, francés, británico y portugués). Caso especial y poco relevante desde esta perspectiva, y alejado de los planteamientos del colonialismo es la desaparición de la Unión Soviética y su sustitución por nuevas entidades nacionales, en un proceso aún no cerrado, que fue precedido tras la Primera Guerra Mundial por la descomposición del Imperio Austrohúngaro y que ha sido acompañado por la incorporación de buena parte de los países resultantes, a la Unión Europea.

La multiplicidad de Estados nuevos y la desaparición de estructuras de origen colonial han imprimido un carácter multilateral y abierto a las relaciones internacionales en todos los órdenes, entre ellos y de forma especial, en el económico, con el consiguiente desarrollo del comercio internacional. Surge así la necesidad de resolver en este área, tanto las reglas a aplicar en los intercambios —medios de pago, estandarización de medidas y contratos, protección de patentes y marcas—, como los procedimientos de solución de los conflictos surgidos entre entes soberanos y los órganos e instituciones que ordenen y establezcan reglas de funcionamiento.

Estos cambios políticos han traído aparejados dos elementos nuevos en la escena mundial de gran importancia para las relaciones internacionales, y para las económicas. En primer lugar, se creó una doble división en bloques. Una atendiendo a criterios socioeconómicos y otra a criterios sociopolíticos. Socioeconómicamente surgió la división Norte-Sur. Sociopolíticamente se cimentó la fractura en bloques, con el bloque occidental, el bloque socialista o comunista y el bloque de países no alineados. Evidentemente la situación se ha modificado profundamente tras la desaparición de la Unión Soviética y el cambio experimentado en la Europa del Este simbolizado por la caída del muro de Berlín y la adhesión a la UE, de tal manera que no cabe hablar hoy en día de bloque comunista, ni socialista y con su desaparición han entrado en descomposición las estructuras económicas de carácter supranacional que lo acompañaron.

Un último elemento que es preciso señalar como generador de nuevas relaciones internacionales han sido las guerras o conflictos armados. En primer lugar, las guerras han pasado a ser potencialmente más destructivas, más globales —las guerras de 1914 y de 1939— han sido llamadas con razón mundiales y una hipotética guerra a esa escala con la tecnología para uso militar disponible actualmente, se califica de catástrofe o de holocausto para la humanidad y para el planeta en general, porque sus efectos afectarían a todos y a todo. Paralelamente al incremento de los elementos destructivos y crecientemente incontrolables con fines bélicos se ha incrementado el riesgo de conflicto armado y el número de los que se inician. Todo ello ha hecho, que el mantenimiento de la paz y, consiguientemente, el afrontamiento de las situaciones que pudieran llegar a ponerla en peligro, sea cada vez más una tarea que excede ampliamente del alcance del Derecho Internacional y de las capacidades del Estado nación, por potente que éste sea, y que resulte abordable sólo en un marco de cooperación internacional. Este marco se concreta en instituciones y organismos internacionales.

Esta expansión y diversidad exige, en primer lugar, un esfuerzo para analizar y extraer elementos comunes, que permitan sistematizar las relaciones y las formas en que tales relaciones se materializan, sean organismos, acuerdos, tratados, foros consultivos, asambleas, etc., para, eventualmente, establecer una tipología. Son estos pasos imprescindibles, en el proceso de avanzar en el conocimiento científico de una realidad, cuya culminación es mucho más difícil especialmente en las llamadas ciencias sociales. Esto es así, porque en estas relaciones, los sujetos son colectivos y en la mayoría de los casos, colectivos de naturaleza política resultado en la mayoría de las ocasiones, de un devenir histórico.

2. Antecedentes de los organismos económicos internacionales y de la organización económica internacional

El surgimiento de asociaciones gremiales o de intereses concretos se remonta a la Edad Media y al auge del comercio en las ciudades. Sin embargo, las organizaciones de carácter más general y, en particular, las que exceden del limitado marco de las ciudades primero y de los Estados después, se derivan del incremento del comercio y de los intercambios que siguió a la Revolución Industrial y a los cambios tecnológicos acontecidos en el siglo XIX. A partir de ese momento se organizan las llamadas uniones internacionales de carácter privado fuera del ámbito de los intereses de los Estados. No obstante los problemas planteados van a implicar muy pronto a los Estados mismos y van a precisar la cooperación mutua. Surgen así las uniones internacionales de carácter público, que son el antecedente inmediato de las modernas organizaciones económicas internacionales. Entre 1840 y el inicio de la Primera Guerra Mundial se crearon más de 400 asociaciones o uniones, entre las que merece la pena destacar: a) el Comité Internacional de la Cruz Roja (surgido en 1863) y b) la Unión Interparlamentaria (creada en 1889).

Pero si bien en nuestros días la preocupación por el desarrollo, el fomento del comercio y el bienestar forman parte principal de los objetivos de las organizaciones económicas internacionales, el esfuerzo organizativo de los Estados en el siglo XIX en el plano de la cooperación internacional se centrará en organizar la cooperación técnica, fundamentalmente en los siguientes ámbitos:

— Las comunicaciones.
— La salud.
— La protección jurídica.
— Los problemas agrícolas.
— La unificación de medidas.

Es decir, sentar las bases que permitan dar plena aplicación al comercio de las potencialidades de nuevos inventos y eliminar los obstáculos básicos que dificultan aquél, como la heterogeneidad de pesos y medidas vigentes no ya entre las distintas naciones sino incluso dentro de ellas.

De esa preocupación surgen:

La Comisión del Rhin (1815).
La Unión Telegráfica Internacional (1865).
La Unión Postal Universal (1874).
La Unión Métrica (1875).
La Unión para la Protección de la Propiedad Industrial (1883).
La Unión Internacional de Azúcar (1902).
La Oficina Internacional de la Salud Pública de París (1903).
El Instituto Internacional de Agricultura (1905).

Entre las características de estas nuevas organizaciones o uniones, que denotan su vocación de permanencia y su institucionalización, están:

— El establecimiento de un órgano permanente (Bowett, 1970), bien de carácter deliberante o legislativo.
— La existencia de una convención o tratado.

Las uniones del siglo XIX van a constituirse en la plataforma para la formación de nuevas organizaciones internacionales, con carácter más general, que desde la primera guerra mundial y sobre todo desde 1945 van a experimentar un auge sin precedente.

3. La moderna organización económica internacional y el auge de los organismos económicos internacionales

Antes de la Segunda Guerra Mundial existían un determinado número de organismos internacionales con vocación económica, pero a estos organismos no se les podía calificar como organizaciones económicas internacionales en el sentido actual del término, porque carecían de algunos de los elementos de la Organización Económica Internacional, fundamentalmente la globalidad. Eran fundamentalmente *uniones internacionales* que agrupaban a su alrededor intereses privados determinados, asociaciones no gubernamentales, uniones administrativas, tales como la Unión para la Protección de la Propiedad Industrial (establecida en 1883), el Instituto Internacional de la Agricultura (creado en 1905) o la Cámara de Comercio Internacional (fundada en 1920). Se puede decir que es alrededor de 1920 cuando empiezan a aparecer organizaciones económicas internacionales con carácter mundial: la Organización Internacional del Trabajo (OIT) se estableció en 1919 y el Banco Internacional de Pagos en 1930. También en esta época surgen ideas de cooperación fundamentalmente políticas, como la Sociedad de Naciones que ha llegado hasta hoy, aunque con grandes modificaciones.

Las razones de esta eclosión vienen explicadas por una conjunción de factores a los que los tratadistas de las relaciones económicas internacionales dan mayor o menor relieve según su adscripción sociológica. Wight M. (1960) señala que hasta 1914 impregnaban la política ideas sobrevivientes sobre la existencia de un orden natural que ajustaba los intereses políticos de los distintos Estados sin necesidad de acciones específicas para promover la cooperación.

La Primera gran Guerra de 1914 vino a sepultar esas ideas ingenuas de armonía natural y despertó la necesidad de organizarse internacionalmente para asegurar la paz y la compatibilización de los intereses de los distintos Estados. Se aprecia la utilidad de extender a la cooperación política la buena experiencia acumulada en las uniones y organizaciones de carácter técnico de la segunda mitad del siglo XIX y primera década del XX (Mitrany 1966). En esta tarea fue muy importante, según Charles Pentland la influencia de quienes habían adquirido experiencia en esas organizaciones de cooperación internacional.

El estallido de la Segunda Guerra Mundial, apenas veinte años después de haberse terminado la Primera, con la amarga experiencia intermedia de la Gran Depresión y con la perspectiva de que el orden colonial sería una cosa del pasado, definitivamente estimuló, bajo la urgencia de las necesidades bélicas, el establecimiento de unas bases de cooperación entre el Reino Unido y sus aliados y los Estados Unidos de América. En agosto de 1941, el presidente americano, Roosevelt y el primer ministro británico, W. Churchill, acordaron establecer una declaración de principios, conocida como la Carta Atlántica. En ella se establecían fundamentalmente objetivos políticos, pero también se incluían objetivos económicos, como el acceso al comercio y a las materias primas, necesario para la prosperidad económica de los pueblos y una mayor colaboración económica entre las naciones para asegurar el empleo, las mejoras económicas y de seguridad social. Era una declaración de intenciones y de principios globales.

En la Carta Atlántica, también se contemplaba el eventual establecimiento de un más amplio y permanente sistema de seguridad general. La perspectiva del final de la Segunda Guerra Mundial, propició la celebración de diversas conferencias para plasmar lo que en la Carta Atlántica estaba en germen. Entre ellas destacan las de:

a) Dumbarton Oaks (21 de agosto al 7 de octubre de 1944).
b) San Francisco (25 de abril al 25 de junio de 1945). Al final de la Conferencia de San Francisco se aprobó formalmente la Carta de las Naciones Unidas.

La Conferencia de San Francisco marca el inicio del desarrollo de la Organización Económica Internacional y de la creación de los grandes organismos económicos internacionales. Los gobernantes se dieron cuenta de la importancia de pertenecer a un organismo internacional de alcance mundial, donde los derechos y los deberes de los Estados tendrían su acogida, sin excluir los de carácter económico.

En la Conferencia de San Francisco se dieron cita delegaciones de 51 países, entre los que se encontraban:

— Los países originalmente firmantes de la Carta Atlántica y los que se habían adherido con posterioridad.
— Líbano, Siria y Argentina, que habían declarado la guerra a Alemania y Japón, Líbano y Siria en febrero de 1945 y Argentina en el mes de marzo del mismo año.
— Dinamarca, tras verse liberada a principios de mayo de 1945.
— Países que aún no eran independientes como India (independiente en 1947), Filipinas (independiente en 1945, aunque de hecho fue en 1946 por el proceso bélico), Bielorrusia y Ucrania constituidas en repúblicas de la URSS, pero no independientes a efectos externos. A partir de 1945 se asiste a un auge de las organizaciones económicas internacionales, enmarcadas fundamentalmente en el sistema de la ONU. Los objetivos de estas organizaciones podían ser de carácter: a) internacional, b) regional, o c) subregional, dependiendo del marco de su funcionamiento. Los intentos para llegar a acuerdos parciales en el campo de los aranceles fracasaron sucesivamente, antes de la Segunda Guerra Mundial.

A los problemas comerciales, se unió en 1913 el problema monetario, tras el inicio de las crisis financieras, en los países del Centro de Europa, que llegan a afectar a Gran Bretaña. El problema de las reparaciones de guerra de los alemanes se ve aliviado con la moratoria Hoover (por lo que se aplazaba el pago de la deuda por los alemanes en concepto de reparaciones de guerra). No era un resultado de la cooperación internacional, sino del reconocimiento de la dificultad alemana para hacer frente a sus obligaciones. En 1932 en la Conferencia de Lausana se reconoce implícitamente la extinción de dichas reparaciones. Otras conferencias se venían sucediendo desde 1930, entre ellas, las relativas a los problemas financieros de los países de Europa Oriental, donde se solicitó además de apoyo financiero, un régimen arancelario preferencial para ayudarles a superar la gravedad del momento económico que atravesaban. La oposición de Gran Bretaña, hizo fracasar estas negociaciones.

El hecho más significativo que marca el auge de los organismos económicos internacionales, parte de la celebración de la Conferencia de Bretton Woods en 1944. Pero para llegar a ello, el mundo tuvo que pasar por la experiencia de dos guerras mundiales y por una profunda recesión derivada de la Gran Depresión de 1929. La Gran Depresión había dejado maltrecha a la economía mundial. El nacionalismo económico y la falta de visión global para hacer frente a los graves problemas que tenían los países, impedían llegar a acuerdos globales agravando aún más los efectos devastadores de la Gran Depresión.

Paralelamente a las negociaciones de Bretton Woods para la multilateralización de los pagos y para la ayuda al desarrollo, se llevaron a cabo debates sobre la creación de una Organización Internacional de Comercio, para completar la estructura institucional del nuevo orden económico internacional que se pretendía establecer. La conferencia de Bretton Woods aprobó una Resolución apoyando su creación. La Organización Internacional de Comercio tendría que aplicar los mismos principios multilaterales en el terreno comercial que el Banco y el FMI iban a aplicar a las finanzas internacionales. Su prioridad era reducir las restricciones al comercio mundial que tanto había contribuido a la recesión de los años treinta.

Los debates sobre la OIC comenzaron en 1943 y aunque no vio nunca la luz por la oposición de los gobiernos, especialmente del Congreso americano, en su lugar se estableció de forma provisional el GATT, hasta que la OIC se ratificase y se pusiese en marcha. La Organización Mundial de Comercio (OMC) creada al amparo de la Ronda Uruguay, que ha sucedido al GATT, ha sido una forma de reanimar a la Organización Internacional de Comercio, completando la trilogía de los grandes organismos económicos internacionales proyectados en la postguerra para hacer frente a los principales problemas de la economía mundial.

4. Principales elementos de los organismos económicos internacionales

Dadas las múltiples formas que pueden adoptar los organismos económicos internacionales, vamos a delimitar algunos de los elementos comunes más destacados que se distinguen en estas organizaciones.

Estos elementos son los siguientes:

1. La heterogeneidad.
2. La permanencia.
3. La implicación de los Estados.
4. La estructura organizativa.
5. Los objetivos económicos.
6. La base operacional.
7. La formalización jurídica.

5. Tipos de organismos económicos internacionales

La heterogeneidad de la organización económica internacional permite establecer una clasificación de sus componentes, según las características y alcance de los objetivos que tengan establecidos. En ocasiones los organismos tienen unos objetivos múltiples, que les hacen susceptibles de aparecer en diferentes lugares de la clasificación general. Siguiendo este criterio los organismos económicos internacionales se pueden agrupar en los siguientes apartados, atendiendo bien a los objetivos que persiguen, bien al ámbito geográfico al que afectan. Así se pueden distinguir:

    Organismos Internacionales de carácter general.
    Organismos Monetarios y Financieros.
    Organismos Internacionales de Desarrollo.
    Organismos Comerciales.
    Organismos Regionales.
    Organismos Regionales de Desarrollo.
    Organismos Sectoriales.
    Organismos de Consulta (foros).

Organismos Internacionales de carácter general

— Organización de las Naciones Unidas (ONU).

Organismos Monetarios y Financieros

— Acuerdo Monetario de América Central.
— Área Monetaria del Rand.
— Banco Central de los Estados del África Occidental.
— Banco Central del Este del Caribe.
— Banco de los Estados del África Central.
— Banco Central Europeo (BCE).
— Fondo Monetario Árabe (FMA).
— Fondo Monetario Internacional (FMI).
— Sistema Europeo de Bancos Centrales (SEBC).
— Unión Económica Belgo-Luxemburguesa (UEBL).
— Fondo Institucional para el Desarrollo Agrícola (FIDA).

Organismos Internacionales de Desarrollo

— Asociación Internacional de Desarrollo (AID).
— Banco Internacional para la Reconstrucción y el Desarrollo (BIRD).
— Conferencia de las Naciones Unidas para el Comercio y Desarrollo (UNCTAD).
— Corporación Financiera Internacional (CFI).
— Fondo Internacional para el Desarrollo Agrícola (FIDA).
— Fondo de la OPEP para el Desarrollo Internacional.
— Organización de las Naciones Unidas para el Desarrollo Industrial (ONUDI).
— Programa de las Naciones Unidas para el Desarrollo (PNUD).

Organismos Comerciales

— Organización Mundial de Comercio (OMC).

Organizaciones Regionales y áreas de integración regional

— Acuerdo Comercial de Acercamiento Económico entre Australia y Nueva Zelanda (ANZCERTA).
— Asociación Latinoamericana de Integración (ALADI).
— Acuerdo de Libre Comercio de América del Norte (NAFTA).
— Asociación de países del Sudeste Asiático (ASEAN).
— Comisión del Océano Índico (COI).
— Comunidad del Caribe (CARICOM).
— Comunidad Económica del África Occidental (CEAO).
— Comunidad Económica del África del Este (CEAE).
— Comunidad Económica de los Estados del África Occidental (CEDEAO).
— Comunidad Económica de los Países de los Grandes Lagos (CEPGL).
— Consejo para la Cooperación del Golfo (CCG).
— Cooperación Económica de Asia y Pacífico (APEC).
— Espacio Económico Europeo (EEE).
— Mercado Común Centroamericano (MCCA).
— Mercado Común del Sur (MERCOSUR).
— Acuerdo Andino (AA).
— Sistema Económico Latinoamericano (SELA).
— Unión Aduanera del África Meridional (UAAM).
— Unión Aduanera y Económica del África Central (UDEAC).
— Unión Europea (UE).
— Unión del Río Mano (URM).
— Zona Comercial Preferencial para los Estados del África Oriental y Meridional (ZCP).

Organismos Regionales de Desarrollo

— Banco Africano de Desarrollo (BAfD).
— Banco de América Central para la Integración Económica.
— Banco Árabe para el desarrollo Económico en África.
— Banco Asiático de Desarrollo (BAsD).
— Banco Europeo de Inversiones (BEI).
— Banco Europeo de Reconstrucción y Desarrollo (BERD).
— Banco de Desarrollo del África Occidental.
— Banco de Desarrollo del Caribe.
— Banco de Desarrollo del Consejo de Europa (BDCE).
— Banco de Desarrollo Islámico (BDI).
— Banco Interamericano de Desarrollo (BID).

- Banco de Inversiones Nórdico (BIN).
- Comunidad para el Desarrollo del África Meridional (CDAM).
- Conferencia para la Coordinación del Desarrollo del África del Sur.
- Corporación Iberoamericana de Inversiones (CII).
- Fondo Africano de Desarrollo.
- Fondo Árabe para el Desarrollo Económico y Social.
- Fondo Asiático de Desarrollo.
- Fondo Especial de Asistencia Técnica del BAfD.
- Fondo Especial de Nigeria.
- Fondo para Operaciones Especiales (FOE) del BID.

Organizaciones Sectoriales

- Acuerdo Internacional del Aceite de Oliva.
- Acuerdo Internacional del Algodón.
- Acuerdo Internacional del Azúcar.
- Acuerdo Internacional del Cacao.
- Acuerdo Internacional del Café.
- Acuerdo Internacional del Caucho.
- Acuerdo Internacional del Estaño.
- Acuerdo Internacional del Trigo.
- Banco Internacional de Pagos (BIP).
- Consejo de Estabilidad Financiera.
- Grupos de los países industrializados y países emergentes (G-7, G-8, G-20).
- Organización de Países Árabes Exportadores de Petróleo (OPAEP).
- Organización de Países Productores de Petróleo (OPEP).
- Organización para la Agricultura y Alimentación (FAO).
- Organización Internacional del Turismo (OMT).

Organizaciones de consulta

- Asamblea Económica de Asia Oriental (EAEC).
- Conferencia de las Naciones Unidas para el Comercio y Desarrollo (UNCTAD)
- Foro Regional ASEAN.
- Organización para la Cooperación y el Desarrollo Económico (OCDE).

RESUMEN

La multiplicidad de Estados nuevos y la desaparición de estructuras de origen colonial han imprimido un carácter multilateral y abierto a las relaciones internacionales en todos los órdenes, entre ellos el económico, con el consiguiente desarrollo del comercio internacional.

Antes de la Segunda Guerra Mundial existían un determinado número de organismos internacionales con vocación económica, pero a estos organismos no se les podía calificar como organizaciones económicas internacionales en el sentido actual del término, porque carecían de algunos de los elementos de la Organización Económica Internacional, fundamentalmente la globalidad. La Conferencia de San Francisco marca el inicio del desarrollo de la Organización Económica Internacional y de la creación de los grandes organismos económicos internacionales. El hecho más significativo que marca el auge de los organismos económicos internacionales, parte de la celebración de la Conferencia de Bretton Woods en 1944. Pero para llegar a ello, el mundo tuvo que pasar por la experiencia de dos guerras mundiales y por una profunda recesión derivada de la Gran Depresión de 1929.

TEMAS DE REFLEXIÓN

1. ¿A qué cabe atribuir la evolución en extensión y en intensidad de las relaciones internacionales?
2. La Organización Internacional de Comercio fue creada en la Conferencia de Bretton Woods. Verdadero o Falso.
3. En la Conferencia de San Francisco se aprobó formalmente la Carta de las Naciones Unidas. Verdadero o Falso.
4. ¿Por qué se dice que la Segunda Guerra Mundial marca un punto de partida para las relaciones económicas internacionales y el nacimiento de la Organización Económica Internacional?
5. La Primera gran Guerra de 1914 hizo olvidar las ideas de armonía natural. Verdadero o Falso.

EJERCICIOS DE AUTOCOMPROBACIÓN

1. **El hecho más significativo que marca el auge de las organizaciones económicas internacionales fue:**
    a) La formulación de la Teoría de la Ventaja Comparativa de David Ricardo.
    b) La Creación del Comité Internacional de la Cruz Roja.
    c) La celebración de la Conferencia de Bretton Woods.
    d) El Plan Marshall.
2. **La Conferencia de San Francisco:**
    a) Marca el inicio de la organización económica internacional.
    b) Aprobó la Carta de Naciones Unidas.
    c) Acogió, entre otros, a los países firmantes de la Carta Atlántica
    d) Todas las respuestas son correctas.
3. **Es una característica que debe poseer cualquier organismo económico internacional:**
    a) Permanencia.
    b) Una estructura organizativa.
    c) Objetivos económicos.
    d) Todas las respuestas son correctas.
4. **Naciones Unidas es:**
    a) Un organismo monetario y financiero.
    b) Una organización sectorial.
    c) Una organización para el desarrollo.
    d) Todas las respuestas son falsas.
5. **El Fondo Monetario Internacional es:**
    a) Un organismo monetario y financiero.
    b) Una organización sectorial.
    c) Una organización para el desarrollo.
    d) Todas las respuestas son falsas.

SOLUCIONES A LOS EJERCICIOS DE AUTOCOMPROBACIÓN

1. c)
2. d)
3. d)
4. d)
5. a)

BIBLIOGRAFÍA

ABI-SAAB, G. (ed). «The Concept of International Organization», Paris, UNESCO 1981. Existe una versión francesa publicada por la propia UNESCO.

BROWN, W. *et al.*, International Economics, 1993.

«International Bank for Reconstruction and Development», *Trade Blocs*. World Bank Policy Research Report, Washington, 2000.

CHAVANCE, B. L'économie institutionnelle, Editions La Découverte, Paris, 2007.

NÊME, J. y C. «Organizaciones Económicas Internacionales», Ed. Ariel, Barcelona, 1974.

NORTH, D. C., *Institutions, Institutional Change and Economic Performance*. Cambridge: Cambridge University Press, 1990.

TILLY RICHARD y PAUL J. J. WELFENS (editors), *Economic Globalization, International Organizations and Crisis Management*. Springer, 2000.

VARELA, M. (coordinador). «Temas de Organización Económica Internacional: Problemas actuales de la Economía Mundial», Ed. Pirámide, 1991.

17
Organismos internacionales de comercio y desarrollo: OMC. UNCTAD. OCDE. OPEP. OMT

1. Orígenes del GATT. La Carta de la Habana.—2. Los fundamentos del GATT.—3. La Organización Mundial de Comercio (OMC).—4. La OMC y el futuro de las relaciones comerciales multilaterales en la globalización.—5. La UNCTAD. Origen y fundamentos.—6. El Programa de Naciones Unidas para el Desarrollo (PNUD).—7. La Organización para la Cooperación y el Desarrollo Económico (OCDE).—8. Organización de Países Exportadores de Petróleo (OPEP).—9. La Organización Mundial del Turismo (OMT).

TÉRMINOS CLAVE

- **Acuerdo General de Aranceles Aduaneros y Comercio (GATT)**
- **Acuerdo Monetario Europeo (AME)**
- **Carta Atlántica**
- **Libertad de los intercambios**
- **Organización de las Naciones Unidas para el Desarrollo (UNCTAD)**
- **Organización de países Exportadores de Petróleo (OPEP)**
- **Organización Internacional de Comercio (OIC)**
- **Organización Mundial de Comercio (OMC)**
- **Organización Mundial del Turismo (OMT)**
- **Organización para la Cooperación y el Desarrollo Económico (OCDE)**
- **Unión Europea de Pagos (UEP)**

1. Orígenes del GATT. La Carta de La Habana

El GATT *(General Agreement on Tariffs and Trade)* o Acuerdo General sobre Aranceles Aduaneros y Comercio tuvo su origen en el intento de establecer una Organización Internacional de Comercio después de la Segunda Guerra Mundial, que desempeñase en el terreno de las transacciones comerciales, una labor similar a la que realizaban las instituciones creadas en Bretton Woods, en el ámbito de los pagos y de la reconstrucción y desarrollo.

La política americana de mayor liberalización comercial está recogida en la Ley de Préstamos y Arriendos (marzo de 1941) y en la Carta Atlántica (agosto de 1941). Por la Ley de Préstamos y Arriendos se facilitaba el aprovisionamiento de todo tipo de mercancías de los países aliados, en los Estados Unidos. En agosto de 1941, el presidente americano Roosevelt y el primer ministro británico W. Churchill, acordaron establecer una declaración de principios, conocida como Carta Atlántica. En ella se establecían fundamentalmente objetivos políticos, pero también se incluían objetivos económicos, como el acceso al comercio y a las materias primas, necesarios para la prosperidad económica de los pueblos y una mayor colaboración económica entre las naciones para asegurar el empleo, las mejoras económicas y de seguridad social. Era una declaración de intenciones y de principios globales, pero denotaba la tendencia hacia la cooperación y la liberalización del comercio. Esta idea se plasmó en diciembre de 1945 en una propuesta para la Expansión del Comercio Mundial y del Empleo publicada por el Departamento de Estado americano. Esta propuesta fue suscrita por Inglaterra y en ella se recomendaba a los países aliados, la celebración de una conferencia, cuyo objetivo primordial fuese establecer un marco de funcionamiento internacional que impulsase el comercio y la estabilidad del empleo en los países.

El Consejo Económico y Social de las Naciones Unidas fue el encargado de convocar, a propuesta de Estados Unidos la Conferencia Mundial. Se creó para el efecto un Comité, en febrero de 1946, al que se le encargó la redacción de un proyecto de Carta para ser discutido en dicha Conferencia. En otoño de ese año el Comité presentó un proyecto, el Proyecto de Londres, por ser en esta ciudad donde se reunieron en otoño de 1946. La segunda reunión del Comité se celebró en Ginebra (primavera y verano de 1947). De esta reunión salió el proyecto de Carta que sería posteriormente discutido en la Conferencia de La Habana. La Conferencia de La Habana sobre Comercio y Desarrollo, se celebró desde el 21 de noviembre de 1947 al 24 de marzo de 1948. Participaron 57 países que firmaron la Carta de La Habana, donde se preveía el establecimiento de una Organización Internacional de Comercio.

La Carta de La Habana recogía bajo sus 106 artículos toda la filosofía de libre intercambio que se había ido gestando en los años anteriores. El pleno empleo y el desarrollo de los medios para fomentar el comercio mundial, constituían el principal fundamento de esa filosofía. Se reconocía en la Carta el interés común por establecer normas equitativas para el trabajo, y en la medida en que la productividad lo permitiese, mejoras salariales y de condiciones de trabajo. En la Carta de La Habana también se reconocía de forma expresa los efectos que podían tener las normas injustas de trabajo, especialmente en «la producción para la exportación, creando dificultades en el comercio internacional». Se solicitaba, en consecuencia, que cada país miembro tomase medidas apropiadas para eliminar tales condiciones de trabajo (similar a la cláusula social de la Ronda Uruguay). La Carta de La Habana no llegó a ratificarse. El presidente Truman ni siquiera la presentó al Congreso, retirándola del orden del día, en diciembre de 1950, por temor a su rechazo, dada la mayoría republicana en el Congreso, opuesta a la política librecambista del presidente.

La Organización Internacional de Comercio nunca llegó a crearse. Sin embargo, un grupo de 23 países acordaron seguir adelante con las negociaciones de reducciones arancelarias previstas en la Organización Internacional de Comercio. Estos países llegaron a un acuerdo de carácter provisional que incorporaba algunos de los elementos de la Carta de La Habana. Este acuerdo, el Acuerdo General sobre Aranceles Aduaneros y Comercio se firmó en Ginebra el 30 de octubre de 1947 y entró en vigor el 1 de enero de 1948.

Para evitar el rechazo a su ratificación se arbitró una fórmula. El Acuerdo fue dividido en tres partes. La parte I y la III eran obligatorias (referidas a la cláusula de nación más favorecida y a la consolidación de los derechos arancelarios) y a la parte II se le consideró de aplicación provisional en la medida en que sus disposiciones no entrasen en contradicción con la normativa interna de los países miembros.

2. Los fundamentos del GATT

Los tres pilares básicos en los que ha estado apoyado el GATT desde sus orígenes han sido los siguientes:

1. Un código de buena conducta comercial: El Acuerdo General. Este Acuerdo incluía el principio de no discriminación en el comercio.
2. La progresiva liberalización del comercio a través de la celebración de sucesivas rondas de negociación multilateral.
3. Un foro para la resolución de las diferencias comerciales respecto a las normas del Acuerdo General.

A través de los principios del GATT se ha preservado la no discriminación del comercio internacional y la aplicación generalizada de la cláusula de nación más favorecida. Esta cláusula requiere que cualquier concesión, ventaja, privilegio, favor o inmunidad concedida por un país a otro, sea automáticamente extendida al resto de los países. Esto implica la no discriminación en el comercio internacional, en cuanto que exige que todos los países tengan el mismo trato comercial y no preferencial, que se dé a cualquier otro país firmante del Acuerdo del GATT. El principio de no discriminación o de nación más favorecida ha sido un elemento clave en las relaciones comerciales internacionales auspiciadas por el GATT. La no discriminación ha permitido que los intercambios comerciales no hayan estado basados en el trato de favor, por el peso político o económico de un país determinado, sino en la ventaja comparativa de costes, calidad y precios de la producción de dichos países. Ha sido por tanto un elemento fundamental para salvaguardar los intereses de los países más pequeños y con menor peso específico en el comercio internacional.

3. La Organización Mundial de Comercio (OMC)

El sistema multilateral de comercio tuvo unos comienzos muy difíciles, pero la fortaleza del sistema agrupando a su alrededor a un elevado número de miembros y los objetivos institucionales, favorecieron la creación finalmente de una organización económica internacional para el comercio, en 1995. En el Acta Final de la Ronda Uruguay (1994) se acordó crear una organización que se encargara de velar por la libertad de los intercambios. Al final de las negociaciones se decidió cambiar el nombre de la futura organización, que se había venido denominando Organización Internacional de Comercio por el de Organización Mundial de Comercio. La propuesta partió de Estados Unidos, que lo puso como condición para su aceptación, debido a las posibles controversias que podían surgir en el proceso de su ratificación, respecto a la legislación americana (ésta incluye un conjunto de medidas, entre ellas la Sección 301, que permite aplicar a los Estados Unidos acciones de represalia comercial de forma unilateral, en áreas no cubiertas por acuerdos multilaterales y en otras donde se aplican, una vez que las medidas multilaterales se han agotado).

La OMC ha sucedido al GATT, cuyo funcionamiento como Acuerdo General, dependía desde sus orígenes de la creación de una Organización Internacional de Comercio, prevista en la Carta de La Habana, en 1948. La Organización Mundial de Comercio sirve de marco institucional para el desarrollo de los intercambios comerciales entre sus países miembros. Es una organización «paraguas» que administra todos los acuerdos alcanzados en las rondas de negociaciones comerciales multilaterales, es de carácter multilateral y obliga a todos los miembros y a los cuatro acuerdos plurilaterales que se aplican sólo a los países firmantes de los mismos. Estos acuerdos plurilaterales son: el Acuerdo sobre Comercio de Aeronaves Civiles; el Acuerdo sobre Contratación Pública; el Convenio Internacional de Productos Lácteos y el Comercio Internacional de la Carne de Bovino. El principal objetivo es el establecimiento de normas para la política comercial de sus miembros. Para lograr este objetivo, la OMC:

1. Administra y fomenta los acuerdos comerciales multilaterales.
2. Sirve de foro para las negociaciones comerciales multilaterales de los países miembros.
3. Resuelve el sistema de arreglo de diferencias comerciales.
4. Examina las políticas comerciales nacionales.

5. Ayuda a los países en desarrollo en las cuestiones de política comercial, prestándoles asistencia técnica y organizando programas de formación.
6. Coopera con otras organizaciones internacionales.

Estructura organizativa

La OMC está organizada alrededor de una Conferencia Ministerial y de un Consejo General. La Conferencia Ministerial se reúne al menos una vez cada dos años y su principal órgano es el Consejo General. El Consejo General es el órgano superior de adopción de decisiones donde los miembros están representados por embajadores o jefes de delegación. Las decisiones se toman en general por consenso. El Consejo General también se reúne como Órgano de Examen de las Políticas Comerciales y como Órgano de Solución de Diferencias. Informan al Consejo General, el Consejo de Comercio de Mercancías, el Consejo de Comercio de Servicios y el Consejo de los Aspectos de los Derechos de la Propiedad Intelectual relacionados con el comercio (Consejo de los ADPIC). En la Conferencia de Marrakech se llegó a un acuerdo para incluir un Comité de Comercio y Medio Ambiente, a propuesta de Estados Unidos y de la Unión Europea. En 2001, en la Cuarta Conferencia Ministerial de la OMC y en virtud de la Declaración de Doha se creo el Comité de Negociaciones Comerciales (CNC) estableciéndose en dicha Declaración, el mandato para las negociaciones en el CNC y en sus órganos subsidiarios.

La OMC cuenta asimismo con un importante número de comités y grupos de trabajo especializados que se encargan de medio ambiente, solicitudes de adhesión, acuerdos comerciales regionales, desarrollo, comercio y política de competencia, comercio e inversiones y transparencia de la contratación pública.

Ámbito de aplicación

La Organización Mundial de Comercio agrupa todas las competencias que afectan al comercio internacional y aquellas que aun no siendo estrictamente comerciales, puedan influir en el comercio. En este sentido, el ámbito de aplicación comprende:

1. Todas las competencias del GATT tanto en el comercio de bienes, como en el de servicios (GATS).
2. Todas las normas sobre propiedad intelectual, protección del medio ambiente, comercio y desarrollo, acuerdos comerciales regionales, restricciones por balanzas de pagos, transferencia de tecnología y transparencia de la contratación pública.

3. Los acuerdos de carácter sectorial (mercados públicos, carne de bovino, sector lácteo, aeronaves civiles, etc.).
4. Normas que afectan al fomento artificial de las exportaciones (subvenciones) o que afectan a la reglamentación de las exportaciones.

Recuadro 17.1. El GATT/OMC y la integración económica.

> El sistema multilateral de comercio está plagado de acuerdos comerciales preferenciales sobre bases regionales (bilaterales o multilaterales). La principal diferencia entre los acuerdos preferenciales y los acuerdos de asociación radica en el acceso, la reciprocidad y el alcance. A los acuerdos preferenciales sólo tienen acceso los países en desarrollo, no hay reciprocidad para estos últimos y en general se establecen para reducir las tasas arancelarias. A los acuerdos de asociación tienen acceso todos los países, son recíprocos y se refieren sólo a unos determinados productos o grupo de productos.
>
> Está generalmente aceptado que los acuerdos regionales son en principio discriminatorios para el comercio. Las concesiones comerciales preferenciales sólo se conceden a los países miembros, pudiendo en ocasiones desplazar a las exportaciones de los países no miembros, o lo que es lo mismo, produciendo una desviación de comercio. Esta discriminación de los acuerdos regionales entra en colisión con los principios multilaterales del GATT/OMC, en cuyo artículo I las partes contratantes se comprometen a conceder el trato de nación más favorecida, respecto a las concesiones comerciales otorgadas al resto de los miembros. Entre las excepciones recogidas en el Acuerdo General, el artículo XXIV considera que los acuerdos regionales (áreas de libre comercio, uniones aduaneras o similares) proporcionan un complemento al libre comercio, siempre que:
>
> 1. El resto de los miembros sean notificados de los detalles del acuerdo.
> 2. Los acuerdos no incrementen los obstáculos comerciales frente a otros miembros.
> 3. Tales acuerdos cubran sustancialmente todo el comercio entre los socios, con el compromiso de reducir los obstáculos comerciales entre ellos dentro de un período de tiempo razonable.

4. La OMC y el futuro de las relaciones comerciales multilaterales en la globalización

En los primeros años de funcionamiento del GATT, lo que ocupaba a los negociadores en las reuniones comerciales eran temas relacionados con la agricultura o el desarrollo, llevando incluso en ocasiones a obstaculizar los avances de las negociaciones con riesgo de fracaso debido a los diferentes puntos de vista sobre esos temas. Hoy día, el programa comercial sigue dominado por la agricultura, la participación de los países en desarrollo en el sistema comercial y la relación entre regionalismo y multilateralismo, habiéndose constituido en un obstáculo para la finalización de la rondas comerciales multilaterales (como sucedió con la Roda Uruguay y esta sucediendo con la Ronda de Doha). Los aranceles de los países industrializados han dejado de ser un obstáculo destacado para el comercio, exceptuando determinadas categorías de productos (textiles, calzado, cuero, vestido, pescado y productos derivados del pescado y agricultura). La razón es que gran parte de las reducciones arancelarias de los países desarrollados, si bien se han hecho en las rondas arancelarias del GATT, también se han llevado a cabo como resultado de la integración regional y de los sistemas preferenciales a favor de los países en desarrollo.

Los países en desarrollo también han variado su comportamiento en las negociaciones comerciales. Antes de la década de los años 80, estos países asumían compromisos limitados en las negociaciones de su adhesión al GATT. Algunos países en desarrollo que negociaron su adhesión durante la Ronda de Uruguay, consolidaron sus aranceles al nivel máximo. Otros muchos países en desarrollo durante la Ronda ampliaron la cobertura de las consolidaciones y todos consolidaron las líneas arancelarias agrícolas y en particular los de América Latina hicieron extensiva las consolidaciones a productos no agrícolas. Pero si bien, el sistema multilateral de comercio ha contribuido a las reducciones arancelarias, los obstáculos no arancelarios, como las restricciones cuantitativas han sido también objeto de disciplina en las negociaciones comerciales. En general, los países desarrollados han mantenido restricciones cuantitativas en textiles y en productos agrícolas, mientras que los países en desarrollo han utilizado las restricciones relacionadas con la balanza de pagos. Pero ambos han incidido en la utilización de los obstáculos no arancelarios.

Recuadro 17.2.
El FMI y la Organización Mundial de Comercio.

El carácter de acuerdo comercial provisional que tenía el GATT no requería una conformación institucional como se había previsto en Bretton Woods (Resolución VII). Con la creación de la OMC el esquema de comercio multilateral se asienta sobre una base institucional y la OMC tiene el mismo estatuto jurídico que las instituciones de Bretton Woods.

Se ha previsto un único Comité de Balanza de Pagos. La responsabilidad sobre el tema de Balanza de Pagos sigue siendo el FMI, aunque con la creación de la OMC, el GATT 1994 (el GATT 1947 modificado por los resultados de la Ronda Uruguay) y el GATS (Acuerdo General sobre el Comercio de Servicios) incluyen previsiones sobre Balanza de Pagos. En el texto del GATT 1994 esas previsiones están especificadas en un Acuerdo y en el

> texto del GATS están incluidas en un artículo integral del Acuerdo (art. XII del GATS). Respecto a los derechos y obligaciones de los países miembros del FMI bajo la disciplina del GATS, queda salvaguardada la primacía jurisdiccional del Fondo. El artículo XI ordena a los países miembros de la Organización Mundial de Comercio que se abstengan de establecer restricciones a los pagos y a las transferencias en las transacciones corrientes respecto a los compromisos asumidos bajo el GATS. Las medidas para restringir las corrientes de capital deberán ser consistentes con los compromisos específicos asumidos por los miembros del GATS, salvo cuando se invoque cláusula de salvaguardia por la Balanza de Pagos o si las medidas las ha solicitado el FMI.
>
> En el Acta Final de la Ronda Uruguay se consideran algunos efectos transitorios adversos que puede provocar la reforma de la agricultura sobre los países menos desarrollados y sobre los países importadores netos de alimentos. Se incluyen medidas a tomar en ese caso, como la revisión de los niveles de ayuda para alimentos u otras líneas de ayuda de carácter concesional y de asistencia financiera para mejorar la productividad y la infraestructura agrícola. En el caso de que los países en desarrollo tengan a corto plazo dificultades relacionadas con el flujo normal de financiación para las importaciones, podrían acudir a los recursos de las instituciones financieras internacionales, o incluso crear otras normas (en el contexto de programas de ajuste). Dado el funcionamiento normal de las instituciones financieras internacionales existentes, variar su funcionamiento hacia otros objetivos no previstos, podría suponer una reducción de la condicionalidad. Las fluctuaciones en los tipos de cambios pueden afectar al éxito de la liberalización del comercio.

El multilateralismo y el sistema internacional de comercio han proporcionado importantes beneficios a los países, incluidos consensos logrados para proteger el medio ambiente y la apertura de los mercados. La globalización, que ha reportado destacados avances a los países participantes en el comercio internacional favoreciendo la apertura, la innovación y los intercambios sociales y culturales pero esto no ha sido a coste cero para algunos países. Estos países cada día más expresan en voz alta su rechazo a una mayor apertura. La OMC no puede permanecer ajena a estas protestas y debe reconocer que los valores no comerciales, en algunas circunstancias deben prevalecer sobre las consideraciones relacionadas con el comercio.

En concreto, la apertura de los mercados se considera beneficiosa para las relaciones comerciales internacionales y esta apoyado por la OMC, pero también se tiene en cuenta, que la apertura tiene consecuencias sobre los países en desarrollo, en especial sobre los países que tienen que afrontar problemas por esa apertura de los mercados. Esto es lo que en la OMC se reconoce como la necesidad de una nueva base para la apertura del comercio, que tenga en cuenta los costes del ajuste o nuevo «consenso de Ginebra», que pueda ayudar a humanizar la globalización y establecer una mayor equidad y justicia en el mundo. Este consenso entre las organizaciones, que operan en la gobernanza mundial, implica el compromiso de ayudar a los países en desarrollo más desfavorecidos, a establecer una adecuada capacidad productiva y logística, y de aplicar los compromisos contraídos en el sistema multilateral de comercio y poder hacer frente a los desequilibrios que se crean por la apertura del mercado. Estos desequilibrios son tanto más peligrosos, cuanto mas pequeña y frágil es la economía de un país.

La OMC tiene responsabilidad en estos desafíos, pero carece de la capacidad institucional para formular y dirigir estrategias de desarrollo. Para esto, se requieren otros organismos internacionales, como el Fondo Monetario Internacional (FMI), el Banco Mundial (BM), los Bancos Regionales de Desarrollo (BsRsD) y los organismos de la ONU (Programa de las Naciones Unidas para el Desarrollo). A estos organismos internacionales hay que añadir otros actores internacionales de relevancia, como la Unión Europea, Japón y Estados Unidos y desde hace unos años, los países emergentes como China, Brasil o India.

5. La UNCTAD. Origen y fundamentos

La UNCTAD *(United Nations Conference on Trade and Development)* o Conferencia de las Naciones Unidas sobre Comercio y Desarrollo es el órgano permanente de la ONU, cuyo amplio mandato le permite tratar en su seno cualquier problema de índole económica que afecte a los países en vías de desarrollo. La UNCTAD fue constituida como órgano permanente de la ONU, dependiente de su Asamblea General, el 30 de diciembre de 1964. Fue creada a iniciativa de los países menos adelantados, para plantear y debatir todos los problemas que afecten a su desarrollo económico.

La UNCTAD como entidad intergubernamental permanente, actúa como un foro económico de los problemas de desarrollo centrándose fundamentalmente en las relaciones Norte-Sur y permite la negociación en su seno de los principales problemas que afectan a los países en desarrollo, fundamentalmente la inestabilidad de los ingresos por exportación de estos países y los acuerdos sobre productos básicos.

Los orígenes de la UNCTAD están ligados con tres aspectos que afectaban fundamentalmente a los países en desarrollo:

1. El fracaso en la creación de la Organización Internacional de Comercio que regulase el sistema de comercio internacional.

2. La consideración por los países en desarrollo, de que los organismos y acuerdos de cooperación internacional establecidos, como el FMI, el BM o el GATT, atendían más a los intereses de los países desarrollados que a las preocupaciones de los países en vías de desarrollo.
3. La ausencia de un foro donde los países en desarrollo pudiesen plantear los problemas que más les afectaban: la financiación a bajos tipos de interés, los precios de las materias primas y los acuerdos sobre productos básicos.

La ONU fue incluyendo progresivamente entre sus temas estas preocupaciones de los países en desarrollo. Fruto de este interés fue la decisión de la Asamblea General de la ONU de proclamar la década de los años sesenta como el Decenio de las Naciones Unidas para el Desarrollo Económico. En 1956 la URSS propuso en la Asamblea General de la ONU, la convocatoria de una conferencia mundial, que tratase los problemas económicos más importantes. En la Conferencia de Bandung (Indonesia) de 1955 de los países de África y Asia, no sólo se condenó el colonialismo, sino que los 29 países de ambos continentes destacaron la necesidad de una mayor cooperación económica y política entre los países subdesarrollados.

El siguiente paso se dio en la Conferencia sobre Problemas de Desarrollo Económico, celebrada en El Cairo en 1962. En esta ocasión se dieron cita países subdesarrollados de África, Asia y América Latina, entre cuyas peticiones figuraba de forma destacada la celebración de una conferencia mundial bajo el patrocinio de la ONU. La Asamblea General de la ONU aprobó en 1962 una Resolución de compromiso, para la celebración de dicha conferencia, tras una propuesta hecha por la URSS y, por un grupo de países en desarrollo. El 23 de marzo de 1964 se inauguró en Ginebra la UNCTAD. Una de las Recomendaciones del Acta Final era la conversión de la UNCTAD en órgano permanente y autónomo del Sistema de las Naciones Unidas.

La constante presión de los países en desarrollo (cada vez más numerosos tras los procesos de independencia a lo largo de los años cincuenta), influyó también en el GATT. Fruto de esta presión y del creciente interés del Acuerdo en participar en la preocupación y en la solución de los problemas comerciales de los países más pobres, son las siguientes modificaciones en el Acuerdo General:

1. La revisión en 1954 del artículo XVIII, mediante la cual se les permitía sustraerse a las obligaciones o reiterar concesiones para solucionar problemas relacionados con la Balanza de Pagos.
2. La inclusión en el Convenio del GATT de la parte IV, dedicada al comercio y desarrollo de los países menos adelantados (aprobada en 1964 y firmada en febrero de 1965).

A pesar de estos logros, los países en desarrollo, siguieron insistiendo en la necesidad de mantener de forma permanente a la UNCTAD como un foro de discusión para los problemas de desarrollo. La I Conferencia de las Naciones Unidas sobre Comercio y Desarrollo se reunió en Ginebra del 23 de marzo al 16 de junio de 1964. Entre los resultados más importantes destaca el establecimiento de la UNCTAD como órgano permanente de la Asamblea General de la ONU.

Entre sus objetivos principales está incrementar las oportunidades de comercio e inversión de los países en desarrollo y ayudarles a afrontar los retos de la globalización e integrarse en la economía mundial. En la UNCTAD 1 de Ginebra (23 de marzo al 16 de junio de 1964) apareció un grupo solidario de países en desarrollo que constituyeron el denominado grupo de los 77. En esta reunión se creó la Organización para la Promoción del Desarrollo Industrial y el establecimiento de la UNCTAD como órgano permanente de la Asamblea General de la ONU, así como el establecimiento de la Junta de Comercio y Desarrollo como órgano permanente de la UNCTAD.

En la UNCTAD II de Nueva Delhi (1 de febrero al 29 de marzo de 1968) se aprobó el sistema Generalizado de Preferencias Arancelarias y la puesta en marcha del Centro de Comercio Internacional UNCTAD/GATT. En la UNCTAD III de Santiago de Chile (13 de abril al 21 de mayo de 1972) se identificaron los países menos desarrollados dentro del conjunto de los países subdesarrollados y se aprobó una Resolución apoyando la elaboración de una Carta de Derechos y Deberes Económicos de los Estados.

Recuadro 17.3.
La UNCTAD y la agenda olvidada de las NCM.

La globalización de la producción y la liberalización comercial en general han beneficiado a las manufacturas y a los productos de alta tecnología, pero está teniendo poca repercusión en las materias primas y todavía, al menos en África, parte de la población depende de la producción de materias primas. La UNCTAD es una de las organizaciones internacionales que aún se preocupa de estos temas. En el futuro puede jugar un importante papel en pro de los países más desfavorecidos y que dependen en gran medida de las exportaciones de productos básicos. Esta agenda olvidada en las Negociaciones Comerciales Multilaterales (NCM) puede ser una de las labores de la UNCTAD para el futuro.

En la UNCTAD IV de Nairobi (5 al 31 de mayo de 1976) se aprobó una resolución sobre un programa integrado para los productos básicos y se estableció un calendario para llevar a cabo unas negociaciones que desembocasen en el establecimiento de un fondo común para la financiación de las reservas estabilizadoras. En esta reunión, se logró un trato especial más favorable en el GATT a los países en desarrollo. En la UNCTAD VIII de Cartagena de Indias (Colombia), (8 al 25 de febrero de 1992), los países en desarrollo lograron que se les reconociese la posibilidad de derogar (bajo condiciones acordadas) su situación respecto a la defensa de la propiedad intelectual y la tecnología. No se elaboró ningún código de conducta sobre transferencia de tecnología. En la X Conferencia de la UNCTAD en Bangkok (Tailandia, 12 al 19 de febrero de 2000). Esta décima UNCTAD se celebró en una región que había pasado por una de las crisis financieras y económicas más graves de los últimos años y sirvió para reflexionar sobre la mundialización y los desafíos que plantea. Se hizo un llamamiento a la solidaridad y a la responsabilidad moral como elementos orientadores de la política nacional e internacional, solicitándose una especial atención al continente africano ante el peligro de quedarse marginado de las oportunidades que presenta la mundialización.

Perspectivas de la UNCTAD

Una de las críticas más fuertes que se han venido haciendo a la UNCTAD es que duplica el trabajo que se viene realizando en otros organismos internacionales. La UNCTAD tiene entre sus tareas las cuestiones de comercio y desarrollo, especialmente de los países más atrasados y la de proporcionar a los países en desarrollo el apoyo necesario para mejorar su acceso a los mercados mundiales. Sin embargo, estas tareas, una vez que se culminó la Ronda Uruguay de la OMC, quedaron un tanto desdibujadas. El G-7 en la reunión de junio de 1995, recomendó una revisión del papel de la UNCTAD. Otros críticos simplemente solicitaron su desaparición. Excesiva burocratización y solapamiento de funciones con otros organismos internacionales han sido las críticas mas frecuentes. En la UNCTAD IX de Midrán en 1996, se introdujeron importantes reformas institucionales, tratando de resolver algunos de los problemas de los que era objeto en las críticas. La estructura organizativa después de la reforma es la que se señala en el siguiente recuadro.

Recuadro 17.4. Las reformas institucionales de la UNCTAD.

> En la IX Conferencia de la UNCTAD en Midrán se convino, que para asegurar que todos los países gozasen de los beneficios de la mundialización es necesario que se afronten los problemas que se plantean en el terreno de las políticas económicas, especialmente a nivel macroeconómico mundial y dado que la UNCTAD es el eje de coordinación de las Naciones Unidas para los temas de comercio y desarrollo y todo lo interrelacionado con la financiación, la tecnología, la inversión y el desarrollo sostenible, está especialmente bien situada para conocer estos problemas y facilitar las condiciones para el consenso, con el objetivo de propugnar políticas con una perspectiva de desarrollo. En concreto, la UNCTAD debería:
>
> 1. Servir de foro de debate y deliberación entre los gobiernos, incluida la participación de expertos.

> 2. Emprender actividades de investigación y recogida de datos que sirvan a los expertos y a los representantes de los gobiernos en los debates.
> 3. Organizar la asistencia técnica, en cooperación con otras organizaciones, donantes y países receptores.

6. El Programa de las Naciones Unidas para el Desarrollo (PNUD)

Las Naciones Unidas (ONU) fueron creadas por la Carta de San Francisco el 26 de junio de 1945. Entre sus objetivos se encuentran, mantener la paz y la seguridad en el mundo, fomentar la cooperación económica, social y cultural, apoyar la amistad y el respeto a los derechos humanos y favorecer la cooperación internacional en materias educativa y humanitaria. El PNUD es una red internacional de las Naciones Unidas en materia de desarrollo económico. Su función esencial es proporcionar apoyo a los países para lograr que se desarrollen las capacidades nacionales y locales, para conseguir un mejor nivel de vida y de bienestar, con especial hincapié a una gestión eficaz de la ayuda y de las soluciones Sur-Sur. En consecuencia, el trabajo del PNUD esta orientado a las siguientes áreas: 1. la reducción de la pobreza, 2. la gobernabilidad democrática favoreciendo el establecimiento de instituciones que respondan a los intereses de los ciudadanos, 3. la prevención de las crisis y su recuperación, 4. el desarrollo sostenible, 5. la protección de los derechos humanos y la igualdad de genero.

Recuadro 17.5. Objetivos de Desarrollo del Milenio (ODM).

> 1. **Erradicar la pobreza extrema y el hambre**
>   a) Reducir a la mitad la cantidad de personas cuyos ingresos sean inferiores a 1$ diarios.
>   b) Reducir a la mitad la cantidad de personas que pasan hambre.
> 2. **Alcanzar la educación primaria universal**
>   a) Asegurar que todos los niños y las niñas terminen un ciclo completo de escuela primaria.
> 3. **Promover la igualdad de genero y fortalecer a la mujer**
>   a) Eliminar la desigualdad de género en la educación primaria y secundaria, de preferencia antes de 2005, y en todos los niveles de educación a más tardar en 2015.

4. **Reducir la mortalidad infantil**

   a) Reducir en dos tercios la mortandad de los niños de menos de cinco años.

5. **Mejorar la salud materna**

   a) Reducir la mortandad materna en tres cuartos.

6. **Combatir el VIH/SIDA, la malaria y otras enfermedades**

   a) Detener e invertir la propagación del VIH/SIDA.
   b) Detener e invertir la incidencia de la malaria y de otras enfermedades importantes.

7. **Asegurar la sostenibilidad medioambiental**

   a) Integrar los principios de desarrollo sostenible a las políticas y programas de los países; invertir la pérdida de recursos medioambientales.
   b) Reducir a la mitad la cantidad de personas que no tienen acceso al agua potable y a un saneamiento básico.
   c) Mejorar las vidas de por lo menos 100 millones de habitantes de los arrabales antes del 2020.

8. **Desarrollar una alianza mundial de desarrollo**

   a) Desarrollar un sistema comercial y financiero abierto, basado en la reglamentación, predecible y no discriminatorio.
   b) Atender las necesidades especiales de los países menos desarrollados, sin salida al mar, o de los pequeños estados insulares en desarrollo.
   c) Solucionar la deuda de los países en desarrollo.
   d) Conjuntamente con los países en desarrollo, crear e implementar estrategias de trabajo decente y productivo para los jóvenes.
   e) Conjuntamente con el sector privado, dar acceso a los beneficios de nuevas tecnologías, especialmente de información y de comunicaciones.

Fuente: PNUD.

Siendo el crecimiento económico esencial para el desarrollo y el progreso de los países, no es suficiente para conseguir alcanzar los Objetivos del Desarrollo del Milenio (ODM) comprometidos por los líderes mundiales, con el objetivo de su cumplimiento para el año 2015. Con esta finalidad de lograr los objetivos ODM, el PNUD favorece y apoya la formulación y el seguimiento de las estrategias de desarrollo nacionales, basadas en esos objetivos, para asegurar un desarrollo más justo y con respeto a la igualdad de géneros. Los países en desarrollo sufren con intensidad los efectos de las crisis económicas. En las crisis, los países más pobres están expuestos a las perdidas masivas de empleos, a la reducción drástica de los ingresos de los emigrantes, a la reducción del comercio y a una mayor volatilidad de los precios de los productos de consumo. Un descenso del 3% en el PIB de los países en desarrollo lleva a un incremento de la mortalidad infantil. El PNUD invierte aproximadamente mil millones de dólares anuales para combatir la pobreza y facilitar los progresos para lograr el cumplimiento de los ODM.

Recuadro 17.6. Gastos del PNUD para la reducción de la pobreza y lograr los ODM (2008, millones $).

Estrategias nacionales de desarrollo basadas en los ODM	387,2
Planificación, monitoreo, información y evaluación de los ODM	204,0
Fortalecimiento de las mujeres y las niñas	4.6
Políticas macroeconómicas, sostenibilidad de la deuda y finanzas públicas	68,5
Desarrollo local participativo	168,0
Sector privado	73,0
Comercio/globalización	31,6
Finanzas del desarrollo	6,6
Otros	38,2
Total	**981,7**

Fuente: PNUD

7. La Organización para la Cooperación y el Desarrollo Económico (OCDE)

Antecedentes

El antecedente inmediato de la Organización de Cooperación y Desarrollo Económico (OCDE) fue la Organización Europea de Cooperación Económica (OECE). La OECE se estableció en París el 16 de abril de 1948 por la Convención de Cooperación Económica, para colaborar en la distribución de la ayuda del Plan Marshall en Europa. La destrucción física del tejido productivo de gran parte de los países europeos tras la Segunda Guerra Mundial, las dificultades para enderezar sus economías la escasez de dólares para llevar a cabo las importaciones más necesarias, contribuyeron a que los países de Europa Occidental aceptasen la ayuda ofrecida por Estados Unidos en el histórico discurso del general Marshall el 5 de junio de 1947, en la Universidad de Harvard. Los países acogidos al Plan Marshall fueron los siguientes: Austria, Bélgica, Dinamarca, Francia, Grecia, Holanda, Irlanda, Islandia, Italia, Luxemburgo, Noruega, Portugal, Reino Unido, Suecia, Suiza, Turquía y las zonas de ocupación alemanas.

Quedaron excluidos de la ayuda del Plan Marshall:

1. Los países de Europa Oriental, que declinaron la oferta americana.
2. España y Finlandia.

El objetivo fundamental de la OECE era facilitar la distribución de la ayuda del Plan Marshall en Europa Occidental y contribuir a la cooperación económica y a la liberalización de las transacciones comerciales. El cumplimiento de los objetivos propuestos, la finalización de la ayuda del Plan Marshall y la evolución de la economía mundial, hizo que a finales de la década de los años cincuenta se replantease el futuro de la Organización. El espíritu de cooperación que había promovido la evolución de la OECE, la colaboración de los países miembros a los que se sumaron en 1950 Estados Unidos y Canadá, la asociación de Yugoslavia con un trato especial y la incorporación de España en 1959, contribuyó a generar unas condiciones propicias para su constitución con ciertas modificaciones. Además, en 1951 se había constituido la CECA entre los seis países europeos que más tarde firmarían, el 25 de marzo de 1957, el Tratado de Roma, por el que se establecía una de las áreas de integración más importantes a nivel mundial, la Comunidad Económica Europea.

Alentados por la constitución de la CECA, que implicaba concesiones entre los países miembros no extensibles al resto de los países europeos, los países de la OECE liderados por el Reino Unido, propusieron establecer también una zona de libre cambio a nivel europeo. Las propuestas británicas no convencieron a Francia y a finales de 1958 se suspendieron las negociaciones. El establecimiento de la CEE con el objetivo inmediato de crear una unión aduanera entre los seis países miembros (Bélgica, Francia, Holanda, Italia, Luxemburgo y República Federal de Alemania), hizo que el resto de los países de la OECE se pusiesen de acuerdo para establecer una zona de libre cambio. Así nació la Asociación Europea de Libre Cambio (AELC o EFTA) en enero de 1960. En esa misma fecha, el Consejo de la OECE acordó replantear el futuro de la organización. Se encargó a un comité la realización de un estudio al efecto, y en diciembre de 1960 se firmó el Tratado Constitutivo de la OCDE u Organización de Cooperación y Desarrollo Económico. A diferencia de la OECE, no sería exclusivamente europea, al dar entrada a países no europeos, por lo que desapareció de la denominación el término Europa. Sin embargo, se incluyó el calificativo Desarrollo, porque fue considerado uno de los principales objetivos de la nueva organización.

El 30 de septiembre de 1961 entró en vigor la OCDE. Continuó con su sede en París y desde entonces se la considera un foro internacional de debate de problemas económicos comunes y de cooperación de los países industrializados, permitiendo a los gobiernos de estos países, estudiar y elaborar las mejoras políticas posibles, tanto en el ámbito económico como en el social.

Objetivos, estructura y funciones

En el artículo 1 de la Convención firmada en París el 14 de abril de 1960, en vigor desde el 30 de septiembre de 1961, se hace referencia a sus principales objetivos:

1. Lograr un crecimiento sostenido de la economía y del empleo y mejorar el nivel de vida en los Estados miembros.
2. Contribuir a la estabilidad financiera y al desarrollo económico mundial.
3. Contribuir a la expansión económica sana de los países miembros y de los países no miembros, especialmente en desarrollo.
4. Contribuir a la expansión del comercio mundial sobre una base no discriminatoria y multilateral.

Para ello, los países miembros se comprometen a cooperar proporcionando al resto de los socios y a la Organización la información necesaria para el cumplimiento de sus objetivos.

A diferencia de otras organizaciones internacionales, la OCDE no dispone de poderes jurídicos supranacionales ni de recursos financieros para conceder ayudas o préstamos. Funciona como un foro de cooperación intergubernamental, a través de comités compuestos por altos funcionarios nacionales que en sesiones periódicas debaten los asuntos objeto de análisis. La Secretaría de la OCDE está organizada en direcciones o departamentos que se corresponden con los principales departamentos ministeriales de los países miembros.

La OCDE como foro informal

Las principales economías forman parte de la OCDE, por esta razón es un foro muy importante para debatir e intercambiar información sobre una amplia gama de políticas y para discutir cuestiones que serán objeto de acuerdos globales en otras instituciones. También juega un importante papel recogiendo datos económicos de los países miembros.

A la OCDE se le ha considerado un club de los ricos, demasiado centrada en Europa y América del Norte y con escasa presencia de países en desarrollo y países con economías emergentes. Ciertamente es un club exclusivo, con unas reglas de entrada que se exigen a los aspirantes (libre mercado, reglas democráticas y respeto a los derechos humanos). Por ser relativamente pequeño no parece un foro adecuado para tratar temas globales, pero sin embargo, es el único foro donde los gobiernos miembros, de manera informal, regularmente intercambian información y opiniones sobre un conjunto amplio de temas económicos que se considera muy útil para la toma de decisiones de los gobiernos nacionales. Este foro informal de debate que constituye la OCDE sirve de esta manera como lugar de encuentro para debatir cuestiones que serán negociadas formalmente en otros foros internacionales. Las estadísticas de la OCDE están estandarizadas para poder hacer comparaciones internacionales y son una importante fuente de información sobre el desarrollo económico a corto plazo para los países miembros y para los países no miembros.

Países Miembros de la OCDE

Son miembros de la OCDE los países que cumplen los siguientes requisitos:

1. Economía de mercado.
2. Democracia pluralista.
3. Respeto a los derechos humanos.

Recuadro 17.7. Países miembros de la OCDE.

País	Fecha de adhesión	País	Fecha de adhesión
Alemania	1961	Islandia	1961
Australia	1971	Italia	1961
Austria	1961	Japón	1964
Bélgica	1961	Luxemburgo	1961
Canadá	1961	México	1994
Corea	1996	Noruega	1961
Dinamarca	1961	Nueva Zelanda	1973
España	1961	Polonia	1996
Estados Unidos	1961	Portugal	1961
Finlandia	1969	Reino Unido	1961
Francia	1961	República Eslovaca	2000
Grecia	1961	República Checa	1995
Holanda	1961	Suiza	1961
Hungría	1996	Suecia	1961
Irlanda	1961	Turquía	1961

Fuente: OCDE

Los países miembros originales de la OCDE son: Alemania, Austria, Bélgica, Canadá, Dinamarca, España, Estados Unidos, Francia, Grecia, Holanda, Irlanda, Islandia, Italia, Luxemburgo, Noruega, Portugal, Reino Unido, Suecia, Suiza y Turquía. Más tarde se unieron: Japón (28 de abril de 1964), Finlandia

> (28 de enero de 1969), Australia (7 de junio de 1971), Nueva Zelanda (29 de mayo de 1994), República Checa (21 de diciembre de 1995), Hungría (7 de mayo de 1996), Polonia (22 de noviembre de 1996) y la República de Corea (12 de diciembre de 1996). La Comisión Europea también participa en la OCDE.
>
> *Órganos Afiliados*
> — Agencia Internacional de la Energía.
> — Agencia para la Energía Nuclear.
> — Centro de Desarrollo (1).
> — Conferencia de Europa de Ministros de Transporte (2).
> — Club de Sahel (3).
>
> (1) Investiga temas económicos y sociales en el mundo subdesarrollado. Organización Internacional integrada en la OCDE.
> (2) Organización Internacional integrada en la OCDE.
> (3) Foro para la reflexión y consulta entre los países de la región del Sahel de África Occidental y los países de la OCDE.
> La Comisión Europea participa en los trabajos de la OCDE.

La OCDE. Objetivos estratégicos y prioridades

Los profundos cambios que ha experimentado la economía y la política mundial han afectado al funcionamiento de los países miembros de la OCDE y, por tanto, a la propia Organización. Uno de los elementos más destacados de estos cambios fue el desmantelamiento del sistema comunista a principios de la década de los años noventa, que coincidió, con la persistencia de desequilibrios estructurales de gran envergadura en los países industrializados, como un elevado nivel de desempleo o de empleo de calidad mediocre, en conjunción con los déficit públicos crecientes. La globalización de la economía y de las finanzas y la crisis financiera internacional se han incorporado a las preocupaciones de la OCDE y de sus países miembros.

Los objetivos de la OCDE han evolucionado, sin renunciar a sus directrices originales, acomodándose a las principales preocupaciones de los países miembros, para responder a las necesidades de la sociedad actual. Entre los objetivos estratégicos más importantes figuran:

1. Continuar en el perfeccionamiento y profundización de la economía de los países miembros.
2. Analizar con mayor intensidad y de forma interdisciplinar, los problemas que tiene planteada la sociedad actual.
3. Proporcionar una importante contribución al análisis de los problemas ambientales en los países miembros y a nivel mundial.
4. Salvaguardar y promover el sistema comercial multilateral.

5. Profundizar en el conocimiento y en el diálogo con los países no miembros, en dos ámbitos fundamentales:
   — Con países o economías que ya no forman parte del mundo en desarrollo y que en un plazo determinado podrían adherirse a la OCDE, siempre que su situación sea comparable a la de los países miembros, y su incorporación no ponga en peligro la homogeneidad de la organización, uno de los fundamentos de su eficacia.
   — La integración de los problemas del resto del mundo en los análisis y recomendaciones de los departamentos de la OCDE.
6. Desarrollar la capacidad para identificar con antelación los problemas que aparecen y que son susceptibles de afectar al crecimiento económico y al progreso social de los países miembros y al resto del mundo.

Recuadro 17.8. La convertibilidad de las monedas europeas: la UEP y el AME.

La falta de convertibilidad de las monedas y la escasez de reservas después de la Segunda Guerra Mundial, fueron algunos de los principales problemas planteados a los países europeos en el terreno de los pagos. Uno de los objetivos de la OECE era contribuir a su solución. El primer Acuerdo Intraeuropeo de Pagos entre los países miembros de la OECE se firmó el 16 de octubre de 1948. Anteriormente había habido un intento (fracasado) de establecimiento de un programa de compensación de pagos, el 17 de noviembre de 1947. En base a estas experiencias se creó la Unión Europea de Pagos (UEP), en 1950. La UEP se estableció como un sistema de *clearing* multilateral entre los países de la OECE, quedando incluido en el marco de funcionamiento de la organización, con una duración limitada en principio a dos años, que se fueron prorrogando hasta que se estableció el Acuerdo Monetario Europeo (AME).

La UEP funcionó con una cámara central de compensación donde se determinaba la posición neta de cada país respecto a la UEP, sin tener que corresponderse exactamente las transacciones comerciales entre dos países. El Banco Internacional de Pagos de Basilea actuó como órgano gestor.

Fue sustituida por el Acuerdo Monetario Europeo (AME) en diciembre de 1958. Sus objetivos eran más amplios que los de la UEP, incorporándose la consecución del pleno empleo, al ya conocido de liberalización de los intercambios comerciales entre los países miembros. El Banco Internacional de Pagos continuó siendo el agente, lo mismo que había sido con la UEP. Se estableció un Fondo Europeo (formado por aportaciones de los países miembros y los recursos de la UEP) y un Sistema Multilateral de Liquidación. Los créditos del Fondo Europeo eran condicionados, a diferencia de los de la UEP y se concedían para hacer frente a problemas temporales de Balanza de Pagos. El AME y el Fondo fueron liquidados en diciembre de 1972.

Retos de la OCDE

El objetivo básico de los países participantes en la OCDE ha sido, elaborar y poner en marcha conjuntamente, políticas que refuercen la actividad económica y mejoren el buen funcionamiento de los mercados, tanto a nivel nacional como internacional. Pero la evolución de la economía mundial y la globalización de los mercados posibilitan la aparición de amenazas que pueden afectar el buen funcionamiento de dichos mercados.

Entre estas amenazas se destacan esencialmente: 1. La competencia, y 2. La integración regional.

1. *La competencia.* La competencia es la base fundamental de la economía de libre mercado. Lo que realmente está cambiando ahora es la intensidad de la competencia. La liberalización de los intercambios y de las inversiones internacionales han abierto las economías a la competencia mundial mucho más que antes.

2. *La integración regional.* Los países vienen mostrando en los últimos años una fuerte tendencia a organizarse alrededor de áreas de integración regional que concentren el poder económico y la toma de decisiones en zonas determinadas, v.g. UE, NAFTA, MERCOSUR, ASEAN, etc. La concentración regional supone un riesgo de tensiones comerciales nada despreciable, que iría en contra de la mundialización de la economía y del comercio propugnado por la OMC y apoyado tradicionalmente por la OCDE.

Recuadro 17.9. Prioridades de la OCDE.

Entre las prioridades de la OCDE, figuran:

— El análisis del *envejecimiento de la población*. En un informe del grupo Ministerial en 1998, se recomendaban cambios en las políticas y en las estrategias nacionales, implicando aspectos fiscales, financieros, mercado de trabajo, sistemas sanitarios, beneficios sociales y pensiones para poder hacer frente a las presiones económicas y sociales futuras.

— *La lucha contra la corrupción y el soborno.* A través de la *Convention on Combating Bribery of Foreign Public Officials in International Bussiness Transactions,* en vigor desde el 15 de febrero de 1999, entre los países firmantes se encuentran las principales economías mundiales. Se han comprometido a adoptar reglas comunes para penalizar a empresas e individuos comprometidos en transacciones corruptas.

— *Gobierno o gobernanza de las empresas.* La forma como se dirigen o gobiernan las empresas en un mercado globalizado con un rápido desarrollo tecnológico es muy importante. Las leyes y regulaciones dictadas por los gobiernos contribuyen a mejorar la eficacia y credibilidad de las prácticas de gobierno de las empresas. El papel de la OCDE en este campo, consiste en desarrollar junto con los gobiernos, organizaciones internacionales y el sector privado, un conjunto de estándares de gobierno y líneas de actuación relacionadas con la transparencia, la rendición de cuentas y la divulgación de estas normas.

— *Educación y formación*. En este ámbito la OCDE produce un amplio conjunto de datos e indicadores para facilitar la comparación entre países sobre los sistemas de educación y formación de los países miembros y los problemas de integración en el mercado de trabajo de los jóvenes.

— *Comercio electrónico*. El comercio electrónico es considerado por la OCDE como un elemento central para el crecimiento económico, el empleo y la expansión del comercio mundial.

— *Empleo*. Forma parte de los trabajos de la OCDE definir recomendaciones de políticas en las áreas cubiertas por la Estrategia de Empleo, impulsar los trabajos relacionados con la pobreza, el mundo de trabajo para la gente joven, la formación en capital humano y las políticas para la difusión de la innovación y la tecnología.

— *Políticas macroeconómicas*. Orientaciones en el medio y largo plazo y definición de la senda hacia los objetivos a largo plazo.

— *Reforma de las regulaciones*. La OCDE revisa los programas de sus Estados miembros en las reformas de las regulaciones de la estructura institucional de las Administraciones nacionales, el impacto de la apertura de los mercados, la política de competencia y la reforma en las telecomunicaciones, etc.

— *Desarrollo sostenible*. Crecimiento económico y medio ambiente, cambio climático y mejora de la calidad de vida en un contexto de continuado desarrollo económico.

— *Impuestos*. Entre los objetivos de la OCDE está el de cooperar y analizar con las autoridades nacionales, para evitar la doble imposición y minimizar la evasión y la competencia fiscal y ampliar la cooperación a los países no miembros para extender las normas y acuerdos de la OCDE.

— *Comercio*. La OCDE actúa también de foro para debatir de manera informal las cuestiones relacionadas con la liberación del comercio y los obstáculos no arancelarios, acceso a los mercados y otros temas relacionados con el comercio que serán tratados formalmente en otros foros, como la OMC.

8. Organización de Países Exportadores de Petróleo (OPEP)

La OPEP es una organización intergubernamental permanente creada del 10 al 14 de septiembre de 1960, en la Conferencia de Bagdad, por: Irán, Kuwait, Arabia Saudita y Venezuela. A estos países fundadores se unieron más tarde: Qatar (1961), Indonesia (1962) (suspendida su pertenencia como miembro desde enero de 2009), Libia (1962), Emiratos Árabes Unidos (1967), Argelia (1969), Nigeria (1971), Ecuador (1973) (suspendida su pertenencia como miembro desde diciembre de 1992 a octubre de 2007), Angola (2007) y Gabón (1975-1994).

El principal objetivo de la OPEP es coordinar y unificar entre sus países miembros, las políticas del petróleo y los mejores medios para salvaguardar sus intereses, individuales y colectivos. La OPEP trata de encontrar las vías que aseguren la estabilización de los precios en los mercados de petróleo internacionales para eliminar fluctuaciones innecesarias, para los productores y una oferta de petróleo regular, económica y eficiente para los países consumidores, además de un rendimiento adecuado para las inversiones en la industria. Su sede ha estado en Ginebra (Suiza) desde su creación hasta 1965. El 1 de septiembre de 1965, se trasladó a Viena (Austria).

A lo largo de su historia, la OPEP ha pasado por diversas etapas. En los primeros años desde su creación, en la década de los años sesenta, la OPEP estableció sus objetivos y su sede. El mercado internacional del petróleo estaba dominado por las siete empresas multinacionales o «Siete Hermanas» y estaban separadas de las economías planificadas centralmente. En 1968 la OPEP adoptó una Declaración de la Política del Petróleo, poniendo el énfasis en el derecho inalienable de todos lo países, para ejercer una soberanía permanente sobre sus recursos naturales.

En la década de los años setenta, los países miembros de la OPEP tomaron el control de sus industrias del petróleo nacionales y pasaron a tener la voz predominante en la fijación del precio de petróleo en los mercados internacionales. Es la década de las dos crisis del petróleo conocidas, 1973 y 1979. En 1973, con una fuerte elevación del precio del crudo en unos mercados del petróleo muy volátiles, impulsados por el embargo de Arabia Saudita. En 1979, por la revolución en Irán. En 1976 se había establecido el Fondo de la OPEP para el Desarrollo Internacional, orientado a la estabilidad, con unos esquemas muy ambiciosos de promoción del desarrollo socioeconómico.

Los precios del petróleo se redujeron a principios de la década de los años ochenta, en parte debido a las políticas prudenciales sobre consumo del crudo adoptadas por los países consumidores, a finales de la década de los años setenta. El resultado fue un descenso de los ingresos por petróleo. Para afrontar esta situación, se introdujo un techo en la producción, dividido entre los países miembros y una Cesta de Referencia para los precios, iniciando un período de diálogo y cooperación, para lograr precios razonables y estabilidad en el mercado. En este período, se plantean los temas relacionados con el medio ambiente y la energía.

La globalización, la tecnología y las comunicaciones se vieron impulsadas en la década de los años noventa. En este período se intensifica la preocupación por los temas medioambientales, especialmente tras la Cumbre de la Tierra de 1992. En la actual década, la volatilidad del precio del petróleo continúa y en algunos momentos, como a mediados de 2008, los precios del crudo se elevaron de forma muy destacada, llegando a niveles record, en pleno estallido de la crisis financiera iniciada en agosto de 2007. En esta década se acuerdan objetivos concretos, como lograr un mercado sostenible de la energía, con una amplia estrategia a largo plazo.

9. La Organización Mundial del Turismo (OMT)

La Organización Mundial del Turismo es la principal institución internacional en el ámbito del turismo y constituye un foro de primer orden, para debatir temas relacionados con la política turística y la promoción de un turismo sostenible. Los países en desarrollo reciben una atención especial. La sede está en Madrid. Previamente a la creación de la OMT, se habían venido celebrando congresos internacionales relacionados con el turismo. El Primer Congreso Internacional de Organismos Nacionales de Turismo se celebró en 1946 en Londres. En este congreso se decide la creación de una nueva organización internacional, de carácter no gubernamental, para reemplazar a un órgano previo, la UIOOPT, creada en 1934.

La Primera Asamblea constitutiva de la Unión Internacional de Organismos Oficiales de Turismo (UIOOT) se celebró en La Haya, decidiéndose establecer la sede en Londres, de forma provisional. A partir de entonces, se organizaron Comisiones Regionales dentro de la (UIOOT), creándose la primera Comisión Europea de Turismo (CET) en 1948, a la que siguió las de África en 1949, Oriente Medio en 1951, Asia Meridional en 1955, Asia Oriental en 1956 y las de las Américas en 1957. La OMT es un organismo especializado de las Naciones Unidas y tiene representantes en África, las Américas, Asia Oriental y el Pacifico, Europa, Oriente Medio y Asia Meridional. En 1957 también se concede a la UIOOT el Estatuto Consultivo de las Naciones Unidas.

En 1966, en la 79 reunión del Comité Ejecutivo de la UIOOT celebrada en Madrid, se acoge favorablemente una propuesta para modificar el Estatuto Jurídico de la Unión y establecer un grupo de trabajo, que analice los efectos derivados de un cambio en dichos Estatutos Jurídicos. Tres años después, en 1969, se celebra la Conferencia Intergubernamental de Sofía y la Asamblea General de la ONU. En la Conferencia Intergubernamental de Sofía (Bulgaria), se había instado a la creación de una organización intergubernamental sobre turismo independiente. El 29 de septiembre de 1970, en la Asamblea General Extraordinaria de la Unión Internacional de Organismos Oficiales de Turismo (UIOOT), celebrada en

México D.F. (México) se adoptaron los Estatutos de la Organización Mundial del Turismo. Desde 1980, se celebra en esa fecha el Día Mundial del Turismo. En 1976 la OMT firmó un Acuerdo con el Programa de las Naciones Unidas para el Desarrollo (PNUD), por el que la OMT actúa de organismo de ejecución del PNUD para actividades de cooperación técnica, conjuntamente con los gobiernos.

La OMT consta de una Asamblea General, que es el órgano supremo. Cada dos años se reúnen para aprobar el presupuesto y tratar temas de interés relacionados con el sector turístico. El Secretario General es elegido por un período de cuatro años. La Asamblea esta compuesta por Miembros Efectivos y Miembros Asociados. Como observadores en la Asamblea hay también Miembros Afiliados, así como representantes de otras organizaciones internacionales. Como órgano subsidiario de la Asamblea General esta el Comité Mundial de Ética del Turismo. Al menos una vez al año se reúnen las seis Comisiones Regionales, de África, las Américas, Asia Meridional, Asia Oriental y el Pacífico, Europa y Asia Meridional. Las seis Comisiones están integradas por todos los Miembros Efectivos y Asociados de la región. Como observadores acuden a las reuniones los Miembros Afiliados de la región.

El Consejo Ejecutivo, que se reúne al menos dos veces al año tiene como misión principal, adoptar, tras consultar con la Secretaría General, las medidas precisas para cumplir sus decisiones y las resoluciones de la Asamblea General, a la que tiene obligación de informar. El Consejo Ejecutivo consta de Miembros Efectivos, elegidos por la Asamblea General para un período de cuatro años.

Para asesorar a la OMT existen Comités especializados compuestos por miembros de la Organización. Así, hay Comité de Mercados y Competitividad, Comité del Programa, Comité de Presupuestos y Finanzas, Comité de Estadísticas y Cuenta Satélite del Turismo, Comité de Desarrollo Sostenible del Turismo, Comité Mundial de Ética del Turismo y un Comité que esta encargado de examinar las solicitudes para ser Miembro Afiliado. Un Secretario General en funciones se encarga de supervisar la labor de los funcionarios de la OMT en su sede de Madrid. La Secretaría cuenta con una oficina de apoyo regional para Asia y el Pacífico (financiado por Japón), y los Miembros Afiliados cuentan con el apoyo de un Director Ejecutivo (financiado por España).

RESUMEN

En agosto de 1941, el presidente americano Roosevelt y el primer ministro británico W. Churchill, acordaron establecer una declaración de principios, conocida como Carta Atlántica. En ella se establecían además de objetivos políticos, objetivos económicos, como el acceso al comercio y a las materias primas, necesario para la prosperidad económica de los pueblos y una mayor colaboración económica entre las naciones para asegurar el empleo, las mejoras económicas y de seguridad social. Era una declaración de intenciones y de principios globales, pero denotaba la tendencia hacia la cooperación y la liberalización del comercio que ha caracterizado a la economía internacional y a las relaciones económicas internacionales desde entonces y que se plasmaría con la creación de los grandes organismos económicos internacionales de Bretton Woods en 1944 y posteriormente en 1947 con la propuesta de creación de una Organización Internacional de Comercio que no pudo constituirse y en su lugar se estableció, de forma temporal, el Acuerdo General de Aranceles Aduaneros y Comercio (GATT). Aunque el sistema multilateral de comercio tuvo unos comienzos muy difíciles, la fortaleza del sistema acabó por favorecer la creación de una organización económica internacional para el comercio, la Organización Mundial de Comercio que es la encargada de velar por la libertad de los intercambios. Con ese mismo espíritu de cooperación se fueron estableciendo el resto de los organismos económicos y financieros internacionales y los foros económicos, que se recogen en este capítulo.

TEMAS DE REFLEXIÓN

1. ¿Por qué tenía interés la Ley de Préstamos y Arriendos para los países aliados?
2. ¿Cuál ha sido el objetivo básico de los países participantes en la OCDE?
3. ¿Cuál es el principal objetivo de la OPEP?
4. La Organización Mundial del Turismo tiene comités especializados compuestos por miembros de la Organización. Verdadero o Falso.
5. El Acuerdo Monetario Europeo sustituyó a la Unión Europea de Pagos. Verdadero o Falso.

EJERCICIOS DE AUTOCOMPROBACIÓN

1. **La primera conferencia de las Naciones Unidas sobre Comercio y Desarrollo tuvo como resultado:**
   a) Establecimiento de la UNCTAD como órgano competente.
   b) La modificación del Acuerdo General para prestar más atención a los pobres.
   c) Una declaración reconociendo que los organismos internacionales no se ocupaban de los problemas de los países en vías de desarrollo.
   d) El establecimiento de un instrumento de financiación a bajos tipos de interés para países en desarrollo.
2. **El Acuerdo General de Aranceles Aduaneros y Comercio (GATT) se sustentaba en:**
   a) Un código de buena conducta comercial.
   b) La progresiva liberalización del comercio a través de rondas multilaterales de negociación.
   c) Un foro para la resolución de diferencias comerciales.
   d) Todas las respuestas son correctas.
3. **Con la firma del Acta final de la Ronda Uruguay a mediados de la década de los noventa se crea:**
   a) La Organización Mundial de Comercio (OMC).
   b) La Organización para la Cooperación y el Desarrollo Económico (OCDE).
   c) La UNCTAD.
   d) La Organización Europea para la Cooperación Económica (OECE).
4. **La OCDE:**
   a) Sustituyó a la OECE.
   b) Incluye a países europeos y no europeos.
   c) Es un foro para el debate de problemas económicos y para la cooperación de los países industrializados.
   d) Todas las respuestas son correctas.
5. **El ámbito de aplicación de la OMC comprende:**
   a) Todas las competencias del GATT y del GATS.

b) Todas las normas de propiedad intelectual y medio ambiente.

c) Los acuerdos comerciales de carácter sectorial.

d) Todas las respuestas son correctas.

SOLUCIONES A LOS EJERCICIOS DE AUTOCOMPROBACIÓN

1. a)
2. d)
3. a)
4. d)
5. d)

BIBLIOGRAFÍA

ANDERSON, T. «Managing Trade Relations in the New World Economy», 1993.

DAN, K. V. «The GAT, Law and International Economic Organization», *University of Chicago Press,* 1970.

GATT. «El comercio en los países menos desarrollados: planes de desarrollo», Ginebra: GATT, 1962.

—, «Practical guide to the GATT agreement on government procurement», Ginebra, 1989.

UNCTAD. «The History of UNCTAD 1964-1984», New York: United Nations, 1985.

—, «Informe de la Conferencia de las Naciones Unidas sobre comercio y desarrollo», varios años.

18 El Sistema Monetario Internacional

1. El patrón oro y las áreas monetarias.—2. La cooperación monetaria internacional y la organización del sistema monetario.—3. Los planes monetarios de la postguerra.—4. Los fundamentos del Sistema Monetario Internacional de Bretton Woods.—5. Propuestas teóricas de reforma del Sistema Monetario Internacional de Bretton Woods.—6. El trasfondo de la crisis monetaria internacional. Mecanismos para reforzar el sistema.—7. Alteraciones monetarias y crisis del Sistema Monetario Internacional.

TÉRMINOS CLAVE

- **Bancor**
- **Derecho Especial de Giro (DEG)**
- **Ley de Gresham**
- **Patrón bimetálico**
- **Patrón monometálico**
- **Patrón oro**
- **Plan Keynes**
- **Plan White**
- **Sistema de reservas múltiples**
- **Sistema Monetario Internacional**
- **Tipo de Cambio**
- **Unión del Clearing Internacional**

1. El patrón oro y las áreas monetarias

Al atractivo que tiene una moneda de uso común, se une su capacidad para conformar un patrón monetario, por la confianza que despierta el activo que se toma como referencia del patrón. Durante el siglo XIX, el librecambio y la existencia del patrón oro como referencia monetaria formó parte de la filosofía económica de la época. Un país podía definir la unidad de cuenta como igual a un cierto peso de oro, de ley definida, manteniendo la circulación fundamentalmente en monedas de oro, expresadas en términos de la unidad de cuenta. Eso es lo que se consideraba un patrón oro monometálico.

La moneda de oro acuñada mantenía su valor de cambio como moneda y su valor intrínseco como mercancía. Pero si las autoridades económicas del país deciden mantener la circulación de monedas en oro y en plata de pleno contenido, definiendo la unidad de cuenta en relación a un cierto peso y ley de ambos metales, el resultado sería un patrón bimetálico de oro y plata. Pero para que funcione de forma equitativa, el valor de cada moneda debía mantenerse dentro de la relación legal entre los dos metales, que estaba determinada por la definición metálica de la unidad de cuenta. En caso contrario, funcionará la Ley de Gresham, que nos dice que la moneda mala desplazará a la buena. Es decir, la moneda del metal legalmente infravalorado desplazará de la circulación a la moneda buena, legalmente sobrevalorada, que se atesorará.

El patrón oro sólo necesitaba dos requisitos para funcionar: 1. el mantenimiento del valor de la unidad monetaria (igual a una cierta cantidad de oro), y 2. la libertad de movimientos del metal (exportación e importación). Históricamente, el primer requisito se ha cumplido a través de las distintas modalidades de patrón oro que se han planteado:

1. Patrón oro clásico (vigente hasta 1914). El país se compromete a acuñar cuando los particulares lo soliciten. Su mecanismo de ajuste pasa por la variación de los activos internacionales en poder del Banco Central y en su efecto sobre el dinero en circulación.
2. Patrón lingotes oro (introducido en Inglaterra por la Ley de 1925). Es lo mismo que el patrón oro, pero sólo para cantidades superiores a un determinado nivel o múltiples del mismo.
3. Patrón cambios oro (vigente en los años anteriores a la Gran Depresión de 1929 y en la posguerra). El país mantiene la paridad comprando o vendiendo divisas de otros países que estén incluidos en el régimen de patrón oro, en alguna de las dos modalidades anteriores. El ajuste recae sobre los países cuya moneda no es de reserva.

Aunque las reglas de aplicación del patrón oro no fueron homogéneas entre los países que lo aplicaron, sin embargo cumplió su función como patrón monetario. La Primera Guerra Mundial afectó seriamente al funcionamiento del patrón oro y a las relaciones económicas internacionales. El abandono del patrón oro (producido en tres veces) y la fluctuación del tipo de cambio que le siguió, llevo en numerosas ocasiones a devaluaciones competitivas formando parte de la aplicación de la política de empobrecer al vecino, encareciendo las importaciones y favoreciendo las exportaciones nacionales.

Uno de los intentos más notables para lograr un acuerdo de la política internacional basado en la cooperación, fue la Conferencia de Londres celebrada en 1933 o Conferencia Económica Mundial. La Conferencia fue un fracaso rotundo. Los países con patrón oro y los del Área de la Libra enfrentaron sus posiciones, en cuanto que los primeros argumentaban la necesidad de evitar la fluctuación de los tipos de cambio con Estados Unidos y los segundos defendían a ultranza la libertad, en el terreno de los pagos y en el comercial. En el terreno de los pagos para llevar a cabo una política económica que favoreciese la recuperación y la expansión económica y en el terreno comercial, solicitando la reducción de los obstáculos al comercio. Gran Bretaña jugó un papel decisivo en el fracaso de la conferencia, pero la devaluación, considerada injustificada, del dólar, también contribuyó al fracaso de la Conferencia de Londres.

El abandono del patrón oro distorsionó profundamente el mercado de cambios. El primer paso para el abandono del patrón oro lo dio Gran Bretaña en 1931, seguida inmediatamente por los países ligados a ella política y comercialmente. En 1933 lo abandonó Estados Unidos y devaluó el dólar (durante la Conferencia de Londres). Le siguieron los países del Hemisferio Occidental. Finalmente, los únicos países que mantenían el patrón oro, Bélgica, Francia, Holanda y Suiza, lo abandonaron en 1934.

Pero los problemas planteados por el abandono del patrón oro, como la fluctuación de los tipos de cambio, va a ser motivo de preocupación de la comunidad internacional, organizada desde el punto de vista monetario desde 1934 en tres grandes áreas: la libra, el dólar y el franco francés. Para hacer frente a la falta de estabilidad monetaria, Francia, Gran Bretaña y Estados Unidos llegaron a un acuerdo, el Acuerdo Tripartito, para mantener «el mayor equilibrio posible en el sistema de cambios internacionales». Este es un primer intento de cooperación monetaria desde la desaparición del patrón oro y antes de la Segunda Guerra Mundial y en la medida en que se proponían mantener la estabilidad de los cambios, se puede considerar un antecedente del Fondo Monetario Internacional.

2. La cooperación monetaria internacional y la organización del sistema monetario

Los desastres económicos de la década de los años treinta se agravaron seriamente por la aparición de un círculo vicioso caracterizado por el aumento del proteccionismo, el descenso del comercio y la caída de las inversiones. El comercio internacional había estado desacelerándose progresivamente desde la primera década del siglo. La elevación de los aranceles y la introducción de nuevos obstáculos al comercio que también se estaban produciendo con anterioridad a la Gran Depresión, se incrementaron como resultado de la crisis, al utilizarse como arma defensiva para hacer frente a los graves problemas económicos nacionales.

La introducción del Arancel Hawley-Smoot por Estados Unidos para hacer frente a la crisis, va a significar un incremento notable del nivel de protección mundial y con su introducción paralizará los intentos que desde 1925 a 1929 había desarrollado la Sociedad de Naciones, para detener el nivel de protección comercial. La utilización de los aranceles como arma comercial se extendió por el resto de los países y las consecuencias sobre el comercio internacional fueron nefastas, al neutralizarse los efectos de protección por su implantación global. El resultado fue un empobrecimiento de las relaciones comerciales y una disminución del nivel de comercio mundial.

La Sociedad de Naciones siguió trabajando en pro del multilateralismo y la libertad de comercio e hizo público numerosos informes. Pero si bien eran conocidos por la comunidad internacional, no tuvieron efectos prácticos sobre las relaciones comerciales de la época. El proteccionismo y el endurecimiento de los obstáculos al comercio no beneficiaban a ningún país, y mucho menos a Estados Unidos, que habían acelerado su expansión con el Arancel Hawley-Smoot.

Las exportaciones americanas se habían reducido drásticamente y no era posible proteger más el mercado interno, porque el nivel de protección era ya muy elevado. Una solución posible para mejorar la situación del comercio, se presentaba con los acuerdos bilaterales. Estados Unidos inició en 1934, con el programa Cordell-Hull, la posibilidad de negociar rebajas arancelarias recíprocas (hasta un 50 por 100 de los derechos originales). Sin embargo, la influencia sobre el comercio mundial fue muy reducida, debido a las especificaciones sobre las características de los productos, en cada acuerdo, lo que impedía su extensión a terceros países y a la mejora, por tanto, del comercio internacional.

No sólo el comercio se vio afectado por la crisis global agudizada por la Gran Depresión, también los pagos sufrieron los efectos discriminatorios en el comercio internacional por el incremento de los obstáculos en los intercambios, al entorpecer el sistema de compensación multilateral de créditos y deudas internacionales. La inconvertibilidad, la no transferibilidad de las divisas y el control de cambios, fueron prácticas comunes antes de la Segunda Guerra Mundial. Para hacer frente a estos problemas en los pagos, se implantaron una serie de acuerdos, generalmente bilaterales, de compensación de deudas y créditos, denominados también, *clearing*. A excepción de Estados Unidos, la mayoría de los países europeos adoptaron algún sistema de *clearing* (fundamentalmente Alemania).

Con la Segunda Guerra Mundial Europa quedó materialmente destrozada. El esfuerzo bélico había desplazado el potencial productivo y financiero y las economías de los países (con la excepción de Estados Unidos) estaban profundamente distorsionadas. Con el objeto de aliviar la pobreza y la miseria de las regiones que iban siendo liberadas, la UNRRA *(United Nations Relief and Rehabilitation Administration)* o Administración de Socorros y Reconstrucción de las Naciones Unidas, se encargó desde 1943 a 1946 de distribuir alimentos, vestidos, medicinas e incluso bienes de equipo. La UNRRA supuso un primer intento de colaboración entre 44 países que financiaron la iniciativa con la aportación del 1 por 100 de su renta nacional. Con la puesta en marcha del Plan Marshall, la UNRRA desapareció en junio de 1947.

La escasez de dólares socavaba los planes de Estados Unidos para reanimar el comercio mundial y naturalmente su propio comercio. Europa, y Gran Bretaña sobre todo, necesitaban esos dólares para financiar las importaciones procedentes de Estados Unidos, y no tenían medios para impulsar sus exportaciones a este país capaces de generar una entrada de dólares. Para ayudar a Gran Bretaña, en julio de 1946, Estados Unidos firmó un acuerdo con Gran Bretaña por el que saldaban las deudas contraídas por la misma, al amparo de la Ley de Préstamos y Arriendos, dejando la deuda en una cantidad simbólica (650 millones de dólares).

Para completar la falta de dólares, Estados Unidos concedió a Gran Bretaña un préstamo de 5 millones de dólares para cubrir su abultado déficit comercial. El préstamo fue aprobado en 1946, con un interés del 2 por 100 y un plazo de amortización de cincuenta años. Gran Bretaña hizo de la concesión del préstamo, un prerrequisito para su ratificación de los acuerdos de Bretton Woods (sin la cual, el FMI y el BM deberían haber sido pospuestos). Además Gran Bretaña, se comprometió a hacerse miembro de la Organización Internacional de Comercio (OIC) y de establecer la convertibilidad de la libra en el plazo de un año.

El Acuerdo fracasó rotundamente, ante la imposibilidad del gobierno británico de sostener la convertibilidad de la libra. El hecho tenía una gran importancia. Antes de la guerra, la libra era la moneda de referencia más importante del comercio mundial. El comercio denominado en libras, con los países de la Commonwealth (Australia, Sudáfrica y colonias británicas) y países con los que Gran Bretaña tenía acuerdos bilaterales, suponía alrededor de la mitad de las exportaciones e importaciones mundiales. La convertibilidad de las monedas de los países citados en otras monedas distintas a la libra, era muy limitada. Por esa razón, Estados Unidos consideraba el mantenimiento de los controles de la convertibilidad de la libra, incompatible con los esfuerzos para reducir los obstáculos al comercio y no estaban dispuestos a que sus préstamos sirvieran solamente para impulsar el comercio del área domina por la libra.

Gran Bretaña era contraria a la convertibilidad y de hecho cuando se eliminaron los obstáculos en julio de 1947 (por la imposición americana), se produjo un desplazamiento de libras hacia dólares. Las reservas de dólares de Gran Bretaña (incluido los préstamos americanos) descendieron 868 millones en cuatro semanas. Se tuvo que suspender la convertibilidad, sólo restablecida a partir de 1958. Los préstamos de Estados Unidos a Francia fueron los más importantes que se habían concedido a un país desde el inicio de la guerra. Francia recibió a través del Export-Import Bank (creado durante la Gran Depresión para hacer frente al descenso de las exportaciones americanas e impulsar su comercio exterior) 550 millones de dólares, más otro préstamo de 650 millones de dólares, justo antes de unas elecciones nacionales. Estados Unidos prestó a Italia 330 millones de dólares y al Benelux, 430 millones de dólares.

Los países de Europa Oriental recibieron 550 millones de dólares, menos de lo que esperaban, debido a la reluctancia americana de conceder ayuda a los países bajo la influencia soviética. La propia Unión Soviética solicitó una ayuda de 6 millones de dólares en 1945 para la reconstrucción, a cambio de su apoyo a los acuerdos de Bretton Woods. Posteriormente se redujo a un millón de dólares, y finalmente se quedó en nada, tras la oposición del Congreso americano a la política de Stalin y a la decisión de la URSS de no hacerse miembro del FMI y del Banco Mundial.

A excepción de los países del Este y Centro de Europa, todo parecía indicar que la cooperación entre los países proporcionaba mejores resultados que el enfrentamiento comercial y económico. Por otra parte, la guerra aún no había terminado y la situación no dejaba de ser incierta. Existía cierta ansiedad sobre los inevitables cambios políticos y económicos que produciría la paz. Había también sospechas sobre las ambiciones de Rusia y de Estados Unidos. Era necesario establecer una estructura institucional internacional, con autoridad reconocida por todos, para poner en orden el sistema monetario y financiero internacional y fomentar la cooperación en la postguerra.

3. Los planes monetarios de la postguerra

Los debates para organizar un sistema monetario en la postguerra comenzaron durante la guerra, en 1942, bajo el impulso de Gran Bretaña. El resultado fue la elaboración de dos planes, el plan Keynes por el lado británico y el plan White por el lado americano. Ambos planes debían servir de base para los debates en la Conferencia Monetaria y Financiera de las Naciones Unidas a celebrarse en Bretón Woods, los días 1 al 22 de julio de 1944. Por parte británica, Keynes propuso la creación de una *Unión de Clearing Internacional* que administraría cierto volumen de liquidez (que no estaría sujeta a depósitos previos sino constituida por descubiertos que concederían los países acreedores a los deudores, con determinados limites), en función de las necesidades del comercio y las relaciones internacionales, cumpliendo además una función estabilizadora al poder presionar a los países (acreedores y deudores) para eliminar los desequilibrios. Este organismo crearía una moneda internacional, el Bancor.

El plan White proponía la creación de un fondo de estabilización de cambios, alimentado por las aportaciones de los países miembros. En caso de dificultad en la Balanza de Pagos, los países miembros podían obtener divisas extranjeras contra moneda nacional, con ciertas limitaciones. El peso del ajuste recaería esencialmente sobre los países deudores y los préstamos del Fondo no serían automáticos, sino condicionados a la adopción de determinadas medidas equilibradoras. Finalmente y debido a la imposibilidad de conciliar ambos planes, se llegó a un acuerdo entre Estados Unidos y Gran Bretaña y se propuso el plan norteamericano y la creación del Fondo Monetario Internacional (FMI) y el Banco Mundial (BM).

Como hemos visto hasta ahora, existían ciertos precedentes del FMI, aunque estaba menos avanzado el diseño de un Banco Mundial. No es extraño que los 44 países representados en Bretton Woods describiesen la reunión como «el deseo de formular propuestas precisas para un Fondo Monetario Internacional y posiblemente, un Banco para la Reconstrucción y el Desarrollo». Al Banco Mundial se le denominó, Banco «principalmente porque no se encontró otro nombre satisfactorio en el diccionario para esta institución sin precedente». En expresión de Keynes, los delegados tenían que delinear simultáneamente los «objetivos apropiados para el economista, financiero, político, periodista, propagandista, hombre de Estado, incluso... para el poeta y el adivino».

4. Los fundamentos del Sistema Monetario Internacional de Bretton Woods

El SMI acordado en Bretton Woods, estaba basado en los siguientes fundamentos:

1. El funcionamiento del sistema de paridades que permitía el ajuste de los tipos de cambio (en el caso de desequilibrio fundamental de la economía del país participante), evitando la depreciación competitiva entre las monedas, características del período de entreguerras.
2. La estabilidad de los tipos de cambio mediante la intervención en el mercado para asegurar los márgenes (excepto los países que compraban y vendían oro libremente para liquidar las transacciones internacionales).
3. La eliminación de las restricciones y discriminaciones a los pagos y a las transferencias corrientes.

Mientras los países miembros estaban obligados a hacer convertibles sus monedas, en cuanto se lo permitiesen las condiciones de sus Balanzas de Pagos, se les permitía plena autonomía para restringir las transferencias de capital (incluso se apoyaban esas restricciones para salvaguardar los recursos del FMI). El dólar de Estados Unidos se convirtió en la moneda de referencia para casi todos los márgenes de intervención, debido a la preponderancia adquirida en la postguerra. Los Estados Unidos asumieron una función pasiva en el mercado de divisas. Con el tiempo, el sistema se vio amenazado por mal funcionamiento, en parte por la incompatibilidad de las políticas internas y de tipo de cambio de los países miembros, y en parte por la incapacidad del sistema para adecuarse a las variaciones económicas y financieras.

El papel de Estados Unidos y del dólar, como garantía internacional de la estabilidad, se vio deteriorado en la década de los años sesenta, cuando los cambios estructurales y las alteraciones de precios y costes relativos provocaron una pérdidas de competitividad de la economía americana, haciendo cada vez más difícil el desempeño del papel de moneda de reserva del dólar y cargando el peso del ajuste sobre el resto de los países. Se hizo más evidente: 1) la inadecuación del tipo de cambio entre el dólar y el resto de las monedas, y 2) la imposibilidad del sistema para soportar las tensiones que comportaba un método de creación de reservas, que suponía persistentes desequilibrios en la Balanza de Pagos del país ancla.

La decisión de crear los Derechos Especiales de Giro (DEG) estuvo basada, en que se consideró el mecanismo más racional y eficiente para adaptar la oferta mundial de recursos internacionales a las necesidades globales a largo plazo de dichos recursos. La mala ordenación de los tipos de cambio, las fuertes salidas de capital y la creación de reservas, en 1970 y 1971, demostró que no se disponía de un mecanismo estable que asegurase el funcionamiento del sistema y la no acumulación de dólares. Las fuertes corrientes de capital incentivado por la caída de la confianza en el sistema de paridades fijas, al no producirse los ajustes que eran necesarios, más el empeoramiento de la Balanza de Pagos de Estados Unidos, debido en una gran parte a la financiación de la guerra de Vietnam, contribuyeron a intensificar la presión sobre el dólar y sobre los recursos de oro de ese país. En marzo de 1968 cesó la intervención en el mercado privado del oro y el 15 de agosto de 1971, el presidente Nixon suspendió la convertibilidad en oro y otros activos de reserva de los saldos oficiales en dólares.

Las medidas adoptadas el 18 de diciembre de 1971 en los Acuerdos de Washington, con la devaluación del dólar y la revaluación del marco alemán y el yen intentaron poner orden sobre los problemas más acuciantes del sistema. Se acordó establecer un régimen temporal cambiario según el cual se permitía que los tipos de cambio de las monedas de los países miembros pudiesen fluctuar dentro de un margen del 2,25 por 100 en torno a la relación establecida entre su moneda y la moneda de intervención, el dólar. Los tipos de cambio resultantes para cada moneda, en función del resto de las monedas, podían fluctuar en unos márgenes que no debían sobrepasar el 4,5% de la relación basada en sus paridades relativas o tipos centrales, con un margen adicional del 1 por 100 (arriba y abajo en ciertas circunstancias).

A pesar de los intentos, en los Acuerdos de Washington, de volver a los tipos fijos, el nuevo sistema era diferente de los acuerdos de Bretton Woods. Aunque el dólar permanecía como la moneda central del sistema, ya no era convertible en oro. El nuevo régimen era un área monetaria sin referencia numeraria expresa y aunque el dólar de facto era el anclaje, los Estados Unidos no tenían ninguna obligación de convertibilidad.

Entre 1971 y 1973 la especulación contra el dólar fue muy fuerte. Colaboró de forma esencial el déficit básico de la Balanza de Pagos americana y el aumento de la demanda de oro con fines especulativos, ante la incertidumbre del Sistema Monetario Internacional y el papel del oro en el futuro. El patrón monetario en esa época era un patrón-dólar (no convertible en oro). El patrón-dólar no funcionó de forma eficiente al carecer de mecanismos para encauzar una política monetaria y financiera apropiada para el país ancla y el resto de los países. El 8 de mayo de 1972 devaluó de nuevo el dólar y para esa fecha, al menos diez países miembros del FMI, habían notificado ya la modificación de las paridades de sus monedas y once países habían permitido la flotación. El 23 de junio de 1972 la libra esterlina empezó a flotar «temporalmente», a consecuencia de las presiones especulativas y los países cuyas monedas se mantenían ligadas a la libra, iniciaron también la flotación.

Durante los últimos meses de 1972 y primeros de 1973, la especulación en el mercado de divisas se intensificó. A finales del mes de julio, los principales países industrializados dejaron en flotación sus monedas, interviniendo en los mercados de cambio, sólo para evitar las fuertes oscilaciones monetarias, más que para defender la paridad de su moneda (esta práctica ya la venían ejerciendo anteriormente). Los Acuerdos de Jamaica (enero de 1976) legalizaron las prácticas monetarias que se habían generalizado desde el derrumbe del sistema de Bretton Woods en 1973, y a partir de ese momento comienza el funcionamiento de lo que se ha denominado un «no sistema monetario internacional».

5. Propuestas teóricas de reforma del Sistema Monetario Internacional de Bretton Woods

A lo largo de la década de los años sesenta se elaboraron numerosas propuestas y planes con la intención de reformar el Sistema Monetario Internacional que se había establecido en la Conferencia de Bretton Woods en 1944. En general estas propuestas no pasaron del plano teórico; pero, sin embargo, contempladas desde nuestra perspectiva, sirvieron para ir poniendo de manifiesto las lagunas que arrojaba un Sistema Monetario Internacional que se había establecido para una época diferente y que al ir variando la situación económica internacional, este mismo cambio ejercía presión sobre las normas establecidas.

Propuestas teóricas en la década de los sesenta: Los defectos del Sistema

En general, las propuestas de reforma del SMI en los años sesenta consideraban que el sistema se estaba enfrentando a tres problemas fundamentales, a los cuales había que buscar solución si se pretendía mantener cierta estabilidad monetaria internacional. Dichos problemas eran: liquidez, confianza y ajuste. Sin ninguna duda, la obra que más influyó en la evolución de los planteamientos de los planes de reforma del SMI fue el libro de *R. Triffin,* que apareció en 1960, *El oro y la crisis del dólar*, donde se cuestionó de forma precisa la viabilidad del patrón cambios-oro. Triffin puso de relieve que al aumentar la oferta de oro más lentamente que la demanda de reservas, la creciente necesidad de liquidez internacional sólo podía ser cubierta mediante un aumento de los dólares en circulación.

Pero la acumulación de dólares en las reservas de los países tenía unos límites potenciales debido al factor confianza, ya que llegaría un momento en que sería imposible mantener el precio del oro al disminuir las reservas netas del metal en poder de Estados Unidos, al tener que hacer frente a la solicitud de convertibilidad de dólares en oro. El sistema estaría, pues, amenazado por su propio funcionamiento. De hecho, los países que mantenían la mayor parte de sus reservas en dólares, optaron tácitamente por renunciar a la convertibilidad, para evitar el derrumbe del Sistema, y en la práctica funcionó como patrón cambio-dólar. Aparte de la crítica y del análisis que hace Triffin, sobre la realidad monetaria internacional de su tiempo, su obra en sí era una modificación de la propuesta realizada por Keynes en 1943 sobre la creación de depósitos en Bancor y la Unión del Clearing Internacional.

Triffin propone a su vez transferir parte de las reservas que tenían los países al Fondo Monetario Internacional, a cambio de depósitos en el propio Fondo, que se denominarían Bancor. De esta manera, el problema de la confianza quedaba resuelto. Estos depósitos o Bancor permanecerían líquidos y se considerarían como parte de las reservas monetarias de cada país, que podían utilizarse para realizar los pagos internacionales. Es decir, los Bancor serían una nueva moneda internacional. Al Fondo se le dotaría de nuevas funciones, mediante su conversión en un Banco Central de Bancos Centrales y a través de la gestión de sus préstamos se controlaría la liquidez internacional. El oro seguiría siendo el respaldo último del sistema. El plan Triffin tuvo numerosas críticas, la más importante fue la realizada por James Angell (1961). En definitiva, el plan de reforma que proponía Triffin desembocaba en un *FMI reforzado,* que garantizaba la liquidez y el ajuste del Sistema, y donde la confianza, en consecuencia, quedaba garantizada automáticamente.

Otro plan en el que el Fondo Monetario Internacional jugaba igualmente un papel importante fue el propuesto por Sir Maxwell Stamp (tanto en la primera versión de su plan, 1958, como en la segunda, 1962). El Fondo emitiría certificados de crédito, que servirían como garantía para las obligaciones internacionales hasta una cantidad que se igualase a las cuotas de cada país en el Fondo. No sería necesario emitir físicamente estos certificados, bastaría realizar las anotaciones contables oportunas y se utilizarían como garantía para las obligaciones internacionales hasta una cantidad igual a la cuota del país en el Fondo. A diferencia de los Bancos, no se utilizarían como medio de pago, más que en casos extremos, y a su vez el Fondo lo pondría a disposición de los mismos, mediante préstamos de alguna institución de desarrollo, v. g., la AID, que a cambio de monedas nacionales proporcionaría liquidez a países con problemas.

La provisión de liquidez al Sistema fue una de las principales preocupaciones de las propuestas de reforma monetaria internacional del período que consideramos, por el peligro inherente de provocar un aumento de la inflación mundial, difícil de controlar si el volumen de recursos monetarios proporcionados era excesivo. Tanto el sistema propuesto por Triffin, como por Stamp, conceden gran importancia al aumento de la liquidez controlada por un organismo internacional fortalecido, lo que según los países individuales, se traduciría en un debilitamiento de la soberanía nacional sobre las variables monetarias básicas internas.

No faltan en las propuestas de reforma del SMI de los años sesenta los planes que trataban de afianzar el patrón cambios-oro. En realidad, la mayoría de los planes tenían este objetivo como elemento central de su análisis, no así el plan Triffin, que en el fondo proponía un nuevo sistema.

Uno de los planes de *fortalecimiento del patrón cambios-oro* fue el propuesto por *Edward M. Bernstein* en 1963. Para Bernstein, el oro se mantenía en el sistema monetario por razones históricas, de liquidez y seguridad, que lo hacían atractivo como activo de reserva. Pero en la medida en que el patrón monetario estaba basado en la convertibilidad del dólar en oro, la estabilidad del sistema dependía, en buena parte, de la voluntad de los países con gran componente de dólares en sus reservas, en no solicitar la convertibilidad del dólar en oro. Para ello, Bernstein propuso, de acuerdo con el *Plan Posthuma,* que los principales países desarrollados deberían mantener un porcentaje mínimo obligatorio en dólares, para soslayar los inconvenientes que provocaba en el sistema de convertibilidad del dólar en oro. Además, Bernstein proponía que los países más importantes en el ámbito mundial depositasen sus reservas en el Fondo y como contrapartida se creasen unas unidades de reserva que suplementarían al oro y deberían ser aceptadas por los países participantes en el FMI, hasta un porcentaje determinado de sus tenencias de oro.

El Fondo sería el encargado de gestionar este sistema, cuyo funcionamiento estaría garantizado adicionalmente por la asistencia mutua entre Bancos Centrales. Esta parte del plan Bernstein, donde propone la creación de una nueva unidad de reserva en contrapartida a los depósitos en el FMI, fue recogido en el Informe del *Comité Ossola* en 1965. Este Informe se elaboró a instancias del Grupo de los 10, que interesados por los diferentes planes propuestos sobre la reforma, deseaban hacer hincapié en la creación de un nuevo activo de reserva internacional. Algunos autores consideran que los nuevos activos de reserva propugnados por el Comité Ossola son el precedente más directo de los Derechos Especiales de Giro.

Otros autores que presentaron planes de reforma del Sistema Monetario Internacional, encaminados a fortalecer el patrón cambios-oro fueron *Zolotas, Roosa y Per Jacobsson*. En la propuesta de *Zolotas,* se preveía que los países proporcionasen garantía-oro a los saldos de sus monedas en poder de las autoridades monetarias extranjeras, con el objeto de evitar los movimientos desestabilizadores de capital, una de las mayores preocupaciones de la década. *Robert Roosa* se mostró a favor de un sistema de reserva múltiple, en lugar de sólo dos o tres monedas clave. *Per Jacobsson (*que fue director ejecutivo del Fondo), se inclinó por el mantenimiento del patrón cambios-oro y el incremento de los recursos del Fondo, a través de préstamos de sus miembros, modalidad que se adoptó con esa finalidad desde los años sesenta.

Algunos autores, como *Sir Roy Harrod,* consideraron que con la *elevación del precio del oro* se podría continuar con el patrón cambios-oro, ya que los problemas mundiales de escasez de liquidez quedarían resueltos. Por supuesto, para Harrod, el principal problema era la escasez de reservas, y en esa medida la elevación del precio del oro fomentaría el desatesoramiento, desincentivaría la especulación y estimularía la puesta en explotación de yacimientos marginales.

En último lugar, hay otro grupo de planes, cuyos autores proponen directamente la *vuelta al patrón oro*. La mayoría de los autores que aconsejaban esta solución esperaban que con la vuelta al patrón oro, la economía internacional volvería a la senda de la estabilidad monetaria y al automatismo anterior a 1914. Los autores más destacados en este tipo de propuestas son: *Rueff y Heilperim*. En 1961 Jacques Rueff publicaba *El patrón cambios-oro: un peligro para Occidente*, y abogaba por la eliminación de este sistema, haciéndolo responsable de los males de la economía internacional y del deterioro de la balanza de pagos americana.

Aunque estos planes nunca se llevaron a la práctica, sí ejercieron un importante papel de información en los sectores más especializados de la economía, avisando de los peligros del sistema y poniendo de manifiesto, de alguna manera, la necesidad de variar los planteamientos económicos de la postguerra, que años más tarde se haría patente por la fuerza de las circunstancias.

6. El trasfondo de la crisis monetaria internacional. Mecanismos para reforzar el sistema

Junto a las críticas de funcionamiento del Sistema Monetario Internacional y de los planes alternativos propuestos, el propio sistema arbitraba determinados mecanismos, para tratar de amortiguar las frecuentes perturbaciones en el funcionamiento del patrón cambios-oro. Entre esos mecanismos, se encuentran la creación del *pool del oro* en 1961, el *incremento de las cuotas del Fondo Monetario Internacional* en 1959 y 1964, *los Acuerdos Generales de Préstamo y los DEG*. Aunque estas medidas coadyuvaron a la continuidad esencial del SMI, no evitaron que la desconfianza en el mismo siguiera aumentando. La Balanza de Pagos americana contribuyó con sus déficit corrientes, en gran manera, al incremento del volumen de dólares incontrolados en la liquidez mundial.

En los primeros momentos de la crisis del sistema, la libra fue el principal objetivo de los especuladores de divisas. Desde Bretton Woods, la libra esterlina y el dólar eran considerados de hecho las monedas clave del sistema. Al atravesar la economía británica por un momento crítico y no estar, en consecuencia, en condiciones de apoyar a su moneda frente a la fuerte especulación, la libra se devaluó en 1967, y a partir de entonces perdió su condición de moneda de reserva clave que había mantenido, más por motivos históricos que de otra índole.

Al devaluar la libra esterlina, la corriente especuladora se desplazó hacia el dólar y a favor del oro, provocando un considerable incremento de demanda de oro no monetario, lo que produjo un aumento en la diferencia entre el precio del mercado libre de oro y el mercado oficial, que condujo a una reducción importante de las reservas auríferas oficiales del *pool* del oro. Debido a la continua corriente especuladora, en marzo de 1968, se suspendió la intervención en el mercado privado del oro y se suspendieron las operaciones del *pool* del oro, creándose así un doble mercado para el oro.

A continuación, se decidió que el oro de las reservas oficiales, se utilizase exclusivamente para los pagos o transferencias entre autoridades monetarias. La segunda mitad de los años sesenta viene marcada, fundamentalmente, por la especulación a favor del oro y en contra del dólar y la libra esterlina. Al devaluar la libra en 1967 la responsabilidad del dólar en la situación financiera internacional adquiere, si cabe, mayores proporciones.

El buen funcionamiento del sistema exigía una moneda de reserva fuerte, o lo que es lo mismo, una Balanza de Pagos sin déficit. Para el período de tiempo que consideramos, la década de los sesenta, el aumento de reservas mundiales se hizo a través de monedas de reserva y oro, fundamentalmente. Así, según el Informe Anual del Fondo Monetario Internacional de 1970, en la primera mitad de la década se produjo, dentro del conjunto de las reservas mundiales, un incremento en el componente de oro y monedas de reserva, especialmente dólares y libras esterlinas. En la segunda mitad de los 60 se observó cierto cambio respecto a los años anteriores. Son los años en que comienza a adquirir auge el mercado de eurodólares y la posición de reservas en el Fondo Monetario Internacional, procedente del uso de créditos del Fondo y créditos «swaps» entre países está aumentando. El año 1969 tiene una característica diferenciada del resto de los años de la década, al producirse un importante cambio en la composición de reservas mundiales, debido a la recuperación del oro después de tres años de caídas sucesivas.

7. Alteraciones monetarias y crisis del Sistema Monetario Internacional

Suspensión de la convertibilidad del dólar

La década de los setenta se inicia con una serie de alteraciones monetarias que van a tener una influencia decisiva en la historia del Sistema Monetario Internacional. *El primer acontecimiento importante* fue la suspensión de la convertibilidad del dólar en oro, en agosto de 1971. Con ello se acabó con las presiones de convertibilidad que había experimentado el dólar en meses anteriores. Se considera este hecho como el primer paso decisivo hacia la ruptura con el Sistema Monetario de Bretton Woods. En los primeros meses de 1971, el SMI había dado muestras de desequilibrio, fundamentalmente en las relaciones entre los tipos de cambio de las principales monedas. A los movimientos de capital de carácter especulativo, impulsado por el déficit crónico de la Balanza de Pagos de Estados Unidos y por las perspectivas excedentarias en las Balanzas de Pagos de Alemania y Japón, se sumaron otras especulaciones alentadas por la esperada variación en las paridades de las principales monedas.

Estos movimientos especulativos forzaron a la moneda alemana a flotar en mayo de 1971 y a otros países a intervenir en el mercado de cambios. Dichos sucesos alimentaron a su vez la especulación contra el dólar, ya que las autoridades económicas de Estados Unidos no fueron capaces de contener la inflación interior ni el déficit de sus cuentas exteriores. La suspensión de la convertibilidad del dólar provocó un desconcierto inmediato en los mercados monetarios, al obligar al resto de las monedas a suspender las paridades acordadas para las transacciones exteriores. Este desorden se pretendió eliminar, con los *Acuerdos de Washington,* el 18 de diciembre de 1971.

En los Acuerdos de Washington se acordó devaluar el dólar respecto al oro y al DEG, fijando el precio oficial del oro en 38 dólares la onza (este acuerdo se alcanzó definitivamente el 8 de mayo de 1972, al aprobarlo el Congreso americano, quedando devaluado el dólar en un 7,89 por 100 respecto al oro). Asimismo, se revaluó respecto al oro, el yen, el florín, el franco belga y la moneda alemana. El dólar canadiense continuó en flotación. Otra de las decisiones importantes adoptada en los Acuerdos de Washington y que afectaba al funcionamiento del SMI, fue la adopción de unos márgenes más amplios de fluctuación de las monedas, ampliándose la banda a un 2,25 por 100, alrededor del tipo central entre las monedas de los distintos países y su moneda de intervención.

Los países de la Comunidad Económica Europea, decidieron de acuerdo con el *Plan Werner,* mantener los márgenes de fluctuación entre sus monedas, en un 2,25 por 100, reduciendo a la mitad los márgenes de fluctuación frente a lo establecido en Washington, que permitía una banda de fluctuación entre las monedas, distinta de la moneda de intervención, en un 9 por 100. El mantenimiento de los márgenes de fluctuación de las monedas europeas entre sí en un 2,25 por 100 y a su vez el mantenimiento de los límites de fluctuación respecto a la paridad con el dólar se conoció como «la serpiente en el túnel».

Después de los Acuerdos de Washington, donde parecía que la situación monetaria internacional había quedado normalizada, la carrera especulativa contra el dólar adquiere de nuevo relevancia. Colaboró de forma esencial el déficit básico de la Balanza de Pagos americana y el aumento de la demanda de oro con fines especulativos ante la incertidumbre del papel del oro en el futuro del Sistema. La nueva paridad del dólar se estableció el 8 de mayo de 1972. Para entonces, los Acuerdos de Washington habían quedado olvidados. En esa fecha, al menos diez países miembros del FMI le habían notificado la modificación de las paridades de sus monedas y once países habían permitido la flotación. La libra esterlina empezó a flotar «temporalmente» el 23 de junio a consecuencia de presiones especulativas, y paralelamente, los países ligados a la libra esterlina por razones financieras y comerciales, dejaron flotar sus monedas.

La doctrina tradicional del Fondo Monetario Internacional sobre regímenes de cambio había sido siempre contraria a cualquier tipo de flexibilidad. En un estudio posterior a un informe de los directores ejecutivos del Fondo Monetario Internacional en 1970 sobre «El papel de los tipos de cambio en los ajustes de pagos internacionales», se había rechazado la posible necesidad de una flexibilidad adicional en los tipos de cambio. Dicho rechazo incluía no sólo los tipos de cambio libremente fluctuantes, sino también la ampliación de márgenes y los ajustes automáticos de paridades. La fuerza de los hechos desplazó a la teoría que se había mantenido desde 1944, aunque en aquellos momentos el Fondo Monetario Internacional aún albergaba la esperanza de volver a los cauces «normales».

Flotación generalizada

La segunda alteración importante en el Sistema Monetario Internacional en la década de los setenta fue la flotación generalizada de las monedas. En los últimos meses de 1972 y a principios de 1973, la especulación en los mercados de divisas se reavivó. En enero de 1973, se estableció un doble mercado de divisas para la lira italiana, de manera que se dejó flotar el tipo de cambio para las transacciones financieras, mientras que se mantuvo dentro de los márgenes establecidos el tipo de cambio para las transacciones comerciales. Las presiones en los mercados de divisas se intensificaron tras el anuncio realizado en Estados Unidos el 12 de febrero, de proponer una segundas devaluación del dólar de un 10 por 100 respecto al precio oficial del oro, lo que llevó a finales de ese mes a que los países que estaban soportando las mayores presiones especulativas sobre sus monedas, renunciaran a intervenir en los mercados de divisas.

A su vez, los principales bancos comerciales europeos y japoneses tuvieron que suspender las transacciones en los mercados de divisas, ante la imparable especulación. El día 19 de marzo se reanudaron las operaciones oficiales en el mercado de cambios, pero la situación no volvería a ser la misma. Canadá, Japón, Irlanda, Italia y Reino Unido continuaron en flotación; algunos países como Portugal y Austria anunciaron la imposibilidad de mantener los tipos de cambio de sus monedas, dentro de los márgenes oficiales. Los ministros de la CE en una reunión celebrada en Bruselas unos días antes, el 11 y 12 de marzo, habían decidido mantener los márgenes en un 2,25 por 100, para las monedas europeas. La flotación de la mayoría de las monedas supuso, de hecho, el final de los Acuerdos de Washington, que para los países de la CE integrados en la serpiente europea implicó el abandono del túnel por la serpiente o abandono del compromiso para mantener los márgenes de fluctuación de los tipos de cambios frente al dólar.

En consecuencia, a finales del mes de julio los principales países industrializados, Estados Unidos, Japón, Canadá, Inglaterra, Suiza y Austria declararon no poder garantizar el mantenimiento del tipo de cambio oficial de sus monedas. Los países industrializados en general optaron por la intervención en el mercado de cambios, que ya venían practicando anteriormente, con la intención de evitar las fuertes oscilaciones monetarias, más que la defensa de la paridad de su moneda. Los países en vías de desarrollo y los países de medio desarrollo miembros del Fondo Monetario Internacional decidieron mantener los tipos de cambio estables respecto a una sola moneda de intervención, la libra, el dólar o el franco francés.

Al adoptar la mayoría de los países miembros del Fondo Monetario Internacional el régimen de flotación de sus monedas, la volatilidad de los tipos de cambio se intensificó. Las razones pueden encontrarse en la incertidumbre sobre el futuro de las cotizaciones, aunque esta incertidumbre se vio paliada, fundamentalmente, por la práctica adquirida en la gestión de las divisas y por una mayor posibilidad de cobertura a plazo. La intervención en el mercado oficial de cambios por las autoridades monetarias de cada país impidió mediante la compra y venta de divisas, que las fluctuaciones de grandes proporciones repercutiesen en la situación monetaria interna, así como en el resto de las variables básicas. Esto es lo que se ha llamado un sistema de *flotación sucia o flotación administrada,* mediante el cual se mantiene el sistema de flotación, pero tratando de neutralizar los efectos no deseados en la economía interna.

Los Acuerdos de Jamaica

Las prácticas monetarias que se habían generalizado desde principios de 1970, quedaron legalizadas en los *Acuerdos de Jamaica* en enero de 1976, enmendándose por segunda vez el Convenio Constitutivo del FMI. La *II Enmienda al Convenio Constitutivo del Fondo* fue adoptada mediante Resolución de la Junta de Gobernadores el 30 de abril de ese año, y es el resultado del trabajo realizado en el seno del Comité de Reforma del FMI y temas afines, *el Comité de los 20,* establecido en julio de 1972. En consecuencia, la II Enmienda a los estatutos del FMI se la puede considerar como la *tercera alteración importante* en la década de los setenta, habiendo admitido de *iure* las más importantes variaciones en el Sistema Monetario Internacional acaecidas después de 1973. Entre los aspectos recogidos en la II Enmienda, se encuentran:

a) *Legalización de la flotación de las monedas.* Los miembros del Fondo quedan libres para aplicar el régimen de cambios que deseen, aunque la libertad de funcionamiento es limitada, ya que los miembros deben aceptar ciertas obligaciones, así como la *supervisión* de los regímenes cambiarios por el Fondo Monetario Internacional.

b) *Descenso del papel del oro en el FMI,* incluyendo una disposición sobre las propias tenencias de oro del Fondo. Respecto a este apartado los cambios más importantes fueron:

1. Se eliminó el oro como denominador común del sistema de paridades y como unidad de valor del DEG, pasando a ser el DEG el nuevo valor central del Sistema.
2. Se abolió el precio oficial del oro, que era 0,888671 gramos de oro fino por DEG, al quedar suprimida oficialmente la definición del valor del DEG en función del oro. Los miembros del Fondo Monetario Internacional quedaban libres para realizar transacciones en oro, bien entre ellos o en el mercado, aunque existía un acuerdo tácito de mantener la liquidez mundial y no comprometer el papel del DEG como activo principal del sistema. La enmienda prohibía al FMI la posibilidad de establecer un precio fijo para el oro o influir en su precio en el mercado.
3. Se eliminó el uso obligatorio del oro como un medio de pago por el Fondo o al Fondo. El FMI sólo podrá aceptar oro si así se aprueba por mayoría del poder de voto total del Directorio Ejecutivo.
4. Se dispuso la venta en subasta de la sexta parte de las tenencias de oro del Fondo, o sea, 25 millones de onzas, cuyo beneficio de la venta a precio de mercado se destinó a los países en desarrollo en grave situación económica, para cuya finalidad se creó el *Fondo Fiduciario*. Otra sexta parte de las tenencias de oro del Fondo, mediante lo que se denominó proceso de «restitución», se podría vender a los países miembros al precio oficial del oro antes de la II Enmienda, 35 DEG la onza. El FMI entre junio de 1976 y mayo de 1980 efectuó mediante subasta pública las ventas de oro acordadas, habiendo obtenido un beneficio de 5.700 millones de dólares, de los cuales fueron a parar al Fondo Fiduciario 4.600 millones de dólares y el resto, 1.100 millones de dólares, se destinó a los recursos generales del Fondo para operaciones ordinarias y transacciones.
5. Los miembros deberán colaborar con el Fondo y con el resto de los países miembros, para asegurar que sus políticas respecto a los activos de reserva sean consistentes con los objetivos de promover una mejor vigilancia de la liquidez internacional e impulsar el DEG como el principal activo de reserva en el Sistema Monetario Internacional.

c) Se establecieron mejoras en aspectos organizativos y de administración del FMI.

Desarrollo del sistema de reservas múltiples

La cuarta alteración importante en la década de los setenta, que a su vez constituyó un cambio respecto a la tendencia observada en años anteriores, fue el *desarrollo del sistema de reservas múltiples*, dada la creciente tendencia de los países a mantener sus monedas de reserva en monedas distintas del dólar. La falta de confianza en la estabilidad de la economía americana, o lo que es lo mismo, en la fortaleza del dólar, había provocado una gran preocupación en los mercados internacionales por el mantenimiento del valor de dicha divisa en los mercados, especialmente para los países con superávit, cuyas reservas eran fundamentalmente dólares.

Existían algunos factores concretos a tener en cuenta, para la sustitución de dólares, tales como su sustitución por ECUs en las reservas oficiales de los países miembros participantes en el Sistema Monetario Europeo. Incluso Estados Unidos, a finales de la década de los setenta había iniciado la acumulación de reservas extranjeras para intervenir activamente en el mercado de cambios extranjero y para hacer frente a los compromisos adquiridos en divisas extranjeras, en particular marcos alemanes y francos suizos.

No obstante, el proceso de la diversificación de las monedas de reserva no se produjo de la misma forma en los países desarrollados y en los países en vías de desarrollo. Para los primeros, la tendencia a diversificar sus reservas en monedas distintas del dólar se hizo patente a partir de 1975, desplazándose fundamentalmente hacia el ECU, yen y marcos alemanes. Los países en vías de desarrollo, aunque siguieron un proceso paralelo a los países industrializados, la proporción de dólares en sus reservas continuó siendo elevada.

Expansión de los mercados de capitales

Otro hecho destacable en la década de los setenta, por la creciente expansión y diversificación que alcanzó, fue el *desarrollo de los mercados de capitales*. Podríamos considerarlo como *el quinto acontecimiento importante* respecto al cambio que experimentó el Sistema Monetario Internacional en esos años. La expansión de los mercados de capitales comenzó su auge en los años setenta, pero es a partir de la crisis de las relaciones monetarias internacionales cuando adquiere mayor relevancia, proporcionando una vía idónea para la colocación de las reservas y canalizando la corriente de préstamos, para la financiación de los desequilibrios de pagos exteriores.

En los años setenta el mercado internacional de capitales se convertirá en la principal fuente de financiación para países con problemas de pagos exteriores, constituyéndose en el medio adecuado para el reciclaje de fondos hacia países de medio desarrollo y en vías de desarrollo no productores de petróleo. Los países industrializados pequeños y los países en vías de desarrollo lo utilizaron fundamentalmente para financiar sus déficit de pagos, mientras los países industrializados, fundamentalmente para canalizar las corrientes de capitales entre sí.

El mercado de emisiones internacionales, como fuente de financiación, se hizo poco atractivo para los países en vías de desarrollo no productores de petróleo, desde mediados de los años setenta, debido, por una parte, a la incertidumbre que existía en el sector financiero internacional respecto a la evolución económica de estos países y, por otra, a las perspectivas de los tipos de interés. En consecuencia, los países en vías de desarrollo no productores de petróleo recurrieron con mayor intensidad al sector bancario privado internacional para financiar sus déficit exteriores. Este hecho fue decisivo para el aumento del endeudamiento exterior en la mayoría de los países no exportadores de petróleo, al haberse incrementado los costes del servicio de la deuda exterior a través del aumento continuo de los tipos de interés en los mercados internacionales de capital. Hay que tener en cuenta que a los créditos internacionales se les suele asignar un tipo de interés representativo, de manera que cualquier variación en los tipos de interés de sólo un 1 por 100 puede añadir varios millones de dólares al pago de intereses por la deuda exterior de muchos países en desarrollo.

La crisis del petróleo

Un sexto acontecimiento importante en la década de los setenta y que va a influir de forma decisiva en la posterior estructura económica y financiera, fue la *crisis energética,* desencadenada en octubre de 1973 y que tuvo una segunda fase en 1979. Los efectos de la crisis del petróleo tuvieron serias consecuencias en la financiación y ajuste de las Balanzas de Pagos de la mayoría de los países, que hizo necesaria la búsqueda de nuevas vías de financiación internacional para desviar las grandes corrientes de capital de los países con superávit exterior a los países con déficit. Los fuertes movimientos de capital que se produjeron a partir de entonces y los graves problemas de ajuste y financiación de las Balanzas de Pagos afectaron de forma sustancial al funcionamiento del Sistema Monetario Internacional.

Como el petróleo era una materia prima esencial para la mayoría de los países que habían optado por la industrialización era, por tanto, uno de los principales componentes en las partidas de importación de los países desarrollados y en vías de desarrollo, que no disponían de esa fuente de energía. Al elevarse su precio, el efecto a corto y medio plazo fue la elevación de los costes por importación y, en consecuencia, el desequilibrio de los pagos externos. Sin embargo, el ajuste de las Balanzas de Pagos se planteó de forma distinta según fuesen países exportadores de petróleo o países importadores de la materia prima, industrializados o en vías de desarrollo. Los países exportadores de petróleo se encontraron con que a corto plazo, sus economías carecían de una capacidad de absorción de importaciones que compensase el aumento de sus ingresos exteriores.

Este es un problema con el que se enfrentaron desde un principio estos países, y mientras encontraban la forma de utilizar sus recursos financieros para el desarrollo de sus economías internas, optaron por proteger el valor de su dinero colocándolo en los mercados internacionales de capital. Las grandes corrientes de capital producidas en el mundo a partir de entonces obligaron a organizar nuevos canales de financiación, para dirigir los recursos financieros de los países con superávit hacia los países con déficit.

Los países industrializados experimentaron los peores efectos de la crisis energética, después del primer impacto petrolífero en 1973, debido a que la novedad de la situación les cogió desprevenidos para ajustar con rapidez sus economías. Después del segundo impacto energético en 1979, estos países habían aprendido a adaptar sus economías con más rapidez a los posibles efectos negativos de la crisis, habiendo iniciado planes de restricción del consumo de petróleo y a la vez proyectos de investigación y utilización de otras fuentes de energía alternativas.

A los países en vías de desarrollo no exportadores de petróleo, la crisis energética les afectó de tres maneras fundamentalmente: En primer lugar, y de forma directa, a través de la elevación del coste del petróleo y sus derivados. En segundo lugar, mediante la elevación del coste de las importaciones de productos manufacturados, cuyos precios se elevaron como consecuencia del aumento del precio de la energía. En tercer lugar, por los efectos que ejercieron sobre estos países, las políticas económicas estabilizadoras adoptadas por la mayoría de los países industrializados ante la crisis de la energía. La demanda de importaciones de los países desarrollados cayó de forma destacada, afectando sobremanera las exportaciones de los países en vías de desarrollo, cuyos productos básicos son el principal componente de sus exportaciones.

Los países más atrasados tuvieron que recurrir en esos años de forma sistemática al endeudamiento exterior, para financiar sus desequilibrios de pagos exteriores, a través de préstamos y ayudas concedidas por organismos oficiales y fuentes privadas internacionales. Respecto a la financiación institucional, el Fondo Monetario Internacional se encontró desbordado desde el principio de la crisis, ante las crecientes solicitudes de préstamo por parte de sus miembros, para hacer frente a los desequilibrios de las Balanzas de Pagos. Ante esta nueva situación, el FMI estableció nuevos canales de financiación. Así se creó el *Servicio del petróleo* para 1974 y 1975, que con carácter temporal se destinó a los países miembros que con mayor intensidad estaban experimentando los efectos más desfavorables de la crisis.

El Fondo financió este servicio, con recursos ajenos procedentes de países exportadores de petróleo y de determinados países industrializados. En 1975 se instituyó una *Cuenta de Subvención,* para ayudar a pagar el coste en concepto de intereses, por los préstamos del servicio del petróleo por los países más atrasados económicamente y que habían sido afectados más gravemente por la crisis. Ante este tipo de ayudas, destinadas a fortalecer la posición exterior de los países miembros del Fondo afectados por la situación de crisis internacional en la década de los setenta, los países de más bajo ingreso obtuvieron a partir de 1976 una fuente adicional de financiación, a través del *Fondo Fiduciario,* alimentado por los beneficios derivados de la venta de oro del Fondo Monetario Internacional.

RESUMEN

A lo largo del tiempo siempre se ha buscado un bien que pueda utilizarse para el trueque, aunque siempre se ha enfrentado al problema de que el bien que se ofrece sea aceptado por el resto de los ciudadanos. El dinero ha resuelto ese dilema habiendo jugado un papel central en el funcionamiento de la economía, y de hecho, la economía moderna no se puede explicar sin su existencia. El dinero internacional es de amplia aceptabilidad, constituye liquidez internacional y se utiliza entre las autoridades monetarias para hacer frente a los pagos internacionales. Su demanda viene determinada por el equilibrio o desequilibrio de la Balanza de Pagos resultado de las relaciones económicas internacionales entre los países. El oro se utilizó como dinero internacional con el patrón oro hasta 1914 y después siguió siendo utilizado hasta 1934. La libra esterlina, fue la moneda internacional predominante antes de la Primera Guerra Mundial. En el período de entreguerras el dólar adquirió importancia como moneda internacional y su uso se afianzó después de la Segunda Guerra Mundial al convertirse en la moneda de reserva del Sistema Monetario Internacional establecido en Bretton Woods en 1944.

TEMAS DE REFLEXIÓN

1. ¿En qué consiste el patrón lingotes oro?
2. ¿Cuáles fueron los pilares del Sistema Monetario Internacional de Bretton Woods?
3. ¿En qué línea iban las propuestas de reforma del SMI?
4. ¿Qué acontecimientos provocaron la suspensión de la convertibilidad del dólar en oro?
5. ¿Qué supusieron los Acuerdos de Jamaica?

EJERCICIOS DE AUTOCOMPROBACIÓN

1. **La suspensión de la convertibilidad del dólar en 1971 estuvo motivada por diversos factores entre los que cabe destacar:**
    a) Los movimientos de capitales especulativos impulsados por el déficit crónico de la Balanza de Pagos de Estados Unidos.
    b) La devaluación del dólar acordada en los Acuerdos de Washington.
    c) La flotación de la libra esterlina.
    d) Todas las respuestas son correctas.
2. **La Segunda Enmienda al Convenio Constitutivo del Fondo Monetario Internacional, recogida en los denominados Acuerdos de Jamaica:**
    a) Legaliza las prácticas monetarias que se habían generalizado desde principios desde 1970.
    b) Establece que todos los países, excepto los que incurran en problemas de Balanzas de Pagos, podrán elegir libremente el régimen de cambios que deseen.
    c) Se elimina el oro como denominador común del sistema de paridades y se relega los DEG a un segundo plano sin llegar a desaparecer.
    d) El oro pasa a tener un papel marginal, sólo como medio de pago obligatorio.
3. **La crisis del Sistema Monetario Internacional supuso, entre otros aspectos:**
    a) La suspensión de la convertibilidad del dólar.
    b) El inicio de la flotación generalizada de las monedas.
    c) El desarrollo del sistema de reservas múltiples.

d) Todas las respuestas son correctas.
4. **El abandono del patrón oro:**
   a) El primer país en abandonarlo fue Gran Bretaña en 1931.
   b) En 1933 lo abandonó Estados Unidos.
   c) Francia, Holanda y Suiza fueron los últimos en abandonarlo.
   d) Todas las respuestas son correctas.
5. **El incremento del proteccionismo tras la Gran Depresión supuso:**
   a) La introducción del arancel Hawley-Smoot supuso un fuerte incremento del proteccionismo.
   b) Un empobrecimiento de las relaciones comerciales.
   c) La modificación de las iniciativas de la Sociedad de las Naciones.
   d) Las respuestas a y b son correctas.

SOLUCIONES A LOS EJERCICIOS DE AUTOCOMPROBACIÓN

1. a)
2. a)
3. d)
4. d)
5. d)

BIBLIOGRAFÍA

IMF (1982), *Special Drawing Rights and Plans for Reforms of the Internacional Monetary System.*
—, W*orld Economic Outlook.*
VARELA, M. y F. VARELA (1996), *Sistema Monetario Internacional,* Madrid: Ed. Pirámide.
VARELA, M. (coordinador) (1991), *Temas de Organización Económica Internacional: Problemas actuales de la actuales de la Economía Mundial,* Madrid: Ed. Pirámide.
YEAGER, L. B. (1984), *Relaciones Monetarias Internacionales,* Madrid: Ed. Alianza.

19
Sistemas monetarios y acuerdos de cambio

1. Características del actual Sistema Monetario Internacional: un «no sistema».—2. Los acuerdos de cambio.—3. Modalidades cambiarias.—4. Regímenes cambiarios a plazo.—5. Tipos de cambio múltiples.—6. Zonas monetarias óptimas.—7. Zonas objetivo.—8. La experiencia monetaria europea.—9. Acuerdos Monetarios y Cambiarios del Área del euro.

TÉRMINOS CLAVE

- *Currency board*
- **Dolarización**
- **Flotación administrada**
- **Franco CFA**
- **Mecanismo de Tipos de Cambio**
- **Modalidades cambiarias**
- **Moneda común**
- **Tipo de cambio a plazo**

1. Características del actual Sistema Monetario Internacional: un «no sistema»

El Sistema Monetario Internacional, actualmente considerado como un «no sistema» está caracterizado por una mayor flexibilidad cambiaria, descenso del papel del oro y fuerte movilidad de capitales. El colapso de Bretton Woods desplazó a la tradicional referencia cambiaria para la política monetaria y fiscal y la década de los años setenta estuvo dominada por fuertes déficit fiscales y crecientes niveles de inflación. En los años ochenta y noventa, hasta hoy, se han articulado estrategias, basadas, unas en objetivos monetarios, otras en objetivos de inflación o una *policy-mix,* para afrontar la inestabilidad económica y financiera. Pero en la medida en que la política de tipo de cambio ha entrado en conflicto con otras prioridades de las políticas, la política cambiaria ha perdido credibilidad. En áreas regionales concretas como sucede en la UE, se ha establecido una institución monetaria independiente de las decisiones políticas (Sistema Europeo de Bancos Centrales, SEBC y Banco Central Europeo, BCE), y se ha llegado a un pacto fiscal para los países del área del euro (Pacto de Estabilidad y Crecimiento, PEC).

El tipo de cambio ha dejado de depender de las autoridades monetarias y prácticamente es el mercado el que lo determina. De alguna manera, el sistema monetario actual, ha girado desde un sistema controlado por los gobiernos, a través de sus Bancos Centrales, a un sistema dirigido por los mercados, que son los que determinan a diario el tipo de cambio e influyen en la cantidad de dinero y en las corrientes de capital que fluyen de un país a otro, para diversificar sus carteras en busca de una mayor rentabilidad. En muchos países con economías emergentes, la práctica tradicional ha sido fijar el tipo de cambio para fomentar las corrientes de capital y reducir la incertidumbre de su evolución.

Si un país decide incorporarse a un sistema de tipo de cambio fijo, el método más común es vincular el tipo de cambio a una moneda o a una cesta de monedas, en una banda relativamente estrecha (v.g. ±1 por 100). Una variante de este método es establecer una banda de fluctuación más amplia (v.g. ±12 por 100) para permitir cierta flexibilidad, mientras el tipo de cambio no se aproxime al extremo de la banda. En ambos casos, el buen funcionamiento del sistema elegido, dependerá del volumen de reservas del Banco Central y de la voluntad de intervenir en el mercado, comprando o vendiendo divisas, para permanecer dentro de los márgenes de la banda.

La mayoría de los países en desarrollo que han irrumpido desde mediados del siglo XX en el sistema económico y comercial mundial se han adherido a un sistema cambiario ligado a una divisa fuerte, bien incorporándose a la dolarización o a la eurización o a un *currency board* o junta monetaria, para aislarse de la responsabilidad cambiaria, en parte debido al temor existente entre los países (no sólo en los países en desarrollo), de adoptar sistemas cambiarios muy diferentes a los de los países afines geográfica y económicamente y ser objeto de una vigilancia más estrecha por parte de los mercados. Pero en condiciones de fuerte movilidad de capitales, ningún régimen cambiario garantiza unos tipos de cambio estables y competitivos. Brasil y Argentina, son ejemplos de ello. Con la libre flotación del tipo de cambio de la moneda o con un sistema fijado rígidamente (*currency board*) existen costes, en un caso, introduciendo una incertidumbre muy fuerte en los países con los que se mantienen regularmente relaciones económicas y comerciales y en el otro (*currency board*), reduciendo su independencia monetaria (y política) nacional.

2. Los acuerdos de cambio

Teóricamente la elección del sistema cambiario no es una cuestión de primer orden para las variables fundamentales de la economía. Puede ser útil para ayudar a controlar el nivel de inflación u otras variables, en momentos determinados. Lo que parece generalmente aceptado es que la adopción de un régimen cambiario es una manifestación de la política de los gobiernos como un apoyo a su credibilidad. Los acuerdos de cambio adoptados por los países miembros del FMI desde 1973 abarcan un amplio espectro de opciones, desde la decisión de mantener el tipo de cambio vinculado a una sola moneda, o cesta de monedas, hasta la flotación administrada y la libre flotación de la moneda.

Los acuerdos de cambio en el SMI se han ido enmarcando alrededor de dos grandes corrientes: (Frenkel y otros, 1991):

1. La formación de bloques regionales de estabilidad cambiaria.
2. Una mayor flexibilidad entre las principales monedas.

En el primer grupo estaría la Unión Económica y Monetaria (UEM) y la mayor parte de los países en desarrollo mantienen sus monedas ligadas a otra moneda (como el dólar o el euro) o una cesta de monedas. El sistema de Bretton Woods funcionó hasta agosto de 1971, fecha en la que el presidente Nixon anunció la inconvertibilidad del dólar en oro. Esta crisis se solventó temporalmente en los Acuerdos de Washington, celebrados en diciembre de ese año, pero a mediados de 1972, no se podían mantener los márgenes de fluctuación estipulados en los Acuerdos de Washington (±2.25%) y los países comenzaron a abandonar los compromisos del sistema y a dejar que sus monedas flotasen libremente. En los Acuerdos de Jamaica en 1976, el SMI de Bretón Woods, se suspendió *de iure*. El sistema había funcionado como un sistema de tipos fijos pero ajustables, con algunas experiencias de aplicación de tipos de cambio flotantes, entre los que se pueden destacar Canadá entre los países desarrollados y a Líbano entre los países en desarrollo.

3. Modalidades cambiarias

— *Vinculación a una moneda única*. El país se vincula a una moneda fuerte con ajustes poco frecuentes en las paridades.

— *Vinculación a una cesta de monedas o a un conjunto de monedas*. Se establece una composición o cesta ponderada donde se incluyen las monedas de los principales socios comerciales o financieros. La ponderación monetaria, recoge elementos específicos del país, reflejando la distribución geográfica del comercio, servicios o flujos de capitales aquí está el DEG o el Euro. Pueden estar estandarizados como lo está el DEG.

— *Flexibilidad limitada respecto a una moneda única*. El valor de la moneda se mantiene dentro de ciertos márgenes de fluctuación alrededor de la moneda elegida, correspondiéndose de hecho a la volatilidad en el régimen de márgenes más amplios que precedió a la II Enmienda del Convenio Constitutivo del FMI.

— *Flexibilidad limitada: Acuerdos de cooperación.* Se refiere a los países incluidos en algún acuerdo específico de carácter cambiario como lo fue el Mecanismo de Cambio del Sistema Monetario Europeo y ahora, el Acuerdo de cooperación monetaria de Asia.

— *Más flexible: Ajustado según un conjunto de indicadores.* La moneda se ajusta más o menos automáticamente, en respuesta a los cambios en indicadores cuantitativos seleccionados. Un indicador común es el tipo de cambio efectivo real, que refleja variaciones en la inflación ajustada en la moneda, respecto a los principales socios comerciales. Puede adquirir otras formas.

— *Más flexible: Flotación administrada.* El Banco Central apoya el tipo de cambio, pero lo varía frecuentemente en consonancia con determinados indicadores, como la posición de la Balanza de Pagos o las reservas internacionales, entre otras variables.

— *Más flexible: Flotación independiente.* Los tipos están determinados por el mercado, las intervenciones, si las hay, van a moderar el tipo de cambio más que a establecer un nivel del mismo.

Recuadro 19.1.
Vinculación a una sola moneda.

> Dentro del grupo de tipos de cambio con menor grado de flexibilidad, está la vinculación a una moneda única. Dicha moneda circula como moneda de curso legal. Los países que se vinculan a una moneda fuerte pueden obtener determinadas ventajas como: a) una mayor estabilidad financiera propiciada por la moneda fuerte, y b) una reducción de los costes administrativos. Los costes que se derivarían de la pérdida de señoreaje y la falta de una política monetaria independiente, se consideran menores que los beneficios señalados más arriba.

Juntas Monetarias (Currency Board)

Las Juntas Monetarias o Acuerdos de Estabilización Monetaria *(Currency Board)* es una de las modalidades de vinculación a una moneda. El país vincula su moneda, a la moneda de un país más importante en el sistema económico mundial y las emisiones de moneda nacional están apoyadas por la moneda extranjera. Los orígenes de este tipo de vinculación monetaria se encuentran en el Imperio Británico y su relación con las colonias. Las monedas locales se vinculaban a la libra y no era preciso recurrir al uso físico de la moneda fuerte. El primer intento formalizado de Junta Monetaria se encuentra en 1849 en la Isla Mauricio. La descolonización a lo largo de la década de los años cincuenta y sesenta, redujo el interés por este tipo de acuerdos cambiarios. En la actualidad se utilizan versiones modificadas como forma de estabilizar la moneda local, cuando son insuficientes otros mecanismos. Las principales características de las Juntas Monetarias actuales son las siguientes:

— Elección de una moneda fuerte.
— Vinculación de la moneda nacional a la moneda extranjera elegida.
— Fijación del tipo de cambio entre ambas monedas.
— Existencia de reservas importantes de la moneda fuerte.
— Existencia de dos posibilidades:

a) Circulación paralela de la moneda extranjera y la moneda nacional.
b) Sustitución de la moneda nacional por la moneda fuerte.

— Renuncia a la devaluación para proporcionar mayor credibilidad al acuerdo cambiario.

Las principales ventajas radican en la posibilidad de obtener mayor estabilidad financiera y más credibilidad que con un sistema cambiario autónomo e independiente. Es recomendable, para los países con hiperinflación, que no pueden controlarla con los medios tradicionales y para los países con economías en transición que carecen de estabilidad económica y financiera. Los principales inconvenientes se derivan de la vinculación a una moneda fuerte, ya que se establece con países con una estructura productiva más desarrollada y con mayor productividad, lo que puede afectar a la economía real del país cuya moneda se vincula. Otro inconveniente radica en que la existencia masiva de moneda fuerte en circulación podría acarrear problemas de gestión de la política monetaria y macroeconómica interior. Trece países tienen organizado un *Currency Board* (Bosnia y Herzegovina, Brunei Darussalam, Bulgaria, Hong Kong SAR, Djibuti, Estonia y Lituania).

Recuadro 19.2. Juntas monetarias o *Currency Board*.

Algunos ejemplos de *Currency Board*

a) Vinculados al dólar americano:
— Bermuda (1915
— Islas Caimán (1972)
— Hong Kong (1983)
— Argentina (1991)
— Lituania (1994)

c) Vinculados a la libra:
— Islas Malvinas (1899)
— Gibraltar (1927)

d) Vinculados a otras monedas:
—Brunei (1967): dólar de Singapur

La dolarización

La existencia de un elevado e incontrolado nivel de inflación impide que una moneda funcione eficientemente como depósito de valor, unidad de cuenta y medio de cambio. Por eso, en los países con un elevado índice de inflación, la moneda nacional tiende a abandonarse de forma gradual en favor de una moneda más estable. Normalmente se inclinan por el dólar, pero se puede adoptar otra divisa como el euro o el DEG, aunque el dólar es la moneda de referencia mas generalizada para una vinculación monetaria. El DEG no se utiliza apenas. El papel del euro queda limitado a los países con relaciones históricas (zona del franco CFA) o geográficas con la UEM. Hay algunos países que han comenzado a utilizar el euro de forma más intensa en sus reservas extranjeras y en su política de tipo de cambio (Kuwait, Rusia, Túnez y China) para cubrirse por la depreciación del dólar.

A este fenómeno de sustitución monetaria se le denomina también *dolarización*. Los residentes encuentran menos arriesgado y generalmente, más rentable, mantener los activos en moneda extranjera, en la medida en que la moneda nacional deja de desempeñar las funciones citadas anteriormente y, especialmente, la de depósito de valor. La dolarización se ha dado mucho en los países de América Latina con un elevado y persistente nivel de inflación, en cuyos países, hasta mediados de la década de los 70, no se les permitió mantener depósitos en moneda extranjera. El desplazamiento hacia el uso del dólar en esos países se ha mantenido incluso cuando la inflación ha descendido de forma sustancial, de manera que sus economías están prácticamente dolarizadas. La dolarización o activos de depósitos en moneda extranjera respecto al dinero total, incluyendo dichos depósitos, estaban alrededor del 85% en Bolivia, 70% en Uruguay y 65% en Perú, a finales de los años 90.

En los países del Este de Europa, salvo determinadas excepciones (Polonia y antigua Yugoslavia), el mantenimiento de moneda extranjera por residentes estaba prohibido totalmente bajo el anterior sistema de economía planificada centralmente. La experiencia de Polonia y la antigua Yugoslavia era muy similar a la acontecida en los países de América Latina. Una elevada y secular inflación alimentada por una política monetaria y de tipo de cambio acomodaticia llevó a una creciente dolarización de las economías.

Si bien la sustitución monetaria permite la diversificación de las carteras y la acumulación de reservas internacionales, su presencia puede alterar la gestión de la política monetaria y de la política macroeconómica, en general, en la medida en que el componente de moneda extranjera, en el conjunto del dinero en circulación, no puede ser controlado por las autoridades monetarias de forma directa. Por lo que se recomienda que en tales casos se mantenga una fuerte disciplina fiscal, como contrapartida al efecto de la dolarización, aunque no es recomendable de ninguna manera acudir a medidas artificiales que fuercen la conversión de activos extranjeros en activos nacionales, cuyo efecto sería probablemente proporcionar mayor incentivo a las presiones inflacionistas.

La experiencia de los países con economías en transición y de América Latina, sugieren que en la medida en que se han habilitado políticas financieras y fiscales saneadas, el proceso de sustitución monetaria se reduce, aunque la experiencia también indica que, a pesar de haber descendido la inflación, permanece cierto grado de dolarización. En una economía dolarizada no es posible una devaluación, por tanto, la prima de riesgo atribuible a una devaluación desaparecería con la dolarización, con el consiguiente efecto favorable sobre los intereses. En ese caso lo que habría que ver es el efecto de la dolarización sobre el coste del endeudamiento denominado en dólares.

Por otra parte, una economía dolarizada no está exenta de crisis externas (ataques especulativos y crisis monetarias) costosas por la ampliación de la prima de riesgo que se aplique al país y por las consecuencias que pueda tener sobre la economía interna (Panamá, dolarizada desde 1904 es un ejemplo). Sin embargo, parece que la dolarización reduce la frecuencia de esas crisis y facilita la integración comercial con el país cuya moneda se toma como referencia (Estados Unidos, la Unión Europea, etc.). Otro de los aspectos a destacar de la dolarización es la pérdida de ingresos procedentes del señoreaje, que pasa a engrosar las arcas de la FED (Reserva Federal americana). Esa es una de las razones por las que se ha sugerido a Estados Unidos que comparta el señoreaje con los países dolarizados (lo mismo se podría aplicar a los países ligados al euro o al rand en África del Sur).

Cabría destacar la importancia que tiene para los países dolarizados mantener el tipo de cambio como exige la dolarización. Con tipos de cambio flexibles se puede ajustar a la baja el tipo de cambio de la moneda nacional, pero con la dolarización una devaluación real sólo se puede lograr vía reducción de los salarios y precios o un menor crecimiento económico, respecto a sus socios comerciales. Esos ajustes de la economía interna, pueden afectar seriamente al funcionamiento industrial y al tejido social, por la resistencia que tradicionalmente ofrecen los salarios y los precios a la baja. El resultado puede ser una recesión.

Aunque en general, las economías con *Currency Board* podrían devaluar su moneda nacional en presencia de desajustes serios, la experiencia muestra que las autoridades monetarias se resisten a tomar esa medida (el caso de Argentina tras la devaluación del real en 1999). Algo similar ocurre con la provisión de liquidez en el caso de crisis financiera, o lo que es lo mismo ¿quién es el prestamista en última instancia en una economía dolarizada? Con un *Currency Board,* el Banco Central del país tiene cierto margen para crear dinero, aunque esta creación no esté totalmente apoyada por las reservas del Banco Central. Pero en una economía dolarizada, el Banco Central no tiene capacidad para crear liquidez.

Todo lo anterior nos llevaría a plantear, que los sistemas dolarizados presentan ventajas e inconvenientes difíciles de sintetizar. Lo aconsejable sería que los países que proyectan una dolarización procedan a un ajuste económico, a una consolidación fiscal y a una flexibilización y reestructuración de su mercado financiero, para que se reduzca el impacto del ajuste de su economía. Pero la realidad muestra, que en general, se dolariza una economía cuando faltan todos esos elementos.

Recuadro 19.3. Algunas de las ventajas y de los inconvenientes de la dolarización.

> Entre las ventajas figuran: 1) la incorporación de la credibilidad que proporciona la moneda a la que se ha vinculado el país, 2) la eliminación o reducción de los ataques especulativos contra la moneda nacional, 3) la recuperación de la confianza en el sistema financiero interno, 4) la facilidad para la integración comercial y financiera con el país cuya moneda se ha adoptado, y 5) la reducción de la prima de riesgo del país con sus efectos beneficiosos sobre el tipo de interés y sobre la carga financiera de la deuda externa.
>
> Como inconvenientes señalamos los siguientes: 1) la pérdida de la moneda nacional considerada como parte del patrimonio del país, 2) la pérdida de la renta por señoreaje, 3) la diferente estructura económica entre el país dolarizado y el país de referencia, 4) la escasa o nula funcionalidad del Banco Central nacional, y 5) la imposibilidad de salirse de la dolarización una vez que se ha adoptado, por las dificultades que entraña introducir una nueva moneda nacional, que desplazase a una divisa internacional fuerte, con aceptación plena por el sistema financiero y por los inversores financieros internacionales.

Unión Monetaria

Es una modalidad cambiaria que han adoptado determinados grupos de países, especialmente en África y el Caribe, donde las monedas de los países participantes se han vinculado a una moneda fuerte, normalmente el dólar o el euro. La Unión Monetaria es un acuerdo en el que la moneda común circula entre los países participantes. Otros acuerdos monetarios de carácter cooperativo, como fue el SME, no tenían una moneda común, pero mantenían una coordinación de las políticas monetarias a través del Mecanismo de Cambio y una vigilancia multilateral de las políticas económicas. La UEM también difiere de las uniones monetarias actuales, dado que el euro no está vinculado a ninguna otra moneda fuerte. El euro es una divisa fuerte.

La zona del franco CFA

Son catorce los países que participan en este acuerdo monetario desde 1948. A partir de 1988 también participa el franco comorano (FC); aunque Comores no es un miembro formal de la zona del franco CFA, los acuerdos de cambio que mantiene con Francia, son similares a los que mantienen los países de la zona del franco CFA. Los países miembros son los países de la Unión Económica y Monetaria de África Occidental, integrada por los países miembros del BCEAO o Banco Central de los Estados de África Occidental, Benin, Burkina Faso, Costa de Marfil, Guinea Bissau, Malí, Níger, Senegal y Togo y los seis países de la Comunidad Económica y Monetaria del África Central, integrada por los miembros del BEAC o Banco de los estados de África Central: Camerún, Congo, Chad, Gabón, Guinea Ecuatorial y República Centroafricana.

El BCEAO o Banco Central de los Estados del África Occidental es el encargado de emitir el FCFA para los países de la Unión Monetaria del África Occidental, mientras que el BEAC o Banco de los Estados del África Central los emite para los países del Área Monetaria del África Central. Las monedas de los países participantes de la zona del FCFA mantenían un tipo de cambio fijo con el franco francés y ahora lo mantienen con el euro.

Unión monetaria del Este del Caribe

Otra de las experiencias de Unión Monetaria con una moneda común que circula entre los Estados miembros, es la de los 6 países del Caribe: Antigua y Barbuda, Dominica, Granada, St. Kitts y Nevis, Santa Lucía, San Vicente y las Granadinas. Estos países mantienen acuerdos de cambio fijos y utilizan una moneda común: el dólar del Este del Caribe. La moneda común está vinculada al dólar americano y la emite el Banco Central del Este del Caribe.

Los Acuerdos de Cooperación con flexibilidad limitada

Con los Acuerdos de Cooperación con flexibilidad limitable, las monedas participantes en el acuerdo deben respetar unas bandas de fluctuación entre ellas, flotando libremente respecto al resto de las monedas que no participaban en el acuerdo. En mayo de 2001 diez países asiáticos miembros de ASEAN, más Japón, China y Corea del Sur, lo que se denomina «ASEAN más tres», coincidiendo con la reunión anual en Honolulú del Banco Asiático de Desarrollo, decidieron impulsar un acuerdo de cooperación monetaria entre sus Bancos Centrales, diseñado para evitar la repetición de la volatilidad monetaria que condujo a la crisis asiática en 1997. Con este acuerdo se pretende, que los países cuya moneda sufre un ataque especulativo, por problemas de Balanza de Pagos, puedan tener liquidez para afrontar la crisis.

Acuerdos de cambio con mayor flexibilidad

En el grupo de los *acuerdos de cambio con mayor flexibilidad,* el sistema menos flexible es aquel en el que el tipo de cambio de la moneda se ajusta en respuesta a unos *indicadores seleccionados*. Una modalidad todavía no encuadrada en ninguna de las clasificaciones, pero intermedia entre el ajuste vinculado a indicadores económicos y la fijación de una banda de fluctuación fijada previamente (la experiencia de Venezuela a partir de julio de 1996). Como resultado de un programa de préstamo *stand by* negociado con el Fondo Monetario Internacional, el Banco Central de Venezuela introdujo una banda de fluctuación del bolívar, con un margen del 15 por 100. Dicha banda se ajustaba según la inflación esperada. El acuerdo cambiario formaba parte del acuerdo de préstamo del FMI por 1.400 millones de dólares.

Flotación administrada

Los países que adoptan una *flotación administrada* de su moneda se encuentran en ocasiones con que la determinación de los tipos de cambio por las autoridades monetarias no coincide con la opinión del mercado, surgiendo en consecuencia un mercado paralelo o mercado negro para el tipo de cambio de la moneda nacional. Sin embargo, las monedas con tipo de cambio flotante, donde la oferta y la demanda del mercado determina el nivel del tipo de cambio, las intervenciones de la autoridad monetaria son limitadas, y van dirigidas a aligerar tensiones en el tipo de cambio, y no para fijar un nivel del mismo.

4. Regímenes cambiarios a plazo

Los regímenes de tipo de cambio a plazo (*forward*) incluyen las restricciones sobre operaciones con cobertura a plazo y en algunos países en desarrollo, también se incluyen los acuerdos para la determinación de las primas o descuentos a plazo o la provisión de garantías cambiarias por el Banco Central. Entre las tres principales categorías de operaciones en los mercados de cambio a plazo, en especial transacciones comerciales y pagos programados del servicio de la deuda, operaciones de arbitraje de intereses y operaciones sin subyacente, algunos países en desarrollo sólo permiten cobertura a plazo para la primera categoría. La cobertura de operaciones a plazo, para transacciones de la segunda categoría se permite en países que tienen convertibilidad de la cuenta de capital. La tercera categoría cubre exclusivamente operaciones especulativas que acompañan a posiciones abiertas de cambio.

La mayoría de los países industrializados han eliminado desde 1986, las restricciones al acceso de los mercados a plazo y los requisitos a las operaciones sin subyacente. Todos los países industrializados, excepto Islandia, tienen un sistema de tipo de cambio a plazo determinado por el mercado y un elevado número de países han eliminado las restricciones sobre las actividades con cobertura a plazo, las restricciones al acceso, límites sobre el vencimiento, registros de aceptación para determinadas operaciones, etc.

Los países en desarrollo han continuado liberalizando y desarrollando los mercados a plazo. En 1988, el FMI llevó a cabo una revisión de los mercados de cambio a plazo en los países en desarrollo, destacando el peligro que en estos países tiene la exposición a un excesivo riesgo de cambio, especialmente cuando se dan tipos de cambio no realistas, ni apoyados por las condiciones de oferta y demanda de mercado (ver crisis financiera de México).

5. Tipos de cambio múltiples

Los tipos de cambio múltiples, se definen como los diferentes tipos de cambio de una moneda, según el tipo de operaciones, operadores y monedas, resultado de la segmentación del mercado, producto a su vez de la actuación oficial y sujeto a la jurisdicción del FMI. Los tipos de cambio múltiples se utilizan fundamentalmente por motivos de Balanza de Pagos, para impulsar operaciones determinadas, incrementar la renta, controlar los precios, y subvencionar determinadas partidas de la Balanza de Pagos. Independientemente de los objetivos que se propongan, los tipos de cambio múltiples influyen y distorsionan los precios relativos, la distribución de la renta y la asignación de los recursos. Así, en el caso de que los tipos de cambio múltiples se establezcan para corregir imperfecciones en el mercado interior, la tendencia será a crear nuevas e incluso más severas distorsiones en otros ámbitos de la economía.

La tendencia hacia el abandono de las prácticas de tipos de cambio múltiples ha sido progresiva. A principios de la década de los años cincuenta, las escasez mundial de dólares, el bilateralismo y la inconvertibilidad de las monedas, iba acompañado del uso de prácticas cambiarias múltiples, tanto por los países desarrollados, como por los países en vías de desarrollo. En junio de 1957, el FMI instó a los países miembros a tomar medidas encaminadas a simplificar sus estructuras cambiarias, incluyendo la ayuda y la asistencia técnica precisa para colaborar en esta transformación.

A finales de los años cincuenta y principios de los sesenta, la consecución de la convertibilidad de las monedas en los países industrializados y la mejora en el comercio internacional favoreció la simplificación de los sistemas cambiarios. Los países en vías de desarrollo tuvieron una evolución más discontinua que los países desarrollados. A finales de los años sesenta, incrementaron la utilización de tipos de cambio múltiples, especialmente a través de requisitos de depósitos previos a la importación y sobretasas en las importaciones (debido a la falta de alineamiento de los tipos de cambio). A finales de los años setenta, de nuevo los países en desarrollo incrementaron el recurso a los tipos de cambio múltiples, dadas las dificultades de las balanzas de pagos. A partir de finales de los años ochenta ha descendido el número de países que utilizan un régimen de cambio múltiple y sólo en 10 países miembros del FMI se aplicaban prácticas cambiarias múltiples en las transacciones de capital.

Hoy día se tiende a la liberalización de las prácticas cambiarias múltiples, y a la implantación de regímenes cambiarios unificados. En los países que a principios de la década de los años noventa lo han establecido se las considera medidas transitorias, como paso previo de un plan más amplio para liberalizar el comercio y el tipo de cambio.

6. Zonas monetarias óptimas

La posibilidad que tienen los países de elegir un sistema cambiario que va, desde la libre flotación de la moneda a la flexibilidad limitada, vinculados a una moneda o a una cesta de monedas, plantea la cuestión de los costes y los beneficios esperados por adherirse a un sistema y no a otro, con el objeto de identificar la zona geográfica más idónea (óptima) para establecer si procede una unión monetaria. La Unión Europea suele servir de ejemplo para describir una zona monetaria óptima. Los cambios experimentados en la economía internacional y el desarrollo de los bloques económicos regionales han contribuido a contemplar, con una óptica nueva, la tradicional teoría de las zonas monetarias óptimas, evaluando la incidencia, que sobre los países que deciden integrarse en una unión monetaria tiene la elección entre dos grandes costes sociales: la inflación o el desempleo.

La teoría de las zonas monetarias óptimas fue iniciada por Mundell en 1961 y continuada por McKinnon (1963) y por Kenen (1969). El establecimiento de los objetivos de una zona monetaria óptima, se evalúan en función de los resultados macroeconómicos de equilibrio interno (inflación y desempleo) y externo (Balanza de Pagos). Los países tienen que elegir el régimen cambiario que optimiza esas macromagnitudes. La falta de correlación demostrada en los años setenta y ochenta entre desempleo e inflación ha dirigido la política económica a la lucha contra la inflación, de forma primordial, sin abandonar el objetivo del desempleo.

Entre los costes figuran principalmente: a) la pérdida de la moneda nacional, que es sustituida por una moneda común a la zona, b) la pérdida de independencia de la política monetaria, c) la cesión de soberanía para utilizar el tipo de cambio de la moneda en pro de intereses de política económica interna, y d) la pérdida de soberanía para controlar la oferta monetaria. Estos son costes de alcance primordialmente macroeconómico, ligados a la pérdida de soberanía nacional, y de control de la gestión del Banco Central de la política monetaria y cambiaria.

Los beneficios están vinculados por tanto a los efectos que sobre la economía se producen, al sustituir la moneda nacional por una moneda común. Estos beneficios pueden ser de dos tipos:

1. Los beneficios procedentes de la eliminación del coste de transacción en divisas.
2. Los derivados de la pérdida de riesgo de cambio al adoptarse una moneda común.

La teoría tradicional de las zonas monetarias óptimas está basada primordialmente en el análisis de los costes derivados de la unión monetaria y es muy pesimista sobre las posibilidades de lograrlo con un coste reducido.

El estudio tradicional parte de un shock de demanda y analiza los efectos macroeconómicos sobre los países que integran la unión. Bajo el supuesto de que en un momento determinado los consumidores de un país, el país I, pasan a preferir los productos de otro país, el país II, miembro del área monetaria, las consecuencias de ese desplazamiento de la demanda de los consumidores del país I hacia los productos del país II, se traducirá en: a) caída en la producción nacional e incremento del empleo en el país II, b) la balanza por cuenta corriente se verá afectada por el desplazamiento de la demanda agregada, tanto en el país I como en el país II, ambos con movimientos de signo opuesto, siempre que el gasto interno en el país no se vea afectado, de forma sustancial, por el desplazamiento de la demanda interna.

El descenso de la producción en el país I, si persiste, llevará a una pérdida de puestos de trabajo y a un incremento del desempleo que tendrá que ser afrontado con más gasto público para mantener la renta disponible del país I, y por tanto en dicho país, también se producirá un incremento del déficit público. Lo contrario ocurrirá en el país II, cuyas cuentas exteriores y presupuestarias internas, se verán beneficiadas por el shock de demanda. Dichos beneficios pueden generar a su vez presiones inflacionistas en el país II si la capacidad productiva de los recursos está en pleno empleo.

La teoría tradicional de las zonas monetarias óptimas mantiene la existencia de dos condiciones, que permiten que las economías logren el equilibrio de forma automática. Estas condiciones son las siguientes:

1. Flexibilidad de salarios.
2. Movilidad del factor trabajo.

Si existe flexibilidad de salarios y los trabajadores del país I están dispuestos a aceptar una reducción de los salarios y los del país II están en condiciones de incrementarlos, se puede llegar a un nuevo equilibrio, determinado en el país I por la reducción del coste de producción, la disminución del precio de los bienes que los hará más competitivos, lo que probablemente, inducirá a un incremento de la demanda y, si el proceso no se suspende, a un descenso en el déficit corriente. En el país II ocurrirá lo contrario.

La movilidad de la mano de obra también colabora al equilibrio, siempre que los trabajadores: a) quieran y puedan desplazarse libremente desde un país a otro, b) exista demanda de mano de obra, y c) donde las posibilidades de crecimiento potencial de la producción les garantice el mantenimiento de su puesto de trabajo y de nivel de renta. El desplazamiento de los trabajadores al país II, reducirá la presión sobre los salarios internos incrementando la oferta de mano de obra, disminuyendo también la presión sobre la inflación y sobre la balanza corriente.

En casos donde no existe flexibilidad de salarios y hay escasa movilidad de la mano de obra, como es en la Unión Europea, los desequilibrios sólo pueden afrontarse vía política monetaria o política fiscal, a menos que se acepten tasas de inflación superiores a las permitidas por la ortodoxia económica (para el país II) o se permita mover el tipo de cambio a voluntad (revaluar la moneda, el país I), lo que en las circunstancias actuales de la Unión Europea no es factible. La Unión Económica y Monetaria (UEM) supone la aceptación de una moneda única, una política monetaria común, con instituciones como el Banco Central Europeo y el Sistema Europeo de Bancos Centrales, que son los ejes del sistema para la gestión de la política monetaria.

7. Zonas objetivo

Según el informe del G-10 (1985), una zona objetivo es la delimitación por las autoridades de «amplios márgenes alrededor de un conjunto de tipos de cambio diseñados para ser consistentes con un modelo sostenible de balanza de pagos». Frenkel y Goldstein (1986) definen a las zonas objetivo como «un sistema de tipos de cambio híbrido que combina algo de los elementos y características de los sistemas de tipo de cambio flexibles y vinculado».

Se puede decir, que la mayoría de los regímenes de tipos de cambio fijo han sido zonas objetivo, incluido el patrón-oro, el sistema de Bretton Woods y el SME. Todo depende, de la forma como se defina la zona objetivo y sus características. Según se definan estas características en la zona objetivo, el resultado puede ser una zona objetivo de carácter estricto o de carácter flexible.

Entre las características que pueden delimitar la definición de una zona objetivo, estarían:

1. La *amplitud* de la zona objetivo, fuera de cuyos márgenes los tipos de cambio estarían desalineados.
2. La *frecuencia* con que se pueden efectuar cambios.
3. El grado de *publicidad* que se dé a las características de la zona.

4. El tipo de *compromiso* para mantener los tipos de cambio dentro de los márgenes establecidos.

Zona objetivo de carácter estricto: incluiría unos objetivos de política monetaria destinados a mantener los tipos de cambio dentro de una estrecha banda de fluctuación, con revisiones poco frecuentes y con publicidad de las características de la zona.

El Sistema de Bretton Woods y el SME estarían en la definición estricta de una zona objetivo, con las siguientes puntualizaciones:

1. En una zona objetivo no es necesario la intervención para mantener el tipo de cambio dentro de los márgenes permitidos.
2. En una zona objetivo se pueden establecer procedimientos para cambiar la zona, cuando se considere preciso.
3. Como no es necesaria la intervención para mantenerse dentro de las bandas de fluctuación, no es preciso arbitrar facilidades de crédito con esta finalidad.

Estas diferencias entre lo que se considera una zona objetivo de carácter estricto, con un sistema de tipos de cambio fijos, pero ajustables, como el de Bretton Woods, o lo que fue el SME, indican que es más flexible y menos susceptible de ataques especulativos en una *sola dirección* que un sistema de tipos de cambio fijos, con una banda definida de fluctuación, como el SMI de Bretton Woods o el SME, donde la especulación podía encontrar enseguida el suelo de las monedas, sin posibilidad de cambiar la definición de la zona, como se admite en una zona objetivo como la que estamos comentando.

Zona objetivo de carácter flexible: sería una zona con una banda ancha de fluctuación, con revisiones frecuentes, escasa o nula publicidad de los objetivos de la zona y con una política monetaria menos atenta a los movimientos de los tipos de cambio. Esta definición se podría acercar a lo que es un sistema de flotación administrada, con la diferencia de que en la zona objetivo, las autoridades vigilan o supervisan la evolución de los tipos de cambio, en el marco de un acuerdo concertado de los tipos de cambio de las principales monedas mediante una relación establecida de política macroeconómica y cambiaria. Los Acuerdos del Plaza de 1985, serían lo más aproximado a este tipo de definición de zona objetivo.

8. La experiencia monetaria europea

El Tratado de Roma no tenía previsto establecer un área monetaria. Sólo el artículo 105.2 del Tratado contemplaba la creación de un comité monetario. La ausencia de las cuestiones monetarias en el Tratado de Roma, estaba justificada.

Cuando se firmó el Tratado, el Sistema Monetario Internacional de Bretton Woods todavía garantizaba la estabilidad monetaria y el Fondo Monetario Internacional imponía la disciplina monetaria del sistema.

La primera iniciativa europea para establecer una unión económica y monetaria la propusieron los Jefes de Estado y de Gobierno de la CE en la Conferencia de la Haya en 1969. El resultado fue el informe Werner aprobado en febrero de 1971. La crisis desencadenada en el SMI en agosto de 1971 desvió la atención de los gobiernos europeos hacia el problema monetario internacional. El 10 de abril de 1972, los países de la Comunidad firmaron el Acuerdo de Basilea, por el que se establecieron unos márgenes de fluctuación para las monedas europeas, más estrechos que los resultantes de la aplicación de los Acuerdos de Washington; las paridades recíprocas fluctuarían alrededor del ±2,25%, es decir, el mismo margen que debía mantener cada moneda respecto al dólar. El Acuerdo de Basilea estuvo en vigor hasta la puesta en marcha del SME, en marzo de 1979. Al sistema de estrechamiento de los márgenes de fluctuación de las monedas comunitarias se le conoció como serpiente monetaria europea, y funcionó de abril de 1972 a marzo de 1979 considerándose el precursor del SME.

En octubre de 1973 se desencadenó la crisis del petróleo que agravó aún más si cabe la situación de crisis monetaria internacional. El informe Werner se olvidó, y los acontecimientos económicos y monetarios internacionales, la propia debilidad del informe y la falta de iniciativa común para llevarlo a cabo contribuyeron a su total abandono. A pesar de todos sus defectos, el informe Werner será tenido en cuenta en la década de los años 80 al replantearse una Unión Económica y Monetaria en Europa.

El acuerdo alcanzado en la reunión del Consejo de Europa de Bremen, en 1978, puso en marcha el Sistema Monetario Europeo (SME). De esta manera se configuró un sistema monetario en dos etapas, una inicial o fase de transición, y una segunda fase donde se procedería a la creación del Fondo Monetario Europeo.

Desde su creación, el SME pasó por diferentes etapas o fases, atendiendo a la situación económica de los países europeos y de la economía internacional, y a la propia experiencia que los Estados miembros iban adquiriendo. El paso definitivo en la experiencia monetaria europea se dio con la propuesta de una Unión Económica y Monetaria (UEM) y la fijación de unas condiciones o criterios de convergencia nominal, para los países participantes en la moneda única, el euro.

Recuadro 19.4.
¿La UE es una área monetaria óptima?

Comparar el funcionamiento de la integración europea es un ejercicio conveniente. Pero la Unión Europea carece de flexibilidad salarial y la movilidad de la mano de obra, al menos hasta ahora, es muy restringida a pesar de los esfuerzos realizados a partir de la puesta en marcha del mercado único. Existen diferentes potenciales de crecimiento económico entre los países miembros y el presupuesto comunitario es de escaso volumen para actuar en caso de un impacto asimétrico. Por eso se afirma que la Unión Europea no es un área monetaria óptima. La UEM en su pleno funcionamiento está inscrita en un escenario característico por: a) mercado único, b) moneda única, c) libre circulación de capitales, d) tendencia a la convergencia de las economías nacionales, e) política monetaria única, f) Bancos Centrales independientes, y g) SEBC y BCE.

Pero desde el punto de vista funcional, en la UE:

— Se mantiene un sistema presupuestario descentralizado con decisiones y ejecuciones presupuestarias independientes a nivel nacional.
— Se mantiene un presupuesto central comunitario de escasas proporciones para hacer frente a los desequilibrios de las economías de los Estados miembros.
— Intervención en el origen, con criterios de convergencia presupuestaria, a través de Pacto de Estabilidad y Crecimiento.
— Cláusula de no corresponsabilidad financiera o cláusula de *no bail-out*, que impide que el resto de los Estados miembros o la propia UE financien los excesos fiscales de un Estado miembro (estas cláusulas se han visto afectadas por la incidencia de la crisis financiera internacional en algunos Estados miembros de la Eurozona).

La descentralización fiscal en la Unión y el mantenimiento de la autoridad nacional en materia presupuestaria, con ausencia de unión política, dificulta sobremanera la capacidad de la UE como área de integración, para hacer frente a los desequilibrios económicos de los Estados miembros y evitar que se produzcan conflictos en el área de integración monetaria.

Además de las divergencias de las economías mencionados y la descentralización fiscal (característica del proceso de integración monetaria europea), hay otros elementos que distorsionan los objetivos de una zona monetaria óptima, como son:

— Las divergencias en los mercados de trabajo.
— Los diferentes potenciales de crecimiento económico.
— La propensión al déficit y las vías para su financiación.

Si se analiza una zona monetaria óptima por los costes que ello implica, el resultado puede ser muy pesimista. Es preciso valorar los beneficios y especialmente ponderar las posibilidades de crecimiento y desarrollo en un mercado crecientemente globalizado y con una fuerte competitividad procedente de los países en desarrollo, vía costes, y de los países más fuertemente industrializados, vía alta tecnología. El establecimiento de una mo-

> neda común, potencia los beneficios directos relacionados con la eliminación de los costes que conlleva el cambio de divisas, y con los beneficios no directamente cuantificables, que se pueden obtener de la eliminación de la incertidumbre sobre la evolución del tipo de cambio, uno de los principales elementos en los que la Unión Europea se ha apoyado para defender la moneda única. Si consideramos que no todos los países que pueden participar en un área monetaria tienen la misma tradición de credibilidad económica y monetaria, la adhesión a un área monetaria puede comportar sustanciales beneficios, en cuanto a la credibilidad que puede aportar a un país la pertenencia a este área, especialmente si el país tiene debilidad por altas tasas de inflación o para ceder ante las demandas de incrementos de rentas.
>
> En algunos casos estos países pueden utilizar la disciplina que les impone el área monetaria, para poner en marcha medidas de reestructuración económica impopulares, necesarias a largo plazo, pero que la presión social, en otras circunstancias se lo impediría. Si en el área monetaria prevalece un sistema asimétrico, como el que se da en la UEM, la situación del ciclo, puede afectar de forma diferente a los países del área, en la medida en que los objetivos de crecimiento y empleo difieran.

9. Acuerdos Monetarios y Cambiarios del Área del Euro

El Tratado por el que se establece la Comunidad Europea contempla explícitamente la conclusión de acuerdos monetarios y cambiarios con terceros países y organismos internacionales. El objetivo de todos los acuerdos ha sido garantizar la continuidad de los regimenes en vigor tras la introducción del euro y evitar así que se alteren las relaciones. El fundamento jurídico se encuentra en el articulo 111 del Tratado donde se distinguen tres formas distintas de acuerdos:

1. Acuerdos formales sobre regímenes cambiarios para el euro en relación con monedas no comunitarias.
2. En ausencia de un régimen cambiario, la UE podrá formular orientaciones generales para la política cambiaria de la zona del euro en relación con monedas no comunitarias.
3. La suscripción de acuerdos referentes a asuntos monetarios y cambiarios con uno o mas Estados u organismos internacionales.

El Mecanismo de Tipos de Cambio II de la Unión Europea (MTC II) no corresponde a ninguna de las categorías incluidas en el artículo 111 del Tratado, ya que se refiere a las relaciones cambiarias entre el euro y otras monedas de la UE y no a las relaciones cambiarias que existen entre el euro y monedas extracomunitarias que son las que son objeto exclusivamente del artículo 111 del Tratado. En general, todos los países y territorios que tienen algún acuerdo monetario en vigor con la UE tenían una motivación inmediata para introducir el euro, como:

1. La utilización como moneda oficial de una moneda nacional de un Estado miembro de la UE antes de la implantación del euro, v.g. Mónaco, Mayotte y San Pedro y Miquelón habían utilizado el franco francés como moneda oficial y San Marino y la Ciudad del Vaticano, la lira italiana.
2. La continuación de las relaciones existentes.
3. La existencia de unos lazos económicos y políticos entre esos países y el país de la moneda que utilizaban como ancla.
4. La eliminación de los costes de transacción asociados al cambio de las monedas utilizadas y la estabilidad macroeconómica asociada.

Hay acuerdos suscritos con Mónaco, San Marino y la Ciudad del Vaticano, como países europeos independientes, para reemplazar la moneda nacional por el euro. Hasta finales de 2001, se había utilizado en Mónaco el franco francés, en base a un acuerdo monetario con Francia. En San Marino y la Ciudad del Vaticano, la moneda oficial era la lira italiana, en base a los acuerdos suscritos con Italia. Estos acuerdos permiten a los tres países utilizar el euro como moneda nacional, pero:

1. Les obliga a otorgar carácter de moneda de curso legal a los billetes y monedas en euros desde el 1 de enero de 2002.
2. No se les permite emitir billetes, aunque sí cierta cantidad de monedas en euros, anualmente.
3. En San Marino y Ciudad del Vaticano la cantidad de monedas a acuñar se ha fijado en términos absolutos (y se ajusta periódicamente en función de un indicador de precios de consumo italiano), mientras que en Mónaco la cantidad anual es en proporción del numero de monedas acuñadas por Francia en ese año.
4. Las monedas en euros acuñadas por los tres países tienen que ser idénticas a las acuñadas por los países de la zona del euro.
5. Las monedas en circulación emitidas por los tres países son monedas de curso legal en todos los países que utilizan el euro como moneda oficial.
6. Las monedas de colección emitidas con ocasión de algún acontecimiento nacional y con denominación diferentes a las de las monedas en circulación, sólo son monedas de curso legal en el país en que se emiten.

7. Al igual que los países de la zona del euro, estos países pueden acuñar monedas para circulación de carácter conmemorativo, por acontecimientos de importancia histórica y tienen un valor nominal de dos euros.

Recuadro 19.5.
La utilización del euro.

> El euro se utiliza, en Mayotte, San Pedro y Miquelón y en los departamentos franceses de ultramar. Cuatro Estados miembros de la UE (Dinamarca, Francia, Países Bajos y Reino Unido) mantienen relaciones especiales con Países y Territorios de Ultramar (PTU) que sin formar parte de la UE, tienen un estatus independiente, con cierto grado de autonomía y con un estatus especial de asociación. De los 21 PTU, siete forman parte de un país del área del euro. Formando parte de Francia: la Polinesia Francesa, Mayotte, Nueva Caledonia y dependencias, San Pedro y Miquelón y las Islas de Wallis y Futura (Guayana Francesa, Guadalupe, Martinica y la Isla de la Reunión son departamentos franceses y forman parte de Francia y de la UE y el euro se introdujo automáticamente). Pertenecen al Reino Unido de los Países Bajos (Países Bajos, Aruba y las Antillas Neerlandesas): Aruba y las Antillas Neerlandesas.

Con la Unión Económica y Monetaria las competencias de política monetaria y cambiaria se transfirieron a la UE, lo que significa, que para mantener los acuerdos cambiarios suscritos antes de 1999, se requiere la aprobación de la UE. En 1998, Francia y Portugal pidieron que se mantuviesen sus acuerdos cambiarios en vigor. Francia con tres acuerdos, cuyo objetivo era garantizar la convertibilidad del Franco CFA y del franco de las Comores en francos franceses a una paridad fija. En los dos primeros acuerdos se utilizaba el Franco CFA (Comunidad Financiera Africana). Los acuerdos eran los siguientes:

1. Con la Unión Económica y Monetaria del África Occidental (Benin, Burkina Faso, Guinea Bissau, Costa de Marfil, Malí, Níger, Senegal y Togo.
2. Con la Unión Económica y Monetaria del África Central (Camerún, la República Centroafricana, Chad, Congo, Guinea Ecuatorial y Gabón). El tercer acuerdo suscrito por Francia era con las Comores. Por su parte, Portugal tenía suscrito un acuerdo cambiario con Cabo Verde, para garantizar la convertibilidad del escudo de Cabo Verde con el escudo portugués a una paridad fija.

Estos acuerdos de Francia y Portugal conllevaban compromisos financieros con estos países, pero la UE a pesar de haber autorizado la vinculación de las tres monedas al euro, el escudo de Cabo Verde, el franco CFA y el franco de las Comores, ni la UE, ni el Banco Central Europeo, ni parte alguna del Eurosistema se han convertido en parte contratante de los acuerdos, por lo tanto están excluidas las obligaciones financieras o de otro tipo por parte de la UE y del Eurosistema o cualquier intervención del Banco Central Europeo o del Eurosistema. A diferencia de Mónaco, San Marino y la Ciudad del Vaticano, Mayotte y San Pedro y Miquelón no están autorizados a emitir sus propias monedas en euros.

La institución encargada de emitir los billetes y monedas en euros es l' Institut d´Émission des Départements d´Outre-Mer (IEDOM), que es una institución francesa de carácter público con personalidad jurídica propia y autonomía financiera. Es un organismo del Banco de Francia. Por su parte, Francia se encarga de garantizar que la legislación comunitaria se aplique en estos dos territorios, para asegurar un trato equitativo en el sector financiero. No hay que confundir las relaciones de estos territorios franceses de Mayotte y San Pedro y Miquelón con la situación de la Guayana Francesa, Guadalupe, Martinica y la Isla de la Reunión, que como se ha señalado anteriormente son departamentos de Francia y por tanto parte integrante de la UE.

También con el franco CFP existe un vínculo con el euro, que ha sustituido al anterior vínculo con el franco francés. El franco CFP es la moneda que se utiliza en la Polinesia Francesa, Nueva Caledonia y dependencias, y las Islas de Wallis y Futuna. Estos territorios forman parte de Francia pero no de la UE. A diferencia del escudo de Cabo Verde, el franco CFA y el franco de las Comores, con el franco CFP no ha sido necesario una decisión concreta del Consejo, ya que la sustitución se había previsto en el Protocolo sobre Francia con un anexo al Tratado de la CE. En el Protocolo se estipula que Francia: 1. mantiene el privilegio de emisión de moneda en sus territorios de ultramar, y 2. tiene el derecho exclusivo a determinar la paridad del franco CFP. Lo que significa, que cuando Francia desee modificar la paridad de esa moneda con el euro puede hacerlo sin ninguna intervención comunitaria. L'Institut d´Émission d´Outre-Mer (IEOM), es una institución pública de la República Francesa con personalidad jurídica propia y autonomía financiera y es la encargada de la emisión de billetes y monedas en euros. Esta institución no mantiene vínculos financieros con el Banco de Francia u otra institución del Eurosistema, pero el gobernador del Banco de Francia participa en el gobierno de esa institución como presidente del Consejo de Supervisión.

RESUMEN

El sistema monetario internacional, se le considera un «no sistema» ya que carece de reglas arbitradas por un organismo internacional, que se ocupe de su cumplimiento. El actual sistema, está caracterizado por una mayor flexibilidad cambiaria, fuerte movilidad de capitales y descenso del papel del oro. El tipo de cambio ha dejado de depender de las autoridades monetarias y es el mercado el que prácticamente lo determina. Es por esa razón, por lo que la elección del sistema cambiario, hoy día, no es una cuestión prioritaria. Sin embargo, existen distintas modalidades cambiarias, desde mantener el tipo de cambio vinculado a una moneda o a una cesta de monedas, hasta la libre flotación de la moneda.

TEMAS DE REFLEXIÓN

1. ¿Cuáles son las características del actual Sistema Monetario Internacional?
2. Enumere las diferentes modalidades cambiarias.
3. ¿Qué elementos caracterizan a una zona monetaria óptima?
4. ¿Cuál era el eje del Sistema Monetario Europeo establecido en 1978?
5. ¿En qué modalidad o régimen cambiario se inserta el área del euro?

EJERCICIOS DE AUTOCOMPROBACIÓN

1. **Entre las diferentes ventajas que tiene la dolarización se puede destacar:**
   a) La incorporación de la credibilidad de la moneda a la que se ha vinculado el país.
   b) La recuperación de la confianza en el sistema financiero interno.
   c) La reducción de la prima de riesgo del país.
   d) Todas las respuestas son correctas.

2. **Las Juntas Monetarias o *Currency Boards*:**
   a) Son una de las modalidades de vinculación a una moneda.
   b) Suponen la vinculación de la moneda nacional a la moneda extranjera elegida.
   c) El país no pierde su autonomía monetaria pudiendo devaluar cuando lo juzgue necesario.
   d) Las respuestas a y b son correctas.

3. **La zona del Franco CFA y la zona del dólar del Este del Caribe:**
   a) Constituyen un claro ejemplo de unión económica y monetaria.
   b) Constituyen un claro ejemplo de uniones monetarias.
   c) Constituyen un claro ejemplo de Juntas Monetarias o Acuerdos de Estabilización Monetaria (*Currency Board*).
   d) Ninguna respuesta es correcta.

4. **La principal diferencia entre un sistema de moneda única vinculado a otra moneda y el Sistema Monetario Europeo es:**
   a) La armonización de las políticas monetarias entre el país de la moneda vinculada y el de la moneda ancla.
   b) La ausencia de fluctuación entre las monedas del SME.
   c) La ausencia de armonización de las políticas monetarias entre el país de la moneda vinculada y el de la moneda ancla.
   d) La existencia de un mercado activo para determinar el cambio de la moneda vinculada con el resto de las monedas.

5. **La flotación administrada se caracteriza porque:**
   a) Los tipos de cambio están determinados por el mercado y si hay intervenciones es para moderarlo.
   b) El Banco Central apoya el tipo de cambio pero lo varía a menudo en consonancia con determinados indicadores.
   c) El valor de la moneda se mantiene dentro de ciertos márgenes de fluctuación alrededor de la moneda elegida.
   d) La moneda se ajusta más o menos automáticamente, en respuesta a los cambios en indicadores cuantitativos seleccionados.

SOLUCIONES A LOS EJERCICIOS DE AUTOCOMPROBACIÓN

1. d)
2. d)
3. b)
4. c)
5. b)

BIBLIOGRAFÍA

Calvo, A., *El Sistema Monetario Internacional y el Sistema Monetario Europeo: Una aproximación,* en Varela, M. (coordinador), El Fondo Monetario Internacional, el Banco Mundial y la economía española. 50 Aniversario de Bretton Woods. Ed Pirámide, 1994.

Engel, C. y Hakkio, C. S., «Exhange Rate Regimes and Volatility Economic Review. Federal Reserve Bank of Kansas City», *Third quarter,* volume 78, number 3, 1993, pp. 43-58.

Frenkel, Jacob A., Morris Goldstein y Masson, Paul R., *Characteristics of a Successful Exchange Rate System,* IMF O.P. 82. July 1991.

Gulde, Anne Marie, David Hoelscher, Alain Ize, David Marston y Gianni De Nicolo (2004), *Financial Stability in Dollarized Economies,* IMF, Ocasional Paper, n.º 230, Washington D. C., 2004.

IMF, *Annual Report on Exchange Arrangements and exchange Restrictions.*

—, *Special Drawing Rights and Plans for Reforms of the International Monetary System:* «A Survey Prepared by Robert E. Cumby, april 1982»

Varela, M. y F., *Sistema Monetario Internacional,* Ed. Pirámide, 1996.

Varela, M. (coordinador), *Temas de Organización Económica Internacional: Problemas actuales de la Economía Mundial,* Ed. Pirámide, 1991.

Yeager, L. B., *Relaciones Monetarias Internacionales,* Ed. Alianza, Madrid, 1984.

Quinta parte
Organización monetaria y financiera

Capítulo 20. El grupo del Banco Mundial.
Capítulo 21. El Fondo Monetario Internacional.
Capítulo 22. Bancos Regionales de Desarrollo.
Capítulo 23. Instituciones Financieras Multilaterales.

20 El grupo del Banco Mundial

1. Orígenes del Banco Mundial.—2. La evolución del Banco Mundial.—3. Principales fases en la evolución del Banco Mundial.—4. El Banco Internacional de Reconstrucción y Desarrollo (BIRD): estructura y operaciones.—5. La Asociación Internacional de Fomento (AIF).—6. La Corporación Financiera Internacional (CFI).—7. La Organización Multilateral de Garantía de Inversiones (OMGI).—8. El Centro Internacional para el Arreglo de los Desacuerdos sobre Inversiones (CIADI).

TÉRMINOS CLAVE

- **Agencia de desarrollo**
- **Apoyo concesional**
- **Banco Mundial**
- **Conferencia de Bretton Woods**
- **Crisis de Deuda**
- **Empréstitos**
- **Mercados de capitales**
- **Países en desarrollo**
- **Prestamista conservador**

1. Orígenes del Banco Mundial

En la Conferencia de Bretton Woods en el Estado de New Hampshire (Estados Unidos), delegados de 44 países acordaron en julio de 1944 sentar las bases para el establecimiento del Fondo Monetario Internacional (FMI) y del Banco Mundial (BM). Estados Unidos era el único país industrializado que había salido indemne de la Segunda Guerra Mundial. Europa y Japón estaban asolados por la guerra y sus economías estaban desmanteladas. Asia estaba desembarazándose del colonialismo y África todavía estaba sumida en el mismo. La reconstrucción y desarrollo de los países miembros era un objetivo fundamental que se propusieron los países reunidos en la Conferencia de Bretton Woods, juntamente con el estímulo «al desarrollo de instalaciones y recursos productivos de las naciones menos adelantadas». Todo ello contribuiría a «elevar la productividad, el nivel de vida y las condiciones laborales en sus territorios».

Según el informe de la Comisión II (del BM) a la Sesión Plenaria Ejecutiva de la Conferencia Financiera y Monetaria de la ONU, «la creación del Banco (BM) era una aventura completamente nueva. Era tan nueva que no se había encontrado ningún nombre para ella... Sin embargo, accidentalmente nació con el nombre Banco, y se queda con Banco, principalmente, porque ningún nombre satisfactorio podría haberse encontrado en el diccionario para esta institución sin precedente». Desde entonces el mundo ha cambiado de forma considerable. El ingreso medio *per cápita* se ha duplicado desde 1960. Se ha logrado una expansión considerable del comercio mundial y de las relaciones económicas y comerciales internacionales. El promedio de la esperanza de vida de los países en desarrollo ha aumentado en aproximadamente un 50 por 100. La tasa de mortalidad infantil ha descendido de forma espectacular y la proporción de niños escolarizados ha crecido de forma sustancial.

Para adaptarse a las condiciones cambiantes del desarrollo económico, el Banco Mundial ha ido variando su estructura, actividades y su enfoque general del desarrollo. Esto le ha transformado en un grupo de filiales, cada una con su estructura, objetivos y funcionamiento diferenciados.

En la actualidad el grupo del Banco Mundial está formado por:

— El Banco Internacional de Reconstrucción y Desarrollo (BIRD).
— La Asociación Internacional de Fomento (AIF).
— La Corporación Financiera Internacional (CFI).
— El Centro Internacional de Arreglo de Diferencias Relativas a Inversiones (CIADI).
— El Organismo Multilateral de Garantía de Inversiones (OMGI).

El Banco Internacional de Reconstrucción y Desarrollo, también conocido como Banco Mundial o Banco Internacional de Reconstrucción y Fomento (BIRF), comenzó sus operaciones el 25 de junio de 1946. En sus inicios el Banco tenía bien delimitada su acción: la reconstrucción de los países devastados por la guerra, facilitándoles la transición hacia una economía de paz y el fomento del desarrollo de los recursos productivos de los países menos desarrollados. El Banco Mundial nació de la idea de que los dos grandes desastres de la Gran Depresión y la guerra mundial se podrían haber evitado con la cooperación internacional, el libre comercio y la total participación de todas las naciones en la economía mundial. Los 44 delegados en la Conferencia de Bretton Woods sabían que para que las economías pudiesen participar y disfrutar del libre comercio, se requería fundamentalmente que las naciones se recuperasen de los desastres de la guerra. Para la mayoría de los países en desarrollo era además preciso atraer corrientes financieras externas, tanto privadas como públicas.

El Banco Mundial fue uno de los intermediarios financieros creados para facilitar esos flujos.

El Banco, a pesar de su denominación no es una institución financiera convencional. No acepta depósitos y sólo los gobiernos son los miembros. Presta fundamentalmente a los países miembros con limitado acceso a los mercados de capital, más que a sus miembros más desarrollados. Los Estatutos del Banco (Sección 3 del art. III) disponen que los préstamos pendientes y desembolsados concedidos no podrán sobrepasar el capital suscrito y las reservas. La selección pasivo-capital 1:1, sobrepasa en prudencia a la relación de las instituciones financieras privadas, situadas alrededor del 15:1. Por otra parte, el BM tiene algunas características de las instituciones privadas. Está organizado como una empresa por acciones con unos derechos de voto proporcionales a las participaciones de capital. El Banco obtiene la mayor parte de sus recursos en los mercados financieros internacionales. Emite bonos en otros valores a medio y largo plazo en condiciones de mercado. Los tipos de interés que aplica el Banco a sus préstamos son los tipos de interés de mercado y varían cada seis meses. El vencimiento de los préstamos oscila entre quince y veinte años, con un período de carencia de unos cinco años. El Banco Mundial concede préstamos a sus países miembros con un diferencial de alrededor del 0,50 por 100, con el que cubre los gastos administrativos y otros gastos.

2. La evolución del Banco Mundial

A lo largo de los años desde su creación, el Banco Mundial ha tenido que ir adaptando su estrategia, en función de los cambios que ha ido experimentando la economía internacional, desde las primeras operaciones como Banco de Reconstrucción (1947-48), hasta la atención a los problemas de la pobreza, el medio ambiente, la educación y el transporte (década de los noventa). La adaptación del Banco Mundial se ha hecho, dando énfasis en cada momento a proyectos individuales, políticas, estrategias o instituciones que en cada momento podían ser capaces de proporcionar un mayor apoyo a los proyectos.

La evolución del papel del Banco en la economía internacional ha estado influida de forma destacada por los retos que han surgido, tales como la crisis alimenticia de la India en la década de los años sesenta, la crisis de la deuda en los años ochenta o el incremento de la pobreza y de la deuda externa en los noventa. La década de los años cincuenta estuvo caracterizada por un crecimiento económico general, elevados precios de las mercancías y destacadas inversiones, especialmente en infraestructura. En los años sesenta y setenta las políticas de sustitución de importaciones y el desarrollo del papel del Estado en la economía, fue predominante, a lo que se unió en esos años la necesidad del desarrollo agrícola y la participación de los países más desfavorecidos en ese proceso de desarrollo.

El auge y la mala gestión de las inversiones públicas en la década de los años sesenta y setenta y la falta de precaución financiera de la banca internacional, favoreció la aparición de la crisis de la deuda en los años ochenta. La calidad de las políticas aplicadas y la necesidad de reformas se impusieron en esos años. La separación entre los países desarrollados y los países más pobres, se fue ampliando y profundizando. El resurgimiento de un número de países del sudeste asiático con economías más dinámicas, con una estrategia de desarrollo orientada hacia el exterior, seguidos posteriormente por el resto de los países del área y por América Latina, posibilitó el desarrollo de esas economías con un fuerte potencial de crecimiento económico en la década de los noventa. Los países de Europa Central y Oriental pusieron también en marcha reformas económicas y financieras para adaptar sus economías de la forma más rápida posible al crecimiento, desde la década de los noventa.

3. Principales fases en la evolución del Banco Mundial

Siguiendo la descripción que el BM hace de su evolución, las principales fases por las que ha atravesado, serían las siguientes:

— Un Banco para la Reconstrucción (1947-48).
— Prestamista conservador (1948-58).
— Agencia de desarrollo (1958-68).
— Defensor de los pobres (1968-80).
— Atención a la política y a las instituciones (1980-90).
— Hacia un enfoque global (1990-2000).
— Los retos del siglo XXI.

Un Banco para la Reconstrucción (1947-48)

En los Acuerdos de Bretton Woods se contempló la posibilidad de que el Banco se ocupase no sólo de la reconstrucción de los países devastados por la guerra y de facilitarles la transición hacia una economía de paz, el Banco tenía también como misión fomentar el desarrollo de los recursos de los países menos desarrollados. El primer préstamo del Banco para la reconstrucción se concedió a Francia en 1947 por 250 millones de dólares, considerado el préstamo individual más importante del Banco en términos reales (2,44 miles de millones de dólares a precios corrientes). Holanda, Dinamarca y Luxemburgo, fueron los siguientes países receptores, con un total de 247 millones de dólares.

En la reconstrucción europea, no sólo proporcionó el Banco recursos financieros, el Plan Marshall, con más de 13.000 millones de dólares desembolsados desde 1948, fue la principal fuente de divisas (dólares) que los países europeos necesitaban, no sólo para la reconstrucción sino también para enderezar sus economías afectadas por las restricciones financieras y comerciales afectadas durante los años de la conflagración, con fuertes déficit en las Balanzas de Pagos y en las finanzas públicas. Los condicionantes políticos y económicos de la ayuda del Plan Marshall hicieron que el papel del Banco en la reconstrucción europea fuese minimizado pasando a prestar más atención a las necesidades de los países en desarrollo.

Prestamista conservador (1948-58)

Estos primeros años de funcionamiento del Banco fueron años de rodaje. El Banco llevó a cabo una política de préstamos para proyectos fundamentalmente destinados a la infraestructura básica, de corte fuertemente conservadora. Tenía que convencer a los mercados de capitales de la fiabilidad de sus operaciones y de la solvencia de sus proyectos. Al final de este período, en 1959, los mercados financieros concedieron al BM la máxima calificación (*rating*).

Chile fue el primer país en desarrollo que recibió un préstamo del Banco Mundial en 1948. Una gran parte de los préstamos de esos primeros años fueron dirigidos a países de renta media, además de (México, Brasil, India, Yugoslavia y algún país europeo).

Es un hecho a destacar en esta época, la relación entre el Banco Mundial y Japón. Este país se hizo miembro del Banco en 1952 y a partir de ese momento, el Banco se transformó en el principal asesor económico y financiero de ese país en sustitución del Export-Import Bank de Estados Unidos. El potencial de crecimiento económico y financiero de Japón en Asia y la posibilidad de actuar como motor de crecimiento para la región, fueron algunas de las razones que el Banco alegó para justificar su apoyo a un país industrializado como Japón.

Las particulares relaciones entre el BM y Japón colaboraron a la apertura de éste y a la evolución de aquél. En concreto, el Banco Mundial ayudó a Japón en 1959 a lanzar su primera emisión de bonos en el mercado americano e hizo comprender a los japoneses que la inversión exterior, también podía ir dirigida a la agricultura. Por su parte, Japón proporcionó a los funcionarios del BM una visión más amplia sobre la financiación de los proyectos incluyendo el coste local de los mismos.

Agencia de desarrollo (1958-68)

Esta nueva etapa está caracterizada por la función coordinadora del Banco a favor del desarrollo. La crisis de divisas de la India en 1958 marcará el inicio de esta etapa. Para hacer frente a la situación, Estados Unidos y los países donantes establecieron un Consorcio de Ayuda a la India *(Aid India Consortium)*, designando al Banco coordinador en la distribución de la ayuda. La propuesta de la India de establecer una línea de apoyo concesional para los países en vías de apoyo, similar a la que el Plan Marshall había representado para Europa después de la Segunda Guerra Mundial, facilitó la evolución del Banco hacia este nuevo papel en el desarrollo mundial.

En julio de 1958 el Senado de Estados Unidos adoptó una Resolución para que el Consejo Asesor Nacional sobre Cuestiones Monetarias y Financieras Internacionales *(National Advisory Council on International Monetary and Financial Affairs)*, llevase a cabo un estudio sobre la viabilidad de establecer una asociación internacional de desarrollo, para proporcionar ayuda a los países en desarrollo, en condiciones más favorables que el mercado o las instituciones internacionales. En esta Resolución se proponía que la nueva agencia fuese una filial del Banco Mundial. En agosto de 1959, el Consejo emitió un dictamen favorable y en enero de 1960 se estableció la Agencia Internacional de Desarrollo (AID) o Asociación Internacional de Fomento (AIF).

Éste es un período dominado por las estrategias de desarrollo hacia el interior y por la planificación del Estado. Algunos de los países que orientaron sus economías hacia esta última estrategia (Taiwan y Corea) pusieron, con el apoyo del Banco, mayor énfasis en el desarrollo de la inversión, que en un enfoque más amplio que incluyese el desarrollo rural y sentase las bases para una gestión empresarial dinámica que impulsase el desarrollo global del país, desde el punto de vista interior y exterior.

Aproximadamente 2/3 de los recursos del Banco en la década de los sesenta se dedicaron a la infraestructura básica y 1/4 de los recursos del Banco en esa década fueron hacia América Latina. El apoyo del Banco a esta región se concentró en proyectos de infraestructura, fundamentalmente electricidad y transporte.

A finales de la década de los años sesenta eran ya patentes las dificultades de endeudamiento exterior que algunos países estaban experimentando, fundamentalmente en América Latina (Turquía también inició sus problemas de endeudamiento en esa época), reflejo del fracaso de las estrategias de desarrollo adoptadas y del boom de las inversiones públicas. En esta época surgen problemas en algunos países miembros del Banco que habían estado aplicando estrategias de planificación, apoyando prioritariamente a la industrialización y detrayendo recursos financieros de la agricultura.

El hambre y la escasez de alimentos fue una de las principales consecuencias de este modelo de desarrollo. Ese es el caso de la India, que a mediados de la década experimentó una importante crisis alimentaria, como resultado de que en la década de los cincuenta y principios de los sesenta había dado prioridad a la industrialización, frente a la agricultura. El resultado fue una creciente dependencia agrícola del exterior. Con la ayuda del Banco y de países donantes, la India puso en marcha una nueva estrategia agrícola, la Revolución Verde, incorporando nuevas tecnologías, inversión pública en infraestructura rural y adaptando los precios a los costes. Esta experiencia, extendida después a otros países en desarrollo, destacaba la importancia de la agricultura y del desarrollo rural en las estrategias de los países en desarrollo.

Defensor de los pobres (1968-80)

Esta es la época de Robert McNamara al frente del Banco Mundial. Los préstamos del Banco y de la AIF se multiplicaron por diez (desde 1.000 millones de dólares en 1968 a más de 12.000 millones en 1981, a precios corrientes) y casi por cuatro los compromisos totales en términos reales.

Los préstamos iban en aumento y también la pobreza. Millones de personas en los países más pobres carecían de escuelas, condiciones sanitarias en áreas rurales y agua potable. En este período el BM se preocupó fundamentalmente de la pobreza absoluta, ampliando sus préstamos a las áreas rurales, agricultura, áreas urbanas y sanidad. Por primera vez se presta atención al aumento de la población como una cuestión importante del desarrollo. Los préstamos a la infraestructura básica que en la década de los años sesenta habían supuesto el 65 por 100 de los préstamos del Banco, en los setenta, sólo representaban el 37 por 100. El Sur y el Sudeste asiático se aprovecharon de este importante impulso al desarrollo agrícola. En África el impacto fue limitado.

La experiencia del Banco en los años setenta ayudando a la India a financiar la electrificación rural, resaltó uno de los aspectos que los propios gobiernos y el Banco habían estado olvidando, en la década anterior, y era la importancia del pequeño agricultor en el desarrollo de la agricultura, si se les proporcionaba la ayuda adecuada. Otro de los aspectos, que se puso en evidencia era el error de sobrecargar fiscalmente a la agricultura para financiar la industrialización. Tres de los cuatro países con mayor número de habitantes hoy día, India, Indonesia y Pakistán, fueron ayudados por el Banco en su transformación desde grandes importadores de cereales a finales de los años sesenta a productores agrícolas dinámicos. La difusión de la Revolución Verde y la infraestructura rural que la acompañaba se dirigieron fundamentalmente a tecnologías con riego, por tanto, su impacto en África y otras zonas secas fue muy limitado. No fue así, en las zonas de Asia con elevado número de habitantes, donde tuvo un gran impacto sobre la pobreza.

Atención a la política y a las instituciones (1980-90)

A finales de la década de los años setenta estaba claro que uno de los principales determinantes del cumplimiento del conjunto de proyectos del Banco era el medio político e institucional en el que se desenvolvían dichos proyectos. Por entonces, la opinión del Banco era continuar ampliando sus préstamos para nuevos proyectos, incluso en países donde los condicionantes políticos distorsionaban los incentivos y afectaban a la eficiencia. Se creía que con ello se ayudaba a mejorar las condiciones para los pobres y se contrarrestaban los efectos distorsionantes de la mala gestión política. En 1981 se hizo público un informe del Banco, conocido como Informe Berg, sobre una necesaria revisión de los factores internos y externos que afectan a la actuación del Banco en África. Las distorsiones políticas eran en muchos países tan importantes que afectaban el resultado satisfactorio esperado de los proyectos financiados por el Banco.

Hacia un enfoque global (1990-2000)

La década de los años noventa tuvo unas características diferenciadoras de los períodos anteriores. Los retos para los países en desarrollo eran los mismos que en la década anterior, pero el crecimiento de la población y el crecimiento económico, estaba presionando sobre el medio. La economía global experimentó un importante proceso de integración económica al que no eran ajenos los países en desarrollo. Se recuperaron las corrientes de capital dirigidas a estos países como reflejo de la integración creciente de los mercados financieros internacionales y de la confianza en las políticas emprendidas por muchos países en desarrollo para enderezar sus economías. El auge de las organizaciones no gubernamentales (ONG), la expansión de la democracia y el colapso de la URSS y del sistema de economía planificada centralmente, son algunos de los elementos más característicos de esta década.

Los clientes del BM también cambiaron, aunque en el extremo opuesto todavía se encontraban los países africanos. La pobreza seguía estando presente y precisaban de grandes cantidades de apoyo concesional para hacer frente a sus problemas humanos y económicos. La mayoría de estos países se ven excluidos de la participación del crecimiento global de la economía internacional y de la expansión del comercio y de los mercados de capitales.

Los retos del siglo XXI

En los últimos años del siglo XX, el Banco Mundial ha adoptado una nueva estrategia o marco integral de desarrollo basado en la necesidad de planificar de forma simultánea y coordinada los múltiples elementos que abarcan el proceso de desarrollo. El marco integral de desarrollo destaca los vínculos existentes entre los aspectos financieros, humanos, sectoriales y estructurales del desarrollo y comprende las siguientes finalidades: búsqueda selectiva de los grandes objetivos, carácter integral de las políticas, factores institucionales imprescindibles y coordinación de las iniciativas.

Sin embargo, multitud de retos quedan pendientes en los países más pobres y los más afectados por las crisis financieras en el mundo en desarrollo. La educación, los programas de asistencia social, el desarrollo rural, la corrupción, la salvaguarda del medioambiente y el desarrollo de los transportes y de las telecomunicaciones, son parte de esos retos.

En las manifestaciones antiglobalización en 1999, con ocasión de la reunión de la OMC en Seattle y en las posteriores, se ha puesto en evidencia la inquietud que para muchos grupos y organizaciones, representa la globalización de la economía. Los beneficios de la globalización no se están distribuyendo de forma equitativa entre los países. Hay países que están obteniendo ventajas de este proceso, y otros, en general en los más desfavorecidos, se está aumentando la separación con los países más ricos. El grupo del BM debe centrar sus políticas y sus esfuerzos en los países de baja renta que no tienen acceso a los mercados de capital, adoptando medidas que alivien las desigualdades que produce la globalización.

El Grupo del BM tiene un papel muy importante que jugar en la reducción de la pobreza y en el alivio de la deuda. Pero esta actuación del grupo del Banco (también del FMI) deberá estar apoyada en las reformas de las políticas de los países deudores para incrementar la entrada de capitales. Cancelar la deuda sería una decisión muy favorable para los países más pobres pero si éstos no reforman sus economías para lograr un crecimiento económico sostenido, será difícil que atraigan recursos financieros, bajo la forma de ayuda o financiación externa, si existen dudas de que no van a devolver los préstamos o no van a lograr los objetivos económicos propuestos.

4. El Banco Internacional de Reconstrucción y Desarrollo (BIRD): estructura y operaciones

El Banco Mundial, Banco Internacional de Reconstrucción y Desarrollo o Banco Internacional de Reconstrucción y Fomento (BIRD o BIRF) fue una de las instituciones que junto con el Fondo Monetario Internacional (FMI) surgieron en 1944 en la Conferencia de Bretton Woods (New Hampshire, Estados Unidos) como se ha señalado anteriormente. El BIRD era un proyecto totalmente nuevo y se planteó con la idea de reconstruir las economías más devastadas por la Segunda Guerra Mundial y desarrollar a los países miembros. En sus orígenes, el BIRD tenía delimitada su actuación a la reconstrucción de los países devastados por la Segunda Guerra Mundial, para facilitar la transición hacia una economía de paz y para fomentar el desarrollo de los recursos productivos de los países miembros más pobres, más adelante ha ido modificando y ampliando sus objetivos.

El órgano supremo del BIRD es la Junta de Gobernadores. Está formada por los representantes de los Estados miembros (ministros de Hacienda y Gobernadores de los Bancos Centrales). El Directorio Ejecutivo, compuesto por 24 Directores ejecutivos y sus 24 suplentes o alternos, asume las facultades delegadas de la Junta de Gobernadores. El Directorio Ejecutivo representa a los 24 grupos en los que están divididos los países miembros. Alemania, Arabia Saudita, China, Estados Unidos, Francia, Japón, Reino Unido y Rusia ocupan «sillas» permanentes en concordancia con el número de acciones que tienen en el Banco. Las sillas restantes se reparten entre el resto de los países agrupados según su afinidad o relaciones. España es titular de una silla junto con México y Venezuela, donde también participan (sin ser titulares de la silla) Panamá y otros cinco países centroamericanos.

El Banco financia sus operaciones de crédito con recursos procedentes de los empréstitos obtenidos en los mercados de capitales emitiendo bonos, con los reembolsos de los préstamos y con los beneficios no distribuidos. A pesar de denominarse Banco no es una institución financiera convencional ya que no acepta depósitos y sólo son miembros los gobiernos. No obstante, tiene algunas características de las instituciones privadas al estar organizado como una empresa por acciones, con derechos de voto proporcionales a las participaciones de capital. Los préstamos van dirigidos a los países miembros con limitado acceso a los mercados de capital, gobiernos, instituciones o empresas públicas o privadas con garantía gubernamental. Financia fundamentalmente proyectos y también préstamos de ajuste estructural o sectorial y asistencia técnica. Tanto los préstamos como la asistencia técnica, se dirigen a países con ingresos medios y a los países más pobres con capacidad crediticia.

Los préstamos van dirigidos a proyectos productivos en el ámbito de la industria, agricultura, desarrollo rural, infraestructura, educación, sanidad, desarrollo urbano, nutrición y medio ambiente. Los préstamos destinados al ajuste estructural o sectorial facilitan el establecimiento de políticas necesarias para el crecimiento sostenido.

El BIRD financia sólo la parte de proyecto que se debe desembolsar en divisas y parte de los gastos locales, que en general no exceden del 40 por 100 del valor total del proyecto. Los tipos de interés que aplican a sus préstamos son los tipos de interés del mercado y varían cada seis meses, aplicando un diferencial de alrededor del 0,50 por 100 con el que cubre los gastos administrativos y otros gastos. Por esa razón, los préstamos van destinados a los países miembros con un nivel de desarrollo medio y con una renta per cápita inferior a un nivel prefijado por el Banco.

El vencimiento de los préstamos oscila entre doce y veinte años con un período de carencia de entre tres y cinco años. El BIRF no reprograma pagos ni participa en acuerdos de reprogramación de la deuda derivada de sus préstamos. El respaldo financiero de sus países miembros y su gestión financiera prudente han hecho del BIRD una institución sólida en los mercados internacionales de capital. Instituciones nacionales o internacionales, públicas o privadas pueden participar en las operaciones de cofinanciación del Banco Mundial, a través de fuentes oficiales (gobiernos y similares y organismos financieros multilaterales), organismos de crédito a la exportación relacionados con la adquisición de bienes y servicios en un país determinado e instituciones financieras privadas.

5. La Asociación Internacional de Fomento (AIF)

A mediados de la década de los años cincuenta se hizo evidente que el Banco Mundial no podía atender a las necesidades crecientes de sus países miembros más pobres, a través de préstamos concedidos en condiciones de mercado. Era preciso establecer un organismo que concediera préstamos en condiciones más favorables o condiciones concesionales.

En 1960 se estableció la Agencia Internacional de Fomento (AIF) o Agencia Internacional de Desarrollo (AID), que permitió al BM contar con los recursos necesarios para prestar asistencia a los países más atrasados.

Características fundamentales de la AIF:

1. Concede créditos y presta asesoramiento técnico a los países más pobres del mundo.
2. Los fondos de la AIF se destinan a inversiones básicas —en agricultura, salud, energía, educación y sectores afines— que abren el camino al crecimiento económico.
3. La AIF, en su calidad de afiliada del Banco Mundial, utiliza lo mismos recursos humanos y criterios que éste.

El BM y la AIF son prácticamente inseparables. Ambas utilizan el mismo personal, comparten la misma sede en la ciudad de Washington y tienen el mismo Presidente. Las dos organizaciones utilizan los mismos criterios para evaluar los préstamos y créditos. La única diferencia es que la AIF recaba los recursos para financiar sus actividades por otra vía. Son países donantes miembros del BM quienes aportan los recursos.

Desde 1960 la AIF ha suministrado ayuda para promover el desarrollo. Actualmente son alrededor de 70 los países que tienen derecho a recibir créditos de la AIF; la mayor parte del financiamiento de la Asociación se destina a países con ingresos *per cápita* de 635 dólares o menos.

La AIF centra sus esfuerzos en aquellas mejoras, como la potabilización del agua o la enseñanza de calidad, que los inversores privados no podrían financiar en condiciones razonables. Estas inversiones suelen reportar beneficios poco precisos a largo plazo o de difícil cuantificación, y por ello no despiertan el interés de los inversionistas privados, pero, sin embargo, constituyen la base del desarrollo. De ahí la necesidad de ayuda de la AIF.

La labor de la AIF resulta especialmente útil como modelo y catalizador de ulteriores iniciativas. La AIF otorga créditos a los gobiernos y sus actividades revisten gran importancia para éstos; junto con otros organismos de financiación, por cada dólar prestado por la AIF ellos aportan 50 centavos de sus propios fondos. La AIF colabora estrechamente con los gobiernos prestatarios para garantizar que los proyectos correspondan a los planes de desarrollo establecidos por los propios países. De esa manera, es probable que los países receptores continúen la labor de la AIF una vez concluido el proyecto. Este complemento es fundamental, ya que la AIF sólo puede financiar una pequeña parte de las necesidades de desarrollo de los países.

Recuadro 20.1.
Aspectos financieros más destacados de la AIF.

— Los créditos están libres de intereses, aunque soportan una pequeña comisión por servicio.
— Plazos de crédito: treinta y cinco a cuarenta años, con un período de carencia de diez años.
— Origen de los fondos: los recursos proceden de las contribuciones de los gobiernos, beneficios del Banco Mundial y devoluciones de créditos anteriores de la AIF.
— Miembros: tiene 155 países miembros. Los países deben pertenecer previamente al BM antes de poder hacerse miembros de la AIF.
— Préstamos: van dirigidos a los países menos desarrollados para financiar proyectos de desarrollo.

6. La Corporación Financiera Internacional (CFI)

La Corporación Financiera Internacional (CFI) se creó en 1956 como una agencia filial del Banco Mundial, con el objetivo de «promover el desarrollo económico mediante el estímulo de empresas privadas productivas en los países miembros, particularmente en las áreas menos desarrolladas». La financiación se lleva a cabo en asociación con inversionistas privados y la ayuda de los gobiernos, para que se creen las condiciones que estimulen la inversión privada, tanto nacional como extranjera.

La Corporación coordina sus actividades con las demás instituciones del Grupo del Banco —el Banco Internacional de Reconstrucción y Fomento (BIRF), la Asociación Internacional de Fomento (AIF) y el Organismo Multilateral de Garantía de Inversiones (OMGI)— pero goza de independencia jurídica y financiera, ya que tiene Convenio Constitutivo, accionistas, estructura financiera, administración y personal propios. Su capital en acciones es aportado por sus 161 miembros, que en forma conjunta determinan sus políticas y actividades.

La Corporación es la mayor fuente multilateral de financiación en forma de préstamos y de inversiones en capital accionarial para proyectos del sector privado en los países en desarrollo. Como su meta es el establecimiento de un sector privado eficiente y competitivo en sus países miembros, actúa de acuerdo con criterios comerciales y comparte plenamente los riesgos con sus asociados; no acepta garantías gubernamentales y proporciona su funcionamiento y servicios a precios que guardan armonía con los del mercado. Toda vez que sólo las empresas que tienen éxito contribuyen al desarrollo económico, la CFI procura que los proyectos a los que presta asistencia sean al mismo tiempo rentables para los inversionistas y beneficiosos para la economía del país receptor.

La CFI actúa como una institución multilateral de desarrollo y facilita la movilización de capital adicional proveniente de fuentes privadas para empresas de los países en desarrollo a través de actividades de cofinanciamiento, formación de consorcios para préstamos, emisión de valores y garantías. Asimismo, la CFI proporciona asistencia técnica y asesoría a empresas y gobiernos, y ha prestado considerable apoyo a los gobiernos en esferas como la privatización y el desarrollo de mercados de capital.

Recuadro 20.2. Características más destacadas de la CFI.

— La Corporación Financiera Internacional presta directamente al sector privado, a diferencia de la AIF, que presta a los gobiernos.
— Proporciona ayuda al sector privado mediante:
  • Préstamos a largo plazo.
  • Inversiones de capital.
  • Garantías y «financiación stand-by» o facilidades de crédito.
  • Gestión de riesgos.
  • Instrumentos «quasi-equity» (casi de capital), tales como préstamos subordinados, acciones preferentes y bonos de renta.
— Tipos de interés de los préstamos: tipos de mercado que varían según los países y los proyectos.
— Vencimiento: de tres a trece años, con un período de carencia de hasta ocho años.
— Procedencia de los recursos: Alrededor del 80 por 100 procede de los mercados de capital internacional a través de emisiones de bonos o inversiones privadas y el 20 por 100 restante se pide prestado al BIRF.
— Países miembros: 161.

7. La Organización Multilateral de Garantía de Inversiones (OMGI)

La Organización Multilateral de Garantía de Inversiones (OMGI) se creó como respuesta a la crisis de la deuda de los años ochenta y al reconocimiento de que el crecimiento económico sostenible en la mayoría de los países en desarrollo y en los países con economías en transición requeriría un estímulo a la empresa privada y a la inversión directa exterior.

La OMGI se creó en 1988, en un momento en que existía una corriente favorable de opinión hacia el papel de la empresa privada en el desarrollo económico. Los 20 países fundadores consideraron que las economías más endeudadas necesitaban contar con la empresa privada y con la inversión extranjera, en una mayor proporción que en el pasado. La misma apreciación se consideraba para los países menos endeudados y que no quisieron caer en la trampa de la deuda. Se propuso que una filial del Banco ofreciese:

— Servicio de asesoramiento y operacional en el fomento y protección de las inversiones, comprometiendo de esa manera a los países desarrollados y a los países en desarrollo en la causa común del desarrollo, a través de la inversión privada.
— El estímulo a la inversión extranjera de forma directa e indirecta.

Directamente se llenaría el hueco existente en la oferta de seguro de inversión de los riesgos no comerciales existente en los países en desarrollo haciendo más competitivas las inversiones en esos países. Indirectamente se favorecería la confianza mutua a través de la decisión conjunta de los países de acogida y de residencia de la inversión extranjera, para crear y apoyar tal agencia y participar en los riesgos financieros.

La OMGI se diseñó para mitigar los riesgos políticos (una guerra o una expropiación) así como para garantizar a los inversores que se cumplan ciertos requisitos contra pérdidas resultantes de riesgo no comerciales. El 11 de octubre de 1985, la Junta de Gobernadores del BM confirmó a los gobiernos interesados, la Convención (estatutos) de la OMGI, en cuyo articulado establecía un único objetivo: impulsar las corrientes de capital y la tecnología a los países en desarrollo, con fines productivos, bajo condiciones consistentes con las necesidades de su desarrollo, políticas y objetivos, sobre las bases de un modelo estable y justo, en el tratamiento de la inversión extranjera.

Todos sus miembros lo son a su vez del BIRD. Sus recursos proceden de las aportaciones de capital de los países miembros. Facilita las inversiones especialmente a través del otorgamiento de garantías contra riesgos no comerciales y asistencia técnica, para ayudar a los países a difundir información sobre las oportunidades de inversión y para crear capacidad para la promoción de inversiones.

Recuadro 20.3. Características de la OMGI.

> Cobertura: La OMGI puede asegurar hasta el 90 por 100 de una inversión, con un límite actual de 50 millones de dólares por proyecto.
>
> Finalidad:
> — Mitigar los riesgos políticos de la inversión extranjera.
> — Favorecer los flujos de capital y de tecnología hacia los países en desarrollo.
> — Trato equitativo de la inversión extranjera.

8. El Centro Internacional para el Arreglo de los Desacuerdos sobre Inversiones (CIADI)

Este centro fue establecido en 1966 para promocionar la corriente de inversión internacional, proporcionando facilidades para la conciliación y arbitraje de los desacuerdos o disputas entre los gobiernos y los inversores extranjeros. Consta de 131 miembros, todos miembros del BIRD. Los contratos internacionales, leyes y tratados, tanto bilaterales como multilaterales sobre inversiones, normalmente contienen disposiciones relativas al arbitraje bajo los auspicios del CIADI. Proporciona asesoramiento y mantiene un servicio de publicaciones sobre la normativa de la inversión extranjera.

RESUMEN

A lo largo de los años desde su creación, el Banco Mundial ha tenido que ir adaptando su estrategia, en función de los cambios que ha ido experimentando la economía internacional, desde las primeras operaciones como Banco de Reconstrucción (1947-48), hasta la atención a los problemas de la pobreza, el medio ambiente, la educación y el transporte (década de los noventa). Las dos crisis del petróleo en la década de los años setenta afectaron seriamente a las economías de los países importadores del crudo energético. En la primera crisis, en 1973, los países importadores de petróleo vieron aumentar dramáticamente sus déficit corrientes. Tanto el FMI como el Banco trataron de aliviar la situación mediante el reciclaje de los petrodólares. La década de los años noventa tuvo unas características diferenciadoras de los períodos anteriores. Los retos para los países en desarrollo eran los mismos que en la década anterior, pero el crecimiento de la población y el crecimiento económico, estaba presionando sobre el medio. En los últimos años del siglo XX, el Banco Mundial ha adoptado una nueva estrategia o marco integral de desarrollo basado en la necesidad de planificar de forma simultánea y coordinada los múltiples elementos que abarcan el proceso de desarrollo. El marco integral de desarrollo destaca los vínculos existentes entre los aspectos financieros, humanos, sectoriales y estructurales del desarrollo y comprende las siguientes finalidades: búsqueda selectiva de los grandes objetivos, carácter integral de las políticas, factores institucionales imprescindibles y coordinación de las iniciativas.

TEMAS DE REFLEXIÓN

1. ¿Con qué espíritu nace el Banco Mundial?
2. Justifique las diferentes etapas por las que ha pasado el Banco Mundial a lo largo de su historia.
3. La Asociación Internacional de Fomento se creó como respuesta a la crisis de deuda de los años ochenta. Verdadero o Falso. Justifique la respuesta.
4. ¿Cuáles fueron los desencadenantes de la crisis de deuda?
5. ¿Qué organismos conforman el Banco Mundial?

EJERCICIOS DE AUTOCOMPROBACIÓN

1. **En la actualidad el grupo Banco Mundial está formado por:**
   a) El Banco Internacional de Reconstrucción y Desarrollo (BIRD) y el Organismo Multilateral de Garantía de Inversión.
   b) La Asociación Internacional de Fomento (AIF).
   c) La Corporación Financiera Internacional (CFI) y el Centro Internacional de Arreglo de Diferencias Relativas a Inversiones (CIADI).
   d) Todas las respuestas son correctas.

2. **La Agencia Internacional de Fomento:**
   a) Concede créditos y presta asesoramiento técnico a los países más pobres del mundo.
   b) La AIF, aunque afiliada al Banco Mundial, tiene una gestión totalmente independiente del Banco Mundial.
   c) Sus fondos de destinan a inversiones básicas.
   d) Las respuestas a y c son correctas.

3. **¿Cuáles son, básicamente, los prestatarios del Banco Mundial?:**
   a) Los países miembros con limitado acceso a los mercados de capital.
   b) Los países miembros más desarrollados que han condonado deuda a los países en vías de desarrollo.
   c) Las respuestas a y b son correctas.
   d) Los países miembros que previamente hayan realizado depósitos.

4. **El Banco Mundial obtiene sus recursos fundamentalmente a través de:**
   a) Los pagos que recibe por sus servicios.
   b) Por las transferencias que realizan sus socios.
   c) Por la emisión de bonos y otros valores a medio y largo plazo en condiciones de mercado.
   d) Mediante cuotas fijas que pagan los países más desarrollados.

5. **La estrategia del Banco Mundial:**
   a) No ha variado desde su creación, dada la efectividad de la misma.
   b) Se ha ido adaptando a las nuevas circunstancias de la economía internacional.
   c) Ha ido variando en función de los dictados de los países socios.
   d) Actualmente está inmersa en un proceso de reforma por su ineficacia.

SOLUCIONES A LOS EJERCICIOS DE AUTOCOMPROBACIÓN

1. d)
2. d)
3. a)
4. c)
5. b)

BIBLIOGRAFÍA

Banco Mundial y Fondo Monetario Internacional, *Poverty Reduction and the World Bank, Progress in Fiscal 1993*, 1994.

BRETAUDEAU, H., «La Banque Mondiale», PUF, *Que sais je?*, n.º 2330, París, 1986.

VARELA, M. (coordinador), *El Fondo Monetario Internacional, el Banco Mundial y la Economía Española,* Ed. Pirámide, Madrid, 1994.

—, (coordinador), «La Economía Mundial en el siglo XX», *Revista de Economía Mundial*, n.º 3, 2000.

21
El Fondo Monetario Internacional

1. El Fondo Monetario Internacional: origen y fundamentos.—2. Los Derechos Especiales de Giro (DEG).—3. El oro del FMI.—4. La Junta de Gobernadores.—5. Las cuotas.—6. Servicios y políticas del Fondo.—7. Las funciones del Fondo Monetario Internacional.

TÉRMINOS CLAVE

- **Acuerdo General de Préstamos**
- **Asistencia técnica**
- **Cesta de monedas**
- **Condicionalidad**
- **Cuotas**
- **Derecho Especial de Giro**
- **Devaluaciones competitivas**
- **Oro**
- **Política de empobrecer al vecino**
- **Servicios del FMI**
- **Vigilancia del sistema cambiario**

1. El Fondo Monetario Internacional: origen y fundamentos

La Gran Depresión se extendió por toda la economía mundial en la década de los años treinta y tuvo efectos devastadores sobre los intercambios comerciales y las finanzas. El abandono del patrón oro a principios de la década de los años treinta siguiendo el ejemplo de Gran Bretaña en 1931, provocó una fuerte incertidumbre sobre el valor del dinero, al romperse la relación fija con el oro. Los países adoptaron un patrón fiduciario utilizando mecanismos de trueque o imponiendo límites estrictos al cambio de su moneda por otras monedas. Algunos países incapaces de colocar su producción en el exterior, redujeron artificialmente los precios para hacerlos más competitivos en los mercados externos. Los socios comerciales respondieron de forma similar.

Recuadro 21.1.
La política de empobrecer al vecino.

> Esta práctica conocida como política de empobrecer al vecino *(beggar your neighbour)* o política de devaluaciones competitivas, no era más que el intento de cerrar el mercado interno a la competencia exterior, tratando a su vez de incrementar las exportaciones propias. El resultado fue un descenso de los intercambios mundiales. Entre 1929 y 1932 los precios de las mercancías en el mundo se redujeron un 48 por 100 y el del comercio internacional, en valor, cayó un 36 por 100. Para tratar los problemas monetarios mundiales se convocaron varias conferencias internacionales a principios de los años treinta. Todas ellas fracasaron. Era precisa la cooperación de todos los países para encontrar soluciones globales y establecer una nueva organización económica y monetaria internacional.

John Maynard Keynes en el Reino Unido y Harry Dexter White en Estados Unidos, propusieron a principios de los años cuarenta un sistema para tratar los problemas monetarios mundiales. Ambos sistemas monetarios tenían en común un plan para establecer un cierto control de los tipos de cambio, a ser supervisado por una organización económica internacional permanente y no por reuniones internacionales ocasionales. Con ello se posibilitaría:

1. La conversión de una moneda por otra a un precio determinado o tipo de cambio.
2. El establecimiento de un valor inequívoco para cada moneda.
3. La eliminación de las restricciones y las prácticas, como las devaluaciones competitivas que prácticamente habían paralizado la inversión y el comercio internacional durante los años treinta.

Tras largas negociaciones entre Estados Unidos y Gran Bretaña, ambos países llegaron a un acuerdo que constituyó la base de las discusiones que tendrían lugar en Bretton Woods en 1944. Los delegados de 44 naciones reunidos en la localidad de Bretton Woods, Estado de New Hampshire (Estados Unidos), acordaron establecer el FMI en julio de 1944. El Fondo inició sus actividades en Washington en mayo de 1946. Contaba con 36 países miembros.

En la actualidad los países miembros del FMI representan todos los sistemas políticos y económicos y tienen que ser independientes en política exterior y estar dispuestos a acatar la Carta de Derechos y Deberes del Fondo. Los países miembros pueden retirarse cuando lo deseen.

2. Los Derechos Especiales de Giro (DEG)

A finales de los años sesenta, dentro de la comunidad monetaria internacional existía la convicción de que el sistema monetario vigente no podía seguir soportando las tensiones derivadas del mecanismo de creación de reservas, que suponía un persistente desequilibrio de la Balanza de Pagos de Estados Unidos. Era necesario arbitrar un método más eficaz, para adaptar la oferta de reservas a las necesidades globales a largo plazo. En septiembre de 1967 se llegó a un acuerdo sobre un plan para la creación de los DEG, dentro del marco de funcionamiento del Fondo Monetario Internacional, emitidos por el Fondo, como un activo de reserva internacional.

En mayo de 1968, los gobernadores del Fondo Monetario Internacional aprobaron la *Primera Enmienda al Convenio Constitutivo del Fondo* al establecerse los DEG. Se acordó el volumen de asignación para un período inicial de tres años (1970 a 1972) por una cuantía de 9.000 millones de dólares. Asimismo, se estableció una equivalencia inicial entre el oro y el DEG fijando el valor del DEG en 0,888671 gramos de oro fino, equivalente a un dólar de 1 de julio de 1944. Pero las circunstancias monetarias internacionales variaron considerablemente en 1970, fecha de emisión de los DEG, con lo cual los resultados fueron muy distintos de los proyectados. Así, en ese año, se produjo un aumento no esperado de la liquidez mundial debido a la elevación en las tasas de creación de dinero en Estados Unidos y otros destacados países, lo que favoreció la aceleración de la inflación, que dados los distintos niveles entre países, impulsó de forma destacada los grandes movimientos de capital y los desequilibrios en los pagos exteriores.

Con el propósito de aumentar el atractivo del Derecho Especial de Giro (DEG), el 1 de enero de 1981, el Fondo comenzó a utilizar una cesta simplificada de cinco monedas para determinar su valoración diaria (desde el 1 de junio de 1974 se había utilizado una cesta de 15 monedas). La utilización de una cesta de monedas unificada obedece a una decisión adoptada por el Directorio Ejecutivo del Fondo el 17 de septiembre de 1980. En la decisión se establecieron ponderaciones porcentuales para las cinco monedas de la cesta. El DEG puede complementar las reservas oficiales de los países miembros y los países pueden realizar intercambios voluntarios de DEG por monedas.

3. El oro del FMI

Originalmente, el Fondo estaba encargado de la supervisión y vigilancia del Sistema Monetario Internacional acordado en Bretton Woods. A partir de 1973 se inició la flotación generalizada de las monedas y el sistema de Bretton Woods dejo de funcionar en la práctica. Tras los Acuerdos de Jamaica de 1976, se llevó a cabo la Segunda Enmienda del Convenio Constitutivo, legalizándose la libre flotación de las monedas y desligándose el FMI definitivamente del sistema de patrón cambios-oro de Bretton Woods. La Segunda Enmienda entró en vigor en abril de 1978. Esta Segunda Enmienda alteró la función del oro en el sistema monetario internacional, eliminando: 1. su uso como denominador común del sistema de tipos de cambio fijos pero ajustables, 2. el uso obligatorio del oro en las transacciones entre le FMI y los países miembros, y 3. el precio oficial del oro (especialmente, el Fondo evitaría controlar su precio o establecer un precio fijo).

Parte de las reservas de oro del FMI que había adquirido antes de 1978, estaban sujetas a restitución a los países miembros, al precio oficial de 35 DEG la onza. Antes de la Segunda Enmienda, el FMI había adquirido el oro a través de: 1. El 25% de la suscripción inicial de los países miembros debía realizarse en oro (así dispuesto al fundarse el Fondo en 1944). Este ha sido el origen principal de las tenencias de oro del Fondo. 2. Los cargos o intereses por el uso por los países miembros, de crédito del FMI que se pagaba normalmente en oro. 3. El reembolso de los créditos por los países miembros podía ser realizado en oro. 4. Para adquirir la moneda de otro país miembro, se podía hacer vendiendo oro al FMI (las ventas de oro de Sudáfrica al FMI en 1970-71 representaron una importante aportación de oro).

A partir de la Segunda Enmienda del Convenio Constitutivo, las principales transacciones en oro del FMI se pueden realizar sólo a través de ventas directas. Según el FMI, las principales transacciones en oro han sido:

1. Venta para reposición (1957-1970). El Fondo vendió oro para reponer tenencias de monedas.
2. Oro de Sudáfrica (1970-1971). El Fondo vendió oro a los países miembros en cantidades aproximadas a las que compró a Sudáfrica en este periodo.
3. Inversión en valores del Gobierno de Estados Unidos (1956-1972). El Fondo vendió oro en ese período a Estados Unidos y el producto de la venta los invirtió en valores públicos de ese país. Posteriormente volvió a adquirir al gobierno americano ese oro, debido a la acumulación de reservas del FMI.
4. Subasta y venta de «restitución» (1976-1980). Tras un acuerdo con los países miembros, una tercera parte de sus tenencias de oro fueron vendidas por el FMI, con el objeto de reducir la función del oro en el sistema monetario internacional.
5. Transacciones en oro fuera del mercado (1999-2000). Para participar en la Iniciativa para la Reducción de la Pobreza de los países Pobres y muy Endeudados (HIPC), en diciembre de 1999, el Directorio Ejecutivo autorizó transacciones en oro fuera del mercado (hasta 14 millones de onzas).
6. En abril de 2008 se decidió el nuevo modelo de ingresos del FMI. Formando parte de esta decisión, está la creación de una dotación financiada

con los beneficios de la venta de una parte muy limitada de las tenencias de oro del Fondo adquiridas tras la Segunda Enmienda. Con el objeto de no alterar el mercado del oro, se adoptaron modalidades para la venta siguiendo el Acuerdo sobre el Oro para los Bancos Centrales.

4. La Junta de Gobernadores

La Junta de Gobernadores es el órgano supremo, que se reúne una vez al año. Las reuniones anuales se celebran conjuntamente con el Grupo del Banco Mundial. En general, las reuniones anuales tienen lugar, dos años consecutivos en cada una de las sedes del FMI y del BM y cada tres años en un país miembro, siempre que el país haya manifestado interés en acoger la celebración de las reuniones anuales.

La Junta de Gobernadores del FMI, suele estar integrada por los gobernadores de los bancos centrales y los ministros de Hacienda. Cada país está representado por un gobernador y un gobernador suplente. En las Junta anuales se decide sobre los aspectos fundamentales de política que deberán desarrollar en el futuro la institución y que los Directorios Ejecutivos se encargarán de llevarlo a cabo. Previo a las reuniones anuales, se reúne el Comité Monetario y Financiero Internacional (CMFI), el órgano asesor del FMI y el Comité para el Desarrollo. Este último es un foro conjunto del BM y del FMI que favorece las consultas para facilitar el consenso sobre temas relacionados con el desarrollo económico. Los comunicados de estos comités sirven de pauta a los Directorios Ejecutivos del FMI y del BM y de la sociedad civil, sobre los temas de interés en ese momento. Otros foros internacionales como el G-24, el G-7 también se reúnen aprovechando la celebración de las reuniones anuales del FMI y del BM.

5. Las cuotas

Cada país al ingresar en el Fondo aporta una cantidad denominada cuota. Las cuotas se utilizan para: a) constituir un fondo que el FMI puede utilizar para conceder préstamos a los países miembros con dificultades en los pagos, b) determinar la cantidad de recursos que cada país miembro puede solicitar al Fondo en concepto de préstamo, c) determinar el volumen de asignación periódica que puede recibir cada país miembro en Derechos Especiales de Giro (DEG), y d) determinar el número de votos de los países miembros.

El Fondo puede solicitar a los miembros un suplemento en los recursos de sus cuotas. El principal acuerdo de este tipo de préstamos fue el establecido en 1997, el *Nuevo Acuerdo de Préstamo (NAP)* por el que 27 miembros acordaron prestar hasta 46.000 millones de dólares al Fondo cuando sean insuficientes los recursos disponibles de las cuotas para la asistencia financiera o en el caso de que se necesiten elevadas cantidades para afrontar un problema que afecte a la estabilidad financiera internacional. Inicialmente el *Acuerdo General de Préstamo (AGP)* concluido entre el Fondo y diez países industrializados miembros en 1962, por un período de cuatro años, se ha ido prorrogando en diversas ocasiones. Los AGP fueron creados a iniciativa de ocho países miembros (Bélgica, Canadá, Estados Unidos, Francia, Italia, Japón, países Bajos y Reino Unido) más los Bancos Centrales de Alemania y Suecia. Estos países facilitaron recursos al FMI. El 11 de junio de 1964 se incorporó Suiza, que entonces no era miembro del FMI. El recurso al AGP esta limitado a los giros que efectúan los participantes en el acuerdo y se utiliza sólo para evitar o hacer frente al deterioro del sistema monetario internacional. En general, apenas se han utilizado estos recursos y en absoluto desde 1983. Además del G-10 que forman los AGP (son 11 países: Estados Unidos, Japón, Alemania, Francia, Italia, Reino Unido, Canadá, Suiza, Suecia, Holanda y Bélgica), al establecerse un fondo de emergencia ante crisis financieras, se pretende que formen parte otros países de destacado prestigio internacional.

Las crisis financieras han puesto en evidencia la escasez de recursos del FMI. Esta escasez de recursos se ha puesto de manifiesto, con especial virulencia, en la crisis financiera provocada por las hipotecas *subprime,* cuyos efectos se extendieron por todos los países, incluidos algunos países de la Eurozona.

Recuadro 21.2.
Las cuotas del FMI.

— Las cuotas. Cada país miembro tiene asignada una cuota que determina sus relaciones financieras y organizativas con el Fondo, el número de votos, la suscripción y el acceso a la financiación, así como su participación en las asignaciones de DEG.
— Suscripciones. La cuota de cada país se expresa en DEG y equivale a la suscripción de cada país en el Fondo. El 25 por 100 de la suscripción se paga en activos de reserva especificados por el Fondo (DEG o reservas internacionales) y el resto en moneda nacional.
— Número de votos. Cada país posee 250 votos básicos más un voto adicional por cada 100.000 DEG de su cuota. El número de votos determina el peso específico del país en el Fondo para temas operativos y de representación en el Directorio. El número de votos determina la composición del Directorio Ejecutivo compuesto por 24 miembros, cinco de ellos permanentes: Alemania, Estados Unidos, Francia, Japón y Reino Unido. El resto de los puestos se distribuyen entre los países organizados en grupos o sillas. El Directorio Ejecutivo procede a una revisión de las cuotas cada cinco años.
— Acceso a la financiación. La cuota determina la cantidad máxima de financiación que un país miembro puede obtener del Fondo.

> — Asignación de DEG. Los países miembros reciben una participación en la asignación de DEG en proporción a sus cuotas en la fecha inmediatamente anterior a la asignación.
> — Determinación de las cuotas. El Convenio Constitutivo del Fondo no tiene prevista la forma de determinar las cuotas de los países miembros. Hasta ahora se han utilizado un conjunto de indicadores económicos, entre los que se encuentran, el PIB, las transacciones por cuenta corriente, reservas oficiales y cualquier circunstancia que valore la economía de los países miembros respecto al resto. Según el C.C., la Junta de Gobernadores debe revisar las cuotas periódicamente en intervalos no superiores a cinco años.

6. Servicios y políticas del Fondo

El Fondo proporciona respaldo financiero a sus países miembros para hacer frente a los problemas macroeconómicos y estructurales con diferente grado de condicionalidad. El objetivo es proporcionar a los países miembros con dificultades, la posibilidad de poner en marcha reformas y políticas de ajuste, que restablezcan las condiciones necesarias para facilitar un crecimiento económico sostenible.

La cantidad y tipos de asistencia financiera que presta el FMI han variado mucho a lo largo del tiempo. Las crisis del petróleo de la década de los años setenta, la crisis de la deuda externa de los años ochenta, el proceso de transición de las economías de los países del Este y Centro de Europa en los años noventa han dado lugar a un importante crecimiento del volumen de recursos que ha tenido que proporcionar la institución. En esta década, y especialmente, con la crisis financiera iniciada en 2007, los recursos del FMI puestos a disposición de los países miembros con importantes problemas económicos y financieros, se han incrementado de nuevo tras el acuerdo logrado en la cumbre de Londres en abril de 2009.

Recuadro 21.3.
La condicionalidad del FMI.

> En los programas de ayudas establecidos por el Fondo, los países deficitarios tienen que asumir determinados compromisos para la mejora de la estructura de la producción y la demanda con el fin de mantener una tasa de crecimiento económico razonable. El FMI apoya programas económicos de regulación de la demanda, incluidos medidas que refuerzan la economía de los países miembros que solicitan el apoyo, imponiéndoles determinadas *condiciones a la concesión de la ayuda*. Esta es la característica fundamental que diferencia a los préstamos del Fondo de los de otras instituciones financieras.

Para recibir la ayuda del FMI, los países prestatarios deben asumir determinados compromisos (condicionalidad) relacionados con medidas de política económica, fiscal o financiera con el objetivo de garantizar que el uso de los recursos del Fondo están destinados a resolver los desequilibrios que tiene el país. Los principales servicios y políticas del Fondo son:

Acuerdos de Derecho de Giro (Stand-By). Sujetos al principio de la necesidad de la balanza de pagos a corto plazo. Precisan la adopción de políticas adecuadas sobre tipo de cambio y tipos de interés. Los países miembros giran contra el Fondo comprando con su propia moneda las de otros países miembros o DEG, en tramos de 25 por 100 de la cuota. Los requerimientos al país solicitante se van endureciendo a medida que se avanza en los tramos superiores, donde ya se les exige programas económicos viables y enérgicos. Los Acuerdos *Stand-By* tienen un escalonamiento de giros más flexible que otras líneas de ayuda del FMI.

El Servicio Ampliado (SAF). Creado en 1974, para proporcionar respaldo a los países con problemas de balanza de pagos, ocasionados por problemas estructurales o macroeconómicos. Cuando las cantidades que se conceden son muy elevadas, se aplican unas sobretasas.

Linea de Crédito Flexible (LCF). Esta línea de crédito va dirigida a los países que reúnen ciertos requisitos preestablecidos y con una trayectoria económica y de aplicación de las políticas muy sólida. Se considera útil para prevenir crisis. El crédito está disponible de inmediato, a diferencia de otras líneas de crédito que se desembolsa de forma escalonada. Su flexibilidad es una de las características de esta línea de crédito. Una diferencia importante respecto a los créditos *Stand-By* es que los desembolsos no están condicionados a compromisos en materia de políticas.

Política de Mayor Acceso a los Recursos. El objetivo de esta política es suministrar financiación suplementaria a los acuerdos de derecho de giro o en virtud del servicio ampliado para los países miembros, cuyos programas están enfrentados a desequilibrios de pagos de gran magnitud respecto a sus cuotas.

Servicio de Ajuste Estructural (SAE). Este servicio fue creado en marzo de 1986. El Fondo proporciona asistencia financiera en condiciones concesionarias a los países miembros de menor nivel de renta, para respaldar ajustes macroeconómicos y estructurales a medio plazo y que se vean enfrentados a problemas persistentes de balanza de pagos. Los recursos de este servicio proceden de los reembolsos del Fondo Fiduciario.

Recuadro 21.4.
La utilización de los recursos del FMI.

1. Los países miembros utilizan los recursos del Fondo siguiendo el siguiente mecanismo: el país miembro utiliza su propia moneda para adquirir del Fondo una cantidad equivalente de las monedas de otros países miembros, o de DEG.

> 2. Cuando la moneda de un país miembro es utilizada por otros países miembros, puede suceder que las tenencias del Fondo en dicha moneda desciendan por debajo del nivel de la cuota del país miembro en cuestión. En este caso, el país miembro tiene una «posición de reserva en el Fondo». Este monto es un valor financiero sumamente líquido, y si se gira contra él, los giros no deben ni pueden ser objeto de recompra. Si las tenencias del Fondo en la moneda del país miembro se sitúan por debajo de un determinado nivel, que constituye la «norma» de ese país, el Fondo le abona una remuneración por el uso de su moneda.
> 3. La «norma» no constituye un porcentaje uniforme de la cuota. Para cada país miembro es la suma del 75 por 100 de su cuota con anterioridad a la segunda enmienda del Convenio Constitutivo, más las cantidades correspondientes a los incrementos de cuotas ulteriores. Para los países ingresados en el Fondo después de la segunda enmienda, es básicamente la «norma» media del conjunto de países miembros. Los países miembros con tenencias en DEG superiores a sus asignaciones, perciben un interés neto sobre la cantidad en exceso, y los países miembros con tenencias inferiores a sus asignaciones, pagan cargos calculados a la misma tasa que su uso neto de DEG. El tipo de interés del DEG guarda relación con los tipos de interés del mercado de dinero a corto plazo y se reajusta trimestralmente.

Servicio Reforzado de Ajuste Estructural (SRAE), para países muy endeudados. Los acuerdos al amparo del SRAE entraron en vigor en abril de 1988. Los fondos proceden de aportaciones especiales en forma de préstamos, donaciones y en menor medida de los recursos del SAE. Los objetivos, características y condiciones son similares a las del SAE, diferenciándose en cuanto a la mayor proporción de recursos obtenibles que con el SAE y a las medidas estructurales más rigurosas.

Servicio para Shocks Exógenos (SSE). Se considera un shock exógeno o perturbación externa, aquella situación que procede del exterior del país, provoca un impacto negativo sobre la economía o las finanzas y está más allá del control del gobierno. Los países de bajo ingreso son más vulnerables a este tipo de impactos exógenos. Para estos países de bajo ingreso, el FMI ha habilitado este servicio en el marco del instrumento primordial del Fondo para ayudar a los países de bajo ingreso: el Servicio para el Crecimiento y la Lucha contra la Pobreza (SCLP). Las condiciones en las que se concede la ayuda financiera son más favorables que en cualquier otro servicio de ayuda financiera de emergencia del Fondo Monetario Internacional. En septiembre de 2008 se flexibilizaron las condiciones de este servicio, ajustándose a las circunstancias concretas del país que lo demanda.

Servicio para el Crecimiento y la Lucha contra la Pobreza (SCLP) es el sucesor del SRAE y fue propuesto por el FMI en septiembre de 1999. Está basado en una estrecha cooperación entre el Fondo y el Banco Mundial y se estableció por el escaso avance que han experimentado los países en desarrollo que reciben apoyo financiero del Fondo y para afrontar la crítica al Fondo por no incluir el problema de la pobreza en sus operaciones. Tanto este servicio como el *Servicio para Shocks Exógenos (SSE)* forman parte de los programas de ayuda para los países de bajo ingreso. Los programas respaldados por el SCLP están enmarcados en el Documento de Estrategia de Lucha contra la Pobreza, que es un documento integral y están elaborados por los gobiernos nacionales con la participación de la sociedad civil y otros agentes interesados en el desarrollo. El tipo de interés es concesional.

Asistencia de Emergencia. Los países miembros del FMI que han sufrido una catástrofe natural o que están saliendo de un conflicto pueden recibir asistencia del FMI. Este tipo de préstamos de emergencias están sujetos a la carga financiera básica, aunque los países con derecho al Servicio para el Crecimiento y la Lucha contra la Pobreza pueden solicitar una subvención de la tasa de interés.

Financiamiento de Existencias Reguladoras. Este servicio tiene por finalidad ayudar a financiar las contribuciones a existencias reguladoras, que efectúan países miembros que tienen dificultades de balanza de pagos y participan en acuerdos sobre productos básicos, que cumplen con los criterios adecuados, y se atienen a los principios establecidos por las Nacionales Unidas. Este servicio fue creado en junio de 1969 y complementa al SFCC.

Servicio para la Transformación Sistémica (STS). Este Servicio fue aprobado el 23 de abril de 1993. Su objetivo es proporcionar asistencia financiera a los países miembros que experimentan dificultades de balanza de pagos por perturbaciones graves de sus regímenes tradicionales de comercio y pagos y que tengan su origen, a su vez, en el paso de una situación de sustancial dependencia del comercio a precios controlados, a un régimen de comercio multilateral basado en los principios del mercado.

Líneas de Crédito Contingente (LCC). Establecidos en abril de 1999, se propusieron para prevenir el contagio de una crisis financiera internacional y permitir a los países miembros activar fuertes políticas económicas y poder obtener la financiación del FMI a corto plazo. La LCC caducó el 30 de noviembre de 2003 y a esa fecha aun no se había utilizado por ningún país miembro, a pesar de haberse producido diversas crisis internacionales.

Recuadro 21.5. La crisis financiera internacional y la asistencia del FMI.

Para afrontar la gravedad de la crisis financiera internacional iniciada en 2007, el FMI ha reestructurado sus mecanismos de crédito con el objeto de modernizar la condicionalidad y simplificar los servicios, dado que había venido recibiendo muchas críticas sobre la condicionalidad que aplicaba a sus préstamos, alegando que algunos de estos préstamos tenían demasiadas condiciones, que no estaban suficientemente orientadas a los objetivos principales a resolver. En adelante, el seguimiento de las reformas estructurales se hará en el marco de los exámenes de los programas y no en una condicionalidad *ex-post,* como se venía aplicando hasta la crisis financiera internacional. En segundo lugar, y para proporcionar financiación a gran escala y de acceso inmediato a los países miembros con un funcionamiento sólido de su economía y sus políticas, se establecerá una nueva Línea de Crédito Flexible (LCF) (ver LCF más arriba), los plazos de reembolso serán de 3 ¼ a 5 años y tendrá un acceso sin limite fijo. En tercer lugar, una flexibilidad en la concesión de préstamos también se otorgará a los Acuerdos *Stand-By* para países que no reúnan los requisitos necesarios para acceder a una Línea de Crédito Flexible y necesiten un mecanismo similar a la LCF. En cuarto lugar, los límites de acceso a la financiación del Fondo se duplican quedando los nuevos límites anual y acumulativo, de acceso a los recursos no concesionales del FMI en el 200% y 600% de la cuota, respectivamente. En quinto lugar, se han modificado las estructuras de costes y vencimientos, para proporcionar incentivos adecuados a la utilización de recursos del Fondo. En sexto lugar, algunos de los servicios que se han utilizado con poca frecuencia se eliminan (Servicio de Complementación de Reservas, Servicio de Financiación Compensatoria y el Servicio de Liquidez a Corto Plazo). Finalmente, los servicios financieros dirigidos a los países de bajos ingresos también se rediseñan, para poder proporcionar una financiación de emergencia a corto plazo y en condiciones concesionales a estos países.

La asistencia técnica

El Fondo proporciona asistencia técnica en los ámbitos de su competencia, a los países miembros, para reducir deficiencias y vulnerabilidades y contribuir a establecer una economía internacional más estable. Estos ámbitos están relacionados con la política macroeconómica, la política fiscal (ingresos y gastos públicos), política monetaria, regimenes cambiarios, estadísticas macroeconómicas y financieras y sostenibilidad del sector financiero. Alrededor del 90% de la asistencia técnica que proporciona el FMI va dirigida a países de bajo y medio ingreso y a países que acaban de salir de un conflicto. Los países que reciben la asistencia técnica participan en todo el proceso, desde la identificación de la necesidad de la asistencia a la evaluación del programa.

La asistencia del FMI se presta en general a través de misiones de personal técnico de la institución o expertos y asesores enviados por el Fondo, por un período de tiempo limitado. Para identificar mejor la asistencia regional, el Fondo ha establecido seis centros regionales de asistencia técnica en el Pacifico, el Caribe, África Oriental, África Occidental y Oriente Medio. En mayo de 2009 ha abierto un centro en Centroamérica y se abrirán otros centros regionales, hasta ahora previstos, uno en Asia Central y dos más en África.

La asistencia técnica se financia con fuentes internas y externas. Las internas, a través del presupuesto operativo del FMI y representa aproximadamente, una quinta parte del presupuesto. Entre las fuentes externas se incluyen fondos fiduciarios para fines específicos proporcionados por donantes bilaterales (países industrializados y países emergentes) y multilaterales (BID, BAfD, BM, BAsD, Comisión Europea, ONU, PNUD, Fondo Monetario Árabe).

7. Las funciones del Fondo Monetario Internacional

Hasta 1973, la filosofía y la práctica del Fondo fue la de promover la estabilidad de los cambios, pero a partir de ese año, al iniciarse la flotación generalizada de las monedas, se hizo necesario el replanteamiento de *las funciones del Fondo Monetario Internacional*. Después de la segunda enmienda del Convenio Constitutivo en 1976 se puede decir que la política del Fondo responde a dos funciones primordiales:

1. Vigilancia del sistema de tipos de cambio.
2. Financiación vinculada al ajuste de los desequilibrios de pagos internacionales.

Desde los años 80 y especialmente desde los 90, el FMI ha pasado de ser un organismo financiero de apoyo a corto plazo para el ajuste de las Balanzas de Pagos, a convertirse en un prestamista condicional a largo plazo con los programas de ajuste estructural, y en un asesor para los países en desarrollo y para los países del Este y Centro de Europa.

En la actualidad, la principal responsabilidad del FMI consiste, en promover la estabilidad del sistema de los tipos de cambio y del sistema de pagos internacionales, fomentar el crecimiento equilibrado, y favorecer de forma ordenada la resolución de los problemas de balanza de pagos de los países miembros. Su sede está en Washington.

Recuadro 21.6.
Principales grupos y comités de expertos internacionales.

Grupo de los Diez

Este grupo se estableció en 1962 simultáneamente a la creación de los Acuerdos Generales de Préstamo (AGP). Por estos Acuerdos ocho países miembros del FMI, Bélgica, Canadá, Francia, Holanda, Italia, Japón, Reino Unido y Estados Unidos (Suiza siempre ha pertenecido al grupo incluso antes de ser miembro del FMI), más los Bancos Centrales de otros dos países. Alemania y Suecia, ponen a disposición del FMI una cantidad de recursos financieros para ayudar a países miembros y no miembros con problemas.

Grupo de los Cinco (G-5)

Se estableció en la Cumbre de Versalles en 1982. Está compuesto por los ministros de Hacienda y Gobernadores de los Bancos Centrales de los cinco países del FMI cuyas monedas participan en la composición de la cesta del DEG: Alemania, Estados Unidos, Francia, Japón y Reino Unido. El objetivo de este grupo es coordinar su actuación en pro de la estabilidad monetaria a nivel internacional. Un resultado destacado de su actuación fue el Acuerdo del Plaza de septiembre de 1985.

Grupo de los Siete (G-7)

Se comenzaron a reunir a partir de 1975 en cumbre económicas anuales, a nivel de jefes de Estado o de gobierno y está formado por el G-5, más Italia y Canadá, a partir de la Cumbre de Tokio de 1986. Entre sus objetivos están la estabilidad cambiaria y la coordinación de las políticas económicas. A nivel de ministros de Hacienda y gobernadores de Bancos Centrales el G-7 sustituyo al G-5 como principal grupo coordinador de las políticas económicas durante 1986-87, especialmente a partir del Acuerdo del Louvre. A partir de entonces, los países del G-7 se comprometieron a establecer un seguimiento multilateral de la economía mundial, conjuntamente con el FMI, con el objeto de prevenir las desviaciones que pudiesen afectar a los objetivos macroeconómicos conjuntos establecidos. Rusia se incorporó al grupo y se ha organizado el Grupo de los Ocho (G-8) y siendo un foro para analizar los problemas económicos y financieros internacionales.

Grupo de los Ocho (G-8)

Está formada por el G-7 más Rusia.

Grupo de los Diez (G-10)

Está formado por el grupo de países que han acordado participar en el Acuerdo General de Prestamos (AGP). Este acuerdo AGP esta orientado a la obtención de préstamos suplementarios en el caso de que se considere que los recursos del Fondo son insuficientes para afrontar las necesidades financieras de sus países miembros. En 1964 se incorporó Suiza, aunque entonces no era miembro del Fondo, pero se mantuvo la denominación de G-10. Participan como observadores internacionales: BIP, Comisión Europea, FMI y OCDE.

Grupo de los Quince (G-15)

Creado en 1989 en Belgrado, en la novena reunión de países no alineados esta formado por países de América Latina, África y Asia. Su objetivo es estimular el crecimiento y el progreso económico y cooperar en materia de inversiones, comercio y tecnología. Esta formado por diecisiete países, pero mantienen la denominación de 15.

Grupo de los Veinte (G-20)

En la reunión del G-7 celebrada en Colonia en junio de 1999, se consideró su creación, pero fue en la reunión de ministros de Hacienda del G-7 del 26 de septiembre de ese año cuando se creó formalmente el G-20, celebrándose la conferencia inaugural el 15 y 16 de diciembre en Berlín. Se creó como un nuevo foro de cooperación y consulta en temas relacionados con el sistema financiero internacional. Promueve las deliberaciones entre los principales países industrializados y emergentes en temas relacionados con la estabilidad financiera internacional. Pertenecen al G-20 los principales países industrializados y países emergentes, mas los ministros de Hacienda y gobernadores de Bancos Centrales del G-7, el Banco Central Europeo, el Director Gerente del FMI, el Presidente del CMFI, el Presidente del BM y el Presidente del Comité para el Desarrollo.

Grupo de los Veinticuatro (G-24)

El Grupo Intergubernamental de los Veinticuatro sobre Asuntos Monetarios Internacionales se creó en 1971, con ocasión de la reunión del G-7 en Lima. El objetivo fundamental era representar los intereses de los países en vías de desarrollo en las cuestiones monetarias internacionales. Los países miembros están agrupados, representando cada uno de los grupos respectivamente, a América Latina, África y Asia. El Grupo no pertenece al FMI pero se sirve de los servicios de la Secretaría del Fondo. Las reuniones se celebran previamente a las del Comité de Desarrollo y se le considera un foro de debate de los problemas que los países en vía de desarrollo van a presentar en los distintos Comités.

Grupo de los Treinta (G-30)

Creado en 1978 es un órgano internacional privado, sin fines de lucro. Está formado por personalidades del sector público y privado y del ámbito académico. Su objetivo es analizar las opciones de política en temas relevantes y las cuestiones económicas y financieras internacionales. Se reúnen dos veces al año y esta financiado por bancos, fundaciones y entidades privadas y particulares.

Grupo de los Setenta y Siete (G-77)

Creado por la «Declaración conjunta de los setenta y siete países» el 15 de junio de 1964 que fue hecha pública tras la primera sesión en Ginebra de la Conferencia de la ONU sobre Comercio y Desarrollo (UNCTAD). Su objetivo era promover los intereses económicos de sus países miembros y fortalecer su capacidad negociadora. Sus miembros son 131 países, pero mantienen la denominación original.

Comité para el Desarrollo

El Comité de Desarrollo o Comité Ministerial Conjunto de la Junta de Gobernadores del Banco y del Fondo sobre Transferencia de Recursos Reales a los Países en Desarrollo, se creó en octubre de 1974. Este Comité está encargado de asesorar a la Junta de Gobernadores del Banco y del Fondo en las cuestiones relacionadas con la transferencia de recursos reales a los países en desarrollo. Está formado por 24 ministros de Hacienda o de desarrollo de los países miembros, turnándose cada dos años. Asesoran a la Junta de Gobernadores del FMI y del BM sobre aspectos importantes del desarrollo y recursos financieros necesarios para promover el desarrollo en los países menos desarrollados. Además de temas de desarrollo, el Comité también trata otros aspectos relacionados con el comercio y el medio ambiente.

Comité Monetario y Financiero Internacional (CMFI)

Creado en el 30 de septiembre de 1999 para reemplazar al Comité Provisional (Comité Provisional de la Junta de Gobernadores sobre el Sistema Monetario Internacional) que había sido creado en 1974. Está formado por 24 miembros que son Gobernadores del Fondo y ministros o de rango similar. Su función es la de asesorar e informar a la Junta de Gobernadores sobre temas relacionados con las funciones que tiene la Junta en materias de supervisión y adaptación del sistema monetario y financiero internacional, proceso de ajuste, liquidez mundial y transferencia de recursos a los países en desarrollo, perturbaciones que amenacen el sistema y en general propuestas de enmienda del Convenio Constitutivo. El BM y otras instituciones internacionales participan en el CMFI como observadores.

Consejo de Estabilidad Financiera (CEF)

El 3 de octubre de 1998, los ministros de Finanzas y gobernadores de Bancos Centrales del G7 encargaron al Presidente del Deutsche Bundesbank, Hans Tietmeyer el establecimiento de una nueva estructura que impulsase la cooperación entre varios cuerpos supervisores nacionales e internacionales e instituciones financieras para promover la estabilidad del sistema financiero internacional. El resultado fue una recomendación para que se crease un Fondo de Estabilidad Financiera, convenido el 14 abril de 1999 en Washington.

La crisis financiera internacional iniciada en agosto de 2007, conocida en sus inicios como la crisis de las *hipotecas subprime* ha impulsado algunos cambios importantes en la arquitectura institucional internacional, lo que para algunos supone la aparición de un nuevo orden económico internacional. En la cumbre de Londres del 1 y 2 de abril de 2009 se materializó la transformación por varias vías: en primer lugar, el poder de decisión internacional o gobernanza global se modificó, al desplazarse ese poder, del G-7 ámbito exclusivo de los países desarrollados (Estados Unidos, Reino Unido, Francia, Italia, Japón, Canadá y Alemania), al G 20 donde participan las economías de los países emergentes. En segundo lugar, los organismos económicos y financieros internacionales, el Fondo Monetario Internacional, el Banco Mundial más el Foro de Estabilidad Financiera (que se transformó en el Consejo de Estabilidad Financiera), se constituyen en los cuatro pilares de la nueva arquitectura financiera internacional. En este nuevo contexto, los países emergentes van a desempeñar un papel destacado en función del tamaño de sus economías y del desarrollo de sus sistemas financieros.

RESUMEN

El abandono del patrón oro a principios de la década de los años treinta siguiendo el ejemplo de Gran Bretaña en 1931, provocó una fuerte incertidumbre sobre el valor del dinero, al romperse la relación fija con el oro. Todos los países adoptaron un patrón fiduciario utilizando mecanismos de trueque o imponiendo límites estrictos al cambio de su moneda por monedas extranjeras. Algunos países incapaces de colocar su producción agropecuaria en el exterior, redujeron artificialmente los precios para hacerlos más competitivos en los mercados externos, intercambiando su moneda nacional por debajo del valor real. Los socios comerciales respondieron de forma similar. A finales de los años sesenta se produjo un acontecimiento muy destacado en el panorama monetario mundial, al crearse los *Derechos Especiales de Giro (DEG)*. Dentro de la comunidad monetaria internacional existía la convicción de que el sistema monetario vigente no podía seguir soportando las tensiones derivadas del mecanismo de creación de reservas, que suponía un persistente desequilibrio de la Balanza de Pagos de Estados Unidos. Era necesario, pues, arbitrar un método más eficaz, para adaptar a las necesidades globales de reservas mundiales a largo plazo, la oferta global de dichas reservas. Como resultado de una serie de trabajos y negociaciones, en septiembre de 1967 se llegó a un acuerdo sobre un plan para la creación de los DEG, dentro del marco de funcionamiento del Fondo Monetario Internacional, emitido por el propio Fondo, como un activo de reserva internacional. El Fondo proporciona respaldo financiero a sus países miembros para hacer frente a los problemas macroeconómicos y estructurales con diferente grado de condicionalidad. El objetivo es proporcionar a los países miembros con dificultades la posibilidad de poner en marcha reformas y políticas de ajuste que restablezcan las condiciones necesarias para facilitar un crecimiento económico sostenible.

TEMAS DE REFLEXIÓN

1. Justifique las razones que conducen a la creación del FMI.
2. ¿Por qué se crearon los Derechos Especiales de Giro?
3. Actualmente, ¿cuáles son las funciones del Fondo?
4. Cómo se ha adaptado el Fondo al último episodio de crisis financiera.
5. ¿Por qué se puso en marcha el Nuevo Acuerdo General de Préstamos?

EJERCICIOS DE AUTOCOMPROBACIÓN

1. **La cuota que cada país aporta al Fondo en el momento de su ingreso:**
    a) Determina el volumen de asignación periódica de DEG a los países.
    b) Determina la cantidad de recursos que cada país puede solicitar al Fondo.
    c) Determina el número de votos de cada país.
    d) Todas las respuestas son correctas.
2. **Los Derechos Especiales de Giro (DEG):**
    a) Se establecieron para adaptar las reservas de divisas a las necesidades mundiales a largo plazo.
    b) Son la Segunda Enmienda al Convenio Constitutivo del Fondo.
    c) A partir de 1981 para la valoración de los DEG se utiliza una cesta de 15 monedas.
    d) Las respuestas a y la b son correctas.
3. **Las funciones primordiales del Fondo Monetario Internacional tras las segunda Enmienda al Convenio Constitutivo son:**
    a) Vigilar el sistema de tipos de cambio y ofrecer financiación condicionada al ajuste de los desequilibrios de pagos internacionales.
    b) Asesorar a los países en desarrollo sobre las políticas a aplicar.
    c) Financiar el desarrollo de las economías en desarrollo y en transición que se ajusten a las normas que dicte el Fondo.
    d) Vigilar las reservas internacionales y emitir normas de buena conducta en materia monetaria.
4. **¿Cuál fue el desencadenante de la segunda enmienda al Convenio Constitutivo del FMI?:**
    a) La legalización de la flotación de las monedas con la firma de los Acuerdos de Jamaica.
    b) La creación del DEG.
    c) El establecimiento de un sistema de patrón cambio-oro.
    d) La inclusión de nuevos países miembros.
5. **Para el ejercicio de sus funciones, el FMI:**

a) Posee mecanismos de créditos
b) Posee diversos servicios y políticas.
c) Recurre al BM para obtener financiación.
d) Las respuestas a y b son correctas.

SOLUCIONES A LOS EJERCICIOS DE AUTOCOMPROBACIÓN

1. d)
2. a)
3. a)
4. a)
5. d)

BIBLIOGRAFÍA

HOOKE, A. W., *El FMI, evolución, organización y actividades,* FMI, Washington DC, 1981.

GOLD, J., «La II Enmienda al Convenio Constitutivo del Fondo. Visión general». *Finanzas y Desarrollo,* junio 1978.

L'HERITEAU, M.-F., «Le FMI et les pays du Tiers-Monde. PUF Institu d'Etude du Developpement Economique et Social, Coll.», *Tiers Monde,* París, 1986.

VARELA, M. (coordinador), *El Fondo Monetario Internacional, el Banco Mundial y la Economía española,* Ed. Pirámide, Madrid, 1994.

22
Bancos Regionales de Desarrollo

1. Bancos Regionales de Desarrollo (BsRsD).—2. El Banco Interamericano de Desarrollo (BID).—3. El Banco Africano de Desarrollo (BAfD).—4. El Banco Asiático de Desarrollo (BAsD).

TÉRMINOS CLAVE

- **Consorcios**
- **Desarrollo económico regional**
- **Financiación concesional**
- **Fondos concesionales**
- **Fondos Especiales**
- **Fondos fiduciarios**
- **Países no regionales**
- **Países regionales**
- **Pobreza**
- **Poder de voto**
- **Ventanilla blanda**

1. Bancos Regionales de Desarrollo (BsRsD)

Los Bancos Regionales de Desarrollo y otras instituciones financieras multilaterales forman parte del entramado institucional que a nivel mundial influyen y condicionan el desarrollo integral de los países y de la economía internacional. Si el vínculo jurídico que se crea al establecer un organismo financiero internacional afecta a dos países estaríamos ante entidades o acuerdos bilaterales y si afecta a un mayor número de países, serían entidades o acuerdos multilaterales. Estos organismos creados para cooperar en el desarrollo de los países o regiones concretas pueden tener carácter supranacional o intergubernamental y se diferencian de las Organizaciones no Gubernamentales (ONG), en que éstas se mueven en el ámbito del Derecho privado, mientras que los organismos financieros internacionales pertenecen desde el punto de vista jurídico a la esfera del Derecho internacional público y desde el punto de vista económico, porque participan Estados o Administraciones públicas, constituyendo asociaciones que pueden servir a personas físicas o jurídicas de carácter público o privado de un solo Estado o de diferentes Estados.

La ola de descolonización de la postguerra hizo posible la organización de nuevos Estados en el marco internacional, cuyos problemas imponían no solamente romper de forma drástica e inmediata con el pasado colonial, sino establecer unos sistemas de financiación autónomos que hicieran posible la estructuración de una estrategia de desarrollo a largo plazo y la mejora del nivel de vida de los pueblos. Los países emergentes comprendieron enseguida que sin independencia económica no servía para nada la independencia política, y muchos de estos países ignoraban el funcionamiento de las cuestiones financieras, materia reservada anteriormente a la administración colonial.

Los Bancos Regionales de Desarrollo surgieron como instituciones sin fines de lucro, con estructura y funciones similares a las del Banco Mundial, implantados con la finalidad de servir los intereses de la zona donde se ubicaron, para promover y fomentar el desarrollo económico de sus regiones. Su creación obedeció a dos razones específicas: una razón económica relacionada con el deseo de atender más directamente las necesidades de desarrollo económico y social de las regiones más atrasadas y que no podían ser atendidas por instituciones multilaterales de mayor envergadura, como el Banco Mundial, y que por razones de eficiencia no eran objeto de atención por la banca privada u otras instituciones de carácter lucrativo, y una razón política, fundamentada en el acusado nacionalismo surgido tras la segunda guerra mundial, en Latinoamérica, Asia y África, en busca de soluciones integradoras, como parte de la consolidación de su identidad política y de su afán por resolver el atraso y la pobreza de sus regiones.

El Banco Mundial mantenía una política tachada de conservadora por Latinoamérica, en cuanto a la distribución sectorial de sus préstamos, a la vez que rechazaba la concesión de préstamos a los sectores sociales (su Convenio Constitutivo se lo prohibía). La revolución cubana y la campaña iniciada por los países en desarrollo en los años cincuenta, para la creación de un Fondo Especial de las Naciones Unidas (FENUDE), donde los países en desarrollo tuviesen la misma influencia que los países desarrollados, bajo el principio, un país, un voto, colaboraron por razones distintas, para favorecer la implantación de organismos regionales de desarrollo. La ONU, que había incluido entre los objetivos de su Carta la promoción del desarrollo económico, desempeñó un papel importante, en especial a través de sus Comisiones Económicas Regionales, al asumir una función activa en la creación de los Bancos Regionales de Desarrollo.

El primer banco que se implantó fue el Banco Interamericano de Desarrollo y le siguieron el Banco Africano de Desarrollo y el Banco Asiático de Desarrollo. Su principal función es la movilización de recursos externos hacia sus regiones con fines de desarrollo económico. Su principal objetivo es la financiación de proyectos y programas concretos de desarrollo. Obtienen sus recursos de las aportaciones o suscripciones al capital social de los países miembros, a través de reposiciones periódicas, de los recursos especiales procedentes de los Fondos Especiales y de la apelación al mercado internacional de capitales. Otra forma de movilizar recursos es mediante la asistencia técnica constituida por la transferencia de recursos y tecnología a los países miembros menos desarrollados, mediante la colaboración de expertos de países e instituciones favorecedoras del desarrollo regional. La mayor parte de los préstamos están financiados con empréstitos que obtienen en los mercados financieros internacionales, con el respaldo de las suscripciones al capital exigible de los países miembros desarrollados. Con los recursos ordinarios de capital (obtenidos en condiciones de mercado) financian los proyectos más rentables, pero los proyectos de carácter social y baja rentabilidad son financiados con recursos especiales, con plazos de vencimiento más extensos, períodos de carencia más amplios y tipos de interés más favorables que los establecidos para las operaciones ordinarias. Los recursos especiales son los recursos procedentes de los Fondos Especiales, que cada Banco mantiene como línea de crédito concesional.

Los Bancos Regionales de Desarrollo conceden financiación a los países miembros regionales para cubrir los gastos en moneda extranjera del proyecto, aunque en ocasiones pueden aportar financiación en moneda local. Sólo proporcionan parte de la financiación, el resto corre a cargo del prestatario. En los últimos años, los Bancos Regionales de Desarrollo han recurrido a la cofinanciación o acuerdo con dos o más agentes financieros, para financiar conjuntamente un proyecto. Estos recursos complementan las operaciones de los Bancos y van dirigidos a proyectos de envergadura, prioritarios para los países miembros regionales. Además de las BsRsD existen Instituciones Financieras Multilaterales y Bancos Subregionales de Desarrollo.

2. El Banco Interamericano de Desarrollo (BID)

Desde finales del siglo XIX y principios del siglo XX, en Latinoamérica se produjeron movimientos constantes para conseguir unas relaciones económicas y políticas más integradas, configurándose diversas instituciones. Ninguna de estas instituciones tenía por finalidad promover las zonas más atrasadas de la región. El BID surgió como una institución genuina de desarrollo regional arraigada en el conjunto de instituciones latinoamericanas, tras largos años de negociaciones. Fue el primer Banco de Desarrollo Regional que se estableció. En la historia de los orígenes del BID se pueden distinguir dos tipos de relaciones encuadradas en tres fases distintas. Las relaciones están referidas a:

1. El papel desempeñado por Estados Unidos en la creación de una institución de desarrollo regional en Latinoamérica.

2. La actitud de los países latinoamericanos para impulsar la creación de un organismo regional que fomentase el desarrollo del continente.

El papel jugado por Estados Unidos en la creación del Banco Interamericano de Desarrollo fue decisivo. Durante muchos años, su oposición fue el principal obstáculo en las negociaciones. Estados Unidos se oponía a la creación de una institución que entrase en competencia con la banca privada americana que operaba en América Latina. La negativa de Estados Unidos estaba basada en la suficiencia de recursos procedentes del Banco Mundial, de los programas de ayuda americana y de los canales privados de financiación. Por su parte, los países latinoamericanos sistemáticamente, y según el momento en que se producía, contestaron la postura americana apoyándose esencialmente en tres aspectos: 1) la política conservadora del Banco Mundial hacia las regiones en desarrollo, 2) la caída de los precios de las materias primas después de la guerra de Corea que afectó a las exportaciones de Latinoamérica, y 3) el Plan Marshall como ejemplo de ayuda beligerante en un continente.

Las tres fases en la historia de los orígenes del BID abarcan:

1. Desde la primera Conferencia Internacional Americana (1889) hasta la Primera Guerra Mundial (1939).
2. Desde la Conferencia de Bretton Woods (1944) hasta 1958, fecha en que se produjo un cambio en la postura americana hacia la creación de un organismo de desarrollo regional.
3. Desde 1958 hasta la creación del BID (1959).

En cualquiera de los períodos citados la negativa de Estados Unidos fue un elemento permanente al menos hasta 1958. Mientras tanto, los países de Latinoamérica presentaron sucesivas propuestas para encontrar una solución que conjugara los intereses de América Latina con los de la Administración americana. De ahí que se pasase desde la propuesta de creación de un Banco Internacional Americano, con estructura y funciones similares a las de la banca privada (1890), a la propuesta de creación de un Banco Interamericano, con funciones de Banco Central (1933), influido por los efectos de la crisis de 1929 y en la necesidad de atender más a la estabilidad monetaria y al fomento de las corrientes de capital que a las corrientes comerciales, principal objetivo de los primeros planteamientos. La Segunda Guerra Mundial y la Conferencia de Bretton Woods influyeron de manera decisiva en las últimas propuestas. A partir de entonces se inició una época donde los planteamientos sobre el desarrollo económico se hicieron más precisos, reclamándose fuentes de financiación concretas para ese desarrollo. A partir de 1958 se produce un cambio drástico en la postura de Estados Unidos respecto a la creación de un organismo de desarrollo regional. El entonces vicepresidente Nixon en un viaje a la Conferencia Económica de la OEA, fue testigo directo del descontento de la región hacia Estados Unidos. Este suceso desencadenó una serie de consultas entre el gobierno americano y el brasileño con carácter extensible al resto de la comunidad latinoamericana, que fue configurando los rasgos de la Operación Panamericana presentada en la OEA el 12 de agosto de 1958 por el presidente brasileño Juscelino Kubitschek.

La propuesta final para la creación del Banco Interamericano de Desarrollo estuvo apoyada en esta Operación, bajo la cual subyacía: 1. La amenaza del subdesarrollo como factor potencial de alteraciones político-sociales, y 2. La defensa de la democracia, una de las preocupaciones básicas de la política exterior americana a lo largo del tiempo.

El Acuerdo Constitutivo del Banco Interamericano de Desarrollo entró en vigor el 30 de diciembre de 1959. Las operaciones del Banco comenzaron el 1 de octubre de 1960 y el 3 de febrero de 1964 se aprobó el primer préstamo a la ciudad de Arequipa (Perú). Entre las principales funciones del Banco Interamericano de Desarrollo están la movilización de capitales públicos y privados y de fomento de las inversiones privadas con fines de desarrollo.

Pueden ser miembros del BID todos los países pertenecientes a la Organización de Estados Americanos (OEA) y los países no regionales miembros del FMI que lo soliciten, y Suiza. Cuba, que participó en las sesiones preliminares a la creación del BID, no ratificó el Convenio Constitutivo.

Inicialmente el Convenio Constitutivo limitaba la participación en el Banco a los países pertenecientes a la OEA. El 23 de marzo de 1972 se modificó por primera vez el Convenio Constitutivo del BID, para autorizar el ingreso de Canadá, país no perteneciente a la Organización de Estados Americanos. Por la Declaración de Madrid (noviembre de 1974), acuerdo para la entrada de países no regionales en el BID, el 17 de diciembre de 1974, 12 países no regionales decidieron ingresar en el BID: Alemania, Austria, Bélgica, Dinamarca, España, Holanda, Israel, Italia, Japón, Reino Unido, Suiza y Yugoslavia.

El Convenio Constitutivo se modificó por segunda vez en julio de 1976, para dar entrada a países no regionales. El día 9 de ese mes ingresaron Alemania, Bélgica, Dinamarca, España, Israel, Japón, Reino Unido, Suiza y Yugoslavia. Austria, Francia y Holanda lo hicieron el 10 de enero de 1977. El resto de los países no regionales han ingresado posteriormente. Para mantener el carácter regional del Banco, el Convenio Constitutivo prohíbe el aumento de las suscripciones de un país miembro a las acciones del capital ordinario, si como resultado se reduce el poder de voto de los países miembros en desarrollo a menos del 53,3 por 100, el de los Estados Unidos a menos del 34,5 por 100 y el de Canadá a menos del 4 por 100 del poder de voto total. España junto con Japón ocupa la primera posición como miembro no regional.

Hasta 1987, el capital social del Banco estaba constituido por los recursos ordinarios de capital y los recursos interregionales. A partir de esa fecha, se ha producido la fusión de ambos capitales, quedando ambos integrados en los recursos ordinarios de capital. El capital social está formado por acciones con un valor nominal de 10.000 dólares. Parte del capital es pagadero en efectivo y por otra parte es capital exigible. La cantidad considerada como capital pagadero en efectivo ha sido pequeña respecto a los incrementos de recursos habidos. El capital exigible es la parte de capital sólo desembolsable en caso de que el Banco así lo demande, para hacer frente a sus obligaciones, constituye un respaldo para los empréstitos que obtiene el BID en los mercados capitales, y permite a los países latinoamericanos poseer la mayoría del poder de voto, al constituir sólo una obligación de desembolso. El Banco consta de una Asamblea de Gobernadores, un director ejecutivo, un presidente, un vicepresidente ejecutivo y un vicepresidente encargado del Fondo. La Asamblea de Gobernadores se reúne una vez al año.

La mayoría de los préstamos que realiza el Banco están financiados con los recursos que obtiene en los mercados internacionales de capital, a través de la emisión de bonos u obligaciones en dichos mercados. La contratación de esos préstamos lo realiza el Banco fundamentalmente a través de dos vías: una vía directa con la fuente prestamista y otra indirecta a través de consorcios de empresas bancarias o financieras, introducidas en los mercados internacionales de capital. El BID realiza sus emisiones en las principales plazas financieras mundiales, habiendo obtenido la más alta calificación que conceden las empresas especializadas. Las operaciones de préstamos del Banco están definidas según los recursos que se utilizan.

Los términos y condiciones de los préstamos dependen de la naturaleza y del coste de los recursos empleados. Los préstamos del Banco representan alrededor de una cuarta parte del coste total de los proyectos, el resto es financiado por el país prestatario. La financiación ordinaria se realiza con cargo a los recursos del capital ordinario, con amortizaciones de hasta veinte años, reembolsable en la moneda en la que se efectuó el préstamo y a un tipo de interés que varía cada semestre en razón del coste de obtención de los fondos por el BID. El Banco es un simple intermediario en este tipo de operaciones al captar los recursos en el mercado de capitales y cedérselos a los prestatarios, ya que la parte de capital desembolsado por los prestatarios en el capital nominal, es mínima.

La segunda línea de financiación está formada por recursos concesionales o financiación blanda. Son los recursos del FOE o Fondo para Operaciones Especiales. La amortización puede llegar hasta cuarenta años con diez años de carencia. Los tipos de interés oscilan entre el 1 y el 2 por 100. La FFI o Facilidades de Financiamiento Intermedio están destinadas a complementar la insuficiencia de los recursos concesionales. A través de esta línea de financiación se conceden subvenciones a los tipos de interés por préstamos ordinarios. El sector agropecuario ha sido el principal beneficiario de los préstamos del BID. Industria y minería, transportes y comunicaciones, sanidad, medio ambiente y desarrollo urbano, le siguen en importancia como actividades que reciben mayor apoyo del Banco.

Todos los Bancos Regionales tienen una ventanilla de crédito «blanda», o concesional para conceder préstamos en condiciones más ventajosas a los países miembros más atrasados y financiar proyectos o programas de carácter social que no pueden ser financiados por la línea ordinaria de recursos. El Fondo para Operaciones Especiales (FOE) se constituyó a la vez que el BID en 1959. Se estableció como ventanilla blanda, para financiar proyectos de desarrollo social (asentamientos rurales, educación superior, capacitación profesional, etc.), y sus recursos proceden de contribuciones de los países miembros, de la gestión de la liquidez y de los intereses de los préstamos concedidos. Su creación permitió al Banco atender desde el comienzo a la financiación de proyectos de desarrollo en condiciones más ventajosas para el país en cuanto a plazos, tipos de interés y período de carencia, que si se hubieran utilizado los recursos ordinarios de capital. Inició sus operaciones con 146 millones de dólares, aportados por los países miembros en proporción a su participación en el capital del Banco.

El BID mantiene además una serie de fondos con países y organizaciones internacionales, que le proporcionan recursos adicionales. Los más importantes son el Fondo Fiduciario de Progreso Social (FFPS), Fondos de Canadá, el Fondo Fideicomiso de Venezuela y el Fondo Español del V Centenario, que a diferencia de los anteriores que van destinados a la cooperación técnica, con éste se pueden cofinanciar proyectos en condiciones muy favorables en beneficio de sectores de población más desfavorecidos. Hasta ahora este fondo ha sido muy poco activo. En 1983 se creó una «tercera ventanilla» de carácter concesional, la Facilidad de Financiamiento Intermedio (FFI), para cubrir parte de la carga por intereses de los préstamos concedidos con los recursos ordinarios e interregional de capital del Banco, dada la evolución de los tipos de interés en los mercados internacionales de capital.

El 23 de marzo de 1986, tras largas negociaciones, se creó la Corporación Interamericana de Inversiones (CII) como entidad afiliada al Banco Interamericano de Desarrollo cuyo objetivo es complementar las actividades del BID en cuanto a la promoción, establecimiento, ampliación y modernización de empresas privadas de los países miembros del Banco. Sus recursos los mantiene separados de los del Banco, aunque el presidente del Banco lo es también del Directorio Ejecutivo de la Cooperación. En la Asamblea anual de Gobernadores del BID y XV Asamblea anual de la CII se cerró el proceso de ampliación de capital de la Corporación, lo que permitirá a la CII independizarse en el terreno financiero y emitir bonos en los mercados internacionales de capital.

El Fondo Multilateral de Inversiones (FOMIN) forma parte de la Iniciativa para las Américas del presidente Bush de 1990. En febrero de 1992, 21 de los países del BID establecieron este fondo con el objetivo de facilitar y fomentar la inversión, tanto privada como exterior en el Hemisferio Sur y el Caribe. Estados Unidos y Japón son sus principales aportadores de recursos. Le siguen en este orden, España, Canadá, Alemania, Italia, Argentina, Brasil, México, Venezuela, Francia, Colombia, Chile, Portugal, Uruguay, Perú, Guatemala, Honduras, El Salvador, Costa Rica y Nicaragua.

Para financiar sus objetivos relacionados con el fomento de las inversiones y la promoción del desarrollo sostenido, el FOMIN utiliza tres «ventanillas». La primera de cooperación técnica, la segunda de recursos humanos y la tercera vinculada a la promoción de las empresas de menor tamaño (ninguna de las tres ventanillas puede utilizar más del 40 por 100 del total de recursos del Fondo.

3. El Banco Africano de Desarrollo (BAfD)

En la Conferencia de Jartum (Sudán) celebrada del día 30 de julio al 4 de agosto de 1963, se firmó el Acuerdo Constitutivo por el que se creaba el Banco Africano de Desarrollo (BAfD). El Banco surgió como resultado de la culminación del proceso de descolonización africano de los años cincuenta y sesenta en un intento de dotar a África de una institución multilateral de carácter exclusivamente africano.

Desde su creación hasta 1982 estuvo compuesto exclusivamente por países regionales. La insuficiencia de recursos económicos para hacer frente a la creciente demanda de préstamos por sus países miembros, hizo necesaria la modificación del Acuerdo Constitutivo, para dar entrada a los países no regionales. La creación del Banco Africano de Desarrollo está íntimamente relacionada con la culminación del proceso de independencia africano que a lo largo de los años sesenta estuvo acompañado por la formación de movimientos políticos con afinidades lingüísticas e ideológicas que, aunque más ligados a la gestión de la Organización de la Unidad Africana (OUA), impulsaron y apoyaron la idea de la creación de una institución de desarrollo regional.

La gestación del BAfD partió de la resolución aprobada en Túnez en 1960, sobre la necesidad de establecer un organismo regional de desarrollo. La Comisión Económica de las Naciones Unidas para África (CEA), constituida en 1958, jugó un papel desatacado en la constitución del Banco Africano de Desarrollo. En la cuarta reunión de la CEA celebrada en Addis Abeba, del 9 de febrero al 3 de marzo de 1962, se aprobó una resolución por la que se creaba un Comité «ad hoc» de nueve miembros, que fueron encargados de los trabajos preparatorios para la creación de un Banco Africano de Desarrollo. Estos miembros eran representativos de los más importantes grupos africanos. El Comité de los Nueve se organizó en tres grupos para llevar a cabo consultas con los distintos países africanos. El resultado de estas consultas fue el planteamiento de una institución exclusivamente africana sin la participación de los países industrializados (no regionales), algunos de los cuales habían sido sus metrópolis.

En mayo de 1963 se creó la Organización para la Unidad Africana (OUA), que aglutinó a los principales movimientos panafricanos e impuso rapidez a la creación del Banco, cuyo Acuerdo fue firmado tres meses después, en agosto de 1963. Su sede se fijó en Abidján (Costa de Marfil) y el día 10 de septiembre de 1964 entró en vigor el Acuerdo. La Asamblea inaugural de la Junta de Gobernadores se celebró en Lagos (Nigeria), del 4 al 7 de noviembre de 1964 y el Banco inició sus operaciones en julio de 1966.

La exclusión de los países no regionales en la organización del Banco tuvo importantes consecuencias para su desenvolvimiento. El Banco podía captar recursos en el interior o en el exterior de África. A las vías que podía recurrir en el interior eran el aumento de su capital ordinario, la constitución de Fondos Especiales o la colaboración con las instituciones financieras de sus países miembros en organismos internacionales y a la participación de países desarrollados en algún Fondo Especial. La primera de las vías de apelación interior tenía importantes limitaciones. La composición de sus miembros, todos africanos, muchos de los cuales forman parte de la relación de países más pobres del planeta, hacía imposible la aportación de las monedas convertibles necesarias para mejorar la posición financiera de la institución. La segunda de las vías de apelación interior tuvo como resultado la constitución del Fondo Especial de Nigeria (FEN). La captación de recursos de las instituciones financieras de sus países miembros tuvo resultados muy limitados. Respecto a la apelación al mercado exterior, cabe destacar la creación del Fondo Africano de Desarrollo.

A principios de los años setenta se comenzó a estudiar la posibilidad de incorporar los países no regionales a su capital social. Tras varios intentos, en la Asamblea anual de Lusaka, en mayo de 1982, se consiguió el porcentaje de votos suficientes para permitir la apertura de capital del BAfD a los países desarrollados. En diciembre de 1982 se produjo la apertura oficial del capital social del Banco Africano de Desarrollo, que cuenta a partir de entonces con países regionales y países no regionales. Al igual que el resto de los Bancos Regionales de Desarrollo, su objetivo es el de contribuir al desarrollo económico y social de sus países miembros, individual y colectivamente. Pueden ser miembros del BAfD todos los países africanos que sean independientes (Sudáfrica fue descartada en la Conferencia de Jartum por su política de segregación racial), y los países no africanos (a partir de 1982).

El Banco Africano de Desarrollo contabiliza sus operaciones con una unidad de cuenta propia, la UC. El capital social autorizado está dividido en capital desembolsado y capital no desembolsado, correspondiendo a cada uno el 50 por 100 de capital social autorizado. Las ampliaciones de capital se hacen manteniendo la africanidad del Banco, de forma que la distribución de las acciones entre países regionales y no regionales siempre mantengan la misma proporción: 2/3 del poder de voto total para los países miembros africanos y el tercio restante para los países no regionales. La proporción de capital suscrita inicialmente por los países deberá desembolsarse en oro o en moneda convertible. Esta norma constituye una originalidad del BAfD, frente al BID y al BAsD, donde parte de la suscripción puede realizarse en la moneda del país miembro.

El Banco Africano de Desarrollo consta de una Junta de Gobernadores, un Consejo de Administración, un presidente y el resto del personal propio para la gestión de la institución. La máxima autoridad del BAfD es la Junta de Gobernadores, donde cada miembro está representado por un gobernador y un gobernador suplente. El principal objetivo del Banco Africano de Desarrollo es financiar proyectos y programas de desarrollo en África, para reforzar la complementariedad de las economías africanas o las que tengan carácter plurinacional.

El Banco mantiene ciertas limitaciones en sus operaciones ordinarias, respecto a su capital. Los préstamos se conceden por un período máximo de veinte años con un período de carencia que está en relación al período de realización del proyecto. El tipo de interés de las operaciones ordinarias está en función del coste de obtención de los fondos por el Banco. Los préstamos tienen una comisión del 1 por 100 y se reembolsan en la misma moneda en que fueron concedidos o en la moneda o monedas convertibles que el Banco determine. El BAfD sólo financia parte del proyecto, el resto corre a cargo del prestatario.

Al igual que los otros bancos regionales, el Banco Africano de Desarrollo tiene una línea de crédito blanda o concesional con cargo a los Fondos Especiales. Los principales Fondos Especiales son el Fondo Africano de Desarrollo y el Fondo Especial de Nigeria. El Fondo Africano de Desarrollo se creó en 1972 según el Acuerdo concluido entre el BAfD y 16 países no regionales. Los escasos recursos del Banco y la prohibición de su Convenio Constitutivo a la participación del capital no regional, hicieron posible la creación del Fondo, por lo cual se permitía a los países no regionales aportar recursos para el desarrollo africano, a la vez que se les mantenía al margen de la gestión de los recursos del Banco. Su establecimiento obedeció a la necesidad de proporcionar apoyo financiero a los países miembros del Banco en condiciones privilegiadas para inversiones de carácter social o de baja rentabilidad.

El Fondo es un organismo independiente y sus recursos están separados de los del Banco. El Fondo está compuesto por el Banco Africano de Desarrollo, que con una mínima aportación detenta el 50 por 100 del poder de voto y por los países no regionales que se reparten, según sus contribuciones, el 50 por 100 restante. Las operaciones del FAfD complementan las operaciones del Banco, cumpliendo así una de las funciones más importantes de la banca regional, apoyar los proyectos de carácter social, de baja rentabilidad, que no pueden ser financiados con los recursos ordinarios de capital.

El FAfD concede préstamos reembolsables en cuarenta años, con un período de carencia de diez años. El tipo de interés oscila entre el 1 y el 3 por 100, con una comisión administrativa del 0,75 por 100 anual. La unidad de cuenta del Fondo es la UCF, cuyo valor originalmente era equivalente al oro. A partir de la II Enmienda del Convenio Constitutivo del FMI, al eliminarse la referencia al oro en el Sistema, la UCF ha pasado a basarse en el DEG. El FAfD comenzó sus operaciones en agosto de 1973. Los préstamos han ido dirigidos fundamentalmente hacia la agricultura y el transporte.

Al carecer de estructura administrativa propia, el Fondo utiliza la del Banco Africano de Desarrollo, reembolsándole los gastos ocasionados por las operaciones que genera. La Asamblea anual del Fondo se celebra conjuntamente con la del Banco.

El Acuerdo del Fondo Especial de Nigeria (FEN) fue firmado en febrero de 1976, y entró en vigor el 25 de abril de ese año. Su dotación inicial fue de 79,5 millones de dólares por el Gobierno de Nigeria. El objetivo del FEN es ayudar a los países miembros del BAfD con dificultades económicas o afectados por catástrofes, concediéndoles préstamos en condiciones intermedias entre las del Banco y el FAfD. La creación del FEN, por el gobierno de Nigeria, país productor de petróleo y en aquellos momentos en situación muy favorable, tenía como objetivo no sólo apoyar a las zonas más desfavorecidas de la región, sino también estimular a otros países miembros del Banco en situación económica desahogada a constituir Fondos Especiales, para evitar la entrada de países no regionales en el capital social del Banco. Los préstamos se conceden a un tipo de interés anual del 4 por 100, con un período de carencia de cinco años. La devolución del préstamo está escalonada en veinticinco años. El FEN tiene una duración limitada, treinta años, con posibilidad de prorrogarse.

Los recursos del Banco se han dirigido primordialmente a proyectos de infraestructura y proyectos industriales. Los recursos del FAfD y del FEN, concedidos en condiciones privilegiadas, van hacia proyectos de sanidad y educación, y programas de desarrollo rural considerados de baja rentabilidad. Para ser beneficiarios de los préstamos privilegiados, los países potencialmente receptores deben reunir determinados requisitos, en cuanto a nivel de renta por habitante, a menos que el país miembro haya sido víctima de una situación desfavorable no prevista. En conjunto, la agricultura ha sido el sector más favorecido por el grupo del Banco (BAfD, FAfD y FEN). El Banco se sirve de la cofinanciación con instituciones multilaterales y bilaterales no regionales, para participar en proyectos de envergadura, sin cuya colaboración no podría llevarlo a cabo.

4. El Banco Asiático de Desarrollo (BAsD)

El Banco Asiático de Desarrollo (BAsD) se creó en diciembre de 1965. Su Acuerdo Constitutivo entró en vigor el 22 de agosto de 1966 y las operaciones se iniciaron el 19 de diciembre de ese año. Su sede está en Manila (Filipinas).

La iniciativa de crear un Banco Regional de Desarrollo para Asia surgió en agosto de 1963, en el seno de la Comisión Económica de las Naciones Unidas para Asia y el Lejano Oriente (CEPALO), denominada posteriormente Comisión Económica y Social para Asia y el Pacífico (CESAP). La iniciativa de la CEPALO, al igual que en los orígenes del Banco Africano de Desarrollo, tuvo como resultado la formación de un grupo de expertos para estudiar la posibilidad de implantar una institución regional de desarrollo. Su estructura y funciones son más parecidas a las del Banco Mundial que a las de un Banco de Desarrollo Regional. En el BID se daba el deseo de cooperación conjunta para el desarrollo de la zona, lo que facilitó la identidad de los objetivos y la estructuración del Banco. La evolución de los movimientos nacionalistas africanos y su interacción en un movimiento panafricano más amplio contribuyó a la cooperación conjunta a nivel continental. En Asia no se dio esa actividad homogénea.

La concurrencia de factores diversos, la heterogeneidad de religiones y países, la coexistencia de zonas en situación neocolonial, con países como Japón, Australia y Nueva Zelanda, hicieron que el planteamiento de una institución de desarrollo regional tuviese su origen en la propuesta de un organismo de carácter económico, como la CEPALO, más que en las relaciones directas de los Estados soberanos implicados. Desde el principio formaron parte del Banco los países no regionales.

Existe cierto paralelismo en la creación del Banco Interamericano de Desarrollo y en el Banco Asiático de Desarrollo, en cuanto a la influencia que tuvo Estados Unidos. En ambos casos, Estados Unidos se mostró desinteresado en las primeras propuestas, para pasar de forma rápida y por razones de estrategia exterior a convertirse en defensor e impulsor decidido de las propuestas cooperativas de desarrollo de las regiones respectivas. En el caso asiático, la guerra de Vietnam y el papel que adoptó Estados Unidos para recuperar su imagen deteriorada por la contienda, fue un elemento decisivo para la implantación del Banco Asiático de Desarrollo. De las dos etapas que abarcan la creación del Banco Asiático de Desarrollo, la primera (agosto de 1963-abril de 1965) está impulsada por las propuestas para la cooperación y el desarrollo apoyadas por la CEPALO, mientras que en la segunda etapa (abril de 1965-diciembre de 1965) está centrada en los aspectos institucionales del organismo a crear. En cualquiera de las dos etapas el principal tema de discusión fue la movilización de recursos externos con fines de desarrollo. No hubo planteamientos políticos.

Las funciones y objetivos del BAsD son similares a las del resto de los Bancos Regionales de Desarrollo. Pueden ser miembros los países regionales o no regionales, que sean miembros de las Naciones Unidas o cualesquiera de sus organismos especializados. Su capital total autorizado inicial fue de 1.000 millones de dólares, que en la reunión inaugural se elevó a 1.100 millones de dólares, divididos en 100.000 acciones, con un valor a la par de 10.000 dólares por acción. Sucesivas reposiciones de recursos han ido ampliando el stock inicial de capital. Parte de las suscripciones son desembolsables y otra parte queda como capital exigible, que no se desembolsa a menos que el Banco lo requiera para hacer frente a compromisos contraídos. Para mantener el carácter regional de la institución, ningún país puede suscribir una cantidad que reduzca el porcentaje de capital de los países miembros regionales, a menos del 60 por 100 del capital total suscrito. Japón, Australia y Nueva Zelanda, a pesar de ser países desarrollados, son miembros regionales, que aseguran con su participación el carácter asiático de la institución.

Las suscripciones al capital del Banco se realizan en oro o moneda convertible al 50 por 100 y el resto en la moneda del país miembro. En lugar de moneda local, tanto el BAsD como el resto de los bancos regionales, admiten pagarés u obligaciones no negociables y sin interés, emitidas por el gobierno del país miembro y pagaderas al Banco a la par, en el momento que éste lo demande.

El Banco está compuesto por una Junta de Gobernadores, un Consejo de Administración, un presidente y tres vicepresidentes. Cada país miembro está representado en la Junta de Gobernadores por un gobernador y un gobernador suplente. La Junta de Gobernadores se reúne una vez al año y es el órgano más importante del Banco. Los recursos del Banco Asiático de Desarrollo están formados por los Recursos Ordinarios de Capital y los Recursos Especiales. Los Recursos Ordinarios de Capital están compuestos por el capital autorizado, los empréstitos, los reintegros de créditos y sus intereses y cualquier otro recurso que reciba el Banco aparte de los Fondos Especiales. Los principales Fondos Especiales del BAsD son el Fondo Asiático de Desarrollo y el Fondo Especial de Asistencia Técnica.

El Fondo Asiático de Desarrollo (FAsD) fue establecido el 28 de junio de 1974. Su objetivo es el de proporcionar préstamos a los países miembros en desarrollo con bajo nivel de renta por habitante, y una limitada capacidad de endeudamiento. El FAsD, al igual que el Fondo de Operaciones Especiales (FOE) del Banco Interamericano de Desarrollo y el Fondo Africano de Desarrollo (FAfD) carece de personalidad jurídica propia. Como el resto de los fondos especiales, los recursos del Fondo Asiático de Desarrollo están formados esencialmente por contribuciones de los países desarrollados movilizados en reposiciones periódicas y voluntarias.

El Fondo Especial de Asistencia Técnica (FEAT) se constituyó en 1977 y es una de las principales fuentes de financiación para las operaciones de asistencia técnica del Banco. Las contribuciones a este Fondo son de carácter voluntario (como en todos los Fondos Especiales) y su actividad es muy importante para las transferencias de recursos y tecnología a los países miembros menos desarrollados. En 1998 se constituyó el Fondo Especial de Japón (FEJ), con fondos del gobierno japonés, para financiar proyectos del BASD en el sector privado y asistencia técnica. En general, este fondo se orienta hacia donaciones para servicios de consultoría en proyectos públicos e inversiones para proyectos desarrollados en el sector privado. En 1998, el gobierno japonés aportó 7.900 millones de yenes para los próximos diez años. Además, el gobierno japonés financia el *ADB Institute Special Fund* que es un instituto para la investigación con sede en Tokio.

Las operaciones de préstamos del Banco van dirigidas a la financiación de proyectos específicos, incluidos los que forman parte de un programa de desarrollo nacional, regional o subregional de alta prioridad para el desarrollo. Por sectores, los préstamos del Banco han apoyado fundamentalmente al sector energético hasta 1987, con la promoción de fuentes alternativas de energía. La creación de activos físicos de infraestructura de apoyo, tienen prioridad en la distribución de los préstamos, además de la agricultura. El tipo de interés de los préstamos se ajusta temporalmente (cada seis meses), reflejando, con cargo a los recursos ordinarios de capital, el coste de obtención de los fondos, el tipo de interés aplicado por instituciones similares y la perspectiva de liquidez del banco.

El Fondo Asiático de Desarrollo concede préstamos en condiciones concesionales con un período de amortización de cuarenta años, un período de carencia de diez años y un 1 por 100 de comisión por servicio. La financiación proporcionada por el Fondo Especial de Asistencia Técnica es gratuita, a menos que el Banco decida otra cosa. A partir de 1999 el BAsD ha establecido una nueva estrategia. El crecimiento económico y la inversión en el desarrollo humano no se consideran suficientes para erradicar la pobreza en la región.

La nueva estrategia del Banco se apoya en tres pilares: 1) actuación a favor de los pobres a través de un crecimiento económico sostenible basado en políticas y programas que faciliten el empleo y la generación de renta para los pobres, 2) un desarrollo social que permita a los pobres hacer uso de las oportunidades de mejora de sus niveles de vida y programas que directamente se dirijan a la severidad de la pobreza, y 3) buena gestión para asegurar que los pobres tienen mejor acceso a los servicios básicos y tienen mayor audiencia y participación en las decisiones que les afectan. Esta nueva estrategia del Banco requiere que todas las operaciones, tanto de préstamo, asistencia técnica, coordinación de las donaciones, diálogo político y el resto de las operaciones contribuyan a *reducir la pobreza* en cada uno de los Estados miembros más atrasados.

RESUMEN

Los Bancos Regionales de Desarrollo y otras instituciones financieras multilaterales, forman parte del entramado institucional que a nivel mundial influyen y condicionan el desarrollo integral de los países y de la economía internacional. Los Bancos Regionales de Desarrollo surgieron como instituciones sin fines de lucro, con estructura y funciones similares a las del Banco Mundial, implantados con la finalidad de servir los intereses de la zona donde se ubicaron, para promover y fomentar el desarrollo económico de sus regiones. Su creación obedeció a dos razones específicas: una razón económica relacionada con el deseo de atender más directamente las necesidades de desarrollo económico y social de las regiones más atrasadas y que no podían ser atendidas por instituciones multilaterales de mayor envergadura, como el Banco Mundial, y que por razones de eficiencia no eran objeto de atención por la banca privada u otras instituciones de carácter lucrativo, y una razón política, fundamentada en el acusado nacionalismo surgido tras la Segunda Guerra Mundial, en Latinoamérica, Asia y África, en busca de soluciones integradoras, como parte de la consolidación de su identidad política y de su afán por resolver el atraso y la pobreza de sus regiones.

TEMAS DE REFLEXIÓN

1. ¿Cuáles son las características diferenciadoras de los Bancos Regionales de Desarrollo?
2. ¿Qué Bancos Regionales de Desarrollo existen actualmente?
3. Los países miembros de los Bancos Regionales de Desarrollo siempre pertenecen al área de su objeto de actuación. Verdadero o falso. Justifique su respuesta.
4. Los Bancos Regionales poseen proporcionan financiación concesional. Verdadero o falso. Justifique su respuesta.
5. ¿Qué es el FOMIN?

EJERCICIOS DE AUTOCOMPROBACIÓN

1. **Los Bancos Regionales de Desarrollo:**
   a) Fueron creados para cooperar en el desarrollo de los países o regiones concretas.
   b) Pueden tener carácter supranacional o intergubernamental.
   c) Se mueven en el ámbito del Derecho internacional público.
   d) Todas las respuestas son correctas.

2. **Los Bancos Regionales de Desarrollo son instituciones:**
   a) Con fines de lucro.
   b) Con estructura y funciones similares al FMI.
   c) Que promueven y fomentan el desarrollo económico fuera y dentro de la región en la que se ubican.
   d) Todas las respuestas son falsas.

3. **El Banco Interamericano de Desarrollo (BID):**
   a) Se financia en los mercados internacionales de capital, a través de la emisión de bonos y obligaciones.
   b) Los préstamos del BID representan alrededor de una cuarta parte del coste total de los proyectos.
   c) Los préstamos del BID se cofinancian al 50% con los países prestatarios los proyectos de desarrollo.
   d) Las respuestas a y b son correctas.

4. **El Banco Africano de Desarrollo (BAfD):**
   a) Nace para financiar proyectos de desarrollo en las colonias por parte de las metrópolis.
   b) Está enfocado a la ayuda de los países más atrasados de África denominados el cuarto mundo.
   c) Pueden pertenecer exclusivamente los países africanos.
   d) La proporción de capital suscrita inicialmente por los países africanos deberá desembolsarse en oro o en moneda convertible.

5. **El Banco Asiático de Desarrollo (BAsD):**
   a) Su estructura y sus funciones son más parecidas a las del Banco Mundial que a la de un Banco de Desarrollo Regional.
   b) Se forma contra la opinión de EE. UU.
   c) Está enfocado exclusivamente a los países regionales.
   d) Ninguna respuesta es correcta.

SOLUCIONES A LOS EJERCICIOS DE AUTOCOMPROBACIÓN

1. d)
2. d)
3. d)
4. d)
5. a)

BIBLIOGRAFÍA

CALVO, A. (1989), *La experiencia de los Bancos Regionales de Desarrollo: el Banco Africano de Desarrollo, el Banco Asiático de Desarrollo y el Banco Interamericano de Desarrollo*, Madrid: Ed. de la Universidad Complutense.
— (1990), *Los Bancos Regionales de Desarrollo como instituciones multilaterlaes de financiación del desarrollo*, FIES, Madrid.
— (2000), «Organismos financieros internacionales: bancos regionales de desarrollo e instituciones financieras multilaterales», *La Economía Mundial del siglo XX, Revista de Economía Mundial*, nº 3, pp. 79-95.
Convenio Constitutivo del Banco Africano de Desarrollo.

Convenio Constitutivo del Banco Asiático de Desarrollo.

Convenio Constitutito del Banco Interamericano de Desarrollo.

Informes anuales del Banco Africano de Desarrollo.

Informes anuales del Banco Asiático de Desarrollo.

Informes anuales del Banco Interamericano de Desarrollo.

23
Instituciones Financieras Multilaterales

1. Las Instituciones Financieras Multilaterales.—2. El Banco Europeo de Reconstrucción y Desarrollo (BERD).—3. El Banco Europeo de Inversiones (BEI).—4. El Banco Nórdico de Inversiones (BNI).—5. El Banco de Desarrollo del Consejo de Europa (BDCE).—6. El Fondo Internacional para el Desarrollo Agrícola (FIDA),

---

TÉRMINOS CLAVE

- **Bancos subregionales de desarrollo**
- **Desarrollo equilibrado**
- **Inversión productiva**
- **Mercado de capitales**
- **Organizaciones No Gubernamentales**
- **Pobreza rural**
- **Política anticorrupción**
- **Protección del medio ambiente**
- **Tolerancia cero**

---

1. Las Instituciones Financieras Multilaterales

Dentro del grupo de lo que se denominan *Instituciones Financieras Multilaterales (IsFsMs)* se incluyen a bancos y fondos que proporcionan ayuda financiera a los países en desarrollo y a diferencia de los Bancos Regionales de Desarrollo, son de menor tamaño, tienen un menor número de miembros y se dirigen a una variedad de programas de desarrollo sectorial. En este grupo de instituciones financieras están: el Banco Europeo de Desarrollo (BERD), el Banco Europeo de Inversiones (BEI), el Banco Nórdico de Inversiones (BNI), el Banco de Desarrollo del Consejo de Europa (BDCE), el Fondo de Desarrollo Nórdico (FDN), el

Fondo Internacional para el Desarrollo Agrícola (FIDA), el Banco de Desarrollo Islámico (BDI) y el Fondo OPEC para el Desarrollo Internacional (Fondo OPEC).

Además de estas instituciones de financiación del desarrollo, existen otros bancos de carácter subregional, que son los *Bancos Subregionales de Desarrollo (BsSsD),* que también son bancos multilaterales de desarrollo porque sus miembros son países, aunque en general son países prestatarios y no países desarrollados que son los que normalmente aportan los recursos. Los principales Bancos Subregionales de Desarrollo son: la Corporación Andina de Fomento (CAF), el Banco de Desarrollo del Caribe (BDC), el Banco de América Central para la Integración Económica (BACIE), el Banco de Desarrollo de África del Este (BDAE) y el Banco de Desarrollo de África Occidental (BDAO).

2. El Banco Europeo de Reconstrucción y Desarrollo (BERD)

La iniciativa de crear un Banco Europeo de Reconstrucción y Desarrollo para los países del Este y Centro de Europa fue presentada por primera vez por el presidente de la República francesa, F. Mitterrand, (entonces presidente del Consejo Europeo) en un discurso pronunciado ante el Parlamento Europeo el 25 de octubre de 1989. En la cumbre informal celebrada en París en el mes de noviembre se debatió la propuesta y fue aprobada en la cumbre de Estrasburgo el 8 y 9 de diciembre de 1989. La primera conferencia intergubernamental de constitución se celebró en París el 15 de enero de 1990. El Banco Europeo de Inversiones (BEI) y la Comisión Europea, participaron en su calidad de futuros accionistas del Banco, acordado así en la cumbre de Estrasburgo. Después de sucesivas reuniones celebradas en febrero y marzo de 1990, las negociaciones concluyeron el 9 de abril de ese año. El 29 de mayo se firmó el Acuerdo de creación del BERD. A diferencia del resto de Bancos Multilaterales y aunque sus accionistas son principalmente gobiernos e instituciones publicas, invierte sobre todo en empresas privadas, normalmente conjuntamente con socios comerciales.

Objetivos:

— Promover la inversión productiva y competitiva en la zona.
— Facilitar la transición de los países de Europa Central y del Este hacia la economía de mercado.
— Acelerar los ajustes estructurales en esos países.

El Banco está abierto a:

1. Todos los países europeos.

2. Los países no europeos miembros del FMI.
3. La UE y el BEI.

Consta de 60 miembros (58 países más la Unión Europea y el Banco Europeo de Inversiones). De los 58 países, 27 son países prestatarios.

Los países miembros fundadores fueron:

— Ocho países del Centro y Este europeo: Bulgaria, Hungría, Polonia, Alemania Oriental, Rumanía, Checoslovaquia, URSS y Yugoslavia.
— Los 12 países de la CEE: Alemania Federal, Bélgica, Dinamarca, España, Francia, Gran Bretaña, Grecia, Holanda, Irlanda, Italia, Luxemburgo y Portugal.
— Los seis países de la EFTA: Austria, Finlandia, Islandia, Noruega, Suecia y Suiza.
— Otros países: Turquía, Chipre, Malta, Liechtenstein, Estados Unidos, Japón, Canadá, Australia, Nueva Zelanda, Israel, Marruecos, Egipto, Corea del Sur y México.
— Dos instituciones: Comisión Europea y Banco Europeo de Inversiones (BEI).

El capital inicial fue de 10.000 millones de euros. La participación de los países europeos fue superior al 75 por 100. La UE participó con el 51 por 100, los países del Centro y Este europeo con el 13,5 por 100, la Comisión y el BEI con un 3 por 100 y el resto se repartió entre otros países europeos. Estados Unidos participó con un 10 por 100 y la URSS con un 6 por 100. En 1997 se duplicó el capital del BERD a 20.000 millones de euros, para permitir afrontar la creciente demanda de recursos y mantener su compromiso de sostenibilidad autofinanciera. Las monedas oficiales son el dólar, el yen, y el euro. Los idiomas oficiales: inglés, francés, alemán y ruso. La participación española en el capital del BERD es del 3,4% (el octavo lugar junto con Canadá). Comparte silla con México en la Junta de Directores.

Participa de los objetivos de un Banco de Desarrollo Regional y de los bancos de negocios, ya que al menos el 60 por 100 de su financiación debe ir dirigida a empresas del sector privado y a empresas públicas que estén llevando a cabo un programa de privatización. El 40 por 100 restante puede ir a proyectos del Sector Público. Otra de las características que acercan el BERD a un banco de negocios, son los criterios con los que selecciona los proyectos. La financiación sólo se concede para proyectos rentables. A diferencia de otros bancos regionales de desarrollo, las operaciones del BERD sólo van dirigidas al objetivo específico del período de transición de los países del Este y Centro de Europa, incluido el proceso de privatización del sector privado en estos países, la adopción de de una fuerte gobernanza corporativa, incluida la preocupación medioambiental y el reforzamiento de las instituciones financieras y de los sistemas legales. En definitiva, el

BERD proporciona financiación a bancos, industrias y negocios, para nuevas empresas o para inversiones de empresas existentes. Trabaja también con empresas públicas, al proporcionar apoyo a las privatizaciones reestructuraciones de empresas estatales y mejora de los servicios municipales. El colapso del sistema financiero ruso en 1998 tuvo un gran impacto negativo en los recursos del BERD e incluso hoy algunas Organizaciones No Gubernamentales (ONG) le critican por no promover en Rusia un sistema bancario transparente y por no insistir ante el gobierno ruso por la defensa de los derechos humanos y la democracia.

Dispone de recursos propios procedentes del capital desembolsado (o por desembolsar) y de los recursos que obtiene apelando a los mercados de capitales. La función principal del BERD es la financiación de proyectos para la transición a la economía de mercado de los países de Europa Central y Oriental y su principal ámbito es el sector privado, pero en sus operaciones cuida que su financiación sea más bien adicional a la que procede de fuentes privadas, complementándolas, más que compitiendo con otras fuentes de financiación privada. Los recursos del BERD son limitados respecto a las necesidades financieras de la región y en esa medida el impacto también es limitado, pero para lograr un efecto multiplicador de su actividad, el Banco se asegura permanentemente que sus proyectos tengan beneficios adicionales para las economías locales, movilizando cofinanciación o eliminando estrangulamientos o rigideces en las infraestructuras locales. El Banco no proporciona en principio, de forma directa, financiación a las PYME (pequeñas y medianas empresas), sin embargo posee un conjunto de instrumentos que pueden incluir a las Pequeñas y Medianas Empresas.

Es la única institución financiera multilateral que tiene un mandato medioambiental desde su comienzo. Este mandato compromete al Banco a financiar proyectos que son sostenibles y medioambientalmente bien fundados. Para el Banco, el medio ambiente esta entendido en su sentido más amplio, comprendiendo no solo, el impacto ecológico sino también el impacto sobre la salud, la seguridad y sobre los trabajadores. Para promover un desarrollo sano y sostenible, el Banco tiene cuatro estrategias: 1. integrar las consideraciones medioambientales en cualquier proyecto, 2. promover las inversiones orientadas medioambientalmente en todos los sectores, 3. incorporar el mandato medioambiental en todos los sectores y estrategias de los países, y 4. construir asociaciones para encauzar los temas medioambientales regionales y globales.

No obstante, y a pesar de su compromiso medioambiental, el Banco ha llegado a aprobar proyectos con informes medioambientales negativos (la Planta de Producción de Aluminio de Eslovaquia), lo que ha hecho que en 1996 adopte nuevos procedimientos medioambientales. El BERD es el primer banco regional de desarrollo que apoya la energía nuclear (en 1992 en la Política de Energía daba la prioridad a la energía nuclear), comprometiéndose en el contexto del Programa de Seguridad Nuclear (establecido en 1993) a financiar el cierre de los reactores nucleares más peligrosos de Europa Oriental. Sin embargo sólo se ha cerrado Chernobyl, que ya estaba planeado antes de crearse el BERD.

La principal ventaja del BERD respecto a otros instrumentos financieros internacionales radica en la posibilidad de operar tanto en el ámbito del sector público como en el del privado y disponer de una amplia gama de instrumentos financieros muy flexibles en cuanto a su estructuración. El BERD se dirige al sector privado habiéndose incluido en su Acuerdo Constitutivo el requerimiento de que los proyectos del sector público no deberán exceder el 40 por 100 del total de las inversiones del Banco. El BERD concede préstamos con garantía o sin ella, subordinados, convertibles o con toma de participación en capital (no concede garantías de crédito a la exportación ni actividades aseguradoras). El plazo máximo de estos créditos es de diez años para empresas comerciales y quince años para proyectos de infraestructura.

Los préstamos están denominados en monedas convertibles o en euros. No se aceptan riesgos de cambio en las devoluciones. El carácter de préstamos no concesionales que realiza el Banco hace que el importe mínimo de dichos préstamos sea superior a cinco millones de euros; puede ocurrir que el importe del préstamo sea inferior a esa cantidad, en ese caso, el Banco suele aconsejar a los prestatarios la intermediación de una entidad del país en cuestión para que lleve a cabo la operación. El banco está organizado con un Presidente, cinco Vicepresidentes, unidades de apoyo de las Vicepresidencias operativas (una de negocios y otra de desarrollo) Comité de Dirección y Consejo de Administración.

3. El Banco Europeo de Inversiones (BEI)

El Banco Europeo de Inversiones (BEI) fue establecido en 1957 por el Tratado de Roma y creado en 1958 para financiar inversiones que contribuyan al desarrollo equilibrado y estable de la UE. Su fundamento jurídico viene dado por los artículos 266 y 267 del Tratado constitutivo de la Comunidad Europea. El BEI es la institución financiera de la Unión Europea encargada de contribuir a la integración, el desarrollo equilibrado y la cohesión económica y social de los Estados miembros. Con este objetivo, el BEI obtiene recursos en los mercados de capitales para financiar en condiciones favorables proyectos que se acomodan a los objetivos de la UE. Tiene personalidad jurídica propia y su capital está suscrito por todos los Estados miembros de la Unión Europea. No tiene fines de lucro sino facilitar mediante su intervención la realización de inversiones públicas y privadas y aunar otras inversiones en torno a posproyectos que financia. (España participa con el 9,8% del capital del Banco). El BEI está administrado por un Consejo de Gobernadores, un Consejo de Administración y un Comité de Dirección. La sede está en Luxemburgo. En 1994 se creó el Fondo Europeo de Inversiones (FEI), para ayudar al desarrollo de las pequeñas y medianas empresas (PYMEs) de crecimiento rápido y activo en el sector de las nuevas tecnologías. En 2000 se creó el Grupo BEI formado por el Banco y el FEI.

El principal objetivo del BEI es contribuir al desarrollo de las regiones menos prósperas de la UE (alrededor de un 75 por 100 de los créditos que concede en el territorio de la Unión Europea van destinados a las regiones menos desarrolladas), en particular las incluidas en los objetivos nº 1 y nº 2. Aparte de este objetivo, los proyectos deben conformarse a los objetivos de las políticas económicas comunitarias.

Los principales proyectos financiados por el BEI dentro de la Unión Europea van dirigidos, al desarrollo de las regiones más atrasadas; a la modernización o reconversión de las empresas; a la creación de nuevas actividades necesarias, a proyectos de interés común a varios países; a la mejora de las infraestructuras de transporte, energía y telecomunicaciones de interés europeo; a la protección del medio ambiente y a la mejora de la calidad de vida(ordenamiento urbano, distribución y depuración del agua, eliminación de residuos, etc.); a la ampliación, modernización y fundación de empresas industriales; a la adaptación del entramado industrial a la competitividad internacional y al aumento de la competitividad empresarial en sectores como el del automóvil, papelero, caucho, metalúrgico, eléctrico y electrónico.

El BEI es la principal fuente de financiación exterior de los nuevos Estados miembros, con los mismos criterios de tramitación que en los antiguos Estados miembros de la Unión. Participa en la iniciativa «Innovación 2000» colaborando en la aplicación de la Estrategia de Lisboa (Consejo Europeo de Lisboa marzo 2000) dirigiéndose a los sectores con más alto valor añadido tecnológico. Entre el 25 % y el 33% de las intervenciones totales del Banco, de los préstamos individuales concedidos, van a protección del medio ambiente (medio ambiente urbano, agua y saneamiento, mejora de la calidad del aire, proyectos de tratamiento de residuos sólidos y peligrosos, entre otros).

El Banco no puede conceder créditos para constituir fondos propios de una sociedad, ni para adquirir una empresa, aunque sí, en general, para la realización de un estudio. No concede ayuda para subsidiar los intereses. Los recursos del BEI pueden ser utilizados en combinación con otras ayudas concedidas por la UE o de origen nacional. El período de amortización puede llegar hasta veinte años e incluso superarlo. El plazo y el período de carencia dependen del tipo de proyecto. El tipo de interés que aplica depende del tipo de préstamo. Los recursos del BEI proceden en su casi totalidad de los empréstitos que obtiene en los mercados de capitales, principalmente a través de la emisión de obligaciones. Concede los préstamos en las condiciones más favorables para las empresas.

Apoya las políticas de ayuda al desarrollo en los 77 países de África, Caribe y Pacífico (países ACP en el marco de relaciones del Acuerdo de Cotonú), la cuenca mediterránea, Europa Central y Oriental y Asia y América Latina. Estas actividades en países no miembros de la Unión las realiza en estrecha colaboración con la Comisión Europea. Su objetivo es impulsar el desarrollo sostenible y apoyar los esfuerzos para lograr mayor estabilidad y paz en determinadas regiones. Esta presente en los Balcanes occidentales (Albania, Bosnia Herzegovina, Croacia, República Federal de Yugoslavia y antigua República Yugoslava de Macedonia), y ayuda a las economías de los países asociados del Mediterráneo (Argelia, Egipto, Israel, Jordania, Líbano, Marruecos, Siria, Túnez, Turquía y la Autoridad Palestina). En 2002 introdujo una iniciativa de colaboración con estos países: el Instrumento de inversión y colaboración Euromediterránea (FEMIP). Constituyendo un giro importante en la cooperación financiera y económica de la UE al integrar aún más a los interlocutores mediterráneos en su aplicación. Las prioridades del FEMIP son: mas ayuda a proyectos de cooperación regional e invasiones de carácter social, desarrollo del sector privado (ayuda a las empresas locales o a las inversiones extrajeras directas de la UE), asistencia a las reformas y privatización de las economías, concesión de productos financieros innovadores, capital riesgo y asistencia técnica.

4. El Banco Nórdico de Inversiones (BNI)

Fue creado en 1976 por el Consejo Nórdico (fundado a su vez en 1952 por Dinamarca, Finlandia, Islandia, Noruega y Suecia). Tiene funciones consultivas en diferentes ámbitos como el económico, fiscal y social. Desde 1971, la cooperación entre los países miembros se ha institucionalizado a través del Consejo Nórdico de Ministros.

Son países miembros del Banco Nórdico de Inversiones, los mismos países que participan en el Consejo Nórdico. El objetivo de este banco es promover el desarrollo de las economías de la región. Proporciona financiación a medio y largo plazo para proyectos que apoyen la cooperación económica entre los países miembros. Desde 1984, sus operaciones también van dirigidas a proyectos en países en desarrollo. En sus actividades se incluyen préstamos a empresas nórdicas y a los países con economías emergentes, especialmente países Bálticos.

5. El Banco de Desarrollo del Consejo de Europa (BDCE)

Es la única institución financiera creada por el Consejo de Europa y aunque está administrada bajo la autoridad del Consejo de Europa tiene capacidad financiera independiente. Su sede está en París. El Banco de Desarrollo del Consejo de Europa fue creado en 1958 con la denominación, Fondo de Desarrollo Social del Consejo de Europa. Su estructura y funcionamiento es similar a la del resto de los bancos regionales de desarrollo, aunque es de menor tamaño que el BERD o el BEI y está especializado en la financiación de proyectos de contenido social inmediato. El Banco está compuesto por 40 Estados miembros. En consonancia con los objetivos del Consejo de Europa, el Banco orienta su actividad prioritariamente a favor de los refugiados, emigrantes, mejora de las condiciones de vida y ayuda a las regiones desfavorecidas o afectadas por catástrofes naturales. Estos objetivos se han ampliado para incluir proyectos en Europa Central y Oriental, desarrollo urbano, creación de empleo, salud, educación y otros ámbitos relacionados.

6. El Fondo Internacional para el Desarrollo Agrícola (FIDA)

El FIDA es una agencia especializada de las Naciones Unidas y se estableció como institución financiera internacional en 1977. Su creación se considera uno de los principales resultados de la Conferencia Mundial de la Alimentación celebrada en 1974. Esta conferencia se organizo en respuesta a la crisis alimentaria de principios de los años 70 y que afectó a los países del Sahel en África. En la Conferencia se considero que: 1. entre las causas de la inseguridad alimentaria y del hambre estaba el fracaso en la producción de alimentos y en problemas estructurales relacionados con la pobreza y la concentración de los pobres en zonas rurales, y 2. que había que establecer de forma inmediata un Fondo Internacional para el Desarrollo Agrícola con el que financiar los proyectos de desarrollo en la agricultura orientados esencialmente a la producción de alimentos en los países en desarrollo.

En consecuencia, el FIDA tiene como misión erradicar la pobreza rural en los países en desarrollo buscando soluciones específicas para cada país y facilitando el acceso de los pobres de las áreas rurales a los servicios financieros, tecnología, mercados y recursos naturales. Para ello, trabaja con los pobres de las áreas rurales, los gobiernos, los donantes, organizaciones no gubernamentales y otros socios.

Para luchar contra la pobreza, el FIDA no solo actúa como un prestamista, financiando proyectos y programas con préstamos de reducidos tipos de interés y también cofinancia y actúa como asesor de los pobres en zonas rurales y lograr el cumplimiento en esas zonas de los objetivos de Desarrollo del Milenio (ODM). El FIDA esta abierto a cualquier Estado miembro que pertenezca a las Naciones Unidas, a cualquiera de sus agencias especializadas o la Agencia Internacional de Energía Atómica.

Consta de un Presidente y un Vicepresidente. El Consejo de Gobierno es la principal autoridad del FIDA para la toma de decisiones. Cada Estado miembro esta representado en el Consejo de Gobierno, por un Gobernador o Gobernadores Alternos y otros asesores. La Junta Ejecutiva es el segundo principal órgano de gobierno del FIDA y esta compuesto por 18 miembros elegidos y 18 miembros alternos. Los miembros y los alternos, se eligen para periodos de tres años para cada una de las listas y sub-listas. La Junta Ejecutiva, supervisa las operaciones del FIDA y aprueba el programa de trabajo. Los miembros de la Junta Ejecutiva están designados por el Consejo de Gobierno y están clasificados en listas. En la Lista A se encuentran esencialmente los países de la OCDE, en la Lista B, esencialmente países de la OPEC, y en la Lista C, países en desarrollo. Esta Lista C esta además subdividida en: 1. una lista C1 para los países de África, 2. una lista C2 para países de Europa, Asia y Pacífico, y 3. una lista C3 para países de América Latina y Caribe.

El Consejo de Gobierno revisa periódicamente la adecuación de los recursos a las necesidades y demandas de préstamos, según el Acuerdo de Establecimiento del FIDA, con el objeto de asegurar la continuidad de las operaciones del Fondo. En abril de 1982 se estableció un Comité Auditor que es un subcomité de la Junta Ejecutiva del FIDA para temas de auditoría sobre bases *ad hoc*. En diciembre de 1987 se estableció a petición de Estados Unidos un Comité de Evaluación. Este comité es también un sub-comité de la Junta Ejecutiva y tiene por objeto, evaluar las actividades del FIDA sacando las lecciones más relevantes para la mejora de los proyectos futuros.

Para asegurase que los recursos para superar la pobreza en las zonas rurales se utilizan de la forma más eficiente, transparente y eficaz, en 2005 el FIDA adopto una política anticorrupción cuyo objetivo es prevenir el fraude y la corrupción en los proyectos y programas apoyados por FIDA y en los contratos a nivel local, nacional, regional e internacional. Para ello, y de acuerdo con las prácticas de otras instituciones financieras internacionales, el FIDA aplica para actividades de préstamo y donaciones y para los miembros del *staff* así como para individuos que representen al FIDA, una política de tolerancia cero. Tolerancia cero significa que el FIDA perseguirá todo lo que abarque esta política y aplicará las sanciones adecuadas donde se sustancien las alegaciones de corrupción.

RESUMEN

Dentro del grupo de lo que se denominan *Instituciones Financieras Multilaterales (IsFsMs)* se incluyen a bancos y fondos que proporcionan ayuda financiera a los países en desarrollo y a diferencia de los Bancos Regionales de Desarrollo, son de menor tamaño, tienen un menor número de miembros y se dirigen a una variedad de programas de desarrollo sectorial. En este grupo de instituciones financieras están: el Banco Europeo de Desarrollo (BERD), el Banco Europeo de Inversiones (BEI), el Banco Nórdico de Inversiones (BNI), el Banco de Desarrollo del Consejo de Europa (BDCE), el Fondo de Desarrollo Nórdico (FDN), el Fondo Internacional para el Desarrollo Agrícola (FIDA), el Banco de Desarrollo Islámico (BDI) y el Fondo OPEC para el Desarrollo Internacional (Fondo OPEC). Además de estas instituciones de financiación del desarrollo, existen otros bancos de carácter subregional, que son los *Bancos Subregionales de Desarrollo (BsSsD)*, que también son bancos multilaterales de desarrollo porque sus miembros son países, aunque en general son países prestatarios y no países desarrollados que son los que normalmente aportan los recursos. Los principales Bancos Subregionales de Desarrollo son: la Corporación Andina de Fomento (CAF), el Banco de Desarrollo del Caribe (BDC), el Banco de América Central para la Integración Económica (BACIE), el Banco de Desarrollo de África del Este (BDAE) y el Banco de Desarrollo de África Occidental (BDAO).

TEMAS DE REFLEXIÓN

1. ¿Qué diferencia a las Instituciones Financieras Multilaterales de otras instituciones financieras?
2. Enumere las instituciones financieras multilaterales más importantes.
3. ¿Qué diferencias existen entre el Banco Europeo de Reconstrucción y Desarrollo y el Banco Europeo de Inversiones?
4. ¿Cuál es la función del Banco de Desarrollo del Consejo de Europa?
5. ¿Puede asimilarse el Banco de Desarrollo del Consejo de Europa con los Bancos Regionales de Desarrollo?

EJERCICIOS DE AUTOCOMPROBACIÓN

1. **El Banco Europeo de Reconstrucción y Desarrollo (BERD):**
    a) Tiene como objetivo facilitar la transición de los países de Europa Central y del Este hacia las economías de mercado.
    b) Está abierta no solo a los países europeos.
    c) Su origen se sitúa tras la Segunda Guerra Mundial para los problemas de reconstrucción aunque sus objetivos han ido evolucionando.
    d) Las respuestas a y la b son correctas.
2. **De las entidades que se citan a continuación, ¿qué institución carece de algunos de los elementos de los Bancos Regionales de Desarrollo?:**
    a) El Banco Africano de Desarrollo.
    b) El Banco Asiático de Desarrollo.
    c) El Banco Interamericano de Desarrollo.
    d) El Banco Europeo de Reconstrucción y Desarrollo.
3. **El Banco Europeo de Inversiones:**
    a) Es una de las instituciones financieras de la UE.
    b) Es una Institución Financiera Multilateral.
    c) Promueve la integración y el desarrollo equilibrado entre los miembros de la UE.
    d) Todas las respuestas son correctas.
4. **Las Instituciones Financieras Multilaterales (IsFsMs):**
    a) Son de menor tamaño que los Bancos Regionales de Desarrollo.
    b) Se dirigen a una variedad de programas de desarrollo sectorial.
    c) Incluyen a bancos y fondos que proporcionan ayuda financiera a los países en desarrollo.
    d) Todas las respuestas son correctas.
5. **En un Banco Subregional de Desarrollo:**
    a) El Banco Europeo de Inversiones.
    b) El Banco de Desarrollo de África del Este.
    c) El Banco Mundial.
    d) Ninguna respuesta es correcta.

SOLUCIONES A LOS EJERCICIOS DE AUTOCOMPROBACIÓN

1. d)
2. d)
3. d)
4. d)
5. b)

BIBLIOGRAFÍA

CALVO, A. *La experiencia de los Bancos Regionales de Desarrollo: El Banco Africano de Desarrollo, el Banco Asiático de Desarrollo y el Banco Interamericano de Desarrollo,* Ed. de la Universidad Complutense, Madrid, 1989.

— *Los Bancos Regionales de Desarrollo como instituciones multilaterales de financiación del desarrollo,* FIES, Madrid, 1990, (también anexo estadístico).

— «Organismos financieros internacionales: bancos regionales de desarrollo e instituciones financieras multilaterales» en *La Economía Mundial en el siglo XX,* «Revista de Economía Mundial», n.º 3, pp. 79-95, 2000.

Estatutos Constitutivos de los Bs.Rs.Ds.

Informes anuales de los Bs.Rs.Ds.

Términos financieros básicos

— Acuerdo de recompra (*Buyback agreement*): Acuerdo de recompra para determinados activos financieros (ver recompra).
— Acuerdo de recompra (*repo*) (*repurchase agreement*): Acuerdo para vender un valor y recomprarlo en un determinado período y tiempo.
— Amortización (*Amortization*): Reembolso gradual de una deuda a lo largo del tiempo.
— Agente de bolsa (*Broker*): Intermediario financiero que recoge órdenes de compradores y vendedores y organiza las transacciones. Trabaja normalmente con pantallas de ordenador, con operaciones de compra y venta simultáneas, anónimas o de otros agentes de valores.
— Agente de valores (*Dealer*): Intermediario financiero que compra y vende valores a otros intermediarios financieros. A diferencia de los agentes de bolsa o *brokers,* los agentes de valores toman posiciones en los instrumentos que negocian.
— Agentes de valores primarios o básicos (*Primary dealers*): Grupo de agentes en Estados Unidos con una relación de transacciones formal con el Banco de la Reserva Federal de Nueva York y con ciertas obligaciones en el mercado primario y secundario para los valores del Tesoro. Lo mismo se aplica a otras entidades similares en otros países.
— Arbitraje (*Arbitrage*): Término global utilizado para las transacciones que implican movimientos de capital de un mercado a otro, desde un valor a otro o desde un vencimiento a otro, con la esperanza de obtener un mayor rendimiento o ganancia de capital.

— Asignación (*Allotment, allocations*): Es la cantidad de una nueva emisión (v.g. bonos) vendida o asignada a un consorcio bancario por un banco directo o jefe de fila.
— Bono (*Bond*): Certificado negociable que evidencia el endeudamiento. Contrato legal vendido por un emisor que promete pagar a los tenedores el valor nominal más los intereses en una fecha futura.
— Bono convertible: Da a los inversores la opción en una fecha futura de convertirlo en un valor a un precio de conversión fijado.
— Bonos dragón: Bonos en divisas emitidos y sindicados en la región de Asia y Pacífico, fuera de Japón e inscritos en al menos dos mercados de valores de la región (Hong Kong, Taiwan o Singapur).
— Bono Samurai (*Samurai bond*): Bono denominado en yenes emitidos en Japón por un deudor extranjero. Para inversiones públicas los emisores tienen que tener una calificación o *rating* de la inversión.
— Bunds (*Bundesanleihen*): Bonos del gobierno federal alemán a largo plazo.
— Certificados de depósito a tipo flotante (*Floating rate CDs*): Certificados de depósito con tipos de interés a tipo flotantes ligados a ciertos tipos de interés a corto plazo.
— Cierre: Fecha en la que tiene lugar el cambio de deuda, el pago al contado y los depósitos de garantías. En la práctica se pueden efectuar después de esta fecha determinados arreglos de crédito, pero los valores relevantes y las garantías tienen que estar depositadas en un agente.
— Consorcio o Corporación (*Syndicate*): Grupo de intermediarios que compran (previo acuerdo) participaciones de un valor en el mercado primario y lo venden a otros inversores.
— Cupón (*Coupon*): Pago de interés periódico de un bono. Algunos bonos tienen físicamente cupones que deben ser cortados y entregados en un banco.
— Cupón cero (*Zero-coupon*): Es un bono sin cupones, sólo se paga el principal al vencimiento.
— Diferencial (*Spread*): La diferencia entre el rendimiento de instrumentos de deuda de vencimientos comparables. A veces, como indicadores de riesgo, los diferenciales se calculan como la diferencia entre el rendimiento sobre un instrumento de deuda y sobre un instrumento de deuda libre de riesgo con vencimientos comparables.
— Divisas (*Foreign exchange, forex exchange*): Monedas extranjeras.
— Duración: Promedio ponderado de los plazos de flujos de caja o liquidez de un instrumento de deuda. La duración también representa la elasticidad del valor de un bono respecto a los cambios en su rendimiento al vencimiento.
— Eurobono (*Eurobond*): Bonos en divisas vendidos simultáneamente en varios países fuera de Estados Unidos por un consorcio de colocación. Ge-

neralmente incluye instituciones financieras japonesas, americanas y sucursales londinenses de Europa.
— GOUPX: Servicio en Estados Unidos que distribuye el precio y la cotización a tiempo real para todos los valores del Tesoro americano.
— LIBOR: Abreviatura de *London Interbank Offered Rate* o tipo interbancario de oferta de Londres. Aunque cotizado en diferentes monedas, normalmente se refiere a los tipos de interés a seis meses de los depósitos en dólares americanos.
— Licitación u oferta (*Bid*): Nivel de precio al que los compradores están dispuestos a adquirir valores de los vendedores.
— Liquidación de riesgo (*settlelment risk*): Riesgo que se corre en una transacción de valores, por una parte o por otra, en el momento de la entrega (especialmente cuando la otra parte ya ha efectuado la entrega).
— MATIF: Abreviatura de Mercado Internacional a plazo de Francia (*Marchè à Terme International de France*). Futuros financieros de divisas en París.
— Margen (*Margin*): Volumen de liquidez que se debe proporcionar cuando se pide prestado para adquirir un valor. El margen también se refiere a la cantidad por la que el valor de un título en un acuerdo de recompra excede al préstamo.
— Mercado alcista (*Bull market (stock exchange), bullish market*): Mercado orientado al alza o alcista.
— Mercado bajista (*Bear market (stock exchange), bearish market*): Mercado orientado a la baja o bajista.
— Mercado al contado (*Cash market*): Mercado para la venta de un valor con entrega inmediata, como opuesto al mercado de futuros.
— Mercado primario (*Primary market*): Mercado donde un valor es vendido por primera vez por un emisor.
— Mercado secundario (*Secondary market*): Mercado donde un valor es vendido por un inversor a otro, al contrario de lo que ocurre en el mercado primario.
— OATS (*Obligations assimilables du Trésor*): Abreviatura de Obligaciones Asimilables al Tesoro. Bonos del Tesoro a largo plazo franceses.
— *Over the counter market*-OTC: Mercado no oficial.
— Pagaré a medio plazo (*EMTN o Euro Medium Term Note*): Bono a medio plazo emitido en el Euromercado sobre base continua.
— Pagarés a tipo flotante (*FRN*): Instrumento de deuda con tipo de interés variable que se ajusta periódicamente en general con intervalos de 3 ó 6 meses, basados en los movimientos de un tipo de referencia, v.g. LIBOR. Bonos sin tipo fijado de interés.
— Paridad (*par*): El principal de un bono.
— Petición de fondos (*Call*): Derecho opcional de un emisor para rescatar los valores antes de su vencimiento, a un precio dado y en una fecha deter-

minada. También es el contrato que permite al tenedor comprar un número determinado de valores del emisor de ese contrato a un precio dado y en un tiempo dado.
— Precio revelación (*Price discovery*): En general, referido al proceso por el que los mercados financieros logran un precio de equilibrio, especialmente en el mercado primario. Normalmente se refiere a la incorporación de información en el precio.
— Préstamo reembolsable a vencimiento (*Bullet cloan*): Deuda sin amortización. El reembolso del principal se realizará sólo al vencimiento.
— Punto básico (*Basic point*): Es una centésima de punto porcentual (v.g. 0,01 por 100), normalmente para expresar diferenciales en el precio de los bonos (6,50 por 100-6,15 por 100 = 0,35 por 100 o 35 puntos básicos).
— Punto de referencia (*Benchmark*). Valor utilizado como referencia para calcular el tipo de interés y para fijar el precio de otros valores.
— Recompra (*buyback*): Compra de deuda directa en el mercado secundario. Para que un país pueda recomprar su propia deuda bancaria normalmente se requiere la renuncia (*waiver*) de los acreedores.
— Rendimiento al vencimiento (*yield to maturity*): Tipo de interés que hace que el valor actual de un bono se iguale a su precio de mercado. Si el precio de un bono está por debajo de la paridad, el rendimiento al vencimiento es mayor que el tipo de cupón del bono, entonces se dice que el bono está a descuento.
— Sistema de compensación (*Clearing system*): Organización donde se pueden depositar los valores para guardarlos y a través del cual se pueden llevar a cabo transacciones de compra y venta.
— *Strip*: El término strip procede del Tesoro americano. Está referido a una «transacción separada de interés y principal». Es un valor creado por la separación de un bono en valores diferenciados para el pago de cada cupón y para el pago del principal, al final.
— Subasta (*Auction*).
— Precio uniforme (*Uniform-price*): Todos los adjudicados pagan el mismo precio, normalmente el precio de la oferta más reducida. También se le llama subasta a la baja (adjudicación al precio o tasa marginal).
— Subasta en pliego cerrado (*Sealed-bid*): Todas las licitaciones se presentan antes de una fecha establecida sin ninguna oportunidad de revisión.
— *Swap*: Intercambio financiero.
— Tasa de interés nominal de una obligación con cupón (*Coupon rate*). Es el interés establecido sobre el bono, especialmente en los pagos del cupón anual como porcentaje del principal del bono (paridad).
— Venta continua (*Tap sales*): Ventas realizadas, por un Banco Central, de una nueva emisión de valores del gobierno, normalmente de forma gradual.
— *Warrants*: Certificado de opción. Garantía de opción.

Índice de cuadros

Cuadro 2.1 21
Cuadro 2.2 23
Cuadro 9.1 137
Cuadro 11.1 183
Cuadro 15.1 264

Índice de recuadros

Recuadro 5.1	59
Recuadro 5.2	62
Recuadro 6.1	70
Recuadro 6.2	71
Recuadro 6.3	74
Recuadro 6.4	75
Recuadro 6.5	80
Recuadro 6.6	82
Recuadro 6.7	86
Recuadro 6.8	88
Recuadro 6.9	90
Recuadro 6.10	90
Recuadro 6.11	91
Recuadro 6.12	93
Recuadro 6.13	95
Recuadro 6.14	96
Recuadro 7.1	102
Recuadro 10.1	154
Recuadro 10.2	156
Recuadro 10.3	158
Recuadro 10.4	159
Recuadro 10.5	164
Recuadro 10.6	166
Recuadro 10.7	168
Recuadro 10.8	170
Recuadro 10.9	171
Recuadro 11.1	178
Recuadro 11.2	186
Recuadro 11.3	187

Recuadro 11.4	190
Recuadro 11.5	192
Recuadro 11.6	199
Recuadro 11.7	200
Recuadro 12.1	209
Recuadro 12.2	210
Recuadro 12.3	213
Recuadro 12.4	215
Recuadro 12.5	216
Recuadro 12.6	217
Recuadro 12.7	218
Recuadro 12.8	221
Recuadro 13.1	230
Recuadro 13.2	233
Recuadro 14.1	238
Recuadro 14.2	240
Recuadro 14.3	242
Recuadro 14.4	243
Recuadro 14.5	245
Recuadro 15.1	254
Recuadro 15.2	255
Recuadro 15.3	261
Recuadro 15.4	263
Recuadro 15.5	265
Recuadro 15.6	267
Recuadro 15.7	270
Recuadro 15.8	271
Recuadro 17.1	296
Recuadro 17.2	297
Recuadro 17.3	301
Recuadro 17.4	302
Recuadro 17.5	303
Recuadro 17.6	305
Recuadro 17.7	308
Recuadro 17.8	310
Recuadro 17.9	311
Recuadro 19.1	344
Recuadro 19.2	345
Recuadro 19.3	348
Recuadro 19.4	356
Recuadro 19.5	360
Recuadro 20.1	378
Recuadro 20.2	379
Recuadro 20.3	381
Recuadro 21.1	386
Recuadro 21.2	390
Recuadro 21.3	391
Recuadro 21.4	392
Recuadro 21.5	394
Recuadro 21.6	397

Índice de figuras

Figura 3.1	28
Figura 3.2	29
Figura 3.3	30
Figura 3.4	32
Figura 3.5	33
Figura 3.6	33
Figura 3.7	34
Figura 3.8	35
Figura 3.9	36
Figura 3.10	37
Figura 3.11	37
Figura 3.12	38
Figura 3.13	38
Figura 3.14	39
Figura 3.15	40
Figura 4.1	46
Figura 4.2	46
Figura 4.3	47
Figura 4.4	48
Figura 4.5	49
Figura 4.6	50
Figura 4.7	51
Figura 6.1	76
Figura 6.2	76
Figura 6.3	77
Figura 6.4	78
Figura 7.1	105
Figura 7.2	106
Figura 7.3	106